台灣書房

台灣書房

# 走過百年

徐宗懋—著

## 一次讀完台灣百年史

**971-2000**

**20世紀台灣 精選版**

500幅照片見證關鍵歷史

# 奮鬥的心影

「20世紀台灣」是2000年8月首次出版的60本圖冊集，雖然時隔6年，但流傳很廣，尤其在一般讀者之外，許多媒體、傳播公司、出版社、研究單位等等，都把這套書當成百年台灣歷史的重要參考。

對此，我覺得很安慰，畢竟在千禧年的時候透過這種文字和影像的爬梳，我對自己出生和成長的島嶼能夠做出丁點的貢獻。其實，不僅是整理照片充滿了趣味，當時我撰寫每年的「焦點論壇」時，也是絞盡腦汁，全力以赴，因為我必須努力讓自己回到過往的時空環境，摸索當時的主流人心狀態，除了舖陳事實外，也體現時代的包容。整套書近30萬字，陸陸續續在3年間寫完，有時在家裡、在辦公室、有時出差大陸期間，在旅館寫成的。現在回想起來，當時難免有點辛苦，現在卻感到溫馨，因為每一篇文章都代表社會奮鬥的心影。

現在「20世紀台灣」精選版問世了，我自然感到高興，因為更多的讀者可以分享這一份努力，讓我們相濡以沫，共創美好的未來。

徐宗懋

# １９００～１９７０年〔光復篇〕

# 1971～2000年〔民主篇〕

# 1971 中華民國退出聯合國

### 不敵世局變化黯然退出
### 莊敬自強渡過外交逆境

　　蔣中正總統於1971年6月15日在國家安全會議上指出：「我在今年初，曾經對大家說過：『在今年這一年之中，將不知有多少困難、危險和痛苦，橫在前面，要來考驗我們、試煉我們、等著大家如何一一去衝破，一一去克服……雖然今日姑息氣氛瀰漫，暴力氣焰隨之猖獗……。』」

　　蔣中正總統繼續指出：「所謂『毋恃敵之不來』，正『恃吾有以待之』。在過去五個多月中間，大家業已經歷了可謂接踵而至的橫逆、侮辱、痛苦，但也正由於我們『有以待之』，畢竟無畏於一切考驗與試煉。……只要大家能夠莊敬自強、處變不驚、慎謀能斷，『堅持國家及國民獨立不撓之精神』，亦是鬥志而不鬥氣，那就沒有經不起的考驗、衝不破的難關，也沒有打不倒的敵人!」

▲台北市市民在台北市議會所設簽名處全面發動簽名運動，堅決反對中共進入聯合國。

　　１９７０年代，中華民國的國際處境日益艱險不安，由於第二次世界大戰結束以來的冷戰結構，將台灣置於美國在西太平洋的戰略防禦之中，成為美國在軍事和外交上圍堵紅色中國的重要一環。然而二十年後這項戰略形勢出現了根本的變化，導因是美國在越戰中頹勢日漸，希望在維護南越安全的同時全身而退，而且社會主義陣營中的蘇共與中共因路線和邊界問題，公開爆發武裝衝突。這些事情造成華府與北京產生相互拉攏的戰略需要，也使得中共的國際地位大幅提升，中華民國的外交挫折接踵而至。

　　面對即將來臨的巨大衝擊，蔣中正總統上述講話中所言的「毋恃敵之不來恃吾有以待之」、「莊敬自強、處變不驚、慎謀能斷」等語，成了政府激勵人心的主要口號，政府機關、媒體、教育單位反覆宣傳，同時編寫成愛國歌曲，讓學生們每天在朝會上高聲歌唱，以至於這些標語口號深植人心，歷時十數年，成為社會的重要記憶。

　　這一年１０月２５日，聯合國大會以七十六票贊成、三十五票反對、十七票棄權，通過阿爾巴尼亞所提第二七五八號決議等，承認中華人民共和國政府代表是中國駐聯合國唯一合法代表，並將中華民國政府代表自聯合國大會以及聯合國專門機構逐出。在這項投票之前，美國駐聯合國大使布希曾提臨時動議，刪除阿爾巴尼亞提案中有關排除中

全球華僑代表在總統府前歡呼致敬，
表達全民團結一致面對世局的變化。

▲台北市各區民眾在台北市議會所設簽名處，全面發動簽名運動堅決反對中共進入聯合國，並懸掛標語，呼籲各友邦國家及國際人士正視此一問題。

▼台北市城中區市民在該區民眾大禮堂舉行大會及簽名運動，堅決反對中共進入聯合國，表達對政府的支持。

華民國政府代表的部份，亦即希望北京入會的同時並不排擠台北的席次，造成兩個中國的局面。然而美國的動議在大會表決中以五十九票反對、五十五票贊成、十五票棄權，遭到否決。由於預知二七五八號提案表決的結果，中華民國駐聯合國代表周書楷主動退席，並發表嚴正聲明。中華人民共和國代表黃華則於表決勝利後，大笑不已，留下著名的歷史鏡頭。

周書楷代表在聲明中指出：「聯合國的基礎原應建築在公理與公義之上，它原應發揮堅持憲章原則，維護人類自由的精神力量……現在這座莊嚴的建築所象徵的聯合國，正受到暴力的破壞搖撼，隨時有倒塌的危險！」同一時候，蔣中正總統亦發表告全國同胞書指出：「恢復大陸七億同胞的人權自由，乃是中華民族的共同意願，乃是我們決不改變的國家目標和必須完成的神聖責任。中華民國是一個獨立的主權國，對於主權行使，決不受任何外來的干擾，無論國際形勢發生任何變化，我們將不惜任何犧牲，從事不屈不撓的奮鬥，絕對不動搖不妥協。」

自1950年中共挑戰中華民國在聯合國的席次以來，年年提案，歷經二十二年，中國代表權的爭奪戰終告落幕。事實上，1960年代以後，國際社會已逐漸認定中共統治中國為不可改變的事實，將中共排除在外將難以解決重大的國際問題，尤其中共透過經濟援助爭取了大批第三世界國家的支持，在聯合國的得票數不斷增加，加上美國本

▶中共代表團團長喬冠華(左)、副團長黃華(右)在聽到大會通過中共進入聯合國的決議案後，興奮不已。

▲全國各界舉行大會反對中共進入聯合國。

▼台北市許多商店大門前都掛上標語，反對中共進入聯合國。

身有意展開與中共的和解，因此陸續解除對中國大陸的旅遊和經貿限制。華府與北京建立正式邦交的構想已隱然成形，此時所考慮的不過是在「一個中國」主權的原則下，華府如何避免北京在為國際社會接受後，也獲得了接管台灣的正當性。雖然根據美國的提案，中國代表權問題需三分之二以上的票數始得通過，但１９７０年１１月聯合國大會中，北京首度出現以五十一票對四十九票相對多數贊成票的情況，大勢似乎已不可免。

１９７１年初，美國總統尼克森在向國會發表的國情咨文中，不再稱中共為「紅色中國」或「共產中國」，而首度使用中共正式國號「中華人民共和國」，接著華府又重提「台灣地位未定論」，明顯地在試探安排「兩個中國」或「一中一台」的可能性，然而這種構想不僅為北京強烈批判，亦為台北所堅拒。蔣中正總統以民族為依歸，堅持「漢賊不兩立」，反對華府的提議。

總之，１９７１年北京進入聯合國代表著國際政治的重大變化，牽動了亞太的戰略形勢。由於聯合國是最重要的國際組織，也是協調和解決國際爭端的主要場合。北京正式爭取到了中國代表權，意味著北京與國際社會全面關係的開始。１９７２年尼克森總統訪問中國大陸以及日本與中共建交，即為立即的後續效應。至於中華民國則開始進入全面外交孤立的時代，不僅陸續被排除在聯合國教科文組織、國際勞工組織、國際民航組織等組織之外，邦交國也急速轉向，一年之內失去了二十七個邦交國，到了１９７３年僅剩三十九個邦交國，並繼續在失去中。這種巨大的國際壓力考驗著台灣人民的勇氣與毅力，尋求以一種非官方的實質經貿關係來擴展外交空間。而「莊敬自強、處變不驚、慎謀能斷」這十二個字也成了國人面臨逆境時的激勵用語，正足以作為台灣面臨外交困境下的社會心情與時代表徵。

▶ 中華民國駐聯合國首席代表周書楷宣告退出聯合國之後，步下講台的歷史鏡頭。自此也宣告了中華民國的外交面臨了前所未有的孤立與困境。

# 1971 藝霞歌舞團演藝傳奇

## 仿效日本走出獨特風格
### 紅遍華人社會留下燦爛回憶

藝霞歌舞團所演出的歌舞劇「玉堂春」劇照。

　　提到台灣娛樂文化，藝霞歌舞團的起落是不可或缺的一章，這批多半出身貧寒的年輕女孩，透過大型歌舞團的華麗包裝紅遍寶島、香港、新加坡和東南亞的華人社會，帶給觀眾嶄新而賞心悅目的體驗。在當時許多海外華人的眼中，藝霞幾乎成了寶島台灣的代名詞。

自１９７０年起，藝霞歌舞團走出前十年的艱困期，獲邀到香港演出，先後到「皇都」、「樂宮」戲院，觀眾熱烈捧場。隨後，更曾創下連演九十天，兩百多場的輝煌紀錄。這段時期正好也是台灣社會走出貧窮，人民生活顯著改善，全省各地大興土木，房地產交易熱絡之際。娛樂方面，除了原有電影戲院生意興隆之外，各地的歌廳舞廳也場場爆滿。同時，電視也帶來新的娛樂文化，連續劇「晶晶」、「情旅」以及黃俊雄布袋戲「雲州大儒俠」都掀起流行的旋風。儘管在外交上，台灣開始進入飽受孤立的狀況，斷交事件接二連三，但社會士氣並不低落。在經濟發展力爭上游中，口袋有了餘錢的人們開始追求更高的娛樂享受，也由於電視媒體的影響，表演團體趨向於大型化、綜藝化和聲光化。這些都為藝霞歌舞團的茁壯提供了有利的社會土壤，藉著藝霞在港九演出成功的盛名，１９７１年起，藝霞又紅回台灣，開始走向巔峰。

藝霞歌舞團的創立靈感來自於１９５８年，日本大型歌舞團「東寶歌舞團」來台公演。此時台灣本地的歌舞台多半規模小，設備簡單，表演人才亦未受專業的表演訓練，經營方式沿襲自傳統的跑江湖模式，只能遊走在中南部鄉下的廟會活動和小戲院。因此，當模仿自美國歌舞表演的「東寶」以浩大的排場、光鮮的服裝以及活潑的節目內容來台表演，不僅讓本地觀眾開了眼界，也讓台灣的歌舞團相形失色。受到「東寶」的刺激，早年受日本教育而且熱愛戲劇的王振玉先生下定決心，要創辦一個夠水準的歌舞團，初期雖不敢期望與東寶等量齊觀，但起碼要比全省任何表演團體都整齊龐大，希望能分階段擴充壯大，最終能超越東寶的氣派與實力。於是，王振玉投入家產資金，並請

藝霞歌舞團以華麗的服飾、一流的聲光效果，融合本土色彩，深獲觀眾喜愛。

六妹王月霞擔任編導，也採用日本歌舞團的訓練方式，招考十七歲至二十二歲的未婚少女，以團為家，嚴格訓練，期待能提供高水準的表演。

1959年初春，藝霞歌舞團正式成立，1960年元旦開始巡迴公演。在傳統觀念中，演藝界龍蛇雜處，背景複雜，良家婦女鮮少投身演藝工作，尤其是跑江湖式的歌舞團，事實上，最早投入歌舞工作的絕大多數是為生活所迫的貧窮家庭的女孩，藝霞也是如此。不同的是，藝霞為了保證演出的水準以及保護這些年輕女孩免於各種不良的誘惑，管理階層對團員的日常生活也積極介入。包括即使休假期間，女孩們外出也必須辦理登記手續，留下行蹤。演出期間，宿舍與戲院之間的往來，須由管理人員陪同，列隊出發，而且每人發有制服，規定外出必須穿著，以建立整齊良好的形象。

儘管藝霞歌舞團一開始即建立了良好的管理與訓練制度，但前十年的經營並不理想，虧損頗大，王振玉被迫變賣祖產以維持劇團的生存。主要的原因在於，藝霞的成立既始於東寶的啟示，其早期舞台設計、節目製作到表演服裝均模仿自日本歌舞團，有著濃濃的東洋風格。由於缺乏本身的特色，藝霞實質上像是「東寶的仿冒」。這種表演路線只能滿足台灣某些地區以及某些世代對東洋餘風的嚮往，無法擴及更廣泛的社會階層。因此在摸索的過程中，藝霞除了「和風」(日本風)和「洋風」(西洋風)之外，也加入台灣本地的戲劇元素，包括歌仔戲、山地歌舞以及平劇。

隨著中華民國外交挫折所激起的民族主義意識，藝霞加入了更多彰顯民族氣節的歷史故事。由於表演內容更符合時代的氛圍和節奏，加上原有學自日本歌舞團的優點，藝霞終於獲得社會的肯定。尤其在香港公演之後，藝霞獲得了「宣慰僑胞」的美名，受到

▶戰後台灣的舞蹈風格深受西洋和日本的影響，在藝霞歌舞團之外，也有許多致力舞蹈事業的舞者。圖為辜雅琴師生舞蹈欣賞會的現代芭蕾舞表演。

政府直接的肯定和表揚，藝霞有了更高的社會地位，在大眾媒體中占有一席之地，更是聲名大噪。藝霞開始走入巔峰期，不僅在台灣當紅，也橫掃海外華人社會。王振玉及擔任團長的妻子蔡寶玉更投入鉅資，一圓早年夢想。某次香港公演，藝霞準備了三十多個節目，服裝九八四套，佈景二十二幕、道具六三八件，手筆之大震撼當年戲劇界。事實上，藝霞在當時擁有一流的聲光效果，更換迅速的佈景，加上演出節奏明快，一氣呵成，令觀眾目不暇給，因此往往在表演結束謝幕時，台下鼓掌聲不絕於耳，藝霞幾乎等於票房的保證，長年的努力終於有了豐收的結果。

不過，藝霞歌舞團也就像許多轟動數年的表演一般，在娛樂的時代背景以及形式改變以後，觀眾也跟著從一個舞台跑到另一個舞台，留下曾有的繁華與歡笑。在日新月異的娛樂項目不斷推出後，藝霞最終仍不免沒落的命運。十四歲即進入藝霞，後來成為台柱的陳鳳桂在許多年後回憶說：「本來我想學的是美髮，母親認為我的手藝很好，可能是宿命吧！有一天母親看到藝霞招生，就幫我報名，可是我實在太小，差點不被錄用！在藝霞我有個外號『新婦仔』，好長一段時間，我每天擦地板，幫演員穿衣服，辛苦一年我才成為正式演員。在舞團每天相處的都是年輕的女孩，團隊生活很和諧，至今，我仍很懷念！」其實，藝霞不僅載負著許多女孩美好的青春記憶，也留下了台灣歌舞劇燦爛的一頁。

▲藝霞歌舞團飛往香港及東南亞公演，在機場合影。

# 1972 中日斷交
## 日相訪問北京宣佈建交
### 台灣備受衝擊激烈抗議

▲中日斷交，憤怒的群眾集結於機場，對即將抵台的日本特使椎名悅三郎高舉標語抗議。

　　日本首相田中角榮、外相大平正芳和內閣官方長官二階堂進於１９７２年９月２５日赴中國大陸訪問，會見了中共主席毛澤東，並與其他領導人進行了一系列的會面。２９日，雙方在北京簽署聯合聲明，公開宣佈結束不正常狀態，即日起建立外交關係，並盡快互換大使。

　　聲明同時指出，中華人民共和國政府重申，台灣是中國不可分割的一部分，中華人民共和國政府是代表中國的唯一合法政府，日本國政府充分理解和尊重中華人民共和國政府的這一立場，並遵循波茨坦宣言第八條的立場（即根據開羅宣言，日本戰敗後應將台灣、澎湖歸還給中國）。此外，日本政府還片面宣佈廢除１９５２年與北京簽署的和約，北京則同時宣佈，為了中日兩國人民的友好關係，放棄對日本的戰爭賠償要求。

▶ 由於中日斷交，台灣大學學生呼籲抵制日貨。

　　東京與北京建立邦交是亞太戰略形勢變化的重要事件，也是１９７１年北京進入聯合國、１９７２年美國總統尼克森訪問中國大陸以來，持續出現的國際政治發展。對這時的台灣而言，外交壓力空前龐大。中華民國政府於２９日當天立即宣佈與日本斷交，外交部的聲明細述蔣中正總統對戰敗的日本採取寬大的政策，田中角榮的作法實為「背信忘義」。聲明說：「日本軍閥為遂行其征服中國之野心，歷次製造事變，終於民國２６年掀起全面侵華戰爭，並擴大為第二次世界大戰，使中華民國及亞太地區均遭受空前浩劫。中共匪幫乘我政府動員軍民全力對日抗戰時，擴充武力，擴大叛亂，遂至竊據大陸，使中國大陸七億人民迄今陷於水深火熱之中，此實為日本軍閥侵華罪行所造成的嚴重歷史錯誤，日本更負有不容諉的責任。」「蔣總統為謀中、日兩國與整個亞洲之安定和平大計，在開羅會議力主保存日本天皇制度，並於接受日本投降之後，採取以德報怨的政策，妥善遣返日俘二百萬人，我政府並放棄戰爭損害賠償的要求及派遣軍隊占領日本的權利，使日本免於被分割，並得以迅速重建其國家。今田中政府竟片面背棄中日和約，承認中共匪偽政權而與中華民國政府斷交，不僅忘恩負義，為日本民族之恥，實亦違反日本最大國民之意願，且更嚴重損害中日兩國與整個亞洲之遠大利益……。中華民國政府深信，田中政府的錯誤政策，並不影響日本國民對蔣總統深厚的感謝與懷念，我政府對所有日本反共民主人士，仍將繼續保持友誼。」

　　儘管東京外交政策的轉向對台北而言，是重大的衝擊，然而戰略局勢的醞釀亦非一日之事，日本的地理位置以及與中國在近現代史中的特殊關係，使得東京必須正視中共取得全中國政權的事實，其對中國的外交政策則視中共政權的穩固程度以及中共的戰略份量而定。由於二次大戰後，蘇聯成為日本國防安全上首要的威脅，因此對東京而言，改善與中共的關係始終有戰略的誘因。此外，日本以貿易立國，中國大陸提供了廣大市場的可能，所以中共建政以後，首先即以經貿手段與日本建立連繫。

　　１９５５年５月，北京派出以外貿部副部長雷任民為首的貿易代表團，赴日本與以池田正之助領導的「促進日中貿易議員聯盟」，和以林田省藏擔任會長的「日本國際貿易促進協會」，簽署了貿易協定，決定雙方在東京與北京互設商務處，並給予工作人員外交待遇。這個協定實質上已超越了民間的性質，也是雙方逐步推動關係正常化之始。蔣中正總統雖然多次派特使到日本，力圖阻止這項趨勢，但日本政府卻以「政經分離」為理由委婉地解釋這項政策。

▲日本首相田中角榮（左）訪問北京時，接受中共總理周恩來（右）餐宴，周恩來親自為田中夾菜。

　　值得一提的是，戰後日本政府多由保守派主政，他們在戰前與南京的國民政府頗有淵源，戰後對蔣中正總統的寬大精神亦持感念之心，因此雖然中華民國在國際政治上的分量有限，但台北與東京的領導階層透過特殊的歷史遭遇與私人情誼，在相當時期維持了水乳交融的交往氣氛。日本首相岸信介來台訪問，並曾公開發表支持中華民國政府反攻大陸的言論。等岸信介下野後，更經常到台灣訪問，並運用其影響力督促日本政府勿採不利中華民國的政策，其友誼至死不渝。雖然如此，１９５７年後，日本政府繼續擴大與中共的貿易關係，雙方關係逐步解凍。１９６０年，池田勇人繼岸信介組閣，表示要以前進的態度和保持彈性與中共打交道。翌年１月，池田在對國會演說中宣佈調整與北京的關係為重要政策目標。北京則立即予以回應，周恩來總理向日本提出「不敵視中華人民共和國」、「不參與製造兩個中國的陰謀」、「不妨礙中華人民共和國與日本關係正常化」的「政治三原則」。１９６３年，「中日友好協會」在北京成立，由廖承志擔任首任會長。

　　１９６４年，佐藤榮作內閣，在繼續發展與北京關係的同時，也親自訪問台灣，提升彼此的關係。１９６０年代，在國際社會的觀感中，中共在中國大陸的統治地位已告鞏固，１９６４年中共第一顆原子彈試爆成功，戰略地位更形凸出，接著中蘇共反目，國際政治重大改變的時機日見成熟。１９７２年初，美國總統尼克森、國務卿羅傑斯、國家安全顧問季辛吉訪問中國大陸，簽署了震驚世界的《上海公報》。此時，東京因應新的國際情勢，立刻密集地與北京商討正式建交事宜。田中角榮首相表示他理解周恩來的三原則為：（一）中華人民共和國為代表中國的唯一合法政府。（二）台灣為中國的一部分。（三）廢止原「中日和約」，暗示日本方面將接受這三項原則。

　　台北方面的反應極為強烈，分別由行政院長蔣經國、外交部長沈昌煥提出嚴厲的警告。東京方面則派特使椎名悅三郎率團來台說明日本政府的立場，目的是盡量安撫台灣朝野的不滿情緒。不過台灣民眾的不滿卻已累積到了極點。椎名悅三郎等人一下機，其座車旋即遭到抗議民眾的包圍，而政府並未強力制止，等於是默許並間接鼓勵這種抗議行為，以增加對東京的外交壓力。因此在這段期間，各種民間團體，以及一些由日本專程趕來助陣的右翼團體，如「日本皇誠會」等均先後前往日本駐台北大使館進行抗議。行政院長蔣經國在接見椎名悅三郎時嚴正指出：「現在中日間的一切關係，是以民國４１年在台北所簽訂的中日和約為依據，這個和約是日本軍閥發動侵華戰爭失敗的結果，也是中日兩大民族棄嫌修好的憑證。今後中日關係的繼續維繫，必須以這個和約為基礎，如果日本現政府破壞此一基礎，則中日兩國間以及亞太地區由此所發生的任何不幸後果，自應由日本現政府完全負其責任。」「日本政府必須重視中日和約的尊嚴與保持日本的國際信用，不得片面毀棄這個和約以及損害由和約而產生的兩國關係，如果日本現政府不顧此事之嚴重性而一意孤行，則我們為了拯救大陸同胞與維護亞洲的安全和平，自有保留採取任何必要行動的權利。」

　　蔣經國院長超乎尋常的嚴厲發言，反映了台北對東京與北京的建交已有清楚的認識，並做了充分的心理準備。由於此刻蔣中正總統身體違和，國家大事由蔣經國院長主持。斷交當天，蔣經國院長在立法院做施政報告時，指出四項不變的原則：（一）中華民國憲法所制定的國體決不改變。（二）中華民國反共復國的總目標決不改變。（三）中華民國永遠站在民主陣營的一邊，為伸張正義公理，維護世界和平的職志決不改變。（四）中華民國對於共匪叛變集團絕不妥協的堅定立場決不改變。這些原則顯示，台北不會因為遭遇重大的外交挫折，而改變原有的國家定位、憲政體制以及與中共的敵對關係。此外對於斷交一事，各界群情激憤，嚴厲譴責田中角榮「忘恩負義」、「賣友媚匪」。一些大學生團體則發起抵制日貨運動。呼籲國人不與日商往來，不搭日本飛機、不聽日本歌、不看日本電視電影。有關機關為了因應新的局面，也下令禁止日本的文化產品進口。

　　至於日本與台灣的民間往來，自該年１２月２６日起，由台灣的「亞東關係協會」與「日本財團法人交流協會」處理領務事務，首度樹立了中華民國與其他國家非官方往來的模式。１９７４年４月２０日，台北與東京的非官方關係又生風波，因日本與中共簽訂民航協定，日本外相大平正芳指稱華航班機上的青天白日旗不是國旗，而是「華航飛機的標誌」，以避開中共的壓力，求得兩全，使得等東京─北京、東京─台北兩條航線並行。然而台北因大平外相的有關青天白日旗的發言有辱國格，在日中民航協定簽署的一刻，宣佈雙方斷航。直到１９７５年７月，雙方始復航，華航飛機則降落羽田機場，避開與中國民航飛機並列於成田機場的現象。

# 1972 尼克森訪問大陸
## 世局變化開啟兩國交往之門
### 簽署上海公報震撼世界

美國總統尼克森（左二）應邀訪問大陸，中共總理周恩來（左三）到機場迎接，尼克森是第一位踏上中國大陸的美國總統，兩國關係在長達二十餘年的緊張之後，隨著兩人的握手顏歡，終於走向和緩。

　　美國總統尼克森應中華人民共和國總理周恩來之邀，於1972年2月21日至28日訪問中國大陸，隨行的有國務卿羅傑斯、國家安全顧問季辛吉等人。這次訪問後來被尼克森總統稱之為「改變世界的一個星期」。

　　27日，雙方經過最後的協商後，發表「上海公報」，指出美中兩國努力走向關係正常化的最後目標。公報凸顯雙方達成的共識，對於產生歧見的台灣問題，雙方則以各自表述的方式試圖拉近彼此的距離。公報說：「中美兩國的社會制度和對外政策有著本質的區別，但雙方同意各國不論社會制度如何，都應根據和平共處的原則來處理國與國之

間的關係，國際爭端應在此基礎上予以解決，而不訴諸武力或武力威脅。」在亞太戰略問題，公報指出：「兩國關係走向正常化是符合所有國家利益的，雙方都不應該在亞洲－太平洋地區謀求霸權，反對任何其他國家或國家集團建立這種霸權的努力。」以上條文被視為美中雙方相互拉攏反對蘇聯的戰略意圖。

在爭議性最大的台海兩岸問題上，雙方闡明了各自的立場。公報的條文如下：

　　雙方回顧了中美兩國之間長期存在的嚴重爭端。中國方面重申自己的立場：台灣問題是阻礙中美關係正常化的關鍵問題，中華人民共和國是中國唯一合法的政府；台灣是中國的一個省，早已歸還祖國；解決台灣問題是中國的內政，別國無權干涉；全部美國武裝力量和軍事設施必須從台灣撤走。中國政府堅決反對任何旨在製造「一中一台」、「一個中國、兩個政府」、「兩個中國」、「台灣獨立」和鼓吹「台灣地位未定」的活動。

　　美國方面申明：美國認識到，在台灣海峽兩邊的所有中國人都認為只有一個中國，台灣是中國的一部分，對此美國不提出異議。美國重申對由中國人自己和平解決台灣問題的關心。考慮到這一前景，美國確認從台灣撤出全部美國武裝力量和軍事設施的最終目標。在此期間，美國將隨著這個地區緊張局勢的緩和逐步減少在台灣的武裝力量和軍事設施。

　　「上海公報」確認華府將與中共政府建立外交關係，在基本的戰略問題上攜手合作，同時對於台灣問題，雙方也設定了彼此互動的基本準則，即華府支持一個中國原則，同時強調台灣問題應由兩岸中國人和平解決。這個架構成為華府與北京穩定關係的基礎，隨後三十年之間雖有波折，但基本內涵大抵不變。

▲尼克森（右二）、季辛吉（右一）與毛澤東（中）、周恩來（左一）在毛澤東的書房會談，正式定下雙方合作抗蘇的基調，為一著名的歷史會談。

▶美國總統和夫人訪問大陸，舉行答
謝宴會，圖為尼克森、周恩來等人
步入宴會廳時的情形。

　　自1949年中共建國以來，華府與北京曾多次打交道，但建交的條件始終不成熟。不僅如此，1950年，美軍與中共解放軍在朝鮮半島上進行了長達三年的韓戰。1954年4月的日內瓦國際會議，會中盛傳美國國務卿杜勒斯拒絕與中共代表團團長周恩來總理握手，反映雙方關係的惡劣氣氛。儘管如此，基於解決實際問題的需要，1955年8月1日，美中首度在日內瓦舉行大使級會談，以處理美軍戰俘以及中美僑民歸國的問題。1958年9月15日，正值金門砲戰期間，華府與北京在波蘭首都華沙舉行大使級的會談，會後發表聲明，試圖緩和台海緊張的局勢。不過因雙方互信闕如，因此雙方的談判始終是各說各話，雖然談了上百次之多，關係卻始終停滯不前。1960年9月8日，中共《人民日報》發表社論，強烈批評華府的立場。

　　1960年代初期，華府與北京的關係持續處於冰凍狀態，不過新的時代條件也正醞釀產生。蘇共自赫魯雪夫上台後全盤否定史達林，與中共發生路線分歧，雙方關係日見緊張。中共試圖結合第三世界的開發中國家，創造一條興美、蘇分庭抗禮的第三條路。美、蘇、中在印度邊界戰爭與越南戰爭各據一方，合縱連橫，形成微妙的三角關係，1964年中共試爆原子彈成功，躋身核武強權，震驚世界。1960年代末期，世局又出現新的變化。美國陷在越戰的泥淖，師老兵疲，不僅國內反對聲浪高漲，國際聲望亦大幅下滑，因此美國從越戰抽身已成必然之勢。問題是如何在抽身的同時，又保持美國的尊嚴與利益，此時與中共進行和解與合作的思維應運而生。1967年10月，尼克森在《外交季刊》中發表題為「越戰之誤亞洲」的重要文章，反映出新的思考方式。文章說：「從長遠看，我們簡直經不起永遠讓中國留在國際大家庭之外……在這個小小的星球上，容不得十億最有才能的人民生活在憤怒的孤立中。」1968年8月，尼克森被提名為共和黨總統候選人之後公開表示：「我們不應忘記中國，我們必須經常尋找機會與中國對話，就像同蘇聯對話一樣……我們不僅要注視著變化，而且必須

促成變化。」

　　尼克森當選總統之後開始積極推動其構想，即其言談中的「打開通往中國的大門」，初期的具體作法就是推動雙方的文化科學交流。當華府向北京發出和好的訊號同時，北京與莫斯科正陷入緊張的邊界糾紛中。１９６９年３月９日，中蘇兩國軍隊在珍寶島發生武裝衝突，震撼全球。４月１６日至５月２日，雙方在新疆的鐵列克提地區再度爆發衝突。５月９日，蘇聯國防部長格列奇科將中國與美國和西德並列，指這三個國家是蘇聯的主要敵人，同樣地，北京也對中蘇可能爆發全面戰爭進行了全國動員的準備。

　　此時，美中戰略合作的時機趨於成熟。這一年７月，美國國務院宣佈放寬六類公民到中國大陸旅遊，北京則以釋放美國戰俘作為正面回應。８月，尼克森訪問與中共關係良好的巴基斯坦，準備利用巴基斯坦作為「打開中國大門」的軌道。１９７０年１月，華府和北京同時宣佈恢復在華沙舉行的大使級會談，美國國務院發言人麥克洛斯在記者招待會中首度使用了「中華人民共和國」的國號。接著美國政府又進一步開放與中國大陸的貿易關係。１９７０年８月，毛澤東同意美國著名記者斯諾夫婦訪華，並在天安門城樓上親切地拉著斯諾的手，一同觀賞中共國慶活動。毛澤東此舉是向美中關係傳達極為正面的訊號。１０月初，尼克森向來訪的巴基斯坦總統葉海亞表示，希望傳話給北京領導人，他準備派高級特使密訪中國。１１月，周恩來托葉海亞傳回口信，對此一計畫採肯定的態度。

▲中共外交部長姬鵬飛（右四）與美國國務卿羅傑斯（左四）舉行會談，商討雙方關係。

　　雖然雙方來往的意願都十分高昂，但台灣問題卻顯得十分棘手，雙方過去曾在此問題上多次不歡而散，現在則準備放緩各自的立場。１９７１年３月，美國國務院宣佈持美國護照去中國旅行的一切限制將予放寬，此時正在日本完成球賽的美國乒乓球代表隊突然受邀訪問中國大陸，此即為著名的「乒乓外交」，代表雙方一年多來的接觸正迅速加溫，並浮現於外。４月２１日，巴基斯坦駐美大使希拉利將一封周恩來的親筆密信交給季辛吉，表明北京願意公開接待美國總統特使或總統本人來北京晤談。７月９日至１１日，季辛吉終於以特使身分經由巴基斯坦密訪中國大陸，由周恩來接待，兩人進行的密集的會談，在批評蘇聯霸權上，雙方意見迅速有交集，但在台灣問題上，則是僵持不下。周恩來堅持美軍必須撤出台灣，反對兩個中國、一中一台和台灣獨立；季辛吉則不在駐台美軍問題上做出明確的承諾，同時主張台灣和大陸在聯合國中都有代表權。兩人你來我往，進行了一輪又一輪的冗長會談，同時也定下了尼克森總統來訪的時機。７月１５日，在季辛吉返回華府的四天以後，美中同時發佈了震驚世界的簡短公告：周恩來總理和尼克森總統的國家安全顧問亨利‧季辛吉博士於１９７１年７月９日至１１日在北京進行了會談。據悉，尼克森總統曾表示希望訪問中華人民共和國，周恩來總理代表中華人民共和國政府邀請尼克森總統於１９７２年５月以前的適當時間訪問中國。尼克森總統愉快地接

▲美國總統尼克森和夫人由中共副總理李先念、外交部長姬鵬飛等人陪同，遊覽長城。隨行的尚有美國國務卿羅傑斯等人。

▲中共總理周恩來與美國總統尼克森舉行會談，美國方面參加會談的有季辛吉等人，中共方面參加會談的有喬冠華等人。

受了這一邀請。中美兩國領導人的會晤是為了謀求兩國關係的正常化，並就雙方關切的問題交換意見。接著在10月間，季辛吉二度訪問中國，除了安排尼克森總統訪問中國的行程外，同時也為未來雙方發表的聯合公報達成初步的共識。

1972年2月12日，在華府與北京高層人員密集的奔波磋商之後，尼克森、季辛吉等人終於搭乘專機展開中國大陸之行。在北京機場機坪降落時，周恩來趨前與尼克森握手。尼克森後來在回憶錄中寫道：「我們的手一接觸，一個時代宣告結束，另一個時代宣告開始了。」隨後尼克森與毛澤東會談了一個小時，在毛澤東式的戲謔氣氛中，雙方天南地北，極其直率地交換意見，詳文可見尼克森與季辛吉多年後的回憶錄中。

最後在這場歷史性的訪問之中，華府與北京確立雙方將建交的原則和方向。在台灣問題上，雙方各自表述立場，美國技巧地把一個中國的問題推給兩岸的中國人，並被動地指美國「不持異議」，至於駐台美軍的撤出則定為「最後目標」，沒有定下明確的時間承諾。這些歧見成了雙方持續交鋒的焦點。據後來的史料顯示，尼克森原擬在第二任任期中與中共建立邦交，不過受到水門案的衝擊，尼克森於1974年被迫辭職，使得華府與北京的建交時機因而延後。

尼克森的這場大陸之行，雖然尚未與中共建交，但不論在象徵意義或實質上，都代表美國的中國政策將有重大的轉變，儘管台灣極為關注與不滿，但也無法改變美國的決定。1970年代可說是台灣外交最艱困的年代，退出聯合國、尼克森訪問大陸、中日斷交，至1978年中美斷交，終使台灣的外交挫敗達到了最高峰。在官方關係的節節敗退，台灣只能設法發展半官方的民間關係，以維繫僅存的國際空間。而尼克森的訪問大陸，正是在這段歷史發展中一個極具重要性的關鍵事件。

# 1973 唐山大兄李小龍

## 武技高強銀幕前雪民族奇恥
## 英年猝逝影迷空留難忘回憶

李小龍除了著名的拳腳功夫之外，更擅長使用「雙節棍」，成為許多武打迷模仿的對象。

　　聲勢日如中天的功夫巨星李小龍，於1973年7月20日晚上，驟逝於友人家中，震驚各界。從來沒有一位演員像李小龍那樣，在如此短的時間內掀起影壇巨浪，轟動世界，又像流星般掠空而過，留下無限的眷戀。

　　即使李小龍從未踏足台灣，但他那奇特高超的打鬥技巧，特有睥睨的眼神、凌厲的叫聲、靈活舞動的雙節棍，以及眩目的凌空三彈腿，一樣風靡整個台灣社會，成為街頭巷尾模仿的對象。「精武門」、「猛龍過江」等電影在台灣放映時，場場坐無虛席，觀眾不僅對他的武打絕技驚歎萬分，也因他左打東洋鬼子，右踢西洋老外，一掃近代史累積的民族屈辱感，大呼過癮。

　　儘管如此，李小龍不僅屬於台灣、香港或華人世界，也屬於整個世界。他的成就不僅在於傳奇的影壇生涯，更在於他所創下的武打風格影響了好萊塢的格鬥概念，在許許多多精采打鬥的場面中，可以清楚看見李小龍的痕跡。換句話說，李小龍的風格已成為全世界動作電影生命的一部分。

　　１９４０年，李小龍生於美國舊金山，本名李振藩，其父李海泉為粵劇名伶。後來李振藩隨父親返回香港，並因父親的關係，以童星的角色在粵語片中露臉，曾演過「人之初」、「富貴浮雲」、「雷雨」等，在拍「細佬祥」時取了藝名李小龍。少年時期的李小龍桀傲不馴，經常打架滋事。他非常喜好武術，領悟力高，而且勤練不懈。十八歲那年，李小龍赴美，一開始生活十分清苦，以送報、侍者跑堂餬口。後來他進入西雅圖華盛頓大學就讀哲學系，但真正醉心的仍然是武術。他開設了第一家自創的截拳道武館，一位叫琳達的女學生後來因跟他學拳而墜入愛河。１９６４年兩人結婚，生下了兒子李國豪和女兒李思儂。

　　此時的李小龍因在世界空手道大賽中表現受到矚目，受僱為福斯公司的武術指導，兩年後在電視影集「青蜂俠」中擔任配角，雖然不是主角，但他特有的拳法、踢功令人印象深刻。儘管李小龍身懷絕技，但在充滿種族歧視的好萊塢，卻沒有當上男主角的機會。由他構思的「功夫」影集，裡頭的中國人角色最後還是由白人演員大衛卡拉丁擔

李小龍用手比著鏡頭的英武造型，使他成為空前絕後的偶像。

綱。這些遭遇加深了李小龍內心的不平感受,加上作為中國人在近代史上的恥辱感,使得日後李小龍在自己的電影中十分著重民族英雄形象的塑造。他的夢想就是擺脫依附白人英雄,直接以中國人的英雄形象頂立於世界。

然而,這種夢想在好萊塢沒有實現的可能,1970年他回到了香港尋找機會。在嘉禾公司老闆鄒文懷的欣賞下,一口氣拍了羅維導演的「唐山大兄」和「精武門」,這兩部片在港、台和東南亞創下很高的票房紀錄,使得李小龍一夕成名。接著,李小龍與鄒文懷合組協和公司,拍攝了「猛龍過江」。這部片子開創了華人電影打入國際市場的紀錄,李小龍傳奇的武打功夫使他成了世界偶像,「Bruce Lee」成為一顆閃亮的世界巨星,同時也使片中的羅禮士日後成另一武打巨星。

「猛龍過江」的轟動使得好萊塢認真看待李小龍的分量,美國明星詹姆斯柯本原擬邀請李小龍拍片,但卻遭拒絕,因為李小龍已不願當白人英雄的配角。接著,協和與華納公司合拍「龍爭虎鬥」,李小龍終於得以在好萊塢的影片中擔任首席男主角。1973年,李小龍的第四部片子是「死亡遊戲」,然而就如片名一般,片子尚未殺青時,李小龍突然過世,死時年方三十三歲,令全球影迷錯愕不已。

這一年7月20日晚上五點左右,鄒文懷與李小龍到女星丁佩家中討論「死亡遊戲」的劇本。兩小時後,李小龍感到暈眩頭痛,服了丁佩給的止痛藥,並躺在丁佩床上小睡

▼李小龍電影中經常出現的三個角色:李小龍(左二)扮演維護民族尊嚴的英雄好漢,苗可秀(右一)扮演李小龍的銀幕情侶,魏平澳(右二)則是幫助外國人欺負中國人的漢奸走狗。圖為電影「猛龍過江」劇照。

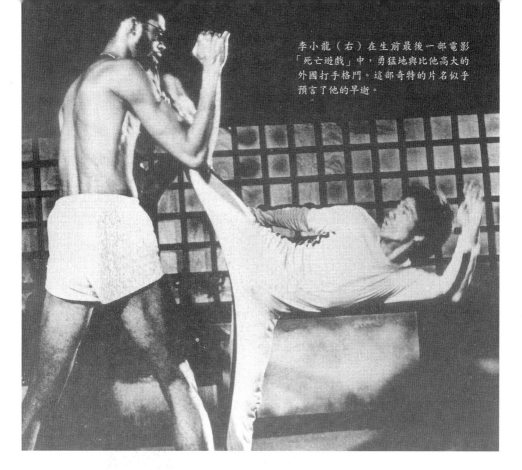

李小龍（右）在生前最後一部電影
「死亡遊戲」中，勇猛地與比他高大的
外國打手格鬥。這部奇特的片名似乎
預言了他的早逝。

片刻。八點左右，鄒文懷獨自赴晚宴，留下丁佩陪李小龍。九點半，鄒文懷打電話問丁佩和李小龍要不要來，卻發現李小龍沉睡不起。他立刻趕過去，仍然叫不醒李小龍，於是召請救護車將李小龍送往伊麗沙白醫院，李小龍在抵達醫院後不到一小時即告死亡。

由於事後驗屍發現李小龍胃中留有大麻煙殘漬，以及其死亡前與艷星丁佩獨處的情形，曾在當時社會上造成許多蜚長流短。但此案審理期間，驗屍專家最後一致決議，李小龍的死因是因對止痛藥高度過敏而致急性的腦水腫，澄清了外界的訛傳。儘管李小龍過世了，但他廣大的影迷似乎永遠記得他。日本《馬路秀》電影雜誌在李小龍過世的十年後仍然選出他為最受歡迎的男星，足見其魅力依舊。有關李小龍的海報、照片和玩偶始終是李小龍迷的珍藏。１９９３年，福斯公司在李小龍逝世二十周年時，拍攝發行了「李小龍傳」，然而影片發行的前夕卻發生一件極不幸的事情，李小龍的兒子李國豪重蹈父噩，在拍攝西片「烏鴉」時，因技術人員的失誤，被爆破物擊中，大量流血，送醫後十二小時後死亡，時年二十八歲。李國豪英年猝逝不僅再度震撼影迷，也造成某種宿命輪迴的悲嘆感覺。

回顧前塵，李小龍和他所帶來的一切既燦爛又神祕，從未有人能以三部半電影就留下如此令人懷念的永恆形象。無論是中國人眼中的李小龍，或世人眼中的Bruce Lee，那短短三年的電影生涯始終散發著迷人的風采，以及在武術世界中立下了無可超越的至尊地位。

# 1973 林懷民創立雲門舞集

## 巧妙結合東西文化內涵
### 開創戰後台灣文化傳奇

雲門舞集演出「白蛇傳」的劇照。

　　在戰後台灣社會中，很少有文化團體像「雲門舞集」那般，肩負著嚴肅的社會和文化使命，持續不斷地探索生命的體驗，感染了一批又一批的觀眾，歷二十餘載而不衰，其情之盛、其志之堅，成了台灣文化的傳奇。

　　1973年9月29日，台灣第一個現代舞團「雲門舞集」在台中中興堂舉行首場公演，共演出八支舞，內容和配樂充滿傳統中國的意境，接著在台北公演時，出現罕見的爆滿現象，尤其是青年學子湧進場內欣賞現代舞蹈，這件事本身就跟雲門的誕生一樣，有著特殊的意義。

　　就跟所有的傳奇一樣，「雲門舞集」源於一個特殊的歷史背景。１９７０年代的台灣擺脫了經濟的貧困，流行文化無論是電影、電視、文學小說都達到了高峰，民眾知識水準和消費能力的提高為精緻文化創造了空間。許多年輕人急著探索自我，胸中一股強大的創造，熱情需要釋放，他們無法在美國的文化中找到自己靈魂的根源，然而哪裡能提供答案？這些惱人的思慮與澎湃的激情象徵了一個文化理想主義時代的來臨。

　　１９６０年代中期，一些旅美舞蹈家返台講課，介紹了關於現代舞的觀念與技巧，同時也有少數美國現代舞團來台表演，一名文藝少年林懷民抱著崇敬的心情經常前來觀看。當時他沈溺在文藝創作中，早熟聰慧，感覺到對舞蹈藝術的濃厚興趣，卻沒有真正地穿起舞衣。１９６９年，林懷民赴美進修，原本在密蘇里新聞學院攻讀，後轉到愛荷華大學主修英文。由於藝術課程是必修，林懷民開始跳起現代舞，並編了生平第一支舞作「夢蝶」。從此，這位年輕的舞者與現代舞結下了一生的情緣，也帶給了台灣社會新的文化體驗。

　　１９６０年代末期的美國處於反戰的高峰，叛逆氣息濃厚，也是年輕人追夢的年代。林懷民身在美國，目睹了種種浪潮，而且隨著海外保釣運動風起雲湧，林懷民也跟著所

雲門舞集以傳統的精神內涵，搭配現代舞的外在形式，為台灣的文化內涵開創了嶄新的面貌。

雲門舞集創辦人林懷民(前)自身
鑽研現代舞,亦親自下場表演。

有中國留學生一樣，受到民族主義情緒的衝擊，進一步地強化了其原來的民族意識和情懷。這種情形並非林懷民所獨有，而是代表著整個時代的思維和情感。年輕人面對壟斷性的西方文化，開始質疑自己的根源何在？文化成果何在？因此，「唱自己的歌」、「跳自己的舞」、「畫自己的畫」成了新生代藝術家共同的精神語言，也是號召社會大眾時最響亮的口號。

1973年，林懷民由《呂氏春秋》中取「雲門」二字，開啟一段台灣現代舞的輝煌歷程。這個舞團包括了鄭淑姬、何惠楨、吳秀蓮、王雲幼、杜碧桃、潘芳芳、吳素君、劉苑玉等八名女舞者以及劉紹爐、葉台竹、林懷民等三名男舞者，平均年齡才二十出頭。儘管經濟上十分拮据，但他們卻堅定不移地走上現代舞之路，社會各界也給予慷慨的讚語，各種藝術和文化評論一致叫好。林懷民曾為經營的瑣碎挫折所苦惱，幾番想退，但年輕舞者的堅持、社會的期待以及他自己的使命感，都使得他不斷重振精神，持續將路走得更廣更深。

在「中國人作曲、中國人編舞、中國人跳給中國人看」的信念下，雲門舞集汲取了大量傳統中國文化的養分，1974年發表了「奇冤報」、「哪吒」、「待嫁娘」、「八家將」等舞。1975年6月，林懷民邀請賴德和作曲，編作了「白蛇傳」。這齣大型創作

「薪傳」一劇中「渡海」的一幕。

林懷民在實驗舞展預演中的舞姿。

無論就舞蹈的設計、配樂、道具佈景等各方面來說,均稱經典之作,受到海內外觀眾的喜愛。對於雲門早期的舞者,這支舞在他們身上留下的感動,幾乎等同於其藝術生命之源。

1970年代末期,經過傳統中國的巡禮之後,雲門開始把目光放在台灣的土地經驗上。這段時期也是鄉土文學興盛之時,許多新興的年輕作家主張文學應根植於土地,他們的文風樸直,題材多集中在城鄉基層的小人物,表現濃厚的人道情懷。由於這種文學形態中的政治關懷隱含著階級色彩;所以曾在知識界掀起一場鄉土文學的論戰。雖然論戰本身並無勝負可言,但民族本位和關懷鄉土迅速發展成主流的文化意識。雲門自不可免於這種自我探索的新浪潮,1977年起,林懷民率領團員到台灣鄉下演出,同時由台灣歷史取材,林懷民連續編了「吳鳳」、「薪傳」和「廖添丁」等舞劇,其中「薪傳」反映台灣先民渡海來台的艱辛與悲壯,場面恢宏,配樂採用民俗音樂家陳達所作的「思想起」,勾起濃郁的懷古幽思。「薪傳」是雲門最重要的舞劇之一,後來多次演出,場場轟動。「廖添丁」則是描述日據期間抗日英雄廖添丁的事蹟,反映異族統治期間台灣人民不屈不撓的反抗精神。這些舞劇具有深刻的民族意識和氣節,其藝術性與精神內涵在演出時均十分激勵人心。

1980年代開始,台灣的社會和文化開始走向多元化,劇團和劇場如雨後春筍般出現,呈蓬勃發展之貌。雲門開闢了「雲門實驗劇場」,提供給有志於劇場創作的年輕人揮灑的園地,從而協助培育出大批的戲劇、設計和舞台專業人才。與1970年代不同的是,1980年代本土意識衝擊著台灣的政治和社會,與稍早鄉土意識不同的是,這種本土意識更強調台灣本地的文化、語言和習俗的特徵,以及台灣戰後歷史中的政治傷痕。同時,在新的歷史環境中,這種本土意識淡化了台灣與大陸的臍帶關係,這段時期

雲門的主要作品有「我的鄉愁、我的歌」。儘管時代環境的變化使得雲門轉向新的自我探索，然而台灣的改變不僅只是自我定位的問題，也是一系列經濟發展後遺症的併發。社會富裕了，但工業污染的問題空前地嚴重，物慾橫流，金錢遊戲大行其道。這種種都讓林懷民感慨萬分。1988年8月17日，林懷民召開記者會，對外宣佈，由於大環境和財務問題，雲門宣佈暫停運作。在過去的十五年間，雲門舞集創下了輝煌的成績，演出場次達六百場之多，發表作品一百一十一支舞作，主辦活動三百五十五場，出國十四次，到過十五個國家演出。然而重要的不是這些數字，而是這些數字背後所代表的奮鬥、耕耘、春風化雨以及一整代人共同追求的夢想。

這樣的夢想其實也是林懷民以及雲門舞者的藝術生涯，失去這樣的夢想幾乎意味著未來生涯的空白，因此雲門的暫停代表著休息和反思，它的復出只是時間的問題。1989年的天安門事件使得林懷民編了「輓歌」，這是林懷民在雲門暫停期間的唯一創作。接著1991年春，雲門宣佈復出，並發表「女媧的故事」、「川流」、「綠色大地」、「射日」等舞劇。1990年代的雲門舞集除了貼近時代的脈絡之外，作品呈現了更多的哲學意象，探討著人和大自然之間的關係，林懷民的視野開始放到全體人類生生不息的共同體驗，取材涵蓋著不同的國度與文明。

1993年，雲門舞集首度赴中國大陸表演，以「薪傳」一劇震撼大陸的文化界，成了兩岸藝術文化交流的高峰。對於來自充滿民族情懷的1960年代的林懷民而言，首度帶領雲門踏上中國大陸的土地，自然是雙方情感上強烈的激盪。

1997年，林懷民創作大型舞作「家族合唱」，運用大量的照片影像，舞出百年來台灣庶民的血淚史。這是新的時代環境下新的自我探索，從雲門誕生的一刻開始，這種歸屬感的尋找即如影隨形，每個階段的呈現都反映著當時社會的主要思維與情感。「家族合唱」是雲門世紀末的獻禮，也是雲門第一千場的演出。林懷民認為它無關政治，而是人性的感懷，是庶民的祭禮。毫無疑問，雲門走過四分之一世紀，是台灣第一個現代舞團，在使命感的驅使下，藝術成就極為輝煌。它不僅記錄了台灣社會情感的軌跡，也因為許許多多人的參與和灌溉，使得雲門本身成為台灣文化史中值得驕傲的一頁。

# 1974 三冠王美夢成真

全民投入凝聚社會情感

奠定棒運發展良好根基

▲遠東區少棒賽，中華少棒隊對菲律賓少棒隊之役，親友們齊聚電視機前，觀賞著現場實況轉播。

　　中華立德少棒隊於１９４７年９月４日帶著世界少棒冠軍的錦標，在台北進行凱旋遊行，受到市民熱情的夾道歡迎。稍早於８月２６日之時，中華青棒以及中華美和青少棒也雙雙以世界冠軍之姿凱旋返抵國門。自１９６９年金龍少棒首度揚威威廉波特以來，經過六年的力爭上游，在一場又一場精采又艱辛的比賽之後，國人殷切盼望的「三冠王」美夢終於成真。

　　1968年，日本少棒明星隊來台灣與本地球隊舉行友誼賽，結果竟敗在紅葉隊與中華聯隊之手，給台灣社會一個莫大的驚喜，開啟了一段棒球運動的黃金歲月。1969年，台灣首次參加世界少棒聯盟的比賽，以金龍隊為主體的中華少棒隊在政府單位、民間團體和個人紛紛解囊相助下，得以出國比賽。結果金龍隊表現極為優異，首先擊敗日本少棒隊，奪得太平洋區冠軍，證明中華少棒隊改用硬式棒球和國際規則，實力依然堅強。等到中華隊遠赴太平洋彼岸，在威廉波特三戰皆捷，榮獲世界冠軍時，台灣社會欣喜若狂，人人奔走相告，大街小巷熱鬧非凡，一股強烈的民族自尊心與自豪感熊熊地燃燒起來。金龍旗在威廉波特飄揚，少棒球員們返國後，受到民族英雄般的待遇，金龍投手陳智源被譽為「魔投」，教練吳敏添則被形容為神機妙算的諸葛孔明。至於棒球理事會理事長謝國城，在社會沉醉於勝利的歡欣鼓舞之際，冷靜地面對棒球運動的長期問題。於是，一個以社會人心為後盾，配合教育體制和體育措施的長程棒球發展計畫正式起步。

遠東區少棒賽在馬尼拉舉行，菲律賓華僑為中華立德少棒隊加油助陣。

　　1970年，中華七虎少棒挾著上一屆金龍少棒的餘威，在太平洋區域賽中銳不可擋，打擊火力強大，大敗日本和歌山隊，首度讓日本少棒界輸得無話可說。這種輝煌的戰果加強了有關七虎隊將蟬連世界冠軍的樂觀預期，無形間警覺性不夠，結果七虎隊在美國的首場比賽中敗在尼加拉瓜隊伶俐的左投手巴茲手中。七虎隊輸了球，從台北時間凌晨兩點即守在電視機及收音機旁，憂心一夜的國人，此刻幾乎同聲一哭。教練方水泉說：「回去怎麼交代啊！」謝國城強忍悲傷，哽咽地安慰著孩子們，吳敏添則伏在窗前，沉默不語。

　　儘管七虎隊的失利激發了許多不滿和檢討的聲音，但少棒運動的發展不僅沒有因此走下坡，反而經此刺激，更加突飛猛進。１９７１年，巨人隊擊敗金龍隊獲得全國少棒代表權，由於有了七虎隊失敗的經驗，這一年無論是巨人隊還是全國球迷都抱著較為審慎的心理，避免盲目樂觀，在遠東區預賽中，巨人隊步步為營，擊敗日本調布隊，令一心重振日本少棒雄風的鈴木教練感嘆不已。在威廉波特的世界少棒賽中，巨人隊輕鬆進入決賽，在冠軍爭奪戰中，巨人隊遭遇來自美北的蓋瑞隊，該隊有一名身材高大、強投強打的超級選手麥林登，比賽鏖戰九局，費時三個小時，巨人隊終於辛苦地擊敗對手，重登世界冠軍寶座。這場比賽可說是少棒史的經典之作，也是一整代台灣人難以忘懷的比賽，綽號「二齒」的王牌投手許金木也成為台灣少棒的代表性人物。台灣社會從前一年失敗的苦悶中重嘗勝利的滋味，街頭巷尾燃放鞭炮，彷彿民族大業有成。巨人隊的勝利，提高了台灣棒球界的信心，此後球賽越打越順，幾乎所向無敵。

　　１９７２年，一向被視為弱隊的台北市少棒隊出乎意外地脫穎而出，成為新的少棒盟主。這種意外讓渴望保持世界冠軍寶座的國人感到幾分不安，尤其這一年是中華少棒、青少棒同時進軍世界的重要年份。然而，台北市隊在遠征國外的比賽中，卻以其極為特殊的球風寫下新的一頁。這些特點包括教練林信彰調度靈活出色、團隊配合良好、守備無懈可擊、瞬間單手觸擊、適時的安打等等，使得台北市隊的實力雖然最初受到外界的疑慮，但後來卻成為四年來最順利贏得冠軍的球隊。教練林信彰、投手陳志舜揚威異域。至於青少棒部分，首度參賽的美和青少棒隊亦順利地過關斬將，取得世界青少棒冠軍，投手劉秋農成為風雲人物，「二冠王」象徵著台灣棒球運動努力不懈的進一步成果。

中華立德少棒隊投手林文祥(中)凱旋返國時，父母和弟弟都
到機場迎接。林文祥在這屆比賽中擊出五支全壘打，平了
美北隊麥林登在１９７１年創下的紀錄。

　　隨著棒球人口急速增加，幾乎擴展到所有男女老幼，少棒發展邁向巔峰。孩子們夢想成為少棒國手，光宗耀祖，這時的少棒已超越兒童體育的範疇，實質上成為重要的國家目標。在這種主客觀條件下產生的少棒代表隊，在國外已無真正對手可言。１９７３年，代表參賽的巨人少棒隊，無論在遠東區預賽或世界賽中，均以秋風掃落葉的方式，打得手瞪目結舌，毫無招架之力。做為主辦單位兼地主國的世界少棒聯盟，在美國球隊連續大輸之後，感到莫名的恥辱，開始質疑中華少棒的訓練方式和參賽資格。儘管如此，台灣棒球運動的發展毫無減弱的跡象，華興青少棒隊又順利拿下世界青少棒冠軍，繼續保持了「二冠王」的成果。此時，謝國城決定繼少棒、青少棒之後，勇敢地走向世界青棒大賽。這是台灣發展成棒的重要暖身運動，過去總有幾分遲疑，現在大批優秀的少棒、青少棒選手成長之後，青棒發展已是順勢之舉。

　　１９７４年，中華高雄立德少棒隊、屏東美和青少棒隊，以及以屏東美和為主體組成的中華青棒明星隊，分別進軍三級棒球的世界比賽。這三支隊伍實力強勁，先後在羅德岱堡世界青棒賽、蓋瑞世界青少棒賽，以及威廉波特世界少棒賽，奪得世界冠軍，實現了國人企盼已久的「三冠王」美夢，為台灣社會帶來無比的自豪與榮譽。青棒投手高英傑、捕手李來發、青少棒投手徐生明、強打李居明，少棒投手林文祥等明星球員，皆成了第一屆「三冠王」的指標性人物。

　　「三冠王」是台灣棒球運動的轉振點，它代表著新一代在國際體壇上競爭的自信心，消除了上一代因落後貧窮而曾有過的自卑感。儘管有一些留美學人以少棒在美國僅是遊戲聯誼性質，對台灣社會的熱衷，顯得不以為然，然而這種看法實質上脫離了台灣社會成長的脈動，以及忽略了整個社會在發展棒運中凝聚而成的一種整體感。隨著數度榮獲「三冠王」，成棒的發展基礎也日益雄厚。等到１９８０年代，中華成棒隊成了國際棒球界的一支勁旅，屢創佳績，為日後職業棒球的誕生做了充分的準備。

　　而這段令人難忘的棒球歲月，一場又一場緊張刺激的比賽，凌晨從被窩裡爬起來觀看衛星實況轉播的熱情，一支全壘打帶來大街小巷的驚呼聲，或是一場輸球帶來的懊惱與氣憤，都已成為絕大多數人日後甜美的回憶。

▶ 中華青棒隊獲得世界冠軍的兩大功臣：投手高英傑（右）和捕手李來發（左）。

# 1974 謝東閔推動「客廳即工廠」

### 配合產業結構政府主導推動
### 提升家庭收入邁向小康境界

利用晚上閒暇時間，一家人在客廳
裝配零件，增加收入。此照片反映
出台灣家庭克勤克儉的情形。

　　謝東閔先生於1972年擔任台灣省主席之後，積極推動「客廳即工廠」計畫，將
客廳做為家庭副業的生產中心，協助貧窮家庭增加收入，以期脫離貧窮，迅速達到小康
的生活水準。

　　1970年代中期，台灣完成了初步的農業經濟的累積，並進入勞力密集的工業發
展階段。由於勞力充沛、工資低廉，因此台灣得以生產大量的初級工業產品，外銷到國
際市場上。這些常見的商品包括耶誕燈飾、工藝品、燈泡、雨傘、鞋子、文具、成衣、

零件、塑膠用品等等。所謂家庭副業就是利用晚上或是假日的時間,在自家客廳組裝這些產品,賺取代工工資,作為補貼家用的副業。所以家庭代工成為1970年代相當普遍的社會現象,晚上吃過飯之後,全家人坐在客廳組裝塑膠花、玩具、或原子筆,這也是這個時代家庭經濟生活的寫照。

謝東閔主席所倡導的「客廳即工廠」的觀念,不僅在鼓勵人們多勞多得,也是有計畫地協助家庭代工建立完整的產銷體系,包括在每一社區設置手工藝品加工站,逐步成立縣市合作社及全省聯合社,同時根據各地區的特殊條件,成立各種產品的專業地區。省政府社會處同時透過四項途徑推廣此項計畫:一、各區國民就業輔導中心聯合各業務地區內民眾服務分社,接受民眾志願參加手工藝登記工作。二、利用各縣市現有的手工藝生產合作社,分別負責民眾手工藝傳授與推廣作業。三、各項手工藝作業儘量由各生產合作社直接洽請廠商營運產銷。四、各廠商向各區國民就業輔導中心提供的手工藝品求才登記,如能合乎在家作業條件者,一律轉介業務地區內各生產合作社,與各該廠商直接連絡承擔。1974年,謝東閔到南投草屯鎮挨家挨戶參觀手工藝品、塑膠鞋、毛絨編織等加工作業的情形,看見許多工人是夜間部學生,利用這種方式賺取學費和生活費奮發向上,謝東閔十分感動,認為這就是「客廳即工廠」的理想,藉著政府的協助,讓貧窮人家得以搭上經濟發展的列車,自立自強,脫離貧窮,達到均富社會的理想。隨後,省政府在草屯建立一所工藝研究所,展出各種省產手工藝品,同時也聘請許多知名的師傅,傳授一些即將失傳的手工藝品製作技術。謝東閔也帶領同仁到各縣市鼓勵民眾多利用家裡的空地種植牧草,養牛或養雞、養鴨。

就經濟思想層面而言,「客廳即工廠」本質上為傳統中國小農經濟的思想,過去中國農村就有類似的養殖和編織的副業,謝東閔則是利用台灣在1970年代的經濟條件,透過政府的大力協助輔導,使得家庭副業異常興盛,在迅速消除貧窮方面確實獲得良好的效果。此外,謝東閔推動此項工作與他政治信念中的「均富」理想有著非常密切的關連,這一點必需回溯其傳奇的人生。

◀ 省主席謝東閔為早期重要台籍政治人物之一,其所推動的「客廳即工廠」計畫對台灣經濟發展有很大的貢獻。圖為他在會議上宣佈進行全省大掃除。

　　謝東閔是台灣光復後極具份量的台籍政治人物之一，日據時代他原就讀於「州立台中一中」，課堂上日本老師常在言語上羞辱台灣學生，令謝東閔十分氣憤。此外，日本學生也常欺負台灣學生，雙方經常發生衝突。在這種受壓迫的環境，謝東閔決定赴大陸接受自己國家的教育，學習自己的文化。１９２５年，１９歲的謝東閔揮別家人，隻身由日本赴上海，先入一所私立高中，再入東吳大學法學院就讀。由於家中經濟境況並不富裕，謝東閔必須找兼差工作，求學過程十分艱苦，最後他插班到廣州中山大學政治系，靠著寫作所得的稿費求學與生活。七七事變後，謝東閔曾避難香港，後又轉往廣西。１９４３年，日本在太平洋戰爭中漸呈劣勢，國民黨中央在福建漳州成立台灣直屬黨部，該黨部主任委員翁俊明到桂林，拿著中央組織部的派令，宣佈謝東閔為委員和宣傳部長。後來，國民黨在重慶召開第六次全國代表大會，謝東閔成為七位台籍代表之一，接受蔣介石委員長的宴請。蔣委員長曾殷殷垂詢謝東閔有關台灣的事務，餐後在大夥紛紛告辭時，蔣委員長突然叫住謝東閔：「謝同志，請你留步，你可以轉告台灣同胞，台灣光復的日子快到了。」謝東閔事後回憶說，這是他一生中聽到最高興的話，為了這一句話，他興奮地睡不著覺，想到當年為了不受日本人欺負來到大陸求學，參與中國的抗戰事業，二十年後台灣終於要光復了，他可以返鄉了！

　　台灣光復後，謝東閔擔任過高雄州接管委員會主任委員、高雄縣長、救國團副主任、國民黨中央委員會副祕書長、省府祕書長、省議會議長，在民間聲望極高。１９７２年，謝東閔受知於蔣經國，出任台灣省政府主席，並於１９７８年由蔣經國提名，成

▲除了各式組裝品之外，手工編織品也是「客廳即工廠」計畫中的重要項目。

為中華民國第六任副總統。１９７６年，台獨人士王幸男以郵包炸傷謝東閔，並批評謝東閔為「台奸」，謝東閔的回應是：「我一生值不值得，我不知道，不過我自己問心無愧，人家怎麼想是人家的事。我是國民黨員，台灣是國民黨領導的政府光復的，我為國家，為自己家鄉，為黨盡忠服務有何不對？要炸是他的事，我問心無愧……。人家看得起我，我是謝東閔，人家看不起我，我也是謝東閔。我一生都是這樣，生活、府居，待人接物的基本人生觀都沒有改變。」

此外，謝東閔認為中國人重視家庭，中國最高的政治哲學是「修身齊家治國平天下」，不過中國的社會基礎在家庭，卻無家政教育，豈不是怪事一件。這便是他興辦「實踐家專」的初衷，也可能是他全力推廣家庭副業背後的思想基礎，即讓家庭在生產活動中建立相互提攜、共同奮發向上的一體感。

或許，謝東閔個人走過的路代表著台灣歷史的另一個縮影。不過對於平民百姓而言，謝東閔的形象始終伴隨著「客廳即工廠」的歲月，那段清貧的日子裡，一家人坐在客廳組裝各式手工品，省吃儉用，為的是讓日子一天比一天好，以便能買冰箱、電視、更新的家具等。生活雖然儉僕，但那股對未來美好的期望，以及共同奮鬥的心情，日後皆成為整個社會溫馨的回憶。

▶ 台灣早期工業發展以初級加工業為主，「客廳即工廠」計畫即搭配這種經濟結構，期望發揮相輔相成的效果。圖為一家食品工廠蘆筍罐頭生產的情形。

# 1975 蔣中正總統逝世

## 八年抗戰族英雄　　治台功過留予史家

　　1975年4月5日，二十世紀中國歷史上的重要人物蔣中正總統因病逝世，6日凌晨二點，行政院新聞局正式發佈新聞：「總統蔣公，春節肺炎復發，經加診治，原已有進展，於今日上、下午，尚一再重詢蔣院長今日工作情形，不幸於今日下午十時十二分，發生突發性心臟病，經急救至午夜十一時五十分無效，遂告崩殂。醫師王師揆、熊丸、陳耀翰　中華民國64年4月5日」

　　這天夜裡台北傾盆大雨，4月6日全台籠罩在悲戚不安的氣氛中。從1949年以來，蔣中正已成為台灣無可替代的權力中心與精神象徵。在他的鐵腕統治下，台灣無論在政治、經濟、文化教育上，皆被建設為反攻大陸的基地，在高壓中塑造凝聚力，在指令中積極建設。這種集體主義有效地促成島內的穩定狀態，累積了經濟實力；然而在人民情感上卻產生了兩極化的效果：一是被鎮壓者的憤恨、仇視和無奈。二是從貧困中脫身的百姓的滿足、幸福和自豪。客觀上，台灣從戰後的風雨飄搖、兩岸大小戰事不斷，到戰士解甲歸田，人民休生養息近四分之一個世紀。這是一段風雨同舟的歲月，人民生活日益富足，而蔣中正則被塑造成具有神性的偉大舵手，帶給人民信心與希望。因此他的逝世帶給台灣人民內心極大的衝擊，如同頓失心靈的依靠而感到徬徨、失落和恐懼。大街小巷瀰漫著哀傷的氣氛，電視螢幕一律黑白播出，娛樂節目取消，代之以有關蔣中正一生的紀錄片。許多社會團體分發黑紗，供行人配戴。

　　隨後，蔣中正的遺體由榮民總醫院移至國父紀念館，供民眾瞻仰。在靈柩中，蔣中正身穿長袍馬褂，佩采玉大勳章。身旁放著他逝世前經常閱讀的《三民主義》、《聖經》、《荒漠甘泉》和《唐詩》各一冊。每天均有十餘萬民眾大排長

十多萬名群眾在台北國父紀念館外排隊，等候瞻仰
蔣中正總統的遺容。

龍，進入國父紀念館瞻仰遺容。４月１６日，奉厝大典舉行，上午九點三十五分啟靈，鳴放二十一響喪砲，十二名侍衛抬著靈柩移於靈車上。蔣夫人宋美齡女士由蔣經國與蔣緯國攙扶，帶著蔣家家屬緊隨在靈車之後，治喪大員、各國特使、政府高級文武官員、民意代表等二千多人執紼，至光復南路口，蔣夫人牽家屬行禮答謝，執紼人員止步，靈車即向中興大橋方向駛去。奉厝路線沿途上約有一百五十萬民眾設置路祭，當靈車經過時，民眾皆跪拜祭祀，悲泣失聲。

蔣中正的陵寢設於桃園大溪慈湖，此地景近似蔣氏故里浙江省奉化縣溪口，他生前常在此地散步讀書。蔣中正光復大陸的心願無時或忘，由國民黨黨史會主任秦孝儀所擬的蔣中正遺囑中，也充滿了復國之思。遺囑全文如下：「自余束髮以來，即追隨總理革命，無時不以耶穌基督與總理信徒自居，無日不為掃除三民主義之障礙，建設民主憲政之國家，艱苦奮鬥。近二十餘年來，自由基地日益精實壯大，並不斷對大陸共產邪惡展開政治作戰，反共復國大業，方期日新月盛，全國軍民，全黨同志，絕不可因余之不

▲蔣中正總統靈車所經之處，民眾披麻戴孝，高舉血書，誓死團結。

起，而懷憂喪志，務望一致精誠團結，服膺本黨與政府領導，奉主義為無形之總理，以復國為共同之目標，而中正之精神，自必與我同志同胞，長相左右，實三民主義、光復大陸國土、復興民族文化、堅守民主陣容，為余畢生之志事，實亦海內外軍民同胞一致的革命職志與戰鬥決心，惟願愈益堅此百忍、奮勵自強，非達成國民革命之責任，絕不中止！矢勤矢勇，毋怠毋忽。」

與上述遺囑相應的是蔣中正過世後的權力佈署。國民政府遷台後的兩大權力中心是蔣中正與陳誠，蔣經國雖然受到刻意的培植，掌控政戰組織和青年組織，負責情治、宣傳與群眾工作，不過在權力的位階上仍屬資淺；雖然如此，１９６５年陳誠過世後，蔣經國在步向最高權力之途上已無任何阻礙，他在黨政軍系統上不斷晉升，接任行政院長時，蔣中正的健康每下愈況，蔣經國成為實質上的最高掌權者。而且由於身為蔣中正的兒子，他的權力未受層峰任何質疑。

蔣中正過世的隔日，副總統嚴家淦根據憲政程序，在總統府宣誓就任總統職務，由司法院長兼大法官會議主席田炯錦監誓。４月２８日，國民黨召開第十屆中央委員會臨時全體會議，進行真正的權力安排。會中，嚴家淦等二十位中常委連署提案：「建議中

▲金門軍民在蔣中正總統當年所書「毋忘在莒」的巨岩下高舉國旗，呼喊口號，誓言繼續反共復國大業。

◀ 戴孝期間的行政院長蔣經國，帶領民眾呼喊中華民國萬歲。

央委員會設主席一人，並為常務委員會之主席，一致公推蔣常務委員經國擔任」，此外，中央委員劉季洪等七十四位委員連署：「保留黨章所載總裁一章，藉申哀敬，並為永久之紀念；中央委員會設主席一人，綜攬全般黨務，並公推蔣經國同志擔任」。大會將兩案合併討論，一致通過，並決議於第十一次全國代表大會時，提請追認，並修改黨章。

由於實質的權力秩序早已十分明確，所以蔣中正過世之後，國民黨內未出現代何權力鬥爭，唯一可能的權力矛盾之源是蔣宋美齡。這一年，蔣宋美齡因治病為由遠赴美國，避開了可能的尷尬局面。

總的來說，蔣中正的逝世對台灣人民產生極大的心理衝擊，但在悲痛之中，時代又往前邁了一大步。蔣中正的政策使得台灣政治、經濟、社會和教育文化體制成為反攻大陸的動員體系；外交上，強烈的民族意識使得他拉攏美國的同時，又堅拒任何「一中一台」、「兩個中國」和「台灣獨立」的安排，與美國經常處於暗鬥的緊張關係。蔣經國時代的開啟，代表國民黨已開始接受在台安身立命的現實，具體政策轉變為大量的本地建設工作，相應地，政治也開始逐步本土化與民主化，外交上亦不排斥與中共並存於國際組織，復國逐漸成為純粹精神上的意義。

至於蔣中正，一位在民國初年崛起的軍事強人，取得國民黨最高權力，領導中國人民進行了八年的抗日戰爭，取得民族解放的巨大成就，然而卻在他權力巔峰的一刻，瞬間跌落，四年內戰中成為被革命推翻的對象。在中國東南一隅的台灣，蔣中正繼續發揮其影響力，他所遺留的影響力對中國的未來仍將有相當的衝擊。這樣的經歷與是非功過，無論在中國史或台灣史中，都將引起後世史家的長期爭論。

# 1975 瓊瑤編織愛情美夢

曲折人生際遇化為小說電影
偶像愛情故事風靡青年男女

▲秦祥林（右）與林青霞是1970年代瓊瑤愛情電影中的主要男女主角，他們的造型成為當時俊男美女的典型。

　　1970年代中期，儘管光復神州的口號依然壟斷了政治思維，但社會的娛樂活動正趨於蓬勃發展，夢幻式的愛情電影風靡民間，前後歷十年不衰。

　　偶像式的俊男美女為「美」的標準下了不容置疑的定義，他們之間夢幻式的愛情成為青年男女比擬的對象。這些超級巨星一開始是鄧光榮和甄珍，接著是秦祥林、秦漢、林青霞、林鳳嬌（雙秦雙林），最後還有劉文正、呂秀齡、費翔等人，這些漂亮的臉蛋共同寫下了1970年代台灣的世俗愛情，背後的編織者則為名作家瓊瑤。

　　儘管瓊瑤的文學作品很少被評論家列為「經典作品」，相反地，批評者常以嚴苛的言詞形容這些虛幻縹緲、不食人間煙火的愛情故事。不過沒有人能否認，這些愛情小說曾長期佔據了女學生的書包，使她們在準備各種考試的苦悶日子中，得以一解少女懷春之思。可以說，如果不記錄瓊瑤編織愛情美夢的歷程，以及社會如何領受這些天邊的雲彩，台灣的社會生活史將是不完整的。

　　1975年瓊瑤的愛情處境，就如同她的小說一般，正歷經著痛苦掙扎的階段，她和事業夥伴平鑫濤的戀情持續多年未見結果，不過社會觀念正在改變，人們從不諒解他們到逐漸感受到他們的真情。瓊瑤自己說，她這一生，在她的小說中、她的歌中，都可以找到痕跡。然而她的小說又是如此多產，似乎又印證了她充沛無盡的感情以及曲折坎坷的人生；不過幸運的是，她的小說也如同西方童話一般，以「王子和公主從此過著幸福快樂的日子」劃上句號，瓊瑤真實人生的收場也是如此。或許，這種喜劇結尾是瓊瑤小說讓年輕人落淚，又不斷帶來希望的原因。

　　瓊瑤生於抗戰時期的成都，童年時曾在湖南躲避日軍，並目睹日本兵暴行的恐怖一幕，流離失所的戰爭歲月深植於她的腦海中。1949年，瓊瑤一家又因逃避國共內戰遷到台灣，父親在師範大學教書，全家住在學校分配的日本式房子，終於可以過著安定的日子。雖然如此，上了中學的瓊瑤並不快樂，反而孤獨憂鬱，她的功課除了國文外，其他科目皆一塌糊塗，以致遭到父母的斥責，自卑地服安眠藥自殺，昏迷了一個星期才被救醒。十八歲那年，瓊瑤歷經了人生的初戀，熾熱狂喜卻也叛逆絕望。她戀愛的對象是大上二十五歲的老師，就如瓊瑤所描述，一旦愛情發生，就不是年齡、身份、地位、道德種種因素所能限制的，他們幾度協商分手，在理性情愛中翻騰。當這段戀情曝光後，母親怒不可遏，她將瓊瑤的厭世悲觀全部歸咎於老師，將老師一狀告到教育部。在當時保守的觀念下，這場師生戀以老師被解聘、身敗名裂做為結局。在巨大的社會和家庭壓力下逃脫的瓊瑤後來寫著：

◀ 林青霞與秦漢在所謂「三廳電影」中的餐廳一景。

▶鄧光榮與林鳳嬌在瓊瑤愛情電影中
　喝洋酒，這類影片潛意識中反映人
　們對洋化舒適生活的嚮往。

「別了，我的老師。二十歲那年，我常依著窗子，看天空有沒有燕子飛過。」這一段淒苦
的師生戀孕育了瓊瑤日後第一篇長篇小說《窗外》。

　　二十一歲那年，瓊瑤跟愛好文學、熱衷寫作的慶筠結婚，從認識到走入禮堂只有七
個月。儘管慶筠兩袖清風，但瓊瑤為他的痴情所感動，不顧母親的反對，決定與他廝守
一生。然而婚後現實的經濟問題立刻出現，再加上慶筠寫作事業不順，夫婦常陷入低落
的情緒。不久，瓊瑤生了一個兒子，在經濟壓力下，她寫了一篇小說投到《皇冠》雜誌
社，文章很快刊出了，接著她又連續投了幾篇中篇小說，《皇冠》回應都很積極，社長
平鑫濤主動寫信向瓊瑤邀稿。瓊瑤和慶筠寫作成果的消長，使得他們的關係更趨緊張，
至此，他們的婚姻已瀕臨破裂邊緣。

　　1963年，瓊瑤的首部長篇小說《窗外》刊於《皇冠》雜誌上，隨後並出版了單
行本。事後瓊瑤回憶：「我悄悄在書攤前逛來逛去，偷偷看著這本書。看到居然有人去
買書，我興奮得心臟怦怦亂跳。晚上回家，做夢都會笑。」這本小說十分暢銷，讀者反
應熱烈，但由於這是作者本人真實的故事，立刻也使瓊瑤遭受社會道德的壓力。父母來
信指責這本書是「風流自得」，慶筠更是悲傷不已，夫妻二人終於正式談到離婚之事。這
一年，瓊瑤又完成了《六個夢》和《煙雨濛濛》，首度接受電視採訪，並見了平鑫濤先
生。平先生告訴她，《皇冠》慘澹經營快十年了，現在終於遇到一個瓊瑤，或許真要起
飛了。瓊瑤與平鑫濤的合作的確代表他們事業的起飛，但這也意味著慶筠寫作夢想的落
空，隔年，瓊瑤與慶筠正式分手。

　　結束了五年的婚姻，瓊瑤感到失落與惆悵，但也離開了糾纏不清的苦惱，在平鑫濤
的鼓勵下，一口氣又發表了《菟絲花》和《幾度夕陽紅》，從此正式成為職業作家。1
965年，中央電影公司買了《六個夢》的版權，拍成《第六個夢》和《婉君表妹》兩部
電影，片子一推出，戲院門口擠得水洩不通，瓊瑤的愛情故事搬上了大銀幕，感動了成
千上萬的青年男女。她的小說同時也被改編為廣播劇，每天夜裡透過收音機伴著工作勞
累了一天的普羅大眾。

　　此時的瓊瑤，經濟上變得相當富裕，她的每一本小說都是電影界爭取的對象，而主
演《窗外》的十七歲女孩林青霞，日後成為瓊瑤愛情電影的首席女主角。這時，平鑫濤

▲鄧光榮來台訪問,他被視為「性格小生」,有大批的男女影迷。

▲玉女明星甄珍是1970年代初期瓊瑤愛情電影中的主要女主角,後來逐漸為林青霞所接替。

▲俏麗的林青霞散發著青春的氣息,是1970年代台灣最具代表性的玉女明星。

不僅是瓊瑤的事業夥伴,也因相知相陪,萌生愛意,然而平鑫濤已有家室,這段感情就如瓊瑤的小說般,注定要碰得遍體鱗傷。平鑫濤與妻子的離婚談判持續了八年,1979年,瓊瑤和平鑫濤在歷經風風雨雨後終於結婚,而這一年瓊瑤已經四十歲了。在現實人生中,瓊瑤人生的公主與王子終於得以快快樂樂地度過一生了。他們住在有假山流水的大房子裡,繼續寫小說,製作電影和電視連續劇,活在別人演的戲裡,也活在自己演的戲裡,既是戲迷,同時也是忠貞不二的演員,終身無悔。

這樣的瓊瑤筆下的愛情小說,實際上就是她完整的人生。她早期的作品有著時代的苦澀,那是童年顛沛流離、刻骨銘心的記憶。也有貧賤夫妻理想與現實的掙扎,反映著他和慶筠殘缺不全的夢。1970年代,瓊瑤名氣變大,生活富裕的時候,《心有千千結》、《一簾幽夢》、《在水一方》裡的男女主角就已不愁吃穿,可以專心談戀愛了。等到《我是一片雲》、《月朦朧、鳥朦朧》、《雁兒在林梢》、《聚散兩依依》時,那簡直就像富家子弟的愛情遊戲。男主角都是開大車、住洋房,親戚都在美國。這也是雙秦雙林電影達到巔峰的時期,情節變得非常簡單,通常都是兩位英俊的男人和兩位美麗的女人,然後他愛她,她不愛他,卻又愛另一個他,不過他卻不愛她,愛的是另一個她。此外,劇情往往發生在客廳、舞廳、咖啡廳三個相當固定的地方,所以又被揶揄為「三廳電影」。

1980年代中期,瓊瑤的小說熱在台灣逐漸退潮,卻又在大陸迅速燃燒起來,延續了相當時日。不過她所製作的電視連續劇卻始終有很高的收視率,無論台灣和大陸均是如此。無論文學評論者如何看待瓊瑤的小說,她所編織的愛情美夢對戰後台灣的大眾文化和娛樂生活,無疑有著不可抹滅的影響。

# 毛澤東逝世

### 領導共產革命建立無產階級專政
### 階級鬥爭極左路線陷人民於困局

　　1976年9月9日，中共主席毛澤東因病逝世，終年八十三歲。中共中央、全國人大常委會、國務院、中央軍委發佈「告全黨全軍全國各族人民書」，宣告了這個消息。

　　在這一刻，全中國大陸的工廠、礦場、火車、輪船和軍艦，汽笛齊聲長鳴，為毛澤東主席致哀。9月18日，中國大陸停止一切娛樂活動，百萬餘群眾在北京天安門廣場舉行追悼大會，大陸各地瀰漫著低沉的氣氛，不過經過十年文革動盪後，毛澤東撒手人寰也代表中共政治路線以及中國歷史在此出現轉折的契機。

　　毛澤東出生於湖南湘潭的一個農民家庭，1920年在長沙組織共產主義小組，隔年出席共產黨第一次全國代表大會，1924年國共合作後，以共產黨員的身份加入國民黨，當選國民黨候補中央執行委員，任國民黨中央宣傳部代理部長。1927年，國共分裂後，毛澤東在江西井崗山建立第一個農村革命根據地。與中共內部留學蘇聯的領導人不同的是，毛澤東的革命路線結合了中國歷史改朝換代的規律，不遵循城市工作游擊隊創建蘇維埃的模式，而是在貧窮的農村號召飢餓的農民向富裕的階層要地要糧，以實現中國歷史上的農民革命。

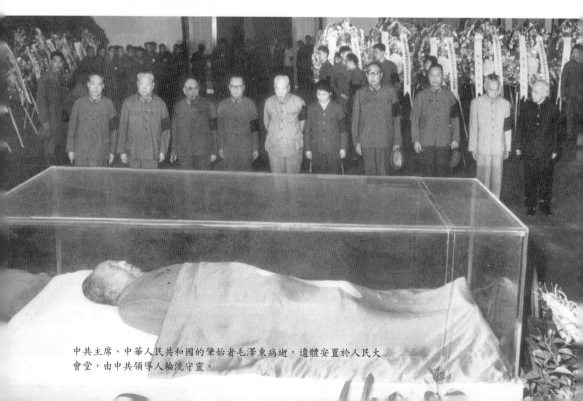

中共主席、中華人民共和國的肇始者毛澤東病逝，遺體安置於人民大會堂，由中共領導人輪流守靈。

　　儘管毛澤東的革命實踐與馬克斯思想理論有明顯的區別，但是卻在中國的國情中發揮作用，當蔣中正領導的南京政府逐步在長江三角洲鞏固勢力，並發展資本主義的建設時，中共中央同時也在江西、福建交界處建立發展的根據地。雖然如此，傳統農民革命集團兇殘的內鬥也出現在中共內部，加上嚴密的組織紀律、狂熱的宗教情懷，使得中共自我形塑成一部前所未有的戰爭機器。這部戰爭機器在承平時代儘管令人生畏，但在民族遭受外來壓迫的情境中，卻也代表了一股不屈不撓的尊嚴與力量。

　　1934年10月，中共中央根據地遭到國民黨大軍圍剿後，向西北轉進，隔年1月，中共在遵義會議中確立毛澤東的領導權。「西安事變」後，國共二度合作，中共軍隊形式上併入國民政府軍隊，實際上卻仍由黨中央指揮掌控。抗日戰爭期間，中共成功地在敵後發展游擊組織，大幅推展群眾力量，八年後累積了豐厚的政治和軍事實力。抗戰結束後，中共經過三年內戰，以劣勢裝備擊敗了國民黨部隊，取得了全國政權。1949年10月1日，中華人民共和國在北京宣佈成立，毛澤東登上天安門城樓高呼：「中國人民站起來了！」

香港中國銀行在毛澤東病逝時，貼出黑色的悼念布條，各界人士紛紛送來悼念花圈。

　　毛澤東所領導的共產革命成功了，正式結束中國自清末以來長達一個世紀分裂混亂的局面，也使得中華民族的凝聚力空前強固。他無疑是個政治思想家、軍事家和革命家，不過跟所有開國政治人物一般，他也無法擺脫時代的侷限性，在中共集權體制中，這種侷限性甚至為中國帶來慘烈的禍害。儘管中共建國初期，延續革命的熱情與組織的力量，建設突飛猛進，無論是農業生產和基礎建設均一日千里。但由於延用蘇聯的模式，集體化經濟在１９５０年代末期逐步建立，農民的田地被收回，私有經濟被消滅。更有甚者，黨內外的異議份子遭到強烈鎮壓，中國出現政治和經濟的嚴重內耗，導致發展倒退不前。

　　１９５８年，毛澤東推動「三面紅旗」，其政策即建立在一套空想的共產主義思維上。他認為人類史中資本主義和社會主義兩條路線持續長期不斷鬥爭，因此需要每隔七、八年就來一場政治運動，以肅清資產階級勢力及其政治代表。由於國民黨已退出中國大陸，毛澤東階級鬥爭的矛頭便指向過去曾為共產黨使義執言的自由派知識份子。「反右運動」造成五十萬餘知識份子遭到迫害，摧毀了黨外的民主機制；「大躍進」和「人民公社」更造成嚴重的飢荒，兩千萬以上的中國人餓死，慘絕人寰。１９６６年，毛澤東發動了「文化大革命」，將階級敵人的矛頭指向黨內大批的同志，提倡愚民反智的極左意識形態，個人崇拜的狂熱達到巔峰，使得中國的政治、經濟和社會進入空前的黑暗時期。文革末期，大陸人民開始始深沉反思，１９７６年４月５日，群眾藉著悼念周恩來發起大規模示威活動，直接挑戰文革中執行毛澤東政策和意志的江青、張春橋、姚文元、王洪文等「四人幫」。雖然這場運動最後被鎮壓下去，但四人幫和鄧小平所代表的中共黨內改革派的鬥爭卻已面臨攤牌階段。

▲山東省濟南市六十萬軍民舉行盛大的追悼會。

▲河南省鄭州市三十萬軍民舉行追悼大會，悼念毛澤東逝世。

　　根據毛澤東保健醫生李志綏回憶，毛澤東的死因是肺炎和支氣管炎引起的呼吸衰竭，毛澤東直到呼吸停止前，大腦完全清晰。李志綏在最後一刻始終守候毛澤東身旁，當時毛曾問：「我還有救嗎？」李志綏安慰他沒事，但這一句話卻是毛澤東的最後一句話，不一會兒他終於停止了呼吸。

　　毛澤東離開人間，留下的是一個經濟瀕臨崩潰的中國大陸，然而他的巨大身影仍然籠罩全國，他所創造的語彙和思維仍然盤踞中國人民的心靈，中共黨內任何權力的競逐者，仍需仰賴他的名號。9月中旬後，黨內權力鬥爭迅速白熱化，四人幫積極佈署奪權，但因政治實力薄弱，不受人民支持，遂迅速土崩瓦解。10月6日，中共中央第一副主席華國鋒、副主席葉劍英和中央政治局委員李先念等人結合的政治力量，以開會為由，在中南海懷仁堂誘捕四人幫，一舉粉碎了文革的核心集團。11日，英國《每日電訊報》駐北京記者首次向世界報導了四人幫遭到逮捕的消息，震撼全球。至於中共中央則遲至18日才正式向黨內發出「關於王洪文、張春橋、江青、姚文元反黨集團事件的通知」。

　　毛澤東逝世後不到一個月，文革的核心集團即被摧毀，然而這並不代表毛澤東歷史的終結。他長年的革命歲月已塑造了複雜的形象——他的意志與狡猾，他的創造性與毀滅性，他的理想主義與兇殘手段，既豐富了中國的歷史，也樹立了許多負面的樣板。總之，無疑地，毛澤東是二十世紀之中對中國、對世界最具影響力的中國人。

# 1976 汪洋中的一條船

## 殘疾人士鄭豐喜感人自傳
### 激勵社會人心影響深遠

中影公司拍攝「汪洋中的一條船」中，芙勞亞颱風襲台的場景。

　　我，一艘破船，一艘被遺棄在汪洋大海的破船。前面，不知有多少個狂風暴雨，也不知有多少個森林黑夜，茫茫大海，要我這破船駛向何方？

　　這是殘疾人士鄭豐喜在其自傳《汪洋中的破船》中的自序，這段看似自棄的言詞，實際上出自1970年代最具影響力的勵志人物，他的出生、成長以及猝逝有著濃厚的傳奇色彩。1976年，鄭豐喜的故事感動了許許多多的人，鼓勵著青年朋友在逆境痛苦中永不改變，永遠抱著希望。鄭豐喜的生平故事改編的電影亦轟動一時，《汪洋中的破船》不僅是一個平凡人的故事，也是時代中奮發向上的象徵。

　　1944年，鄭豐喜生於雲林縣口湖鄉的赤貧農家，一出生即是雙足萎縮。在早年的農村，嬰兒天生肢體的殘缺不僅不能引來同情，反而被當成不吉利的怪物，在成長過程中招惹四周的訕笑。由於家境貧困，又有十二個兄弟姊妹，鄭豐喜無法裝義肢，從小只能靠雙手爬行，一度還跟賣藥的老人、猴子行走江湖。雖然如此，他並不自棄，在艱困的環境下學會了吞下淚水、習慣了周圍好奇的眼光和不友善的舉動。國小畢業後，鄭豐喜遭遇了升學的難題，當時教育和政府人事制度對殘疾者有著諸多歧視性的規定，鄭豐喜身體檢查不合格，中學無法註冊。後來鄭家只好請國小校長幫忙，帶著鄭豐喜去拜訪北初校長蘇本煌，終於決定不用體檢就可憑升學成績入學。

　　於是，鄭豐喜繼續完成了初中和高中的學業，高中時，他甚至學會騎腳踏車，從此可以騎車代替爬行，興奮之情可想而知。1965年6月，《中華日報》報導了鄭豐喜的故事，引起了社會的注意，校長戴博文有感於這名學生奮鬥不懈的精神，四處奔走為他求醫，希望能幫他解決行的問題。後來在台北再世義肢矯正院院長徐錦章的資助下，鄭豐喜得以裝上義肢，完成站起來走路的心願。接著鄭豐喜考上了中興大學法律系，求學中認識了學妹吳繼釗，吳並不在意鄭豐喜身體的狀況，反而深為佩服他堅忍不拔的鬥志，兩人並墜入情網。

▲雕塑家朱銘將其雕塑作品「汪洋中的一條船」，送給鄭豐喜的遺孀吳繼釗。

▲鄭豐喜的遺孀吳繼釗(左二)與片中飾演他的女星林鳳嬌(右二)，抱著鄭豐喜的兩個女兒鄭至玉(左)、鄭至潔(右)合影。

　　本來對於從小受盡歧視的鄭豐喜而言，結婚是何等遙遠的事，吳繼釗的父母也堅決反對，朋友們也勸她要三思。但吳繼釗已下定決心，她與鄭豐喜一起克服了種種困難，最後有情人終成眷屬。婚後，鄭豐喜夫婦回到雲林口湖家鄉，在國中教書，並生了兩個女兒。

　　１９７２年，鄭豐喜寫了一本自傳式的著作《汪洋中的破船》，描述自己與貧窮、殘疾和寂寞搏鬥的辛酸史，出版後社會迴響熱烈，不僅對鄭豐喜表達了關注與支持，也受到鄭豐喜力爭上游精神的鼓舞。鄭豐喜一朝被肯定，各種獎章即錦上添花如潮水般湧來，他獲頒全國十大傑出青年、救國團獎章等，同時也受邀演講著書。於是，鄭豐喜遊走各地，以過來人的經歷為殘疾朋友打氣。不過就在鄭豐喜的人生由艱困逐步走上平順，甚而爬上高峰時，一件不幸的事突然降臨，令吳繼釗和整個社會錯愕不已。

　　１９７５年４月，蔣中正總統逝世，鄭豐喜到台北國父紀念館瞻仰遺容，足足排隊等了九個鐘頭，回到雲林口湖後，他說了一句「好累」便病倒了，醫生診斷後發現他得了肝癌，而且是末期。８月下旬，鄭豐喜被送到台北榮總，這位堅毅不拔的年輕人此時卻無力抵抗病魔，體能迅速下降，變得十分瘦弱。儘管各地訪客不絕於途，許多人從老遠趕來，帶著祖傳秘方，口湖鄉親也舉行了「萬人禱天」的儀式，吳繼釗也深信奇蹟必

▲「汪洋中的一條船」電影拍攝中，導演李行(中)指導主要演員演戲，秦漢(左)飾演鄭豐喜，林鳳嬌(右)飾
演吳繼釗。

然會再度降臨，就像幸運之神曾好幾次眷顧鄭豐喜一樣。這些種種美好的願望、期待和
信心，都改變不了命運之神的最終決定。９月２１日，鄭豐喜終於走了，留下了三十二
歲璀璨的生命歷程以及台灣社會對他深深的懷念。鄭豐喜的摯友林清介將《汪洋中的破
船》改編為電影，由中影拍攝，李行導演，秦漢飾演鄭豐喜，林鳳嬌飾演吳繼釗，行政
院長蔣經國則建議將《汪洋中的破船》改為《汪洋中的一條船》。台海兩岸開放交流後，
這部片子曾在大陸公開放映，獲得熱烈的迴響。

　　１９７６年掀起的鄭豐喜熱並非一時的，他向命運挑戰的勇氣與毅力仍繼續感動著
下一代人。吳繼釗此後未再婚，留在口湖任教。鄭豐喜過世後，吳繼釗繼續其服務人群
的遺志，成立鄭豐喜文教基金會，創設鄭豐喜紀念圖書館，以及成立雲濱兒童關懷中
心，幫助家鄉貧窮失學的孩子。１９９０年代，《中國時報》由讀者票選「四十年來影
響我們最深的書籍」，《汪洋中的一條船》被選為第一名，象徵了鄭豐喜的故事已成永恆
的典範，他所自嘲的那艘破船，在狂風巨浪後終於駛抵了光明的彼岸。

# 范園焱駕機來台

## 國際外交處境艱難

### 投誠事件適時振奮低迷民心

▲中共飛行員范園焱投誠來台後,在記者會中展現他的佩槍。

　　1977年7月7日,當各界正在舉行七七事變四十周年紀念活動時,一架中共米格19戰機投誠來台,使得島內人心士氣大振,同時也意外地造成華盛頓、北京、台北三方面關係的尷尬。

　　駕機投誠的是中共空軍中隊長范園焱,四十一歲,四川省永川縣人,家有妻子和一男二女。7月6日,范園焱帶領九架飛機由江西省轉往福建省晉江的沙堤機場,作例行照相訓練,由於其中兩架米格19戰機發生故障調回江西,剩下的七架則由他繼續領導

進行照相偵察工作。7日中午，范園焱故意指導所部兩度升空，落地後指示所部休息，不久范園焱再度升空表示要去照相，事實上，卻升高飛行高度，然後由兩萬呎高空俯衝下滑，目標是台灣。此時范的行跡已被台灣雷達偵測到，並派出四架F-5E進行攔截，接著范園焱照著中央廣播電台和空軍電台廣播的投誠程序擺動機翼，收放起落架，以規定的速度跟在由金門返航的空軍運輸機後面，降落在台南機場。

范園焱打開機艙，面對大批地勤人員所說的第一句話是：「大陸上太苦了，共產黨逼得我非出來不可！」范園焱投誠的消息立刻成為台灣的一件大事，國防部總政治部主任王昇上將搭乘專機前往台南迎接，下午六點與范園焱共返台北。行政院長蔣經國此時正以中國國民黨主席的身份，主持一項黨務會議，他接獲消息後表示：「范義士的駕機來歸，是我們堅定自強、不畏橫逆、卓然挺立，而中共卻分崩離析、眾叛親離，人心向我的最有力證明，只要我們繼續努力奮鬥，勝利必將不遠。」此外，抗日名將何應欽、顧祝同、劉玉章、徐煥昇等人，也紛紛發表評論，咸認為這是一件令人振奮的事。

▶ 范園焱投誠來台，消息傳出，全台振奮，民眾燃放鞭炮慶祝。

　　9日，范園焱又回到台南機場，受到基地官兵盛大的歡迎，隨後幾天范園焱又訪問了幾處空軍基地，並換上中華民國空軍的軍服。此外，范園焱也遊覽了各地名勝古蹟，所到之處皆有許多民眾要求與他合影留念。范園焱告訴記者，他出身於紅五類家庭，很早就加入共產黨，由於家庭成份很好，因此他才有資格當上共產黨的中級幹部，同時當上空軍中隊長。不過文革時期，他對中共美麗的謊言漸漸產生懷疑，因此他決定逃出大陸，而且等待這個時機等了好幾年。15日，在一場隆重的儀式中，范園焱正式宣誓脫離中國共產黨，接受四千兩黃金的賞金，並且由參謀總長宋長志上將頒授空軍中校官階和干城甲種二等獎章乙枚。

　　范園焱投誠來台對人心士氣產生了很大的鼓舞作用，過去中共軍機投誠事件先後有1961年（民國50年）的邵希彥和高佑宗、1962年（民國51年）的劉承司，以及1965年（民國54年）的李顯斌等人。李顯斌之後十二年，剛好是中共政治路

▲國父紀念館舉辦「范園焱義士駕機來歸特展」，運用模型實物、聲光設備與圖表，呈現范園焱投誠前後的景況。

線走向極左的時期,政治鬥爭激烈,社會控制嚴格,軍機投誠事件未再出現,范園焱駕機投誠的時機是毛澤東過世、四人幫遭逮捕後的一年間,政治呈現些許鬆動的跡象。同時在台灣方面,儘管1960年代以來經濟發展平順,人民生活大幅改善,但外交上卻遭致重大挫折,邦交國迅速減少,國際環境的孤立儘管激勵著中華民國朝野逆水行舟的意志與決心,但也無可避免帶來一股精神上的壓抑和苦悶。范園焱投奔來台造成很大轟動的原因,即在於此事件帶給民眾自我肯定的寬慰,確定其奮鬥的意義。透過范園焱的談話,台灣民眾更深信本身的生活水準遠較大陸同胞來得高。

儘管如此,范園焱來台時,美國國務卿范錫正計劃中國大陸訪問,商討華盛頓與北京建交事宜,美國國會的保守派議員,正注視著局勢的發展。眾院軍備委員會狄金森議員藉范園焱事件說明「美國對中國政策的謬誤」,至於國務院則不願對這件事發表任何評論。7月13日,范園焱寫一封信給范錫,希望范錫訪問大陸時,能協助他的妻子和孩子離開中國大陸,以與他自由團聚。隨後國務院發言人證實已收到了這封信,並正研究這項請求。美國《人間事》周刊報導說,范園焱的請求已使卡特總統的人權政策面臨重大考驗。該周刊評析:「不少政治觀察家引以為憂的是,范錫國務卿在與中國大陸建立親密關係的努力中,可能做出美國過去所常做的令人沮喪的事:在談判上由敵人贏得戰場上無法達成的勝利。」此外,八位保守派議員,包括參議員賈恩、赫姆斯、麥克魯、眾議員艾希布魯克、包曼、艾德華斯和薛姆斯,共同邀請范園焱在范錫去中國大陸之前訪問美國,邀請函中直率地說:「閣下及時在美國發表大見,很可能使美國人民團結起來,鼓舞他們採取反對中共的立場。」至於國務院發言人則認為立法部門的議員有自由邀請任何人到美國來,但暗示范園焱在獲得簽證一事上可能遭遇困難。

最後,范園焱舉行記者會,公開婉謝了美國議員的邀請,他擔心「不容易得到美國政府的歡迎」,並且會「帶給美國政府若干困難」。據信,美國政府在此事上向台北方面施壓,以保范錫訪問大陸之行的成功。一年半後,即1978年12月間,美國政府終於宣佈與中共建立正式邦交。至於范園焱則在一段時期內進行環島拜會和演說,十分受到歡迎。7月24日,國父紀念館舉行了「范園焱義士駕機來歸特展」,運用模型、實物、聲光設備、圖表等,呈現范園焱投誠前後景況,吸引了大批參觀人潮。

# 1977 鄉土文學論戰

### 主張文學回歸本土　　引發意識形態爭論

　　1977年，有關台灣文學精神內涵的辯論達到高潮，就如任何事物的演變過程一般，大規模、密集的觀念衝突通常是新時代降臨的前奏，反映著過去所累積的問題以及未來的修正方向。這一場文學史上所稱的「鄉土文學論戰」出現的時機，正是台灣內外發展的轉折期。

　　1970年代初，黃春明、陳映真、王拓、楊青矗等作家，創作了許多具有濃厚現實主義色彩的小說作品，反映了台灣工業發展中的農村、漁民、工廠和礦場的生活。這些作品與戰後台灣社會基層人民的生活息息相關，由於作者本身出自這個階層，所以筆下記錄了深沉的土地經驗。與政府所描繪的經濟榮景不同的是，這些作家看到的是貧窮的農村、被老闆剝削的工作以及遭到國際資本主義侵襲扭曲的社會生活。這種眼光背後隱含著第三世界人民的自覺意識，在台灣的現實環境中，它帶著兩種意涵：一、它是台灣土地情懷和經驗的產物；二、它是反殖民主義的民族意識，而且帶著階級立場。以上兩種意涵既對立又統一，但都讓官方感到警惕不安。

作家陳映真是鄉土文學論戰中的主將，主張文學不僅要回歸土地，而且要站在勞苦人民的一方，以彰顯歷史和社會正義。(陳映真提供)

▶ 現代詩的泰斗余光中偕夫人返台。余光中亦是鄉土文學論戰中一方的主將，主張文學應回歸文學，認為鄉土文學有著「工農兵文學」的影子。

　　１９４９年，國民政府遷來台灣後，文學領域跟著時代的節奏而變化，受了五十年日本殖民統治的台灣社會，瞬間完全截斷日本語文教育，也禁止在公共領域上使用日文，這使得日據時代受高等教育的本地作家被迫中斷寫作生涯，重新學習中文。此時文壇上的主流是由大陸來台的知識份子，在反攻復國的政治環境中，作品內容多圍繞在反共懷鄉的主題上，作家們寫自己的童年、寫民國時代的生活景況、寫共產黨的陰謀。

　　１９６０年開始出現的現代文學風潮，是對反共懷鄉文學的反動，它引介了西方文學的形式和內涵，為文壇帶來新的氣象。不過有關現代文學的各種論點，多集中在中國文化的西化和現代化問題上，本質上形同中國文化議題的保守派和自由派之爭，這種論證的主題從１９３０年代起即反覆地出現，其土壤仍然是中國的政經環境，因此現代文學的出現雖然挑戰了反共文學，但亦未觸及台灣本地的生活經驗。１９６６年，尉天聰、陳映真、黃春明、王禎和、施叔青、七等生等作家，創刊了《文學季刊》，批判現代主義脫離了現實。１９７１年《文學季刊》停刊，１９７３年改為《文季》，刊登了許多具有份量的鄉土文學作品，成為新生文學體驗的重鎮。與日據時代台灣作家不同的是，這批台灣鄉土作家中文造詣均高，在新的時代環境中，他們的民族自信極高，沒有認同的困擾，思考著重於整個中國的命運。

　　這批起於本土生命體驗的鄉土文學，延續了１９５０年代的左翼思想，到了１９７０年代逐漸形成不可忽視的力量，無可避免地與文壇主流產生緊張關係，一場大規模的論戰於是爆發，反應最強烈的首先是大陸來台的作家。１９７７年，朱西寧在〈回歸何

處？如何回歸？〉一文中寫道：「這片曾被日本佔據經營了半個世紀的鄉土，其對民族文化的忠誠度和精純度如何？」8月，評論家彭歌在〈不談人性，何有文學〉中，直接批評王拓、陳映真和尉天聰，他說：「如果不辨善惡，只講階級，不承認普遍的人性，那裡還有文學？」接著詩人余光中在〈狼來了〉文中，更直截了當地說鄉土文學就是「工農兵文藝」，是配合毛澤東「延安文藝座談會講話」的階級鬥爭路線。一般說來，批評者多擔心鄉土文學最後變成具有排他性的地方文學，或走向分離文學的路線，也憂慮鄉土文學成為中共在台灣社會的顛覆工具。

　　面對一波波強烈的抨擊，王拓寫了〈是現實主義，不是鄉土文學〉、〈五四與我們同在〉，陳映真寫了〈文學來自社會，反映社會〉、〈建立民族文學的風格〉、〈關懷的人生觀〉，尉天聰則寫了〈我們的社會和民族教育〉、〈文學為人生服務〉、〈死亡與救贖〉作為回應。陳映真說：「新一代青年，將沿著這一條曲折迂迴的道路，開發一種以台灣的中國生活為材料，以中國民族風格和現實主義為形式，創造全新的文學發展階段。」尉天聰則說：「希望在台灣的作家，不要身處危難而仍然成天作新式或舊式的鴛鴦蝴蝶夢。我們要關心我們的現實，寫我們的現實，這就是鄉土文學。它主要的一點，便是反買辦、反崇洋媚外、反逃避、反分裂的地方主義。」

▲高屏蕉輸日，沿自日本殖民時代的產業政策，被鄉土文學論戰的一派視為是戰前剝削政策的延續，也是第三世界國家共同的卑憐地位與命運。

　　在鄉土文學論戰的攻防兩造之外，也有不少力求中立持平的評論家，如徐復觀、何欣、蔣勳、王杏慶、任卓宣、胡秋原等人，一方面對鄉土文學有著正面的闡釋，另一方面也對鄉土文學的發展路線有所建議。不過隨著論戰的深化，意識形態的對立更趨激烈，政府的關注態度也跟著升高。１９７７年８月２９日，嚴家淦總統在第二次文藝會談中致詞表示：「作家們必須以全民為對象而寫作，作品應發揮自由和人性的精神，消滅奴役的、唯物論的階級文學。」１９７８年１月１８日，總政戰部主任王昇在「國軍文藝大會」上，特別針對鄉土文學說：「『純正的』鄉土文學沒有什麼不對，我們基本上不應該反對鄉土。愛鄉土是人類自然的感情，鄉土之愛擴大了就是國家之愛、民族之愛，這是高貴的感情，不應該反對的。」政府的政策似乎是一邊安撫鄉土文學，希望引導其方向，另一邊又提出了政治性的警告。１９７９年美麗島事件前後，陳映真、王拓、楊青矗均曾被捕。

　　儘管１９７７至１９７８年的大規模論戰中，鄉土文學受到了猛烈的抨擊，但這也是鄉土文學的歷史地位受到確認的某種儀式。它象徵著反攻復國政策實質上走入了歷史，伴隨著這段歷史時期的懷鄉文學作品也寫完了。這一年十大建設逐步完成啟用，無論政治、經濟、社會、文化等領域，均迅速轉為本地的視野與考量。鄉土文學發展至巔峰的時候，也正好是校園民歌興起、中壢事件發生之時。三年後，台灣新電影的年輕導演，幾乎清一色以戰後台灣的生活體驗為主要內容，本質上這也是時代演進的必然產物，每一代均有屬於自己的記憶和結論，鄉土文學的意義亦是如此。至於進入１９８０年代之後，鄉土文學的名詞消失，代之以台灣文學，在新的政經環境下，在歷經十年之後，又逐漸發展出具有分離意識的詮釋。

◀ 台灣的家庭式工廠，工作環境不良，卻是經濟發展的支柱，鄉土文學論戰中亦隱含對這種經濟結構的批判。

# 1978 中美斷交重建新架構

### 群眾激憤抗議
### 美通過台灣關係法規範未來關係

　　1978年12月16日，美國總統卡特宣佈，美國將於翌年1月1日與中華人民共和國建立完全的外交關係，並將中斷與在台灣的中華民國的外交關係，廢止1954年雙方簽署的共同防禦條約以及撤出駐台美軍。

　　同時，美國政府發表聲明指出：「美國相信，台灣人民將面對和平與繁榮的未來，對於台灣問題的和平解決，美國繼續表示關切，並預期台灣問題將由中國人民自行和平解決。」

　　美國政府此舉對中華民國朝野無疑青天霹靂，蔣經國總統當天晚間在電視上向全國同胞發表談話，他說：「今天大家心頭都很沉重，美國與中共決定進一步勾搭，建立所謂『外交關係』的消息，各位都已經知道了。對於這件不幸的事情，政府為了維護中美

▲新聞局長宋楚瑜在記者會中表達中華民國對斷交事件的嚴正立場。

人民的長期友誼和兩國的共同利益，曾在過去幾年間，盡一切努力，忍辱負重地予以勸阻。而今美國政府不顧道義，當中共內鬥日烈，困難重重之時，竟片面決定斷絕對我外交關係，我們已經聲明一切後果應由美國負責。」「但是我還是要鄭重向我們全國同胞說明：中共利用美國政府的弱點，達成了它企望已久的『建交』。在這時候，它一定會更加緊玩弄它一貫的陰謀詭計，對我復興基地的軍民同胞進行分化、挑撥、顛覆等種種惡毒手段，所以除了政府將隨時隨地揭發和擊破其一切詭謀外，切望大家一致提高警覺，決不中其圈套。特別是敵人想以『和談』來誘脅我們，我要再度斬釘截鐵地忠告國人：我們決不與中共和談，否則就是自取滅亡！相反地，只要反共到底，就能復國！」

　　此時，台灣社會情緒沸騰。１２月２７日，以副國務卿克里斯多福為首的代表團來台協商延續雙方關係事宜時，遭遇了群眾示威的暴烈場面。多達三萬以上的大專學生和市民，許多是由學校教官和教授帶隊，湧至台北松山機場，以蕃茄、雞蛋、油漆等物擲向代表團的座車，並高呼「中華民國萬歲」、「美國狗滾蛋！」等口號，一些學生情緒激動異常，用標語牌、拳頭捶打車窗，甚至跳上車頂，對於美國代表團而言，由松山軍用

▲美國政府代表到團務卿克里斯多福來台協商斷交善後事宜時，代表團的座車遭到示威群眾的踢打和蛋洗。

▲旅美華僑遊行支持中華民國政府。

機場到圓山飯店短短的車程，無疑充滿驚怖氣氛，所有座車的車身經過敲打、潑漆，均已面目全非，代表團成員雖然沒有受傷，卻飽受驚嚇。由於現場警察對示威行動採取較為寬容的態度，因此美國政府事後視台灣當局為暴動的主使者，目的在提高對美談判的地位，為此，美國向台灣提出了強烈的抗議。

在台灣期間，訪問團與蔣經國總統會見兩次。美方成員包括副國務卿克里斯多福、太平洋總司令魏斯納海軍上將、駐台大使安克志、國務院法律顧問韓瑟、亞太事務助理國務卿蘇利文、國防部助理部長馬柯斯特以及駐台公使浦威廉等人，中華民國方面則包括行政院長孫運璿、外交部長蔣彥士、參謀總長宋長志以及外交部次長錢復等人。席間，蔣經國總統針對處理雙方未來關係提出五項原則，重點在於要求美方應當繼續承認並尊重中華民國的法律地位和國際人格，採取具體有效的措施，確保西太平洋包括中華

民國的安全。此外，美方應就卡特總統所提安全承諾，提出法律上的保證。台北和華盛頓必須互設政府與政府間的代表機構。

克里斯多福離台前發表聲明，認為此次會談代表了一重大歷程的開始，並確信已有了良好的開始。在事務層面上，雙方在摸索建立大的關係架構時，同意除了共同防禦條約外，雙方現存的五十餘項條約協定繼續有效，使領館在１９７９年３月底以前繼續工作。

１９７８年１２月３０日，美國駐台大使館拆除大使館的招牌，降下星條旗，同一時間，華盛頓與北京舉行建交酒會，開香檳暢飲慶祝。由於從華盛頓宣佈到實踐建交的時間只有短短兩個星期，因此美台新關係的安排面臨強大的時間壓力，若拖延過久，不僅會產生實際的困擾，也等於向中共傳達一戰略訊息，即美國已決定對台灣置之不理。因此，１月間，卡特政府向美國國會提出「台灣關係法」草案，參眾兩院舉行數場聽證會，並由一些知名國會議員提出不同版本的修正條款，其中最受關切的就是如何對台灣的安全提供具體的保證。參院議員邱池、派爾、甘迺迪、葛倫、賈維茨、史東、赫姆斯及眾院議員查布勞基、伍爾夫等人，扮演了與行政部門折衝的要角。３月中旬，參眾兩院通過美台未來關係的綜合法案。４月１０日，卡特總統正式簽署了Ｈ.Ｒ.２４７９號「台灣關係法」，使其成為正式法律。此法案明確規定雙方應互設非官方的代表機構，維持商務、文化、旅遊等交流。關於台灣的安全事務，第三條規定，美國應協助台灣維持充份自衛的能力，「總統和國會得依照法律程序，完全就他們對台灣需要的判斷，來決定此類防禦性武器和後勤服務的性質和數量。此一對台灣防禦需要的決定，應包括由美國當局向總統及國會所建議的評估。」「總統受命將任何對在台灣人民的安全或社會、經濟制度的威脅，以及因而產生對美國利益的危險，立刻通知國會。總統和國會依照憲法程序，決定採取適當的行動來應付任何此類危險。」

儘管在以上條文中，美國明確規定將提供防禦性武器給予台灣，但對於台灣安全遭受直接威脅時，是否直接出兵干預一事仍保留相當的空間。這種作法被稱之為「戰略性模糊」，在日後發生重大危機時，如何實踐必然是一大考驗。

總的來看，華盛頓與北京關係正常化代表第二次大戰後世界局勢的重大變化。美國得以進一步圍堵蘇聯，中共則進一步與西方世界接觸，走向更全面的開放政策，並導致其內部世界觀的演化。至於美國和台灣的關係，１９８０年代經歷一段低姿態卻相對穩定的時期，１９９０年代則隨著冷戰結束、台灣民主化以及台獨力量的成長，出現較大的起伏波折狀況，在每一個新狀況出現的同時，雙方均被迫摸索以及架構新的關係和規範。

# 1978 十大建設陸續完工

## 改善台灣基礎建設　開創經濟社會現代化

　　十大建設是蔣經國治理台灣的主要政績，其提出、執行與完成貫穿整個1970年代，基本上延續了國民政府來台前二十年的經濟累積，也為1980年代經濟飛躍奠立了重要的基礎。

　　這十項重大建設包括：「南北高速公路」、「中正國際機場」、「鐵路電氣化」、「北迴鐵路工程」、「蘇澳港工程」、「台中港工程」、「大鋼鐵廠」、「大造船廠」、「石油化學工程」以及「核能發電廠」。其中交通運輸項目佔了六項，重工業三項，能源項目一項，

▲台灣鐵路西部幹線電氣化工程全線通車。

目的在使台灣的基礎設施脫胎換骨,其成果不僅改善了台灣經濟的結構,也為台灣人民的生活帶來了新的面貌。

　　1973年,行政院長蔣經國提出任內的施政計畫,預定在五年內大致完成,希望透過十項建設迅速將中華民國帶進工業化國家之林。由於建設所需經費龐大,需要同時向國內外舉債,因此黨政內部不乏存疑之聲,然而蔣經國獨排眾議,提出「今天不做,明天就後悔」的說法,決定大刀闊斧推動建設。

　　1949年,國民政府遷台之初,局勢尚未穩定,因此施政以站穩腳步為首要考量。在美國的軍事和經濟的援助下,國民政府得以建立穩固的政治、經濟和社會的發展架構。1952年至1963年,發展方向為內向型經濟和實行進口替代,以厚植經濟基礎,逐步提升人民生活為要旨,其方針為「以農業培養工業、以工業促進農業」。因此建設重點在農業水利設施的改善、農業機械的推廣、工業基礎設施的興建、能源的開發等。在這個階段中,成功的農業發展實現了初期的資本累積,以滿足國內需求為目的的輕工業亦隨之興起。1964年至1972年,台灣經濟進入出口擴張時期,建設的重點在於建立和完善投資環境,其中最突出的是有關加工出口區的設立。

▲桃園國際機場的各項工程正陸續完工。

　　1 9 6 5 年，世界第一個加工出口區在台灣的高雄設立，營建面積為六十九公頃，包括興建廠房、修建擴充碼頭、倉庫、電力、電訊設備、排水、供水、商場、住宅、學校、醫院、銀行、娛樂場所等，目的在於進口原料零件，利用充沛低廉的勞力，進行成品裝配，再將產品出口。此外，這一階段發展亦需歸功於整體國際資本主義的環境。美國產業結構的調整帶動了日本、西德的快速成長，美國和日本先後向台灣轉移了大量的資金以及技術層次較低的勞力密集工業，使得台灣輕紡工業迅速起飛，食品、塑膠、電子、電器等消費性產品亦發展迅速，壯大了整個加工出口體系，使得出口成長旺盛，市場一片榮景。

▲南北高速公路工程三重至中壢段竣工。

　　１９７１年，台灣對外貿易首次出現二.一六億美元的順差，扭轉過去長達十八年貿易赤字的情況，這一年意義重大，此後除了１９７５年由於石油危機帶來全球經濟的逆轉外，台灣年年順差，而且順差額不斷提高，政府和民間均累積了可觀的資金。１９７０年以後，經濟建設的重點轉向發展重工業，以提高經濟應變的能力和加工出口的層次。這時，農業和輕工業已為重工業在資金、技術和銷售方面作了相當的準備；另一方面，石油危機也加速了發展重工業的迫切性，這也是以交通運輸、鋼鐵、造船、電力和石化為主的十大建設被提出來的時代背景。

　　１９７５年，蔣中正總統逝世，蔣經國掌握實權，國政並未因政治權力的更替出現中斷或遲滯。同時值得一提的是，三十年經濟發展的成就除了建設方向正確外，政府體系內有一批大公無私的官員，如尹仲容、李國鼎、嚴家淦、孫運璿等人士貢獻心力，加上人民埋首苦幹、力爭上游，點點滴滴累積成果，共同將台灣的生活水準提升到過去歷史上前所未有的富足。

　　１９７７年１０月，台灣開放民眾自由出國觀光旅遊，境管局受理申請的第一天早上，民眾即大排長龍領取申請表，這一年就有三十一萬人次以觀光名義到海外旅遊。１９７８年１０月，南北高速公路全線通車，由美國進口的長途巴士「灰狗號」改裝而成的「國光號」通行於台北和高雄之間。民眾登上舒適的車廂，內心無不升起一股自豪感，終於告別了貧窮的歲月。

　　十大建設所代表的經濟成就不僅帶來了新的生活風貌，也牽動了政治和社會的演化。經濟發展使得人民的知識能力和經濟資源均大幅提升，原有的嚴密社會控制系統已不能應付成長的需求，政治發展亦面臨了分權的壓力，經濟發展與政治民主化、社會多元化往往相伴而生。１９７７年底，中壢發生了群眾事件，要求更合理的民主程序與規範，開啟了未來十年台灣政治和社會的巨大轉型。此外，國府遷台時間日久，反攻復國政策迄未實現，連帶地使外省政治菁英統治的正當性受到質疑。民主化使得外省人與本省人在政治、經濟、文化、教育資源上的合理分配，成為必須面對的問題。

　　１９７０年代末期，台灣已開始出現具有現代化意義的民主運動，並無可避免地產生了本土化運動，這個過程的開始在時間上恰好也是十大建設完成的時間。

# 1979 美麗島事件震驚中外

### 本土反動力量衝擊島內權力生態
### 開啟台灣戰後民主政治發展契機

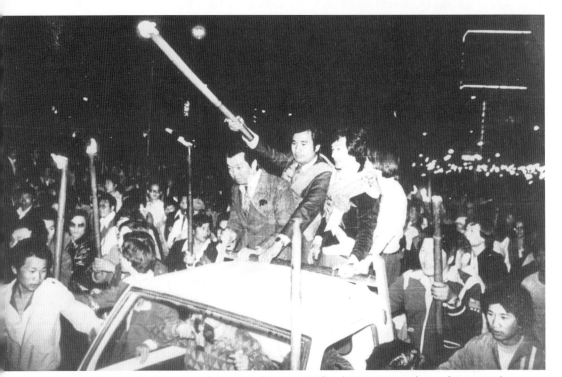

▲美麗島人士藉人權紀念日在高雄舉行示威遊行，指揮車上高舉火炬的為姚嘉文，其右為施明德。

　　1979年12月10日，黨外人士藉世界人權日在高雄市舉行群眾大會，當天晚上黨外人士和群眾一行手持火把，沿中山一路向新興分局前大圓環方向前進，遭大批憲警攔阻，隨後發生一場嚴重的暴動事件。

　　1978年中壢事件後，台灣反對運動出現向社會擴散的現象。由於經濟日益繁榮，人民知識水準提高，對政治上層逐漸形成衝擊，帶來分權的壓力。與早年反對運動不同的是，此時反對者既非書生論政，亦非無黨籍的地方仕紳，而是結合政治、社會思想的行動者，透過群眾運動要求更多的言論自由以及更平等的參政地位。此外，在台灣的歷史條件中，由於反攻復國政策逐漸失去現實性，成為象徵意義，省籍問題在政治、經濟和教育文化資源上的合理分配亟待解決，因此本土菁英形成主要反對力量，本土意識漸成主要反對意識形態。

　　1979年5月，美麗島雜誌社成立，由黃信介任發行人、許信良任社長、施明德任總經理、姚嘉文、林義雄任管理發行人、張俊宏任總編輯，其成員幾乎涵蓋所有本土反對菁英。8月間，《美麗島》雜誌發刊，在資訊相對封閉的環境中，此一充滿異議色彩的政論刊物，立即受到高度的注意，銷量激增。該社旋即在全省各地廣設分社，吸收熱情青年，並藉由集會、演說等活動傳播政治主張。不久，美麗島雜誌社發展成粗具規模的政團，與執政當局在政治權力與意識形態上的矛盾迅速升高。

　　12月初，美麗島雜誌社向高雄市警察局申請在扶輪公園舉辦世界人權紀念日大會，未獲同意，該會決定仍照原定計劃集會。12月9日，美麗島人員駕車廣播號召民眾參加翌日集會，遭警方制止扣留，雙方發生摩擦。10日下午六點左右，美麗島人員暨群眾三、四百人，各持火把出發遊行，由施明德以擴音器指揮，黃信介帶隊，行進新興分局前，遭到大批憲警攔阻，周圍民眾則越聚越多，對峙氣氛升高。八點十五分，施明德、姚嘉文等人進入新興分局與南警部副司令張墨林少將、市警局督察長黃其崑等人協調，提出希望撤走憲警，以便外圍群眾得以進入。張墨林等人不同意這種作法，於是便形成遊行群眾遭到包圍，進退無路，美麗島領導人回到車上指揮群眾突破封鎖線，雙方遂發生三次較大的衝突。由於憲警遵照上級「打不還手，罵不還口」的指示，以致在木棍、鐵條、磚塊交加之下傷情慘重，共有一百八十餘人受到輕重傷。憲警最後施放瓦斯，進行鎮暴，事件遂漸平息。然而經過此一示威暴動之後，主要街道已成一片瘡痍。

　　與中壢事件遭到新聞封鎖的情況不同的是，美麗島事件的隔天，各報均作了大幅詳細的報導。大批憲警受傷的情形激起民眾廣泛的同情，譴責美麗島的聲音四處可聞，形成對美麗島不利的政治氣氛。13日清晨六點起，在迅速完成佈署後，以警備總司令汪敬煦為首的安全首長，下令調查局、刑事警察局、憲兵司令部等單位組成的十五個小組，同時在各地展開逮捕行動。三個多小時

◀《美麗島》雜誌發行人、立法委員黃信介在警方逮捕行動中被請上車。

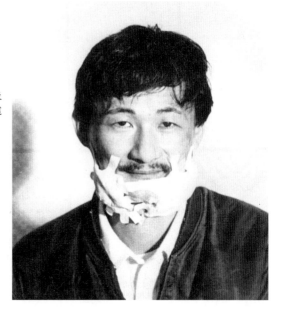

▶ 施明德曾試圖易容逃亡，最後仍遭到逮捕，圖為施明德被逮捕時的神情。

內，一共在台北、高雄、桃園、南投、基隆等地逮捕了十四名美麗島主要人士，其中施明德跳樓逃亡。在許晴富、張溫鷹等人的協助下，施明德曾試圖易容逃亡，然而在躲藏二七五天之後仍然遭到逮捕。

　　1980年2月，軍事法庭審理美麗島事件，檢察官指控黃信介、施明德、姚嘉文、林義雄、張俊宏等人密謀推翻政府。由於牽涉人員甚多，這項審訊受到國際傳媒、美國政府、國會、人權組織的高度關切。為示審判過程公平公開，執政當局開放國內外人士旁聽，並同意被告委託律師辯護。審訊期間，被告等人在庭上陳訴其政治觀點，律師亦以長篇報告詳述憲法賦予人民的權利，以及有關台灣獨立的定義，以致審訊本身形同公開的政治大辯論，並且鉅細靡遺地刊在報紙上，成為罕見的現象。此外，審訊不僅提供執政者與反對者再一次信念與力量衝擊的舞台，也造成中華民國政府與國際傳媒的緊張關係。新聞局長宋楚瑜以強烈的語氣指責《新聞周刊》片面聽信施明德的美籍妻子艾琳達的說法，充滿了白種人的優越感，也因為美聯社記者的錯誤報導，取消其法庭的採訪權。4月18日，軍事法庭宣佈判決結果，施明德處無期徒刑，黃信介處有期徒刑十四年，姚嘉文、張俊宏、林義雄、林弘宣、呂秀蓮、陳菊等處十二年有期徒刑。後黃信介改判十年，其餘六人為八年。此外，尚有三十餘名人士被控以公然聚眾施暴，其中一部份被處一至三年的有期徒刑。

　　首度判決宣佈後，美國國務院立即作出反應，發表聲明：「我們希望此事不表示台灣近年來在政治自由化方面已獲致進展的過程，會有任何中斷。我們最為關切的是，此項情勢能以有助於島嶼內部的安定和人權的方式獲得解決。我們希望台灣當局，將以合乎台灣在最近在人權方面獲致進展的精神來考慮他們的上訴。」美國政府對美麗島事件持關切的態度，但公開態度較溫和，對國民黨的施壓多以私下方式進行。

　　毫無疑問，美麗島事件在台灣戰後政治發展史上具有分水嶺的意義，象徵經濟發展牽動的參政意識、資訊的流通，均使政治多元化成為不可避免的趨勢。受此事件衝擊後，台灣知識份子，尤其是本土知識菁英在思想和政治上的集結更加快速。美麗島事件後，其辯護律師尤清、蘇貞昌、陳水扁、謝長廷、家屬許榮淑、周清玉、黃天福等人旋

即填補空檔，成為下一階段反對運動的主要角色，在１９８０年代持續透過選舉、群眾活動、辦雜誌等形式，擴展其影響力，衝擊政治和社會體制，並孕育新的價值觀念。在台灣中產階級興起成為穩定的社會力量的過程中，反對運動的擴展在騷動不安中又呈現著相對穩定的狀態，若和平推進遭致鎮壓則易獲得社會的同情和支持；反之，過度訴諸暴烈手段則易遭受社會的責難。這種情況使得執政者和反對者在權力鬥爭的過程中，所使用的手段被迫趨於理性化和規範化，成為民主政治和法律的基礎。

　　１９８６年，民進黨成立。１９８７年，黃信介、姚嘉文、張俊宏等人假釋出獄時，台灣政黨政治已見雛形，政治異議的公開表達，選舉制度的合理規範已為常態，接下來１９９０年代國會全面改革、總統產生的方式以及台灣前景的定位，則為主要挑戰的課題。１９９０年５月，李登輝總統發佈政治特赦令，施明德獲釋。到了１９９０年代末期，美麗島事件的相關人士在政治領域的發展上頗為可觀，許多人在國會和地方政治上位居要津，並直指中央執政的目標。在新的政治環境和思想價值中，美麗島事件終於獲得全面平反，並被視為台灣民主化運動的重大貢獻。

▲美麗島事件審判中一景，被告第二排的施明德雖然判刑最重，但仍左顧右盼，面帶笑容，不以為意。

◀ 美麗島事件中被判重刑的八名主犯，左上起為張俊宏、姚嘉文、施明德、黃信介、陳菊、呂秀蓮、林弘宣、林義雄。

# 19 79 連體嬰兒忠仁忠義分割手術

## 特殊病例引發醫療法律爭議
### 各界伸援圓滿分割成功

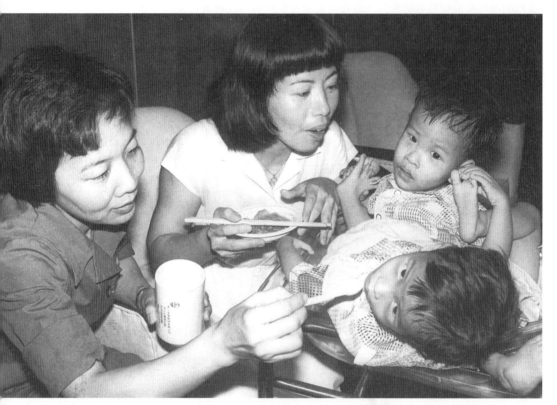

▲連體嬰忠仁和忠義由護士餵食，他們是否分割成了全台灣關注的焦點，幼兒的天真與無辜引起了社會普遍的同情，每天照顧他們的醫護人員更是充滿關愛之情。

　　1979月10日，台大醫院以四組的人力，連續十二小時的時間，成功地完成台灣首次連體嬰分割手術。在社會極大的關注下，張忠仁、張忠義兩兄弟獲得新生，並解決了圍繞在這個問題上的醫療、法律和人道的爭議。

　　1976年12月23日，一個連體嬰誕生於高雄市中心醫院，父親張義盛，平日當臨時工，家境清寒，母親姓林，過去曾生一子，但六個月大時死於肺炎。夫妻倆看見生下的連體嬰，不知所措，又感無力扶養，經人介紹，送到台中私立中山醫專附屬醫院。中山醫學院院長蔡滋浬同意給予免費的檢查與醫療，該院宣佈檢查結果，此連體嬰

乃「坐骨連體嬰」，上半身各自分開，各有獨立完整的頭部、胸、心臟、肺、肝和雙手，下半身則是共同一個肚臍、一個骨盤、一個男性生殖器和三隻腳。院方為他們取名，一個叫張忠仁，另一叫張忠義。表面上，忠仁、忠義的成長與正常嬰兒無異，唯其下半身連在一起，形成特殊的生活形態。院方醫護人員細心照顧下，也對他們產生濃厚的感情。

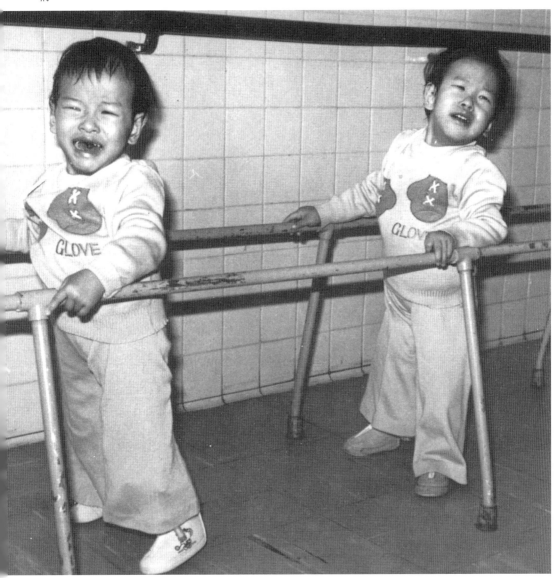

▲忠仁、忠義分割後的半年，首次裝上木製義肢，扶著欄杆學習走路，兄弟兩人不知所以地哭了。

▲台大醫師經過十二小時的艱鉅手術後，終於完成使命。分割小組召集人洪啟仁醫師，手術後向等候多時的新聞人員講話。勞累一天終於過去了，留下的是大功告成的喜悅。

　　由於中山醫院決定為連體嬰做分割手術，因此開始與醫界專家進行會診，各方在考量醫療技術與人道問題後傾向於實施分割手術。根據醫學文獻記載，在此之前，全世界曾發現四十多對類似的連體嬰，但只有三對接受分割手術，至今仍有三個活著，未接受手術的連體嬰多在兩歲半之前死亡。中山醫院判斷，忠仁、忠義兄弟應在一歲半至兩歲之間進行手術，最為適宜，不過該院本身設備和人才不足，希望交由台大醫院進行手術。１９７８年年底，忠仁、忠義被送到台大醫院做檢查，並希望台大能夠施行手術，不過兩星期後，忠仁、忠義又被送回台中醫院，原因是台大醫院院長楊思標堅決反對分割手術。主要理由是，分割手術沒有完全的把握，失敗了不僅要接受責難，甚至要負法律責任。而且手術費用龐大，不如用在有把握達成醫療效果的病患身上。此外，手術即使成功，這一對殘障兄弟也將成為社會長期的負擔。

　　儘管楊思標有其專業的理由，但明顯缺少生命的關愛與慈悲，尤其將殘障者界定為「社會的負擔」更招致輿論強烈的批評。媒體對於此事的報導越來越深入，引起社會對連

體嬰處境的廣泛同情，並使其成為法律、醫療和良知交織一片的挑戰性課題。１９７９年３月，這項爭議達到最高點，原因是此刻連體嬰已長到兩歲四個月，忠仁、忠義巨大結腸現象日益嚴重，而且尿道中有尿逆流現象，可能造成感染而導致腎盂炎，如果半年內不施行分割手術，兄弟倆將會死亡；換言之，他們面臨了生死的關鍵時刻，社會人心也產生了急迫感。

儘管台大醫院內的相關醫師都主張分割，但卻礙於院方政策無能為力，因此輿論批評的態度也轉為十分強烈，社會各界亦慷慨解囊，希望能協助拯救兄弟倆的生命。榮民總醫院此時公開表示，分割比不分割更人道，如果台大拒絕分割，榮總可以擔任分割手術。由於輿論壓力龐大，加上榮總表態，４月間，台大醫院舉行座談會，邀請醫師、衛生署官員、最高法院推事等，就分割連體嬰所涉及的醫學倫理與法律的問題發表意見，席間各方幾乎一致主張無論就醫學和人道的立場，均應施行分割手術。會上，楊思標作出正面結論，改變了原先的反對態度，表示如果連體嬰的父母出面向院方要求治療，台大醫院將盡全力完成此眾所矚目的連體嬰分割手術。事情終於出現巨大轉折。６月間，台大首次召開分割小組會議，由外科主任洪啟仁擔任召集人，小兒外科醫師陳維昭、陳秋紅、洪文宗共同主持分割，連體嬰的父親張義盛由高雄北上簽下了手術同意書。張義盛白天為人打零工，晚上擺地攤，兩年多來孩子實際上是由中山醫院扶養照顧。

９月１０日，在台大醫院進行龐大動員，並事先進行手術演練之後，忠仁、忠義兄弟終於帶著全體社會的關注和期待，於清晨六點四十五分被送進手術室。這之前共有兩百三十二位善心人士，主動捐出六萬西西血液供手術之用。台大共出動四組十餘位醫師，外科病房暫時停止其他手術，以集中三十餘套手術器材，並出動二十餘位護士。手術由清晨七點開始，共分為切皮及腸管分割、泌尿系分割、骨盤及共同肢分割以及重建四個階段，並全程進行攝影。這一天，全台民眾透過電視均關注著手術進行順利與否，由於醫師們全為一時之選，且事先經過詳細的討論與演練，手術過程儘管令人屏息凝神，但堪稱十分順利，忠仁和忠義各分得一隻腳、一個睪丸，成為完全獨立的個體。晚上八點二十七分，手術大功告成，全國民眾由電視和廣播中獲此消息，都感到十分高興。當晚，台大醫院也舉行了慶功晚會。

手術後觀察期間，忠仁和忠義反應穩定，滿一個月時安然無恙，確定了手術的成功，各方捐獻亦紛紛湧來，溫馨至極。後來，忠仁、忠義由台大出院後，轉到天母的露德之家，繼續進行復健工作。在隨後的年歲中，忠仁、忠義裝義肢學步、過生日、幼稚園畢業、小學畢業、專校畢業，以至在社會上工作，媒體均有追蹤報導，不曾中輟，原因或許是１９７９年９月的那場分割手術，貫注了整個社會的愛心，留下了永遠難以割捨的溫馨回憶。

# 1980 林宅血案震驚社會
## 滅門慘案糾葛不明因素
### 懸案未破社創痛長存

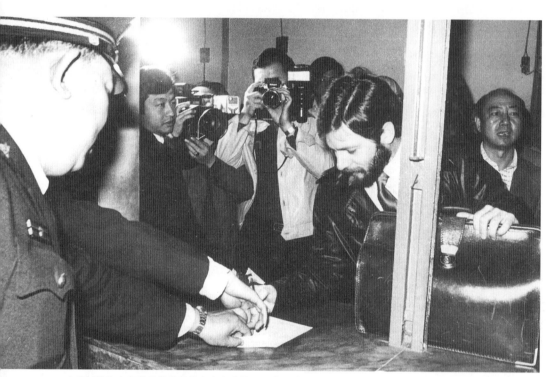

▲澳洲籍人士家博因案發前曾與林家連繫，被警方傳喚前來做證。

　　1980年2月28日，因美麗島事件身繫囹圄的省議員林義雄的妻子方素敏，一早與秘書田秋堇前往軍法處會見林義雄，當時家中留有林義雄一對六歲雙胞胎女兒林亮均、林亭均。林義雄的六十歲母親林游阿妹正外出幫人燒飯，九歲的大女兒林奐均則在學校上課。

　　中午時分，方素敏打電話回家，沒人接聽，於是囑田秋堇拿鑰匙回去看看。田回到林宅後，見大門鎖上，打開門後看見另一房間的門開著，進去後赫然發現滿身鮮血的大女兒林奐均蜷曲在媽媽的床上，氣若游絲，奐均告訴田阿姨阿婆在地下室。田秋堇立刻衝往地下室查看，還未下樓梯即看見林游阿妹躺臥在樓梯轉彎台階上，血流滿地。驚恐中，田秋堇立刻打電報警並通知林義雄的友人。未幾，警方人員以及立法委員康寧祥和政論家司馬文武等人陸續趕到，其間奐均曾告訴大人們，兇手是來過家裡的叔叔。此時田秋堇仍不知亮均、亭均的下落，她趕緊陪同奐均前往仁愛醫院。警方人員依辦案程序

封鎖現場，等候鑑識小組人員的偵查，等到鑑識人員到達後，發現情況異常悲慘，地下室不僅躺著林游阿妹，也躺著亮均、亭均的小屍體。

這件慘絕人寰的滅門血案，事後據鄰近目擊者及命案現場狀況看來，警方的案情推斷大致如下：

上午十一點三十五分左右，一名年約三十至四十歲的男子，身高約一七〇公分，留有大鬍子，出現在台北市信義路三段三十一巷十六號的林宅門前。林家雙胞胎林亮均、林亭均開門讓他進來，悲劇於是發生。

該男子進入林宅後，先在門邊將雙胞胎之一的背後刺一刀，當場斃命，另一女兒躲到地下室，兇手衝至地下室，以同樣方式行兇，此時大約為十一點四十分。兇手將雙胞胎的屍體置於地下室，並在那裡等候林的家人回來。不久，林游阿妹燒完飯回家，不見兩位孫女，正欲下樓梯到地下室查看時，在樓梯口亦慘遭殺害。接著大女兒奐均由幸安國小放學回家，亦遭兇手刺害，由於奐均身背著書包未能深及要害，所以雖被刺上六刀，但仍跑上媽媽的床上，此時基於不明原因，兇手離開林宅，時間約在中午十二點左右。

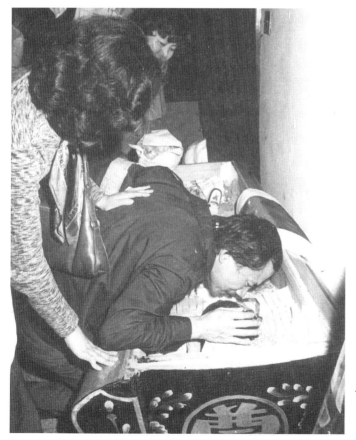

◀ 林義雄俯首親吻遇害的愛女遺體。

　　慘案發生後立即震驚政府高層，蔣經國總統當天下令立刻保釋林義雄處理善後。雖然如此，林義雄夫婦二人此刻均不知家中遭逢巨變，因為親友們不知如何啟齒。方素敏是當天下午得知急均受重傷，連忙趕到仁愛醫院協助照料，但詢及婆婆和雙胞胎的情況時，友人卻答以有人在家照料，不用擔心。這天夜晚，林義雄由軍法處被保釋出來，在親友和律師的簇擁下離開，不過他並不知道自己何以獲得保釋，面露驚喜之色，陪伴的好友也只能忍住悲傷，強扮笑顏。林義雄先被接送到長庚醫院接受身體檢查，暫時待在十樓的病房休息，後來他察覺四周友人的氣氛不對，不斷追問，康寧祥只得告訴他，林母已遭人殺害，林義雄立刻痛哭失聲，淒厲地喊叫。醫護人員趕來為他注射鎮定劑，在藥物的催眠下，林始昏沈入睡。２９日上午，林家親人以進入病房探視，林與胞妹相見，抱頭痛哭，恍如隔世，林一再逼問胞妹案情之事，胞妹卻一直抽搐著，康寧祥見狀，只好說出全部的事實。這時林未發一語，也沒有再落淚，只是猶一具塑像般僵在那裡。隨後，林義雄要求見妻子方素敏，親友答應照辦，同時告訴林，方還不知道慘劇。等到方趕來醫院，得知婆婆及一對小女遭害，夫妻二人泣不成聲，親友們也忍不住淚流滿面。

▲假釋出獄的林義雄剃去頭髮，凝望著母親以及兩位愛女的遺像。

　　林宅血案震驚台灣社會，輿論均以「人神共憤」表達對此事件的感受，並呼籲當局應儘速將兇手緝拿歸案，昭信天下。在各界的期盼下，警方動員龐大人力物力，擴大偵查工作，並宣佈掌握具體線索，有信心破案。然而事實上，命案現場幾乎沒有留下任何線索，財物未有絲毫損失。兇手泯滅人性，下此毒手，犯罪動機與一般劫財情殺明顯不同。案發後，警方曾扣留了一位與林家有接觸的澳洲人士家博以及另一位精神異常的男子何火成，但旋即證實他們與案情無關，此後案情膠著不前，歷經數位行政首長均一無所獲，成為懸案。

　　另一方面，由於林義雄的反對運動政治背景，以及兇案發生在「二二八」這個特殊的日子，許多反對派人士深信此案為國民黨當局所為，或是情治單位結合黑道份子犯下的罪行，目的在報復和嚇阻反對派人士。案發後曾趕往現場的政論家司馬文武則不認為國民黨當局會作這件事，但個別情治人員卻可能擅作主張，形成「擦槍走火」的現象。總之，無論真相如何，林宅血案激起反對派人士對當局的強烈恨意，尤其後來又發生陳文成命案和劉宜良命案，劉宜良命案由高層情治人員主謀的事實揭露後，更使許多反對派人士堅信林宅血案本質上為政治屠殺。

　　至於林家當事人，奐均度過危險期後，經過調養逐漸康復，後來被送到美國唸書，遠離台灣。方素敏在林義雄返回監獄服刑時，出馬參選立法委員，並以高票當選。

　　1984年8月，林義雄獲假釋出獄，隔年初為母親和兩個小女兒舉行喪禮。這年4月，林義雄、方素敏夫婦雙雙赴美，這段期間，林義雄回絕黨外人士之邀，不再參與政治，並告訴友人：「不要看我一時，要看我一生。」

　　1989年2月，林義雄夫婦返回台灣，此後林以某種苦行僧的形象從事社會運動，在反對派中享有極高清譽。1998年中，林義雄擔任民進黨黨主席。1990年代，台灣政治環境已有了根本的改變，許多當年的政治犯透過選舉位居要津，對重新偵辦當年的政治疑案採積極的態度。當年的美麗島事件辯護律師台北市長陳水扁下令重新調查林宅血案，然而時隔十七年，當時「撥雲專案」的核心人物早已人事全非，退休、出國、死亡者均有，遍散各地，新進警官重新組建殊非易事。至於林宅在1982年改成義光教會，昔日林母和雙胞胎陳屍的地下室成了兒童使用的圖書館及少年團契聚會的地方。

　　1998年，年已二十七歲的奐均在美國結婚，林義雄夫婦前往觀禮，媒體均做了報導，一時笑語滿堂，溫馨至極，似乎幸福的陽光逐漸沖淡了往昔的陰霾，然而，無論對當事人或整個社會而言，此案已成難以釋然的隱痛，是一種隨時可以被輕易勾起的情仇感受。

# 1980 中正紀念堂落成啟用

## 佔地廣闊中國風味濃厚
### 功能多元成為台北地標

▲宏偉壯觀的中正紀念堂舉行落成典禮，正式啟用，成為台北，乃至台灣的新地標。

蔣中正總統過世之後，有關興建紀念堂和紀念公園的計畫旋即被提出。１９７５年８月，初步決定其位置在台北市營邊段，即中山南路、信義路、杭州南路、愛國東路之間，總面積約二十五萬平方公尺，約為國父紀念館的兩倍。

同時，中正紀念堂籌建小組公開徵求中正紀念堂與中正公園的設計藍圖，其中建築物部份包括中正紀念堂、國家音樂廳、國家戲劇院，公園部份則是配合建築物的配置，將全部範圍規劃為中正公園。對於興建計畫，各界均熱烈捐款支持，其中新光集團董事長吳火獅個人捐款四百萬元，恭鑄蔣中正總統銅像一座。１９７６年４月，籌建小組表示，經公開徵求中正紀念堂的設計藍圖，已自四十三家中選出五家。７月１０日，評審完畢，楊卓成建築師的設計圖脫穎而出。楊卓成擅長設計具傳統中國風味的建築，如圓山大飯店、慈湖行館均出自他的手筆。楊表示，中正紀念堂和中正公園的設計圖是三十餘人的集體創作，其基本精神是中國傳統「天人合一」之哲學思想。不過在原設計圖中，紀念堂的正前方有一個兩百公尺長的水池，周圍有花壇種植四季卉，後來這個水池取消，形成中正紀念堂、國家音樂廳和國家戲劇院共同圍成一整片偌大的廣場。

同年１月１日，嚴家淦總統為中正紀念堂舉行破土典禮，總統府資政張群、行政院院長蔣經國、政府官員和民意代表等四千人觀禮。從此這項工程正式啟動，榮工處全力趕工，預定分兩期施工，第一期包括中正紀念堂、中正公園、牌樓、圍牆和瞻仰大道，預定１９８０年３月完工，第二期工程包括地下停車場，國家戲劇院和音樂廳，預計１９７９年７月開工，１９８１年９月完工。首期工程十分順利，如期完成。到了１９８０年春，一棟宏偉的中國宮殿式建築即出現在台北盆地上，總高七十公尺，超過當時的希爾頓飯店，成為台北最高的建築，紀念堂內的蔣中正總統坐姿銅像由陳一帆經三年雕塑而成，國父紀念館內的孫中山銅像亦出自其手。紀念堂正門巍峨的牌樓上，有四個銅鑄大字「大中至正」，其出處為王陽明的《傳習錄》，全句為：「不知先生居夷三載，處困養靜，精一之功，固已超入聖域，猝然大中至正之歸矣。」此外，紀念堂內陳列的蔣中正總統的書信，許多並非真蹟，而是藝術家翁文煒隱居新店溪畔臨摹而來，翁文煒是少數精通「博古金石文字」的專家，曾為日本箱根的中正紀念堂臨摹了六十多幅蔣中正總統的手跡。此次他比照臨摹的手抄講義、誓約、日記等，主要是根據國史會和中國國民黨黨史會所珍藏，這些歷史文物儘管保存完整，但因時間久遠，紙張已經變黃或生斑。還有，紀念堂內的所有石刻碑文則是金石家蔡海峰完成。蔡海峰出身軍旅，幼年在家鄉溫州當學徒，從打雜開始然後學習打拓本一直到熟練刀刻。來台後，蔡海峰曾以兩年時間完成「蔣氏益孝錄石刻原拓」，總計二八二幅，一萬四千字。後來，蔡海峰和師兄施右青完成「建國大綱石碑」，安裝在國民黨中央黨部走廊前側。總體來看，中正紀念堂是全台灣最宏偉壯觀的建築，也是全中國在北京以外唯一具有明清宮殿規模的地方。中正公園面積七萬五千坪，為台北新公園的三倍，有南北兩個人造水池與拱橋，園內的假山、庭園種植大小花卉三十餘萬株，草皮八萬五千平方公尺，公園兩側是中國式的迴廊。

　　1980年4月4日，蔣中正總統逝世五周年紀念，中正紀念堂正式落成啟用，蔣經國總統首次在紀念堂主持紀念大會，政府官員、民意代表、民間團體、僑胞代表以及駐華使節共數千人參加。前總統嚴家淦以「毋忘遺訓、力行遺訓」為題致詞，國際貴賓則包括二次大戰期間美軍駐華陸軍司令兼中國戰區參謀長魏德邁、日本前首相岸信介、日本參眾議員訪問團、大韓民國前國會議長丁一權等人。據中正紀念堂管理員估計，4月5日正式開放後，每天的來賓約有一萬人之多，星期假日則更高達五萬多人，許多市民扶老攜幼前往中正紀念堂瞻仰，同時到綠意盎然的中正公園休憩散步，新婚夫婦更時興到此拍結婚照片。此後，繼圓山飯店、故宮博物院之後，中正紀念堂成為台北的新地標，在一些國際媒體中，它甚至成為整個台灣的地標。至於隨後興建的音樂廳和國家戲劇院亦是規模龐大，美輪美奐，但因興建過程中遭遇諸多設計、財務及人事的爭端，一直到1987年10月才正式啟用，因此中正紀念堂、中正公園和兩廳院從計畫提出至全部落成歷時十二年餘。

▲蔣經國總統率領各級政府首長出席中正紀念堂落成典禮。

▲中秋節時，民眾在中正紀念堂對月歡聚，中正紀念堂以成為假日休閒活動的一個去處。

　　1980年代末期，中正紀念堂廣場除了是民眾休憩之處外，亦成為政治集會的場所。1989年支持北京民主運動的集會活動在此舉行，隔年，台灣學生運動亦利用此地集會，以要求國會全面改革。這段期間，反對黨人士和學生曾在此噴漆、油漆以作為反抗政治權威的象徵。由於遭受損壞，中正紀念堂管理處要求以後申請辦活動，尤其是政治活動，必須先繳納保證金。此後，中正紀念堂廣場上各種活動的舉行，包括政治集會，大型戶外音樂會等，其管理逐步趨於完善。

# 1981 中共發表對台九條方針

## 中共首度提出和平統一

### 國民黨以三不政策回應

　　1981年9月30日，在中華人民共和國慶祝三十二週年國慶的前夕，人民代表大會常務委員會委員長葉劍英針對台灣問題，發表了和平統一方針政策，共有九條，其中首度提出兩岸通郵、通航、通商的三通構想，並公開表示統一後，台灣將成為具有高度自治權的特別行政區。

　　自1978年三中全會確立改革開放政策以來，中共對處理台灣問題表現更趨積極，該年底，北京與華盛頓宣佈1979年1月1日雙方正式關係正常化。鄧小平即認為解決台灣問題已經成熟，此時中共對國民黨與台灣人民的認識與理解仍停留在國共內戰時期的思維，認為共產黨獲得包括台灣人民在內的全體中國人民的支持擁護，國民黨政權得以在台灣持續存在，唯一原因是美國的扶植，一旦美國轉與中共交好，放棄國民

▲「文革」前中共展示破獲國府特務組織所使用的通訊器材，反映當時兩岸尖銳對立的激烈狀況。

黨政權，國民黨士氣將土崩瓦解，台灣即會與祖國大陸和平統一。在這種思維下，鄧小平將台灣回歸當成１９８０年代的主要任務。

　　１９７９年元旦，北京與華盛頓關係正常化的同一天，中華人民共和國全國人民代表大會常務委員會發表了「告台灣同胞書」，開始向台灣進行大規模的統戰工作，主旨在於歡迎國民黨政要和台灣人民回到祖國大陸參觀訪問。這項政策開啟以後，確實吸引了一部份海外的中國人前往中國大陸，一些台灣商人亦違規經由香港進入大陸尋求商機。此外，國民黨中亦有思鄉情切者因年華已去，反政夢遠而萌生不如歸去之意。因此，一年多後，葉劍英發表九條方針，進一步闡明中共的政策，其精義為共產黨與國民黨對等

▲台海兩岸長期處於誓不兩立的局面，圖為「文革」前中共展示破獲國府特務組織的旗幟。

▲中共僑務委員會委員長廖承志（中）會見外國友人。廖承志為國民黨元老廖仲愷的兒子，亦為對台統
　戰的重要人物之一。

談判，實行第三次合作，兩岸人民三通，以及兩岸統一後，台灣享有高度自治權，可保
留軍隊，台灣現行的社會、經濟制度不變，生活方式不變。儘管這九條中並沒有提到
「一國兩制」的名詞，實際上卻是一國兩制的原始構思，等到隔年中共開始與英國政府磋
商解決香港問題，即根據解決台灣問題的政策和精神，正式提出以一國兩制解決香港問
題。

　　「葉九條」提出以後，中共更加緊了對台灣的統戰工作，國民黨以過去在大陸與中
共談判失敗的教訓斥其為「統戰的陰謀伎倆」。１０月３日，葉劍英再度在《解放軍報》
上撰〈偉大革命先行者孫中山先生〉一文，其中提到：「五十年前，我曾多次聆聽過孫
中山先生激動人心的演說，孫中山先生鏗鏘的聲音至今仍迴響在我的耳邊，孫中山先生
為國為民的坦蕩胸懷，堅韌不拔的鬥爭意志，革命前驅的偉大形象，永遠激勵我們奮發

向前。」「值此紀念辛亥革命七十周年之時，我們十分關切在台灣的同胞，我們希望台灣當局以民族大義為重，毅然回到孫中山先生指明的道路，完成祖國統一大業，以慰孫中山先生在天之靈。」

相對於中共的軟性攻勢，蔣經國總統提出「不接觸、不談判、不妥協」的「三不政策」作為回應。１９８２年７月２５日中共僑務委員長廖承志發表＜致蔣經國先生信＞，以兄長身份向蔣經國勸降，此文名噪一時，堪為時代絕響。蔣經國未予理會，不期人在美國的蔣宋美齡卻按捺不住，於８月１７日回應了＜給廖承志公開信＞，以長輩的身份將廖承志訓斥一頓，儘管蔣宋美齡的回應實際上打破了國民黨不與中共進行任何的形式對話的立場，但因其身份特殊，只得任其發言。兩年後，蔣宋美齡又發表了＜給鄧穎超的公開信＞，再度揭露國共高層早年秘辛，並號召鄧穎超看清共黨殘暴本質，幡然來歸。

總的來說，葉劍英發表九條政策方針以後，中共的統戰重點在於以民族大義拉攏國民黨政要來歸，並全力推動兩岸三通，吸引台商到大陸旅遊投資。大陸的廣播配合此政策經常播放國民黨政要早年好友的感情談話，以及大陸同胞尋找去台親友的消息。國民黨的一貫回應仍是「三不政策」，除了蔣宋美齡曾與中共高層出現一段沒有任何交集的政治對話之外，基本上國民黨對中共的各種作法均置之不理。儘管如此，隨著中國大陸開放政策的深化，與外界的交流日益擴大，台灣人民回大陸探親、旅遊和經商逐漸成為半公開的現象，造成國民黨政策與現實脫節的情況，導致民怨升高，國民黨陷於政治上的被動，終於在１９８７年大幅調整大陸政策，逐步開放兩岸的交流，不過政治接觸、對話與談判仍在嚴禁之列，一直到１９８８年李登輝繼任總統之後，情況始有改變。

至於中共方面，鑑於台灣內部政局的變化，時而寄望台灣當局，時而寄望台灣人民。１９９５年１月，國家主席江澤民再提「八點主張」，雖然１９８１年葉九條提出以後，中共對台工作各個時期均有不同的著重點，但葉九條作為其基本政策方針，始終不變。

# 1981 外雙溪放水溺斃事件

### 上游水壩管理失當　十五名師生罹難

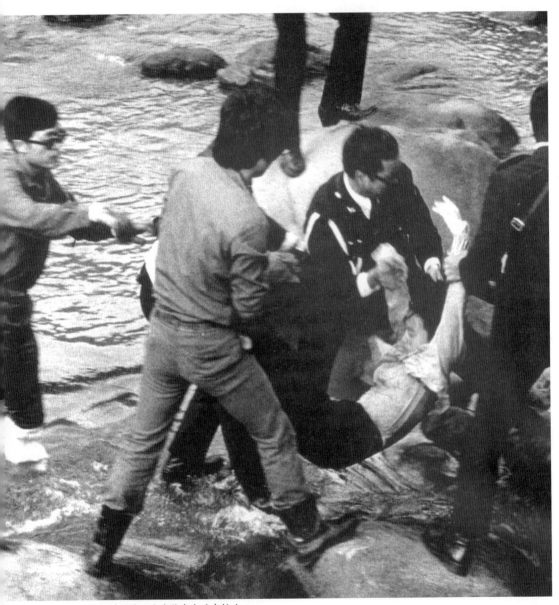

▲搜救隊伍將一名受難者由溪中抬出。

◀ 台北市景美女中九位師生罹難，
校內籠罩著哀傷的氣氛，學生們
在圖書館內佈置的靈堂前掩面飲
泣。

　　1981年1月23日下午二點左右，台北外雙溪有六百餘位男女學生郊遊玩樂，此時正是期末考結束不久，正要放寒假，所以充滿了歡笑聲。不料轟然一聲，不知名的大水從上游傾瀉而下，如山洪爆發，很多學生被沖倒，並大呼「救命」，然而大水並沒有停止，接著溪上出現屍體漂浮的驚怖景象。

　　大約四十分鐘後，水勢才恢復平靜，溪邊一片哀嚎聲，一輛又一輛救護車馳援而至，警笛響個不停，消防隊和憲兵部隊組成的搜救隊伍沿著溪谷在每一個水深處打撈。這天清點結果，災情慘重，共有十人不幸死亡，五人失蹤，十二人受傷住院，三十人左右獲救脫險。隨後幾天內，失蹤五人的屍體也陸續被打撈起來。

　　這件罕見的溪流溺斃事件看來十分離奇，事發當天風和日麗，既無大風，也無雷雨。大水滾滾而來導因於外雙溪上游水壩管理失當，在沒有任何預警及安全防護措施下逕自放水，以致釀成慘劇。這天上午九時許，台北市自來水事業處生產科第三淨水場場長謝文或與該場機電工程員張宣勝因淨水場進水量不足，判斷是進水道阻塞，乃由張宣勝以電話指示在水壩值班的機電技術工郭傳明、葉水龍清理取水道。郭傳明以中央社區尚需供水為理由，決定下午二點才進行清理工作。到了二點左右，葉文龍先自行清理取水道後端的沉砂地，但仍無法增加淨水場的取水量。這時剛好另一名機電技術士曾朝鄉

到場，葉、曾兩人商量後，決定清理取水道前方位於水壩內的進水口，並且採取慣例放水清理。然而，他們既未依放水安全程序請警察機關通知警戒，也未通知遊客上岸，即貿然由曾朝鄉幫忙開啟電門，由葉文龍操作開啟水壩大閘門，開始放水。約十分鐘後，值班的郭傳明趕到水壩參與撈取進水口上漂浮之垃圾，亦未採取任何預防危險的措施或阻止繼續放水，任由葉文龍連續開閘四次，致壩水直衝而下，鑄成悲劇。

　　災情受害者中有景美高中、達人女中、大安國中等學生，其中景美女中訓導處主任朱藹華為救援學生，被水沖走，觸石而倒，亦遭溺斃。然而葉文龍、曾朝鄉、郭傳明等人仍渾然不知，連續放水四十分鐘，後來經一名不知名的計程車司機奔走告知，才將閘門關閉。

▲台北市長李登輝(左)、教育部長朱匯森(中)事後趕到外雙溪，聽取警方簡報，李登輝隨後向中央請辭，以示負責。

　　事後，景美、達人、大安等校愁雲慘霧，一些家長情緒激動，紛紛打電話指責校方照顧不周，甚至對景美女中校長梁素霞破口大罵。23日該校舉行最後一天的期末考，校方原意是，對於長期受聯考壓力的高三學生而言，應該讓她們輕鬆一下，所以在最後一科考試後，便由校長梁素霞、訓導主任朱藹華等人帶領下，一百七十多個高三同學滿懷欣喜，前往外雙溪烤肉，原本預定下午三點返校，沒想到卻有八個人永遠回不來了。此外，溺斃的達人女中學生胡之潔的父親胡克定悲憤異常，他幾乎聲嘶力竭地指責學校的不是，而且到士林分局對著自來水事處五名失職人員痛罵：「把女兒養大，多麼不容易，我的女兒是個好孩子，她從小就乖，平常用功、守規矩、活潑、可愛，她哪點不好？結果，你們就這麼疏忽，毫不採取安全措施放水，就這樣的帶走了她。我不要你們道歉，只要告訴你們，我永遠不會原諒你們！」

　　不僅受難學生的家長哀傷不已，輿情亦紛紛指責自來水處嚴重失職。《中國時報》社論評說：「掌握眾多人生命財產命運大權的人員，豈可有任何疏忽，如果操作核能發電廠者，管理儲油庫者，都可以疏忽，人民豈有類？更有甚者，說溪底之內，本不應遊樂，試問如果石門水庫之水盡出，台北平原均將淹沒，則數百萬人口，是否俱應他遷？說學校根本不應舉辦郊遊，試問火車公路，空中海中，俱有危機，是否人類一切活動，俱應停止推卸責誘過，藉詞搪塞，如此心態，最為可鄙。」在追究相關責任中，台北市長李登輝、教育局長黃昆輝、自來水處處長許整備為示負責，主動請辭，其中許整備獲准辭職。至於謝文或等五名失職人員以「過失殺人」的罪名被提起公訴，分別被判三至五年的刑期，上訴均被駁回。

　　這件人為疏忽所造成的慘劇震撼全台，各方議論紛紛，對於未來如何改善頗多建言。石門農田水利會代總幹事梁錦昌以日本為例，說明日本水利設施十分完善，各水路沿線，只要有可能出問題的地方，均設置警報器，不僅有警報，在放水時，也都施放警報示警。同時，其放水量，也是由小漸大，絕不是那種一瀉千里，令人措手不及的方式；相對地，台灣很多溪流的水壩在放水時，事先很少示警，水壩下游的警示設備，或者圳道上的警示設備均付闕如。從另一方面來說，這也是公共安全意識普遍缺乏的現象之一，就如火災、洪水、瓦斯爆炸、房屋倒塌等事故，其背後多有安全程序受忽略，做事馬虎不認真的原因。外雙溪溺斃事件凸顯了水壩管理的鬆散，奪走了十五條年輕的生命，以這樣的代價換來了水壩放水示警程序的改善，也在這一年裡留下了許多唏噓感嘆之聲。

# 1982 李師科與土銀搶案

## 國內發生首宗銀行搶案
### 退伍老兵背景震撼社會

　　一名頭戴鴨舌帽、假髮，臉上搗著口罩的歹徒闖入土地銀行古亭分行，搶走了五百四十萬元，並開槍打傷副理，成為台灣治安史上的首件銀行搶案。

▲土銀搶案嫌犯李師科在家中遭警方逮捕，押至警局一景。

　　一個月後，搶犯經由友人告密在自宅中遭警方逮捕，社會議論紛紛，原因是搶犯具有退伍老兵的身份，長年軍旅生活，由大陸來台灣，獨居陋巷中，他宣稱搶錢是因為國家欠他，這個具有時代背景的犯罪行為激起台灣社會複雜的感受，久久不息。

　　１９８２年４月１７日，身材短小乾瘦的退伍老兵李師科頭戴假髮和運動帽，臉搗口罩，進入土銀古亭分行，舉槍朝天，勒令所有人不准動，然後由櫃台口爬入，進入金庫奪取裝現鈔的帆袋，回到櫃台後，該行副理林延湖趨前表示願意幫忙，李師科開槍射擊，打中林的胸部。隨後，李師科帶著運鈔袋逃出銀行，由旁邊的巷道跑至預先停放的計程車，然後駛回和平西路二段的住處。當晚，李師科將搶劫時的衣物和運鈔袋棄置附近各地，手槍則於１６日丟入中正橋下的新店溪。其間，李師科把錢分為兩部份，其中一百多萬放在住處，另外四百萬則以牛皮紙包妥，寄放在三重市的張姓友人家中。

▲李師科頭戴假髮和運動帽，臉搗口罩，握著手槍跳入土地銀行櫃台，為上方的攝影機留下此身影。

　　此時，土銀搶案已轟動整個社會，電視上反覆播放土銀監視器所攝搶犯搶劫的過程，反映治安狀況出現警訊，警方也加緊辦案，有關案情線索的蛛絲馬跡每天連續播放。後來，李師科的張姓友人打開李所寄放的紙袋，發現裡面全是蓋有土銀戳記的大鈔，於是報警處理。5月7日，警方據報立刻趕往李師科住處，順利將他逮捕。

　　搶犯的真面目一經公諸於世，引來一片嘩然，李師科並非江洋大盜，而是因時代和社會境遇失衡的退伍老兵，犯下重案是為了證明自己以及實踐其心目中的「向國家討回公道」的心理。李師科被捕後，態度合作，對他所作所為直言不諱。他還供稱自己兩年前還犯下另一殺警案，1979年，他曾以自製土槍擊斃教廷大使館警衛李勝源，奪其配槍，作為日後搶劫銀行之用。由於審訊期間，李師科實話實說，簡明乾脆，案子很快了結。

　　李師科，山東昌樂縣人，1927年生，國小肄業，抗戰期間在家鄉張天佐部隊打游擊，抗戰勝利後編入國軍王耀武部隊。濟南陷共之後，輾轉青島，繼隨軍由海南島來台灣。1959年因病申請退役，初至兵工廠工作兩年，後來以修車和駕駛計程車為業。在鄰居的眼中，李師科是個單純的人，喜歡小孩，平日無不良嗜好，他殺人奪槍和

▲土銀搶案發生後，大批警察趕到，也吸引了圍觀的人潮。

搶劫銀行的動機使得社會各界產生諸多猜測。有些專家指出，李師科犯案乃典型的反社會心理和行為，半生戎馬，在台舉目無親，生計困難，在社會日漸繁榮的過程中，依舊貧窮，因此產生病態的反社會心理，在長期受壓抑的人生中決定轟轟烈烈地幹一件大事，既發洩不滿，也確定了自己的價值。也有人對李師科抱著同情，認為這是退伍榮民不幸命運的縮影，不應歸咎於李師科個人。

儘管如此，５月１８日，警備總部軍事法庭依懲治盜匪條例第二條第一項第六款強劫且故意殺人判處死刑，隨後國防部覆判判決指出：「李師科為滿足一己私慾，處心積慮，圖謀非份之財，竟不擇手段，妄加殺害執勤警員，掠奪公用槍彈，復公然於首善之區，白晝持槍搶劫銀行，濫殺無辜，手段兇狠殘暴，泯滅人性，目無法紀，實嚴重危害社會治安及影響人民生命財產之安全，罪無可赦，為彰法紀，以遏惡風，應處以極刑，並褫奪公權終身，用昭懲戒。」５月２６日清晨五點，李師科遭槍決，距被逮捕之日為二十天，可謂速審速決。然而其人其行其言仍繼續迴盪在社會之中。

此外，李師科案也引發了王迎先命案。與李師科殺警奪槍的情形相反的是，王迎先命案則顯示警方辦案濫權的現象。在警方偵辦土銀搶案時，刑事局督辦兼肅竊組組長鄭毅接獲密報，指稱開計程車的王迎先涉案，鄭毅即派詹俊榮等人前往調查，將王迎先和友人李志華二人帶回警局。調查期間，詹俊榮等人施予刑求逼供，王被迫編出贓款下落，詹俊榮等人乃押解王坐偵防車去碧潭起贓。路經秀朗橋時，王迎先乘隙跳入新店溪自盡，而這一天，剛好李師科被逮捕，土銀搶案宣告偵破。

王迎先命案發生後，警方原擬與王的家人和解私了，而且對外掩蓋事實真相。然而隨著越來越多的證據浮現之後，輿情反應激烈，立委和監委咸感關切，詹俊榮、洪福川、謝文昌、陳奕煌、周桐明等遭到起訴，官司訴訟近五年，到了１９８７年４月，最高法院以「公務員假借職務上的權力，共同私行拘禁」的罪名將四名被告判處一年徒刑，其間在１９８４年１１月，詹俊榮就以假結婚和虛設行號等方式，棄保潛逃國外。此外，王迎先命案亦促成刑事訴訟法的修正，規定犯罪嫌疑人可以聘請律師，而未修正前，被告經起訴後才准委請律師辯護。經由此一不幸案件，我國司法行政程序做了重大的檢討與修改。

# 1982 羅大佑吹起黑色旋風
## 深刻省思社會人文互動
### 引領新興流行音樂風潮

羅大佑的現場演唱會充滿爆發力，很能帶動台上台下的高昂氣氛。

　　穿著黑衫、戴著墨鏡，一身離經叛道的造型，加上沙啞的吶喊聲，才華洋溢的歌手羅大佑崛起於1982年，似乎象徵了1980年代的台灣會是一種新的感覺。

　　這一年，年輕的羅大佑和他的女友張艾嘉不斷出現在電視上，唱著「戀曲1980」和「童年」等歌曲，裡頭既有對過往歲月的淺淺感傷，又有著新一代人對老套山盟海誓的不買帳。無論是詞曲、唱腔和演唱方式都打破陳規，令人耳目一新。接著，羅大佑個人獨唱的「之乎者也」和「鹿港小鎮」則包含著類似的意涵，但形式上更具抗議精神，引起年輕人的普遍共鳴，旋即造成極大的轟動。

　　一個新的音樂時代開始了，它是個人的，自我的，勇於嘗試、敢於質問以及不畏表達的。這種音樂的出現，實際上反映了整個社會生活正處於巨大改變的轉折點上，從城鄉到都會，由手工到機器，由集體到自我，從長久到瞬間……。這些深刻的改變帶來迷失、尋找與重建的心靈感受。

◀ 羅大佑參加電視節目錄影。

　　羅大佑出身醫師世家，從小學習鋼琴。大學學醫，卻醉心於西洋音樂。１９７４年，為電影「閃亮的日子」作插曲，從此開啟了音樂創作生涯。１９８２年，出第一張唱片時即以其原創作性造成轟動。從１９５０年代開始，台灣大眾音樂的主流若非官方的愛國歌曲，即為坊間的郎有情妹有意的「靡靡之音」。在窮困的年代，音樂無論何種性質，其商品性格十分有限。隨著生活水準的提高，１９７０年代的年輕人開始有意識地拿起吉他彈唱民歌，並逐漸呈現大眾文化的創作和商業意義，不過初期，他們以模仿美國的鄉村音樂為主，到了１９７６年，詞曲清新悅耳的「校園民歌」終於出現、它是新一代音樂創作的產物，來自一個較富裕平和的生活環境，呈現著新的風格，如同童年的純真。

　　羅大佑的出現彷彿未受過飢餓的一代進入了叛逆的青少年期，一方面向著以往的舊觀念挑戰，另一方面又充滿著商品性格，比上一代更具備賺取財富的「新觀念」。抗議商業社會形成後的種種精神束縛，這種反對的歌聲本身成為最具商業價值的產品。這是１９８０年代的抗議者與其前輩最大不同之處，後者與其抗議的對象處於明顯的對立面，前者與其抗議的對象本質上更像相輔相成的親密夥伴，反映的是整個時代的特色。１９８３年，羅大佑推出的唱片「未來的主人翁」，使得流行音樂的抗議色彩達到新的高峰，也在商業領域上取得新的成果。

　　儘管如此，青年羅大佑就如他的歌曲所顯示的徬徨心情，這段時期對自己的音樂生涯並不確定，他曾短暫地換下舞台的黑衫，穿上白衣，在仁愛醫院放射線治療科當第一年的住院醫生。不久，他又重回歌壇，出了第三張專輯「家」，但反應不如預期。為了突破生活與創作的瓶頸，１９８５年羅大佑赴美，期間寫了一首「明天會更好」，被國民黨當成競選歌曲，歌頌時代的美好與希望，隨後他聲稱這是他最討厭的一首歌。

　　１９８７年，羅大佑前往香港發展，此時的他已褪去以往的叛逆色彩，呈現對生活的美好嚮往。香港四年，羅大佑寫出了許多流行於華人世界的歌曲，包括「戀曲１９９０」、「東方之珠」等，此外，他的「皇后大道東」震撼了香港樂壇，其「搞點新意思音樂會」成為香江盛事。

　　１９９０年代初，羅大佑暫別異鄉之旅，回到他十年前吶喊的台北，不過此刻的他卻是穿著平易，如書生般的音樂工作者了。他創作了一些本土的台語歌曲，但未造成領導性的潮流。總的來說，羅大佑的音樂見證了１９８０年代兩岸三地的成長，先是台灣，接著是香港，後來是大陸，他的音樂創作長年處於領先潮流的地位，成為許多人生命中無可磨滅的記憶。

# 1983 卓長仁等六人劫機事件

## 劫機行為引發國際注目
## 司法政治雙重解決順利來台

▲由瀋陽劫機至漢城的卓長仁（右三）等六人經過一年半的司法程序和外交折衝，於1984年8月由南韓政府遣送來台，圖為卓長仁等六人向台灣民眾拜年的情景。

　　一架搭載有百餘名乘名的中國大陸民航班機，於１９８３年５月５日由瀋陽飛往上海的途中，被劫持到南韓，降落在漢城東北方的春川美軍機場。

　　參與劫機的有六位大陸青年，為首的是卓長仁，其餘是姜洪軍、王艷大、安建偉、吳雲飛和高東萍。過程中，機上曾發生打鬥，姜洪軍開槍擊傷領航員王培富和通訊員。飛機降落南韓後，六名劫機者立刻要求見中華民國駐韓大使並聲稱劫機目的是反抗中共統治，嚮往自由。中華民國行政院新聞局長宋楚瑜在接受記者詢問時評論：「我們對大陸同胞奪機成功，獲得自由，感到欣慰與慶幸、對機上的人員，只要他們願意回到自由祖國，政府表示竭誠歡迎。」同時，中共連拍緊急電報給南韓政府，要求派團前來交涉歸還飛機，引渡劫機者等事宜。

　　事件發生地點的南韓政府則表示將以國際法處理此一事件。儘管如此，在法律、政治與外交的多重糾葛中，此案對涉及的大陸、南韓與台灣均構成重大挑戰。台灣輿情沸騰，視其為大陸人民反抗暴政的另一證明，媒體均以「奪機」稱之，各界亦呼籲南韓政府基於人道立場及反共立場，迅速釋放這六名人士，讓他們依其意願前來台灣。中華民國政府則透過駐韓大使館向南韓政府強烈表示這項立場。大陸方面，民航局長沈圖於5月7日搭專機抵達漢城，與南韓外交部官員談判善後事宜，會後雙方簽署備忘錄，根據國際公約，將飛機、機員和大陸乘客儘速交還大陸。沈圖對於韓方不能同時將劫機犯交給大陸，表示遺憾。

　　至於南韓政府則衡量整體局勢，謹慎處理此案。中華民國是大韓民國最親密的友邦之一，冷戰時期如兄弟之交，加以反共意識型態一致，因此對於中華民國政府之要求，勢必慎重考量。不過另一方面，南韓亦擬調整其對外政策，希望加強與中國大陸的關係。現實政治中，長期與中國大陸敵對並不利於朝鮮半島的和平發展，因此對中共的立場也不可能忽視。此外，就整個國際環境來說，各國對反劫機也形成高度共識，國際民航組織通過反劫機公約，對劫機犯加重刑罰，簽字國都修改本國法律，加重劫機處罰。卓長仁等人劫機，剛巧是南韓修改民航法律不久之後，不依法處理，不僅違背國內法律亦違背國際公約。美國政府對此案也同表關切，駐韓大使館提出書面意見，表明這件劫機案違反國際公約，如果對劫機犯不予處分，美國會感到很大的困擾。

▲針對客機被劫持到南韓事件，中共民航局長沈圖（左）飛往漢城，與南韓副外長（右）談判交還人機事宜。

▲漢城高院二審卓長仁等六人劫機事件，卓長仁步出高等法庭的一刻。卓長仁是此劫機事件的主要策劃者和執行者。

　　5月23日，南韓外長李範錫表示兩項處理原則：（一）韓國決不改變對中華民國的政策。（二）韓國政府將依國際公約、國際慣例及人道主義的立場處理。隔天，漢城地方檢察廳公布劫機者劫機經過，將六人立案羈押。7月18日，漢城刑事法院首次開庭審理本案，司法程序正式開始。儘管如此，在台灣社會中，卓長仁等六人在一般人的心目中是反共英雄，媒體稱呼其為「六義士」或反共義士，因此許多民眾前往南韓大使館示威抗議，甚至踐踏南韓國旗，指責南韓審判六名反共義士是要刻意討好中共之舉。台灣民間強烈的反應使得台北與漢城的關係陷於空前的低潮。

　　8月18日，法院第一審判決：卓長仁處六年徒刑，姜洪軍及王艷大各處五年，吳雲飛、安建偉及高東萍各處四年。判決書最後一段文字說：「原審法院曾施用並參酌韓國刑法中有關條文之規定，對被告一再減刑，故對被告之量刑並不為重，被告之辯護人及中華民國國民所一致盼望之更寬大措施，難有期望韓國政府考慮犯罪之政治因素及尊重世界人權宣言，給予人道主義之關懷。」這段文字為本案預留伏筆，暗示司法程序只能就法論法，政治和人道考量將由行政部門以行政形式採取有關行動。果然，該年12月20日漢城高院二審判決以及隔年5月22日三審判決，均駁回上訴，維持了一審原則。可是到了8月13日，也就是六人劫機一年三個月之後，南韓政府卻宣佈對六年實

▲卓長仁等六人由韓方政府檢察官陪同下走出飯店。

行特赦，中止刑期，並立刻移送至台灣。事實上，此案發生不久，南韓外長李範錫即與中華民國駐韓大使薛毓麒私下會談，李範錫即清楚表示處理形式，即在司法程序結束後以政治解決。在三審判決後，雙方數度協調才確定釋放六人的時間。

　　卓長仁等六人由韓城前來台灣時，受到英雄式的熱情歡迎，喧騰多時，台灣社會人心振奮，各界對六義士紛紛捐獻慰問金。蔣經國總統接見了六人，指出共產制度違反人性理性，自由與奴役不能共存，並盛讚卓長仁等人唾棄暴政的英勇壯舉。最後，卓長仁等人均獲得高額的慰問金，以及安排工作和求學機會。

　　然而，數年之後當此案仍鮮活地存在台灣社會記憶中時，主人翁卻換了角色。卓長仁和高東萍結婚，卻遭其大陸原配王玉春控告為重婚，１９９１年１月台北地方法院依法判處兩人重婚，判有期徒刑一年，緩刑三年。１９８０年代末期，台灣政治環境迅速改變，反共義士逐漸成為歷史名詞，不再擁有特殊地位，其行為所受的道德期待與一般台灣人民相同。卓長仁後來投資房地產賺了錢，但在轉投資於地下投資公司時卻血本無歸。１９９２年卓長仁、姜洪軍、施小寧等人涉及王俊傑命案，其財務糾紛、詐欺、恐嚇之案情公諸社會時，令社會百味雜陳。卓長仁宣稱自己被陷害，並表示要回大陸，更引起台灣社會強烈反感，當年曾參與營救卓長仁的薛毓麒表示對卓十分失望。另外，高東萍因丈夫入獄多年，生活無著，曾申辦低收入戶補助金。王艷大赴美定居，吳雲飛和安建偉兩人則單純過日，融入本地社會。六人的際遇各有不同，令人對世事的滄桑變遷不勝感慨。

# 1983 侯德健潛赴大陸

### 愛國象徵憧憬故園隻身返鄉
### 個性直烈不容對岸被迫回台

　　台灣校園歌曲於１９７０年代中期開始興起，一首首清新悅耳的曲調沖刷了原有的靡靡之音。校園歌曲的詞曲作者多是新一代的大學生，懷抱著對生活的熱情及美好的期待。

　　政大中文系的侯德健是其中的一位，他所寫的「捉泥鰍」帶來童年記趣的歡愉氣息，與「小雨中的回憶」等歌曲共同留下了銀鈴般悅耳的聲音。１９７８年底，華盛頓與北京宣佈關係正常化，台灣社會人心受到極大搖撼，侯德健發表了「龍的傳人」，歌頌古老神州的莊嚴偉大、近代中國的苦難以及中華兒女對故國的眷戀之情。由於曲調優美，充滿民族色彩，發表後立刻在台灣和海外華人社會風行一時，新聞局長宋楚瑜應邀在成功嶺軍訓典禮上演講時，甚至以「龍的傳人」為講題，勉勵青年學子以身為中國人為榮，以振興中華為使命。

▲創作「龍的傳人」的歌手侯德健潛赴大陸，圖為侯德健（第三排右二）在四川省巫山縣有池鄉與家鄉侯氏大家族合影。

　　然而１９８３年６月４日，這位被國民黨視為愛國主義象徵的青年卻利用赴香港之便，突然潛赴大陸，對台灣社會造成強烈的震撼，並引來諸多的流言。有關侯德健為何赴大陸的說法很多，但多半帶有貶意，謂侯德健事業遭挫，婚姻壓力龐大，遂鋌而走險；又謂侯德健性格衝動，變來變去，遂有投共之舉。雖然如此，難以忽略的基本事實是，侯德健有著強烈的中國人情感，上一代對大陸故鄉充滿感性的敘說帶來了美麗的憧憬，課堂上近代中國國恥的教育加深了歷史的使命感，這些都決定了台灣青年，尤其是１９４９年由大陸來台的外省第二代的思維和情感。「龍的傳人」中所說「雖不曾見那長江美，夢裡常神遊長江水」即恰如其分地反映了這種心情。

　　因此，去大陸看看以滿足長年的嚮往是理所當然的，然而在兩岸極端對立的時代，接觸大陸的人事物往往被等同於認同中共政權，侯德健赴大陸在客觀上也就被迫成為一種政治選擇，中共大表歡迎，國民黨則十分窘迫，原來對「龍的傳人」大加讚揚的宋楚瑜只好宣佈禁止侯德健的作品。黨外人士則對侯德健赴大陸一事強烈抨擊，並不時嘲弄挪揄。

▲侯德健在四川家鄉與侯氏家族共同祭祖時下跪在地。

　　侯德健赴大陸後，初入北京音樂學院學習作曲，並安排在東方歌舞團工作。不過很快地，侯德健與大陸的工作和生活環境格格不入，又因他出言無忌，得罪不少身邊的人。這時他與新進歌手程琳發生戀情，為了避開北京嚴肅刻板的政治氣氛，侯德健攜程琳南下廣州，１９８６年，他申請與程琳結婚，卻未獲中共批准。其實在１９８２年初，侯德健便已在台灣結過婚，並生有一子，他赴大陸拋妻別子的作法讓很多人不能諒解。根據侯的說法，他在台的婚姻狀況並不好，來大陸前夫妻已經分居，後來侯妻已申請離婚。１９８０年代末期，隨著大陸進一步開放，經濟更走向自由市場，侯德健亦得以在廣州開展其事業。１９８８年，他控告廣東海南音響公司欠款案轟動一時，這是在大陸由私人控告公營企業的首例，雖然本質上是商業糾紛，但因涉及文化部的行政干預，因此帶有民告官的性質。在政治管制仍十分嚴格的那時，侯德健此舉不僅引人注目，引來大批新聞記者的採訪，實質上也無形地為大陸社會開啟了嶄新的法律視野。

　　無論毀譽如何，侯德健的言行舉止總因帶有某種原創性而迅速成為話題。１９８９年５月間北京爆發大規模民主運動，原來侯德健只是觀察，並未參與。隨後，他赴香港參加研討會報告學運，並洽談唱片事宜。返回大陸後，侯即積極參與學運，簽名支援民主運動，並寫了一首歌「漂亮的中國人」。至於廣場抗議學生為了激勵人心士氣，除了合

▲歌手侯德健以「龍的傳人」一曲聞名華人世界，並參與各式公眾活動。圖為侯德健在泰緬邊境難民營自彈自唱一景。

唱「血染的風采」、「義勇軍進行曲」之外，也經常演奏「龍的傳人」，這是這首歌曲首次被拿來做為民運的象徵。6月2日，侯德健與高新、周舵、劉曉波等四人發表絕食宣言，為民運掀起另一波的高潮。6月3日夜裡，解放軍以武力鎮壓民運，造成長安大街兩端嚴重的傷亡，侯德健決定勸說學生撤離廣場，隨後他與解放軍軍官談判以協助學生離開廣場。鎮壓行動後，侯德健因擔心遭到逮捕，便躲在澳洲駐北京大使館。儘管如此，中共官方表示，侯德健不在通緝名單之內，並沒有任何逮捕侯德健的計畫。8月，侯德健走出大使館，但旋即陷入另一項極大的爭議，他向國際電視台說在天安門廣場上沒看見軍警打死人。這段話立刻被中共利用來大肆宣傳，導致海內外許多人對侯德健強烈不滿。他事後解釋說，他確實在廣場上沒看見軍警打死人，大部分時間他都被包在被裡，此外他也說在醫院裡看見很多屍體，但卻未被大眾重視，他整個談話遭到了斷章取義。

離開大使館返家的侯德健無論在生活和情感上均陷入困境。他寫的新作品，在大陸無人敢碰，同居女友程琳六四後赴澳洲，後再轉法國，後來侯德健說兩人在越洋電話中已協議分手，不久外界傳出程琳與學運領袖吾爾開希在一起的消息。程琳對外人說，她跟侯德健兩人的思想差距太大。然而在私人事務之外侯德健最受人注目之處在於他的言論越來越讓中共當局難以容忍。六四後的政治肅殺氣氛，保守勢力的膨脹令一直有話直說的侯德健憤怒異常，他不斷接受國際媒體的專訪，大肆抨擊中共的霸道與專制。儘管中共對侯十分不滿，但因他具有對台統戰的特殊性而陷入了逮捕與否的兩難。1990年5月30日，北京公安局人員對侯德健進行軟禁，但侯仍不屈服，此時中共高層終於做出最後決定。

6月16日，公安人員依照計畫將侯德健帶到福州，19日，侯登上中共的邊防巡邏艇，當天下午巡邏艇攔住一艘台灣漁船，侯被送上漁船。此時侯德健才明白自己被強制安排偷渡回台灣。20日清晨七點，侯抵達台灣，叫了計程車直奔台北的家，母親羅映霞見去大陸七年的兒子突然出現眼前，又驚又喜。隔天，侯德健主動向調查局自首，消息傳開，引起一片嘩然，台灣輿情皆感到此事近乎荒謬，對侯德健有正反兩面的看法，其中反面居多，認為侯德健原則不一，對自己所作所為缺乏謙遜與反省。侯德健自覺在台灣不受歡迎，寫了自傳體的《禍頭子正傳》一書，自我比擬為惹禍的人。1992年，侯德健移居紐西蘭，與在北京即已結識的女友孫彥梅結婚，此後侯德健在紐西蘭和台北兩地遊走。1998年初，侯德健夫婦返台定居。

1990年代的侯德健褪去了年少激越的色彩，變得十分宿命，他已少有歌曲創作，也不太扮演憤怒感傷的中國人的角色，主要工作是教人易經、陽宅、風水等，成為「易經專家」或「風水先生」。他應邀上電視以八卦預測，甚至包括美女寫真集的銷售量，引起許多觀眾熱烈的迴響。整整二十年，侯德健走過一段奇異的人生旅程，難以明言悲喜，卻無疑地是台灣社會一段鮮明的歷史記憶。

# 1984 中華台北重返奧運

## 摒棄多年政治對立　兩岸共赴洛杉磯奧運

▲洛杉磯奧運會開幕儀式中放氣球一景。

於美國洛杉磯舉辦的１９８４年夏季奧運會，未開幕即造成轟動，原因是為了報復美國聯合五十七國抵制１９８０年莫斯科奧運會，蘇聯集團突然宣佈杯葛洛杉磯奧運會，還以顏色。

除了國際政治再度利用體育場進行權力較勁外，兩岸糾纏數十年的奧運代表權爭議終於取得某種妥協，雙方都派出龐大的代表團，並取得可觀的成果，尤其是大陸隊崛起，成為國際體壇的生力軍，取代了日本成為亞洲排名首位的體育強國。

１９８４年５月１０日，蘇聯指控美國政府在準備今年奧運會時，採取不當的政治干擾行動，並且威脅到蘇聯選手和官員的安全，因此決定退出比賽。接著，阿富汗、保加利亞、東德、捷克、匈牙利、波蘭、古巴、寮國、北韓、南葉門、外蒙古、越南及衣索比亞相繼宣佈退出。共產國家中，沒有追隨的是中華人民共和國、羅馬尼亞和南斯拉夫。蘇聯集團的動作在國際上造成極大的震撼，也引來許多憂慮，各界擔心，由於東歐

集團的體育實力堅強，如果退出，將使整體奧運成績為之遜色，同時降低比賽的吸引力。然而另一方面，這種結果只是美蘇集團冷戰的一環，1980年，美國以蘇聯入侵阿富汗為由，發動抵制莫斯科奧運會，導致該年只有八十一國參賽，是1960年代以來參加國家最少的一屆奧運會，因此本屆蘇聯的報復行動並不特別意外。

儘管如此，在美國的號召和拉攏下，本屆洛杉機奧運仍有一百二十三個國，七千五百餘選手參賽。在東歐集團的缺席下，預料美國選手將囊括主要獎牌，有利於激起美國人民的愛國情緒，吸引美國觀眾入場，提高整體的熱烈氣氛。此外，主辦當局採取美國職業賽的商品包裝辦法，銷售電視轉播權，製造偶像明星，擴大廣告價值以及販賣各種紀念品，使得奧運比賽變得空前的商品化。

至於兩岸代表團參賽方面，中共自1949年建國以來即與國民黨政府在對外關係的各個領域上爭取「中國」的代表權，雙方均採取「一個中國」的排他性政策。在奧運方面，自1952年赫爾辛基奧運會起，中共即採取將中華民國完全排除出奧運的政策，當時在國際冷戰的環境下，中共未能達到目的，因此退出奧運會，使得大陸諸多優

奧運開幕儀式中，中國大陸隊以龐大的陣容、堅強的實力出場亮相，令各方刮目相看。

▲洛城奧運施放別出心裁的奧運標誌煙火。

秀體育選手未能在國際體壇上揚威,其國內成績也未能列入正式紀錄。中華民國方面則在中國代表團的激烈爭議中,參加了數屆奧運比賽,並在1960年羅馬奧運以及1968年墨西哥奧運中,由楊傳廣和紀政分別獲得銀牌和銅牌的優異成績。1972年中華人民共和國取代中華民國在聯合國的席位,國際環境丕變,中共取得較有利的地位,於1975年重新申請加入奧會,並要求排除中華民國會籍。1976年,加拿大拒絕中華民國參賽蒙特婁奧運會,不過中國代表權的問題並未解決,國際奧會仍然希望能夠同時容納兩岸代表團參加奧運。

1979年底,國際奧會通過一項決議,建議中共以「中國奧會」之名參加,中華民國則使用「中華台北」之名。到了1981年,國際奧會、台灣和大陸三方面終於取得最後妥協,由國際奧會修改會章,將原有各國奧會參加奧運使用的國旗、國歌之規

定，修改為使用「代表團之旗歌」，同時確定中華民國奧會名稱為「中華台北奧會」。儘管各國代表團的旗歌實際上即為該國的國旗、國歌，但中華台北奧會的旗歌則另行設計，旗為梅花形，內含青天白日國徽。這種模式後來稱之為「奧會模式」，即中華民國以「中華台北」的名義，與中華人民共和國共同參與國際組織，此後這項模式延伸至其他的國際體育組織，甚至政治和經濟組織。

因此，洛城奧會是兩岸選手首次同時與賽，台灣派出五十八名選手，大陸派出二百二十五名選手。比賽結果，台灣舉重選手蔡溫義獲得一面銅牌，棒球代表團則在表演賽中與南韓纏鬥十四局，終於以三比○擊敗對手，榮獲銅牌。蔡溫義是繼楊傳廣和紀政後榮獲個人獎牌的選手，成了國人英雄。而棒球獲得世界第三名則是台灣從１９６０年代末起發展三級棒球運動後，首次驗收了豐碩的成果，令台灣社會欣喜若狂，士氣大振。經此一役，棒球運動更上一層樓，於１９９２年巴塞隆納奧運中獲得銀牌，達到了前所未有的巔峰。

至於大陸方面，表現更為突出，全部獲得十五面金牌、八面銀牌、九面銅牌，排名於美國、西德、羅馬尼亞之後，名列第四。大陸在跳水、舉重、體操以及女子排球方面有著傑出的表現。其中李寧在體操項目中獨得三面金牌、兩面銀牌和兩面銅牌，最為傑出。他獨創的在雙槓上作大迴環轉體一周的動作，還有鞍馬上交叉轉體九十度成倒立再轉體九十度交叉的動作，震驚國際體壇，使得其他選手日後亦開始模仿他的表演。李寧優異的表現為自己贏得「體操王子」的美稱。此外，大陸女排擊敗美國隊榮獲冠軍的一役，過程驚險精采，成為國際女子排球賽的經典之作，大陸隊的主攻手郎平日後亦成為著名的體育明星。

總的來說，洛城奧運正式宣告了中國大陸在國際體壇的新興地位，取代了日本在亞洲的盟主角色。這項成就鼓舞了所有中國人的自豪感，也拉近了兩岸的心理距離。台灣媒體開始使用「大陸代表隊」、「大陸選手」等字眼取代過去帶有政治區隔意味的「中共代表隊」和「中共選手」。同時，由於中國大陸未參加蘇聯集團的抵制而參賽，此舉獲得美國民眾的好感。當時正值鄧小平農村改革措施的成功發展，體育上的傑出表現，以及美國民眾對中國大陸的好感，１９８４年無疑是中共主政以來內外聲望達到巔峰的一年。

至於美國則更是奧運的大贏家，在無強敵競爭的情況下，美國選手奪取獎牌幾乎如探囊取物，最後總共得到一百七十多面獎牌，在一百二十三個參賽國家中幾乎占了全部獎牌的三分之一。其中個人獨得四面金牌的田徑選手劉易上更成為新一代的超級巨星，其平頭式的髮型後來甚至成為時尚。美國國民的愛國意識高昂，星條旗四處飛舞。會後，主辦當局宣佈觀眾總共超過五百萬人次，打破歷屆奧運的紀錄，而且有史以來第一次未花政府半分錢，最後甚至還有盈餘，對各方來說，可謂皆大歡喜。

# 中英聯合聲明與一國兩制

## 歷經協商終告妥協　香港前途宣佈確定

　　中共總理趙紫陽與英國首相柴契爾夫人於1984年12月19日，在北京簽署了「中華人民共和國政府和大不列顛及北愛爾蘭聯合王國政府關於香港問題的聯合聲明」，確定香港將於1997年7月1日回歸中國，並實行「一國兩制」、「港人治港」。

　　香港問題為十九世紀大英帝國對外擴張殖民政策的歷史遺留，因此有關香港主權和治權的轉移不僅解決了中英兩國之間的歷史糾紛，在東西方的權力均勢格局上亦有象徵意義，在此，香港前途的安排實際上決定了國際政治的走向。

　　英國於十九世紀取得香港的過程可分為三個階段，首先是1842年鴉片戰爭後逼迫清廷簽署「南京條約」，割占香港島。接著是1860年英法聯軍之役後簽訂「拓展香港界址專條」，強租「新界」，為期九十九年。英國占領香港並實行殖民統治的目的，是

▼中國國務院總理趙紫陽（右三）在人民大會堂以國宴招待英國首相柴契爾夫人（左三）等一行，以慶祝中英聯合聲明的簽署。

要利用香港優越的地理位置以及天然港的條件,作為對中國以及遠東貿易的據點。18
69年,蘇伊士運河通航,1871年香港、上海及歐洲直通電報線路的建成,使得香
港地理位置的重要性大幅提升。第一次世界大戰爆發後,歐洲國家大規模地由亞洲殖民
地進口商品,使得香港的轉口貿易飛躍進展。1930年代,中國國內軍軍閥混戰以及
日本帝國主義的入侵,使得大量中國內地的資金和人才流入香港。國共內戰時期,又再
度出現資金人才大規模轉移現象。1950年韓戰爆發後,中共通過香港這個窗口大量
進口作戰所必須的五金、西藥、汽油、橡膠等戰略物資,香港又發揮了轉口港的作用。
1960年代起,東亞新興經濟體的蓬勃發展,以及1970年代末開始的中國大陸改
革開放政策,均予香港的經濟注入了旺盛的活力。到了1980年代,香港已是亞洲的
貿易、金融和運輸中心,其法治、管理、城市基礎建設堪屬一流。櫛比鱗次的高樓大
廈、璀璨的港口夜景、車水馬龍的繁華景觀使得香港擁有「東方之珠」的美稱。

▲鄧小平為主導中共經濟改革,力倡「一國兩制、和平統一」的領導人。圖為中共建國三十五週年,中
　共中央軍委主席鄧小平在禮車上閱兵之一景。時值農村經濟改革成功,中共代表團在洛杉磯奧運成績
　輝煌,中英雙方簽訂香港歸還中國的聯合聲明,鄧小平的政治聲望達到高峰。

　　雖然如此，英國擁有香港是來自十九世紀的侵略和掠奪，此一歷史事實在反殖民主義的二十世紀乃無可迴避的課題。二次世界大戰結束後，中國政府由英國手中收回中國內陸城市的英租界，且有意收回香港，然而卻遭到英國政府的拒絕。隨後國共內戰爆發，此事受到擱置。中共建國後，利用香港進口戰略物資，以突破美國的政經圍堵，因此亦不急於解決香港問題。不過１９７２年３月，中共與英國建交前五天，中共駐聯合國常任代表黃華致聯合國非殖民化特別委員會主席，重申「香港與澳門是被英國和葡萄牙當局占領的中國領土的一部分，解決香港和澳門問題完全屬於中國主權範圍內的問題，不應列入反殖宣言中適用的殖民地區的名單內。」該年底，第二十七屆聯大通過決議，確認了中國對香港問題的立場，排除了其他國家，包括聯合國在內參與解決香港問題的可能。

　　１９８０年代初，香港問題的浮現主要在新界租約將於１９９７年中到期，港英政府對地契年限出現不確定性，投資者躊躇不前。此外，新界占香港總面積的百分之九十二，經濟上與香港島和九龍結為一體。一旦新界歸還中國，意味著英方將無法有效地管理香港。因此，英方數度催促中共政府協商解決此一問題。英方最初的構想是以主權換取治權，即以承認中國對香港的主權，換取中國接受英國對香

▲1980年代的中國大陸社會受香港娛樂文化衝擊極大，由香港影星周潤發所主演的電視劇「上海灘」，便在上海造成極大的轟動。

港的治權。不過１９８２年７月福克蘭群島戰爭剛結束，準備訪問中國大陸的英國首相柴契爾夫人卻持更強硬的立場，她認為有關香港的三個條約在國際法上都是有效的，反對英國放棄對香港的主權。不過此時中方卻已決定，一旦１９９７年７月一到，中方將完整地收回香港、九龍和新界等地，中方完全不承認英國在上世紀經由武力脅迫下簽署的不平等條約。１９７９年，北京與華盛頓建交時，鄧小平曾提出以「一個國家、兩種制度」作為和平解決台灣問題的方式。１９８２年１月，一國兩制的戰略確立，並延伸作為解決港澳問題的大方針。中方並將此政策立場非正式地通知英方。

　　１９８２年９月２４日，柴契爾夫人訪問中國大陸、在北京會晤了鄧小平，此項會晤具有歷史意義，雙方在香港問題上針鋒相對，鄧小平直言主權問題不能談判，柴契爾夫人則強調中方的作法將破壞香港的繁榮。會後柴契爾夫人步下人民大會堂階梯時曾摔了一跤，成為歷史性的電視新聞畫面。這年１０月起，中英雙方在北京就談判的基礎與程序性問題交換意見，但因在主權問題上的分歧，協商停滯不前，因此中方同時通過人大修憲為一國兩制取得法源，並宣佈如果中英雙方無法達成協議，中方將在１９８４年單方面宣佈收回香港的方案。此舉迫使英方退讓，並於１９８３年３月作出「不反對中國以其對香港主權的立場進入談判」的外交姿態，談判終於取得突破性進展。

　　１９８３年３月至１９８４年９月，談判進入第二階段。１９８４年４月，英國政府首次公開宣佈將於１９９７年把香港的主權和治權歸還中國。７月，中英兩國外長商定將中英聯合機構定命為中英聯合聯絡小組，於１９８８年７月進駐香港，並繼續工作到２０００年。９月２６日，中英兩國代表團團長在北京草簽了關於香港問題的聯合聲明的全部文件。１２月１９日，兩國總理在北京正式簽署了這項歷史性的文件，中英雙方歷時兩年多，進行了二十二輪的正式談判終告結束。

　　香港的前途正式確定，並進入了回歸之前的過渡期，儘管中共做出了「一國兩制」、「港人治港」、「五十年不變」的保證，但基於１９４９年後大陸共產政治路線所造成的災難，香港社會仍受到巨大的衝擊，出現資金外流和移民潮等現象，往後十三年間，香港政制變革問題、中國大陸政經變動，以及國際權力的較勁交織一片，對香港穩定過渡形成嚴厲的挑戰。不過香港還是平穩地度過這十三年，順利地於１９９７年７月１日回歸中國大陸，為兩岸三地，乃至整體世界格局開啟了一番嶄新的局面。

# 1985 旅美作家劉宜良命案

## 軍情局人員涉案　陳啟禮、吳敦被捕

▲台北地方法院首次開庭審理劉宜良命案，兩名被告兇嫌陳啟禮(右)和吳敦(左)出庭情形。

　　1984年10月15日，旅美作家劉宜良（筆名江南）在舊金山附近大理市自宅車房內遭不明人士槍擊，身中三槍斃命，兇手事後逃逸無蹤。躺在血泊中的劉宜良身上證件和錢包均未失竊，顯示行兇非為謀財害命。

　　劉宜良原為《台灣日報》駐華府特派員，曾撰寫《蔣經國傳》，與中共駐美人員接觸頻繁，案發後立刻震驚美華社會，導致流言四起，謂此案隱含政治動機。一個多月後，美國警方宣佈，台灣竹聯幫份子陳啟禮、吳敦、董桂森三人涉及此案，希望台灣當局協助美國警方辦案。這年11月12日，台灣警方實施「一清專案」掃黑行動，逮捕不良

幫派份子,當夜即將陳啟禮拘捕,數日後吳敦亦落網,董桂森則逃離台灣,不知去向。
台灣警方表示,陳啟禮被捕之後供出犯下劉宜良命案,台警將有關資料透過外交部,主
動提供給美國警方,美警乃根據此資料宣佈破案。

　　然而接著爆炸性的發展是,1985年1月,中華民國政府主動宣佈,國防部軍事
情報局人員涉及此案,《中央社》電訊稿中說,「最高當局」非常震怒,並已下令「徹
底調查這個案子,不論是誰,不管他的官階有多高,決不放過,並於調查完成時,公佈

▲電影界人士黃卓漢(左)、白景瑞以證人身份出庭。

▶軍事法庭審理劉宜良命案時庭內各方關注，庭外戒備森嚴，如臨大敵。

全部真相。」未幾，國防部證實，軍事情報局局長汪希苓、副局長胡儀敏以及三處副處長陳虎門已被約談留置，聽候調查，全案進入司法程序。雖然中華民國政府主動表現負責的態度，但已造成軒然大波，各界紛紛嚴厲指責，國際傳媒均對台北當局做出負面報導，一部份美國國會議員提案主張對台暫停軍售，國內外的輿情對台北造成極大的壓力。

　　然而，案情的真相仍不斷有驚人的發展，首先台北方面指出，劉宜良生前曾為台灣從事情報工作，也曾提供情報給中共。美國《新聞周刊》同時也報導，劉宜良是聯邦調查局的線民。一時之間，劉宜良似乎扯上美國、國民黨和中共三方的情報組織，背景複雜，本案重點似乎轉為情報組織清理門戶之舉。後來《洛杉磯時報》報導，國務院官員證實，劉宜良同時提供情報給美國、台灣和大陸的情報單位，但他並非三方正式雇用的三面間諜，只是提供消息，而且偶爾收到報酬。

　　至於陳啟禮與汪希苓的關係以及陳如何執行暗殺任務的過程，在審訊中，陳啟禮和汪希苓兩人的說法有相當的出入。按陳啟禮的說法是，１９８４年７月２８日，陳啟禮由電影製片帥嶽峰邀請到導演白景瑞家中做客，席間有汪希苓和胡儀敏。汪希苓以反共愛國之語鼓勵陳啟禮加入情報局工作，並主動提到劉宜良這個人，說劉宜良受國家培

養，卻惡意醜化元首，近期還要寫《吳國楨傳》，內容更多不利於元首的地方，應該伺機教訓他，陳啟禮說此事可交給他辦。8月間，陳啟禮接受了情報局兩周的訓練，其間汪希苓曾兩度上山探視，第二次探視時並囑陳虎門將劉宜良的資料交給陳啟禮，並促陳儘快採取行動。9月14日，陳啟禮與妻子由陳虎門送行，搭機赴美，隨後與竹聯幫份子董桂森、吳敦等人會合，伺機行動。10月15日，董、吳兩人完成了暗殺任務。事後，陳啟禮打電話向陳虎門報告此事，陳虎門答以他們「立了大功」。10月12日，陳啟禮一行人返回台北，由陳虎門等情報局人員接機，並護送通過警方的盤查。三天後，汪希苓請陳啟禮在天母後山招待所吃飯，汪顯得非常高興，並說此事是大功一件。同時，汪還拿出兩萬美金酬謝，為陳所拒。

以上是陳啟禮的說法，不過根據汪希苓的說法汪希苓受白景瑞之邀認識了陳啟禮，希望導正幫會份子為國家做一些事。汪曾提到劉宜良，陳主動提出要教訓劉，汪同意有機會「警告警告」，但並無殺害劉的意思。隨後，汪同意陳啟禮之請，送他去情報局受訓，並將劉宜良的資料交給陳。後來汪在報紙上得知劉宜良被殺，要陳趕緊返台澄清，並拿了兩萬美金給陳，作為旅費補助，但陳未收。

1985年3月20日，台北地方法院首次開庭，4月9日，初審判決陳啟禮和吳敦依共同殺人罪判無期徒刑。汪希苓等人部份，軍事法庭對汪等人證詞不予採信，依共同殺人及瀆職罪名於4月19日判處汪希苓無期徒刑，胡儀敏和陳虎門則各處二年半徒刑。此外，劉宜良遺孀崔蓉芝向美國法院要求中華民國政府賠償美金兩億五千萬元，這項官司糾纏數年，到了1990年雙方終於達成和解，由中華民國政府支付崔蓉芝一百四十五萬美元以及律師費一百二十九萬美元，這筆款由外交部國際事務費中支出。

至於此案的後續狀況，偷渡逃亡的董桂森後來在巴西被捕，被引渡到美國，其間董桂森扯出蔣經國總統的二兒子蔣孝武涉入此案，但這種說法為陳啟禮堅決否認。1991年1月21日，原被判無期徒刑的汪希苓、陳啟禮和吳敦在兩次減刑後，分別獲軍法和司法機關假釋出獄。

劉宜良命案最大的疑點在於，整個刺殺行動是由汪希苓一個人主使還是另有更高的主謀者？陳啟禮在獄中曾表示，汪希苓曾告訴他，事成之後有人要升汪當國家安全局局長，當陳等人返台向汪做了口頭報告以後，汪立刻打電話向「上級」報告。陳啟禮認為，有沒有更高的主謀者，汪希苓心中最清楚。1993年4月7日，民進黨立法委員陳水扁召開記者會質疑，汪希苓假釋出獄後，違反陸海空軍軍官條例，獲准領取退伍終身俸，胡儀敏則出獄後即被安排回情報局所屬事業單位工作，後來不僅領取終身俸，同時還在情報局所屬的上海印刷廠擔任董事長。至於陳虎門出獄後則立刻回情報局，後來還由中校晉身為少將，涉案的三名情報官員出獄後獲得一連串的禮遇，根本形同平反，而究竟又是由誰來平反呢？這可能只有「上級」才知道答案了。

# 1985 台灣第一個試管嬰兒誕生

### 榮總劃時代醫學突破　不孕夫婦重燃希望

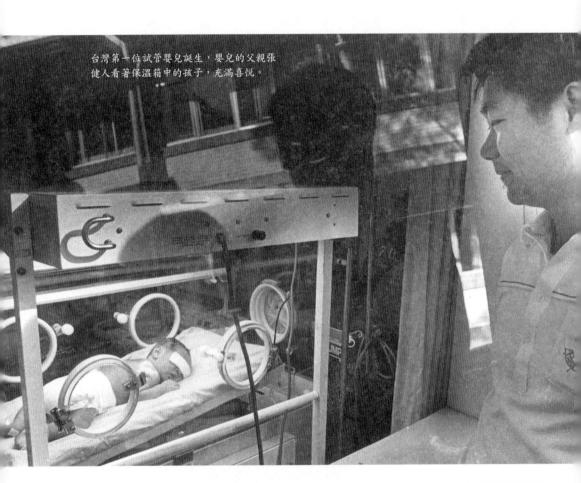

台灣第一位試管嬰兒誕生，嬰兒的父親張
健人看著保溫箱中的孩子，充滿喜悅。

　　台灣第一個試管嬰兒於1985年4月16日下午三點二十六分，由榮總醫師張昇平剖腹生產，順利來到人間。

　　關於第一位試管嬰兒的資料，榮總記載著：

父：張健人，35歲，中校軍官

母：張淑惠，31歲，曾任會計

性別：男

出生別：長男

體重：2,800公克

身長：47公分

懷孕週數：38週又3天。

這名健康嬰兒的誕生是台灣醫學界的一件大事，距離１９７８年７月第一名試管嬰兒誕生於英國的時間，晚了將近六年，但仍帶給醫學界莫大的鼓舞，也帶給不孕夫婦極大的希望。

在台灣，同時發展試管嬰兒科技的有榮總、台大、三總和長庚。榮總於１９８２年開始進行動物實驗，１９８４年試驗了三十九名婦女，其中只有張淑惠得以成功地讓胚胎在子宮著床。

試管受精一般包括五項步驟：一、母體注射荷爾蒙，促卵子成熟。二、用針穿入卵巢吸出卵子。三、卵子放在含血清和營養液的試管中，再注入精蟲受精。四、受精卵移到另一個培養皿，三到六天，分裂為胚胎。五、母體再注射荷爾蒙，胚胎移植入子宮，著床成長，一如自然懷孕。

▶台灣第一個試管嬰兒出生，圖為嬰兒一歲時，由母親張淑惠餵食，樂不可支。

　　以上受精步驟中，以最後一項的技術掌握較難，需要精熟的知識和經驗。至於胚胎成功著床的張淑惠，原本因輸卵管黏合無法生育。張淑惠結婚三年時，曾在一家私人醫院做過子宮內膜易位瘤刮除手術，之後，她懷孕了，但不久腸子發生發炎阻塞的現象，肚子疼痛難忍，結果在一次不當的手術後，不但懷了二十週的嬰兒流產，而且造成她永久性的輸卵管黏合不孕症。１９８４年７月，張淑惠到榮總婦產科門診，經過腹腔鏡檢查後，證實兩邊輸卵管均阻塞，於是她就接受做試管嬰兒手術的建議。該月底，張淑惠與家人開始接受手術，３１日取卵，與先生張健人的精子在體外受精，經過兩天的培養，受精卵發育為四個細胞時，於８月２日植回張淑惠體內，成功著床，開始了一段不可預測卻充滿期待的日子。

　　懷孕以後，張淑惠為了保有這個原以為不再有的機會，立刻辭去原來的會計工作，在家安養，而且不辭勞苦定期到榮總做檢查。同時，榮總也以如履薄冰的心情面對第一個試管嬰兒的降臨，試管嬰兒小組包括張昇平、趙湘台、曾啟瑞、陳樹基，指導人員包括了婦產部主任吳香達、榮總院長鄒濟勳。為了使嬰兒順利誕生，小組人員事先曾非正式演練接生過程，但對於細節問題，榮總對外界保持緘默，以免造成無謂的過高期待。等到嬰兒順利誕生後，榮總才召開記者會，公開整個生產情況。

　　婦產部主任吳香達報告說，產婦於早上胎動達每五分鐘收縮一次，每次收縮達四十至五十秒，乃住院待產，但因母親骨盆腔狹窄，嬰兒頭部未降入骨盆腔，且胎頭浮動，產婦子宮頸僵硬，乃決定緊急召集手術小組準備進行剖腹生產。小組於下午三點十分為產婦剖腹，三點四十六分順利產下一名男嬰。母親產後喜極而泣，醫生見母子平安，心中終於鬆了一口氣。

　　榮總還透露，接著第一個試管嬰兒之後，目前已證實還有七個試管嬰兒將陸續降臨。吳香達還表示，台灣不孕症患者比率有百分之十五，其中因輸卵管有問題的，佔百分之三十以上，榮總經由派人前往美國和法國研習，並根據先進國家的醫學文獻，在一年的時間內就完成了試管嬰兒的臨床實驗。

　　第一名試管嬰兒的誕生帶給台灣社會很大的振奮和欣悅，也開始了試管嬰兒的時代，讓許許多多的不孕夫婦能享受到喜獲麟兒的喜悅，雖然有關代孕母親的醫學倫理的爭論也接踵而至，但試管嬰兒的觀念終於普遍為人所接受。

# 1986 民主進步黨成立

### 組黨呼聲達到高峰
### 突破黨禁開啟嶄新政治局面

　　1986年9月28日，一百三十餘位黨外人士宣佈組織「民主進步黨」，提出黨綱草案及組織構想，並推選七位組黨工作委員，研究規劃具體黨務細節，決定年底之前召開第一次全國代表大會。

　　有關黨外人士組黨的主張和呼聲在本年度達到高峰，執政的國民黨態度亦有趨緩的跡象，雖然一方面重申反對的立場，另一方面中常會又指派十二人小組研擬有關政治改革的方案。儘管如此，黨外人士仍依照本身的計劃推動組黨進程，上述一百三十餘位黨外人士，由尤清、康寧祥等發起，包括了多數的黨外公職人員和知名人士，他們在經過多次會商後，乘黨外選舉後援會在圓山飯店召開大會推薦年底選舉人集會之便，趁機宣佈組黨，現場響起熱烈的掌聲，洋溢著興奮的情緒。

黨外選舉後援會中尤清揮舞著民進黨的黨旗，由1979年美麗島事件到1986年組黨成功，反對運動在七年內取得了重要的進展。

▲乘著黨外選舉後援會在圓山大飯店召開大會，推薦年底選舉候選人集會之便，民主進步黨也宣佈成立。與會者舉手高呼口號，象徵著一個嶄新政治時代的開始。

　　由於執政當局仍未開放黨禁，法律上仍未允許組黨，因此民進黨突破禁令成立，不僅震撼各界，亦引發高度的政治緊張，執政當局或進行鎮壓或順勢改革，遂為各方高度矚目。然而從大環境來看，新的反對黨的出現亦包含了整體政經結構變動的因素。自1977年中壢事件之後，反對運動由過去的菁英階層逐漸進入群眾，這一段期間亦是台灣經濟起飛階段，十大建設陸續完成，後續的十四項建設亦隨之登場，國民知識水準提高，收入增加，出國旅遊亦日益普及。豐富的物質基礎對上層的統治結構形成了變革的壓力，原有權力集中的社會管理方式已無法應付環境的需要，必須做出分權的改變。而隨著權力分化的必然結果是政治和社會價值體系的更動，黨外人士每一次對執政權力的衝擊無形中都使改變更具體化，並為塑造新的價值觀累積能量。

　　中壢事件之後，黨外人士加緊組織化活動，並走上街頭。1979年美麗島事件雖然使得反對運動遭到挫折，但環境因素仍然對反對運動有利，黨外人士在選舉中的得票率仍逐年上升、並運用選舉進行實質上的政治結社。從1981年起的五次選舉中，一些黨外人士共組後援會，採取相似政見，以團體名義參加競選，平均得票率有百分之二

十，占全部無黨籍票源的七成，形成不可忽視的政治力量，也具備了政黨的雛形。此外，黨外人士亦有組成其他具有政治性質的常態組織，如黨外公政會、黨外編聯會、台灣人權促進會等。儘管執政當局與黨外人士的政見不同，但在大環境要求變革的壓力下，對待此新興的政治力量已較以往更具彈性，容許黨外後援會的成立，同意選舉公報中登錄黨外公政會等個人經歷，實質上等於同意準政黨的存在與活動空間。

因此，１９８６年９月，民進黨的成立應是各方條件成熟的必然現象。黨外人士為了進一步成長壯大，需要加強組織和動員的能力，組黨勢不可免，執政當局為了持續有效治理，也必須使政治權力運作符合經濟成長和社會進步的需求。

雖然老一輩當中仍有不少人抱持疑慮，擔心開放黨禁會將使大陸時期多黨林立、政局混亂，中共趁機離間分化的悲劇重演，但是社會主流意見仍呼籲執政當局面對民進黨的成立勿採過激的反應，應審慎處理。因此，執政當局一方面不承認民進黨的合法性，但另一方面也未採取政治鎮壓的舉動。１０月８日，國民黨主席蔣經國在中黨會中表示「世事在變、局勢在變、潮流也在變」。同一時候，蔣經國在接受美國《華盛頓郵報》公司董事長葛蘭姆夫人訪問時，明指容許組黨的三個前提是「必須承認憲法」、「必須反共」、「不得從事任何分離運動」。１０月１５日，國民黨中常會通過十二人小組之革新建議案，決定解除戒嚴與開放黨禁，並將先循修改「人民團體組織法」和「選罷法」之途徑，允許政治性團體成立。執政當局開放黨禁的政策，在民進黨成立半個月後正式確定，也等於宣告一個嶄新的政治時代開始。

雖然開放黨禁政策確定，但是執政當局與新成立的民進黨以往的政治矛盾，仍在相關議題上時常發生衝突。首先，執政當局為了確保未來的政黨能明確排除共產主義與分離運動，擬制定「國家安全法」，民進黨反對此舉，擔心這將形成另外一種政治壓制。此外，民進黨雖然強調其和平非暴力的主張，但堅持台灣主權獨立的一貫立場。

總的來說，１９８６年民進黨成立以及國民黨開放黨禁，反映了台灣歷經近四十年的成長之後，走進了巨大變革的轉折點，並勾勒出政黨政治的遠景。但這只是一個起點，隨著民主政治的深化，有關政治人權、國會代議的合理化、民選制度的規劃、政治自由的界定、政黨的角色等均觸及憲法的結構，以及牽動實施四十年的體制、人事和觀念，既深又廣，這些問題的調整和改變勢將伴隨著衝突與痛苦，既有新生的欣悅和希望，也潛藏著不可測的危機。這些都意味著一個新的歷史情勢在１９９０年代將會出現，台灣社會也將呈現出截然不同的時代面貌。

# 1986 杜邦事件與環保意識

### 強烈抗爭引起全國注目
#### 全民嚴肅面對環保課題

▲環保呼聲不僅限於鹿港反杜邦活動，在經濟發展達一定基礎後，各地污染問題都廣受重視。圖為台北市夜間收取垃圾，街道上堆放滿地的垃圾，惡臭不堪，既影響觀瞻，也製造髒亂。

　　1985年8月間，以產銷化學產品聞名於世的美國杜邦公司，決定投資美金一億六千萬元，在彰濱工業區設廠生產二氧化鈦。這是當時外國來台單項金額最大的投資申請案，經濟部迅速予以批准，不過卻遭鹿港當地居民的強烈反對，抗議行動越演越烈，一年後杜邦終於被迫取消投資案。此案在台灣環保史上具有高度意義，象徵台灣經濟發展的轉折點，民眾在滿足了基本生活需求之後，開始回頭認真地檢視自己的居住環境，猛然意識到四十年的經濟發展雖然帶來了富足繁榮，但也付出了慘重的代價，家園失去了往昔的清新美貌。

　　事件的主要發生地在彰濱工業區，彰濱工業區是由彰化縣沿海鄉鎮鹿港、福興、線西、伸港等四鄉鎮的海埔新生地連結而成，總面積達千餘公頃，是張光世任經濟部長任內所規劃的巨型計劃。本來產業界和地方鄉親皆抱著很大的期待，相信此工業區計劃必可帶來繁榮。榮工處和中華工程公司先墊下六十億工程款開工整地兩年，不料國際景氣不振，政府重新評估，導致工業區計畫停頓，但先前花下的工程款加上利息卻越滾越大，於是經濟部工業局急著尋找其他方案。到了１９８５年，工業局發表新的構想，計劃將該區土地兩百餘公頃闢為農藥製造專業區，將全台六十九家農藥廠集中於此，卻遭到當地居民強烈的反對，包括該區選出的中央民意代表以及中央一些大老都表示了關切，農藥製造專業區的構想因而遭挫。於是這次杜邦投資案，工業局事先保持機密，以便造成既成事實，避免居民抗爭，杜邦公司也相信政府權力的威信，未試圖先與當地居民溝通協調。

　　儘管如此，消息依然傳出，鹿港居民反應強烈，１９８６年３月由彰化縣議員李棟樑主導的陳情書，在兩天內即獲數萬人連署，緊急送到總統府、行政院、立法院等各單位。陳清書指出，杜邦公司一次申請六十公頃土地，絕非單純生產二氧化鈦，將來必會遷設國外無法立足的高危險性生產設備，對當地造成傷害。為了更凸顯反對的訴求，李棟樑並且發動街頭遊行，在鹿港舉行反公害說明會，其間抗議民眾舉著標語「我愛鹿港、不要杜邦」、「環境權是基本人權」、「誓死護鄉土、誓死反杜邦」等標語，警方派出鎮暴部隊，雙方形成小規模的推擠與衝突。

　　反杜邦的環保運動至此已由原來較溫和的陳情活動升溫為肢體的抗爭，事件擴大，加入了政治意涵，也達到了廣泛的宣傳效果，有關杜邦的問題引起了全國性的討論。面對升高的情勢，政府由原來的說明和保證杜邦不會造成污染的作法，轉為柔性的宣導策略。５月間，環保局安排環保人員、地方人士、民意代表、化工專家、新聞記者等二十人赴美國考察杜邦公司二氧化鈦廠，考察團員返台後一致認為杜邦公司美國廠公害防治措施相當完善，沒有任何污染，因此杜邦公司到彰化設廠，彰化縣民沒有理由反對。然而考察團員的說法並沒有為反對人士接受，反而指責考察團中的彰化籍代表遭杜邦收買。

　　鹿港居民的堅決態度不僅令當局震驚，也使整個社會加入討論，尤其當局再三保證卻不為當地居民採信，令人注目。與此同時，觀音鄉大潭村居民卻以反諷的方式對外宣佈歡迎杜邦前來大潭投資設廠，因為大潭村已被污染到不適合人住。大潭村原本是青山綠水，但在工業化工廠設立以後，每天排放廢水，農作物被毒死、飲用水也遭污染，河川一片烏黑，當地鄉民屢次陳情抗議，有關單位卻無能為力，因此大潭村打出歡迎杜邦設廠的訴求，以吸引外界對大潭村問題的關注。

　　在一場座談會中，《新環境月刊》社長柴松林指出：「反對者最需要釐清的是，請經濟部、工業局不必做什麼遊說或說服，他們只要把過去口口聲聲、信誓旦旦一再保證

『不會有污染』的問題先解決，我們才相信，這一次不會有污染。福德坑就是最好的例子，環保局一再強調是最現代化，絕無污染，我自己每天都被臭味薰得受不了。我不再相信他們任何不負責的口頭保證，請他們先把福德坑、灣裡及台化這些重大污染解決了，我們才能再談。」換言之，當局與杜邦公司的保證未受到民眾信任，主要是現有的重大污染現象長年未改善，使得新的保證失去其嚴肅意義。在輿論傾向於同情當地居民，以及黨外人士助陣，年底又將舉行選舉，當局態度逐漸趨於軟化，杜邦公司鑑於局面難挽，遂於年底宣佈取消投資案。

鹿港反杜邦運動最後取得勝利，１９８０年代初期以來台灣社會逐漸出現的環保呼聲，藉此事件促成全民的環保意識覺醒。反杜邦也提供某種「自力救濟」的行動示範，引發全台各地的反公害事件，部份甚至呈現暴力色彩，遭致譴責。反公害行動長年難以規範化，政府的公信力與公權力常處於兩難的矛盾中，反杜邦運動雖然具有時代轉折的意義，但它只是一個起點，即如一篇文章事後批評說：「在想像中，那一片杜邦一度想要設廠的地方，彰濱工業區，應該是保留下了完美的生態原貌，永遠不會再被污染。但據報導，有些人卻乘虛而入，爭相竊占濫墾。有人去盜運砂石；有人索性把怪手手開進去挖魚塭；有人又就地播種花生；就是原本想供十萬噸級貨輪停泊出入的一條工業區航道水域，也被人遍插起蚵架，作起養蚵人家。更令人驚心的是，據傳黑社會也介入了，不僅在那片海鳥聚集的沼澤地帶，以飛鳥作為試槍的活靶，而且還霸地待沽，一公頃的權利金高達三、四十萬元。留守人員也曾出面阻止，卻遭到恐嚇。不僅是民間在爭權奪地，就是有些當地的鄉鎮公所，也把工業區權充垃圾掩埋場，一車車的垃圾不停地開往傾倒；而附近居民及工廠的垃圾，更是倒滿了工業區內的道路兩旁。」

上述批評在反杜邦勝利的歡呼聲中具有高度的預言性，在接下來的幾年內，有關河川污染、山坡濫砍濫建、魚塭濫建、垃圾廢置，甚至動物保育等問題都相繼發生。種種問題不僅涉及到政府政策，而且也廣泛涉及地方的政經、人文結構。最終，環保問題觸及每一個人的生活觀念與習慣，至於經濟發展與環境保護如何取得平衡此一人類普遍的課題，台灣社會緊接著面臨了無可迴避的挑戰。

# 1987 開放大陸探親

隔離四十年終告開放

兩岸接觸交流成為趨勢

▲有關大陸探親的演講會中湧進了大批的退伍老兵,睽別近四十年的故土親人,終於得以重逢。

　　隨著1987年開放黨禁後,台灣社會開放的腳步更形加快,兩岸關係的種種禁忌亦逐步解除,10月14日,國民黨中常會通過開放台灣民眾赴大陸探親,成為兩岸關係的一大突破。

　　執政的國民黨經過兩個月的反覆研議後,終於決定此政策,但就如其他解除的政策限制一般,其背後觀念的改變經過了長期的衝突轉折和醞釀,終於使得政策改弦易轍成為水到渠成之事。

　　自1981年中共發表「對台九條方針」(葉九條),呼籲台灣與大陸進行通航、通郵、通商等三通以來,台海關係即出現新的變化。中共主動緩和台海關係,主張和平交

流的姿態對中華民國政府形成了壓力，國民黨以過去在大陸與中共談判失敗的經驗，指責葉九條為統戰手法，不予理會，同時又提出對中共「不接觸、不談判、不妥協」等「三不政策」。儘管如此，三通不僅是中共對台政策，也是其整體改革開放政策的一部分。中國大陸開始以經濟發展為中心，逐步調整計畫經濟，走向自由市場，由於物質資金匱乏，因此與海外通商貿易需求量極大。一時之間，國際上出現赴大陸投資的熱潮，台灣海峽上漁船交易走私數量激增，越來越多的台灣貨品透過香港轉口到大陸去，這種種現象均對台灣的「三不」形成嚴重的挑戰。

　　首先，基於經商的目的，一些台灣商人開始經由香港到大陸尋求商機並藉機旅遊觀光，另一些人則回大陸探親。儘管偷偷赴大陸的民眾越來越多，但台灣並無改變政策之意，反而為了貫徹政策，在香港加強蒐集情報，對曾赴大陸的人進行約談偵查。這種做法與時代潮流相左，逐漸遭致民怨，引來批評。到了１９８５年以後，台灣民眾非法到大陸的情況日益普遍，政策與現實嚴重脫節，其中有關老兵返鄉探親問題更形成社會關切的焦點。１９４９年隨中華民國政府來台的國軍官兵約在六十萬人之譜，其中有正規軍、游離武裝、在國共內戰中被拉夫者，也有少部分由原共軍俘虜改編者。來台初期，受政策號召，大陸籍官兵多抱著短期內將返回大陸的心情，１９５０年代中期以後，大批官兵在退輔會的安排下解甲歸田，投入修路工程和農業生產，政府並頒發「戰士授田證」，允諾將來反攻大陸後憑此證授田。

　　然而經過四十年之後，兩岸硝煙平息，蔣經國總統的政策也由反攻復國轉為建設台灣，國軍官兵早期的軍事轉進變成了實質上的落地移民。由於官兵們多來自社會底層，平均教育背景不高，亦缺乏專業技術，在台舉目無親，退伍後大多生活清貧，以從事體力勞動謀生。隨著歷史環境的改變，當年來台灣的青年到了１９８０年代已是過半百之人，此刻無不渴望返鄉探親，一解數十年思鄉之苦。此一階段的台灣社會又逢政治解嚴，思想轉型，因此站在人道立場呼籲允許老兵返鄉探親的聲音隨之高漲，由何文德組成的「外省人返鄉探親促進會」的部分成員更公開返回大陸探親，民進黨亦予聲援。儘管輿論壓力日益，但是國民黨內仍有許多質疑的看法，國軍軍中刊物《青年日報》一篇文章說：「不少榮民認為返鄉探親本是我民族倫理、親情，尤其是台海對峙四十年間，這份鄉愁任何人都有，只不過是歷史的糾葛與時機不當，更重要的是中共對自己人都下信任，還會對這些曾與中共在戰場上對抗的榮民有何種『信任』與『誠心』？」

　　雖然內部反對聲音仍在，但鑑於大環境的變化，蔣經國總統仍毅然決定開放大陸探親。１１月２日，中華民國紅十字會開始受理民眾赴大陸探親，半個月內十萬份申請表已被領取一空，老兵開始正式踏上返鄉之旅。針對此重大政策的轉變，世界主要媒體均顯著報導。新聞局長邵玉銘在接受美國國家廣播公司的專訪中說：「此舉是出於中華民國信心的增高。我們認為我們的制度比較好，我們要把它引介到中國大陸去。」台灣社會對此反應亦相當強烈，尤其老兵多半清寒，無旅費返家者頗眾，因此各界發動捐款，

▲許多隨政府來台的老榮民終身未婚，無法返鄉與家人團聚，只有聚居於各地的「榮民之家」，圖為榮民
　們閒暇時下棋一景。

三家電視台和《聯合報》共同舉辦「為老兵而唱」演唱會，加上其他募款活動，共得二
億多台幣，作為老兵返鄉探親的補助款。

　　老兵終於達成返鄉的心願，但是兩岸畢竟隔絕了四十年，人事景物不復當年，思鄉
之苦既解，現實問題接踵而至。有些老兵在台灣又娶妻生子，返鄉之後與大陸原配關係
出現法律問題；也有一些老兵因身無財產，不符家鄉親人的期望，遭到冷落；也有一些老
兵與家鄉當地共黨幹部存在著歷史仇怨，發生一些麻煩。少部分老兵返回大陸定居，但
是絕大部分仍然決定留在住了四十年的台灣。

　　總的來說，開放探親代表兩岸交流新時代的開啟，並帶來許多需要兩岸共同協商解
決的問題。儘管開放探親原來只是針對在大陸有三等親的台灣民眾，但有關大陸旅遊的
禁令很快地亦成一紙虛文，在大陸無親可探的本省民眾亦組團赴大陸觀光，兩岸交流日
益密切所衍生的各種問題，使得兩岸政府代表接觸談判成為無可避免的趨勢。

# 1987 大家樂賭博風潮

## 下注狂熱動搖社會根基

### 愛國獎券被迫停止發行

▲愛國獎券開獎，吸引大批的人前往觀看，事實上大部分人並非關心得獎，而是利用獎券的公信力以及
全國性的資訊發佈系統進行「大家樂」的賭博。

「明牌」、「槓龜」是1987年台灣民間最常使用的語彙，幾乎掛在人人的嘴邊，
人們談論起來興致勃勃，情緒起伏不定，成為台灣社會奇觀。

自1985年起，社會出現一種金錢遊戲「大家樂」，它是由「組頭」做莊，以公開發
行的愛國獎券七個頭獎號碼的最後兩個號碼為準，召募組員下注，相當於博彩。在法律
上，這是非法的賭博行為，警方將依法取締，所以一開始，這樣的「大家樂」賭博只流
行於鄉間地區，被視為眾多的小賭活動之一；然而經過三年的發展，大家樂迅速由鄉間
傳到都市，蔓延全島，以致家庭婦女、知識分子紛紛投入，估計高達三百萬人次，形成
罕見的賭博風潮。儘管它是非法的，但由於參與人數太龐大，連執法人員也不例外，震
撼了政府當局。

「明牌」意指上天或神明透過各種形式暗示的中獎號碼，它可以是車牌的號碼、馬
路大街的號碼、事件的時間、政治人物的生辰，甚至投奔來台的中共飛行員劉志遠的個
人背景數字等等，任何足以引起數字連想的人事物均可能被當成神明顯示的「明牌」。

▲愛國獎券公開搖出中獎號碼一景。

「槓龜」則是指獎開出來之後，「明牌」與中獎數字不符的霉運。由於人人想中獎發財，自然四處追尋明牌，茶飯不思，數人一聚就開始探究各種明牌之虛實，或捕風捉影，或求神問卜，數字滿天飛。如此賭博狂潮橫掃寶島，自然帶來許多負面影響，包括法紀蕩然、迷信盛行、功利投機思想濃厚。許多行業因人們耽溺於大家樂，以致工作品質低落。此外，隨著大家樂而產生的命案和財物糾紛也水漲船高。總之，到了１９８７年，大家樂已發展到動搖社會根基的程度，迫使朝野認真面對此一現象，探究其深層原因，並採取有效的遏止辦法。一些專家認為，經過長年的經濟發展，台灣平均國民所得已達五千美元，累積了可觀的民間資金，可是休閒娛樂設施依然不足，個人投資管道也有限；加上日益富裕的生活腐蝕了過去簡樸勤奮的精神，助長一夕致富的奢望，大家樂正好在這種時代轉型的空檔中蔓延開來。愛國獎券是政府發行的合法彩券，名曰「愛國」，是因為早年財政短絀時以發行獎券補貼建設經費之用，但愛國獎券實質上是合法的賭博性活動。不過愛國獎券投注有限，獎金最高額度也有限，因此買了獎券就算沒有中獎，也不可能發生傾家蕩產，但另一方面也少了「豪賭」的刺激感與吸引力。大家樂就是利用愛國獎券中獎號碼的公信力、公開性，以及廣佈全國的資訊發佈系統所衍生的動員力量，再加上不限賭金的誘因，因此得以成為全國性的賭博活動。

　　解決大家樂問題之道實際上只有兩種，一是賭博活動的合理性，由政府主導，全面開放跑馬、賭場和彩券等，以取代無法管理的大家樂。二是延續一貫的禁賭政策，廢除愛國獎券，使得人們無從取得集體賭博活動所需的公開迅速的資訊，如此便可有效冷卻

▲各種大家樂明牌的廣告大行其道,許多都摻上中國傳統算命、易學等色彩。

大家樂的狂熱。這兩種意見最後仍然取決於政府對於賭博的態度,究竟是開放還是禁止?此外,也有許多人反對廢除愛國獎券,因為許多殘障人士、單身老人、失業人口等社會弱勢者正是依靠販賣愛國獎券維持生計,一旦廢除愛國獎券,等於是對他們處境的一大打擊。

儘管如此,在各種大家樂的光怪陸離現象帶來強烈的危機感中,12月8日,台灣省政府主席邱創煥宣佈,自民國77年(1988)元月起暫停發行愛國獎券。最後一次的愛券發行,警方如臨大敵,深恐意外發生,但仍發生台灣銀行獎券科科長江勇吉的十六歲兒子被歹徒綁架事件,歹徒以電話要脅江勇吉透露中獎號碼,雖然最後人質得以安全回來,但是證明大家樂造成部分賭徒財迷心竅至此,確實問題嚴重。

愛國獎券的暫停發行果然有效遏止了大家樂活動,雖然賭徒曾以其他海外彩券代替,但因缺乏全國性公開迅速的訊息,規模難以擴大,終於逐步冷卻。然而愛國獎券的暫停發行最後變成了永久廢止,過去街頭常見的獎券行和賣獎券的老弱殘障人士的景觀,為之消失,直到1999年年底公益彩券發行之後,才又略為恢復舊觀。不過賭博究竟應否合法化的問題,仍有待政府及民間整體的面對與思考。

# 蔣經國總統逝世

## 勤政改革創造台灣新時代

### 遺留間開啟新挑戰

◀ 蔣經國總統遺體安
放在台北圓山忠烈
祠靈堂,開放民眾
瞻仰。

　　蔣經國總統於1988年1月13日下午三點五十分因心臟衰竭逝世,行政院新聞局長邵玉銘晚間宣讀有關新聞:「蔣總統是於上午七時三十分起床時突感身體不適,並有輕度噁心嘔吐現象。經醫師檢查,血壓為一一〇/七〇毫米汞柱,脈搏每分鐘七十次,體溫攝氏三十六度。由於未進早餐,隨即以靜脈點滴注射補充營養。不幸下午一時五十五分,突發大量吐血,迅即引發休克及心臟呼吸衰竭,隨經立即召集醫療小組以人工心肺復甦挽救無效,延至三時五十分心跳停止,瞳孔放大,而告逝世。」

▶蔣經國總統過世當天晚上八
點，副總統李登輝立即根據
憲法程序宣誓繼任總統職
務，左為監誓的司法院長林
洋港。

　　蔣經國總統病危時，副總統李登輝、行政院長俞國華、立法院長倪文亞、司法院長
林洋港、考試院長孔德成、監察院長黃尊秋、總統府秘書長沈昌煥、國民黨中央委員會
秘書長李煥及總統府參軍長汪敬煦上將等人，皆往大直官邸探視。蔣經國總統病逝後三
小時，國民黨中央委員會立即舉行緊急中央常會，會中聽取榮總副院長姜必寧報告蔣經
國總統逝世的過程，在默哀三分鐘並宣讀蔣經國總統遺囑之後，決定三項事宜：(一)全體
黨員敬謹恪遵蔣經國總統遺囑。(二)由中常委李登輝繼任總統職務。(三)立刻展開有關治
喪事宜。

　　晚上八點八分，副總統李登輝在司法院長林洋港的監誓下，於總統府宣誓繼任第七
任中華民國總統。

　　蔣經國雖然是中國現代史中的政治人物,但其主要事業和成就卻是在台灣。少年時期,蔣經國曾被父親蔣介石送至蘇聯留學,經歷十二載始得以攜妻子蔣方良和長子蔣孝文返回中國。抗戰時期,蔣經國任江西省第四行政區督察專員兼保安司令及贛縣縣長,創立江西省「青年幹部班」,期間曾與女青年章亞若發生一段感情,生下孝嚴、孝慈兄弟。抗戰結束後,蔣經國以東北特派員身份前往長春,協調紅軍撤出東北事宜,後又以蔣中正總統私人代表身份前往莫斯科談判中蘇邊界相關問題。1949年國民政府遷台以後,蔣經國以四十一歲之齡出任國防部總政戰部主任及國民黨幹部訓練委員會主任,成立政工幹校,隨後又創立了中國青年反共救國團。

　　由於國民政府在大陸失敗的教訓,遷台以後開始施行政治和社會嚴格管制的措施,並輔以意識型態的灌輸,在蘇聯受過長期政戰洗禮的蔣經國即扮演執行此項工作的核心

▲民眾依序排隊搭乘專車,前往忠烈祠瞻仰蔣經國總統的遺容。

角色。他一方面實行嚴厲的思想管制，另一方面又走入群眾，與群眾打成一片，協助群眾解決切身的問題，呈現人民領袖的素質與作風。在他的領導下，台灣創造出資本主義發展的新典型。經過蔣中正總統刻意的栽培，二十年間，蔣經國已具備完整的黨政軍經歷，民間聲譽亦高，其政治實力在國民黨內已無人能出其右。１９７２年，蔣經國擔任行政院長之後，在累積二十年的經濟基礎上大刀闊斧，完成十大建設，使得台灣基礎設施脫胎換骨。這一段期間，雖然國際局勢出現巨大變化，台灣遭遇許多挫折、外交上更形孤立，但島內上下卻呈現著強大的生命力，上下同舟共濟，埋頭苦幹，是戰後台灣物質和精神上的黃金歲月。

　　１９７０年代末期，台灣內部出現政治分權的壓力，隨著經濟繁榮之後而來的是政治革新的需求，尤其經濟發展愈速，需求更形孔急。整個１９８０年代，台灣的時代特色就是政治和社會管理體系逐步專業化與分權化，其間舊勢力與新勢力、舊觀念與新觀念交叉激盪，如何掌握大勢作出智慧選擇成為重大的挑戰。在接二連三狀似驚濤駭浪的政治事件中，蔣經國容或有進有退，但最終總能採取合於時宜的決策。尤其是在１９８６年１０月中，蔣經國決定從善如流，取消戒嚴、開放黨禁以及隨後開放大陸探親，國內外均給予極高的評價。

　　蔣經國總統過世後，靈柩移至圓山忠烈祠靈堂，並開放民眾瞻仰。在古銅色的靈柩內，蔣經國穿著長袍馬掛，配戴朱玉大勳章，遺容安祥。成千上萬的民眾前往忠烈祠瞻仰，許多人不禁流淚。１月３０日，奉厝大典舉行，由李登輝總統擔任主祭，行政院長俞國華等十六位治喪大員陪祭，政府各級首長、民意代表、僑胞代表及政黨代表等近三千人與祭。友邦亦派要員前來悼念，其中蔣經國的私人好友新加坡共和國總理李光耀亦率領全體內閣閣員前來。大殯後，靈柩安於靈車內，由忠烈祠經總統府駛往桃園大溪陵寢安置。沿途成千上萬民眾擺著鮮花素果，為靈車送上最後一程。

　　蔣經國的歷史評價或許仍需經過更長時間的沉澱過濾，由未來幾代的研究者提供答案；但毫無疑問地，與他共同走過力爭上游歲月的那一代台灣民眾對他抱著深厚的感情。從現實面來看，他給台灣留下了堅實的政治和經濟基礎，不過他走了以後，新的挑戰亦隨即展開，國民黨內的權力競逐已無可迴避，政局潛含分裂的危機。民進黨合法化以後，台獨主張也變得更為明確。民主化成了新的歷史課題，然而其間夾雜著省籍情感、歷史認知、統獨矛盾以及中國大陸與國際局勢的巨大變化，逐次迎面而來，成為１９９０年代的歷史景觀。

# 1988 淡水最後一班列車

## 因應捷運興建走入歷史
### 民眾歡送留下無限回憶

　　台北市建設局宣佈１９８８年元旦將停駛台北—淡水線（北淡線）火車，以便改建捷運系統時，立刻引來陣陣的懷舊感傷。在電氣化的時代中，這班火車的樸直、平易和人情味是台灣僅存的往日情懷，告別它不禁令人依依不捨。

　　北淡線不僅是沿線居民生活所依、情感所繫，也見證了時代變遷的滄桑，從晚清、日據、光復後，一直到它被拆除的一刻，反映了整個台灣社會的變遷。清咸豐年間，外國商船開始在淡水、基隆貿易。咸豐１０年，淡水正式開港，商賈雲集，洋行紛紛設立，英國駐台領事館也由台北遷來淡水紅毛城。淡水城一時商店、洋樓、客棧林立，街市喧囂，淡水港成了全台最大的貿易港，出口茶葉和樟腦，極為繁榮，幾達全台總貿易額的一半。不過隨著全球海洋貿易日益昌盛，商船愈造愈大，進出淡水河已感不便，加上河道淤淺，日本佔領台灣以後，基隆港逐漸取代了淡水港淡水城也漸漸失去原有的繁華風貌，變成純樸的商業小鎮。１９９０年，清光緒２６年，也就是日人領台的第五年，開始著手興建北淡線，全長二十一點二公里，初設圓山、士林、北投、淡水四站，後來增設唭哩岸（石牌）、江頭（關渡）二站。１９１９年，因應新北投溫泉風景區的開發，增建由北投至新北投的支線，長一點二二公里。光復後，沿線共增至十二站，為淡水至台北的主要交通動脈，早期以貨運為主的形態也改變為以客運為主。此外，隨著經濟的繁榮，沿線各站也由過去的農村鄉鎮變成工商小鎮，商旅、上班族、通勤學生、販夫走卒利用這條線來往台北和淡水之間的需求大增。為了因應客運量的激增，公路逐步拓寬、客運班車班次也增加，北淡線的重要性亦跟著逐年降低。

台北—淡水線火車即將停駛，許多民眾前往趕搭最後
一班車，並在這條令人懷念的鐵道上留影紀念。

　　儘管如此，由於尖峰時間不擔心塞車問題、票價便宜以及火車特有的懷舊風采，許多人還是喜歡搭乘火車。到了１９８７年，北淡線每天已有七十五班次，每日平均載客兩萬六千人次，到了假日，北淡線火車更如「旅遊專車」。至於北淡線的風采，文人墨客多有記載，篇篇醉人，主要是形容搭乘老火車的閒情逸致，火車速度很慢、車廂搖晃，一路晃到淡水。夏日黃昏、車過關渡隧道，關渡大橋映在一片霞光中，淡水河面閃閃金光，靜靜依偎在觀音山旁，接著映入眼簾的是竹圍的大片紅樹林，間有飛鳥掠過。此外，隨著台北都會的興起，生活節奏變快、人情日益淡薄，北淡線的管理仍保有早年農業社會的色彩，很多月台沒有封閉，乘客可以自由進出，無從查票，同時又允許先上車後補票，所以實際上逃票現象十分普遍，很多窮學生逃票多年，搭乘北淡線彷彿成了學雜費的補助來源。也因為如此，在種種情況下，這條線無論在設備管理、山光水色以及小鎮生活上成為許多人生命體驗的一部份，回首望之有如家一般的自然、踏實和溫暖。

　　因此，當１９８７年傳出北淡線將拆除的消息時，許多人不禁發出歲月無情的惋惜之聲，覺得一段浪漫悠閒的感覺終於被迫走入歷史。在各界的要求以及準備尚未周全的考量下，台北市長許水德三次順延北淡線停駛的日期，最後一次是為了方便大專和高中高職考生，決定順延過考季於１９８８年７月１６日全面停駛北淡線。停駛之前，各媒體均以「淡水最後一班列車」為題做了一系列的回顧報導，文字間充滿了歲月的感傷。７月１５日這一天，從一大早開始，絡繹不絕的乘客湧向北淡線各站，從早到晚，列車幾乎班班客滿，將連月來民眾趕搭淡水最後列車的懷舊情緒帶到最高點，許多年老的民眾帶著相機前來留影，以留下童年起趕搭淡水火車的回憶。甚至還有日本遊客攜帶兒女前來回味昔日光景。子夜十二點，最後一班列車在眾人目光簇

北淡線火車依山傍水，風光宜人，猶如拖著對一個時代的眷戀。

淡水最後一班列車終於開出，滿
載著旅客的快樂回憶。

擁下，緩緩駛離淡水車站，也駛過一段不再回頭的歲月，十二點四十八分，火車在台北
站靠站後，北淡線鐵路正式成為歷史名詞。

　　雖然停駛了，但鐵路拆除工作卻遲遲無法執行，導致各界對台灣省鐵路局的強烈指
責，認為早知如此，何必急著停駛。一直到了９月５日，捷運局才開始拆遷北淡線沿途
的違章建築，由台鐵和北市捷運局主導的拆除清理工作才算正式開始。告別了淡水老火
車，捷運局描繪的遠景是，１９９３年６月，北淡線捷運系統將通車營運，屆時將是台
灣第一條高運量捷運系統，捷運列車內將有現代化的空調系統，溫度宜人，不復以往擠
火車汗流浹背的情形，車上並有電腦和安全系統，走在專用的路軌上，暢通飛馳，不受
任何干擾。此外，每一車站造型均由專家精心設計，配合沿途景觀展現獨特風貌。總
之，取代北淡線鐵路的捷運系統將是新穎、舒適、安全、迅速的電車，也是台灣往現代
化更跨一大步的象徵。

　　雖然如此，在諸多行政缺失的影響下，有關北淡線捷運的美景一直到１９９７年底
才完全實現，此時離火車停駛已近十年之久。捷運確實帶來了進步的承諾，沿途風光依
然旖旎迷人，但那老火車的慵懶漫步，乘客的自然無拘，配合著沿途小鎮的古樸、淡水
的夕陽餘暉始終活在幾代人的心目中，成為老台灣的情感，以至於到了１９９０年代中
期，還能產生如金門王和李炳輝口中「流浪到淡水」那悠閒溫情而又帶著鄉土風味的曲
調。

# 1989 六四天安門事件

## 胡耀邦猝逝引發民主運動

### 武力鎮壓舉世震驚

北京長安大街上，一輛裝甲車突然起火燃燒，行人紛紛走避，經過一整夜的衝突和流血鎮壓，市街上滿目瘡痍。

　　中共前總書記胡耀邦於1989年4月15日突然病逝，中共中央對外發表訃告後，民眾開始到天安門廣場上的人民英雄紀念碑前獻花圈悼念致敬。

　　這場原本是悼念胡耀邦的自發性群眾運動，因凸顯了中國大陸改革開放政策所帶來的社會矛盾，夾雜了國際的民主浪潮以及中共黨內的路線鬥爭，很快地發展成以學生為主的大規模群眾運動，並成為全世界的焦點。然而事件最後以流血鎮壓告終，激起了全球的憤怒聲討。

　　這場運動初期是由學生發動的，北京多所大學學生遊行到天安門獻花圈時，曾提出「打倒獨裁」、「民主萬歲」等口號。學生們並湧至中共中央所在的中南海新華門外遞交請願信，要求對話。不久學生們與軍警在新華門前發生衝突，雙方關係激化，使得聚集在天安門廣場上的群眾突增至十萬人。在此同時，一般民眾的不滿情緒也被挑起，主要是１９８５年農村改革成功以後接續的城市經濟改革遭遇重大的阻礙，原有的社會主義計劃經濟一旦鬆綁，便出現許多不穩定的狀況，導致政府官員以權營私、车取暴利、腐化現象嚴重，民怨日深。１９８６年底至１９８７年初，大陸安徽、上海、北京等地爆發學運，要求民主改革。面對社會思想質變，共產黨統治鬆動，中共保守派強烈反撲，致使被視為開明派的總書記胡耀邦下台，改革勢力遭挫，保守派發起了「反對資產階級自由化」政治運動。不過等到１９８８年政局稍微安定下來，鄧小平又發動新一輪的改革，這次是以價格改革為主，然而因經濟條件與配套措施不足，竟造成嚴重的通貨膨脹，基層人民生活遭到打擊，加以貪污現象更形猖獗，民怨升高，人心動搖。胡耀邦去世成了這股民怨爆發的出口，知識分子上街遊行要求更多的民主，一般民眾則抗議官僚腐化現象。此時陷入改革停滯挫敗危機的中共高層舉棋不定，進退兩難，改革派希望藉此群眾運動進一步推動改革，保守派則指責學生運動帶來政權危機，伺機反撲。４月２５日，鄧小平聽取國家主席楊尚昆和政治局常委李鵬的報告後，指學生運動為動亂，提出必要時進行鎮壓。

　　根據鄧小平講話的精神，《人民日報》於４月２６日發表社論「必須旗幟鮮明地反對動亂」，然而此一社論卻激起更大的民眾抗議風潮。隔天，十萬名北京大學生衝破軍警

六四天安門事件，台灣青年學生在中正紀念堂前
將標語橫條置於地上，抗議中共的血腥鎮壓。

台灣青年學生聚集中正紀念堂，聲援大陸民主運動。陸委會副主席馬英九也前來參加捐款活動。

的阻擋，舉行了環城大遊行，大陸第一個獨立學生組織「北京高校學生自治聯合會」成立，由吾爾開希出任主席，重申要求與當局對話的立場。儘管中共中央已透過《人民日報》將學生運動視為政治敵對行動，但卻無具體鎮壓動作，主要是由於總書記趙紫陽同情學生，使得高層無法一致行動。5月2日，趙紫陽肯定學生的愛國熱情並同意以對話平息事端，接著趙紫陽在亞銀年會上再次肯定學生的要求，同時也使高層的分歧公開化。中共黨政軍系統也因領導訊息混亂，無所適從。雖然趙紫陽以其政治影響試圖改變「四二六社論」的基調，緩和局面，但他卻需要學生停止示威，回到學校以證實其溫和主張的合理性；然而激進學生卻堅持繼續罷課，甚至進一步進行絕食，升高彼此對立情勢。此舉立刻獲得民眾廣泛的同情，尤其絕食學生送醫急救的情況引起了民憤。5月17日，北京百萬人上街遊行，嚴家其等知識分子簽署「五一七宣言」，呼籲結束「老人政治」，抗議的矛頭直指鄧小平。

由於情勢進一步擴大，黨內權力生態轉而對強硬派有利，鄧小平決定調軍隊入城鎮壓，趙請辭反對，不獲接納。高層政鬥的激化使得大陸陷入無政府狀態，中共政權面臨關鍵性的危機。5月19日，趙紫陽到廣場探望絕食學生，呼籲學生停止絕食，趙並當場落淚。這一天晚上，學生停止絕食，但同時中共中央、國務院召開黨政軍幹部大會，趙紫陽拒絕出席，楊尚昆、李鵬宣佈調兵平息動亂。5月20日，李鵬宣佈對北京部分地區實施戒嚴，不過進城軍隊卻遭市民圍堵，大批群眾湧往天安門保護學生。然而此時

六四事件中，前中共總書記趙紫陽因同情學運，遭到中共中央撤銷職務，鄧小平（右）推選江澤民（左）繼任總書記，日後更繼鄧小平成為新一代的領導核心。

趙紫陽已經失勢，中共高層重新取得一致，鎮壓行動已箭在弦上。6月3日凌晨，數萬名軍隊首先衝入北京市區，遭群眾攔截後撤退。6月4日凌晨，大批武裝坦克和士兵向天安門挺進，沿途開槍，造成民眾嚴重傷亡，事後估算死者近千人，傷者逾萬。尤其鎮壓現場上有許多國際新聞媒體，血腥的場面震撼了全世界。

　　6月5日，中共當局發表「告全國人民書」，將民運定為「反革命暴亂」，然而美國等多個西方國家立刻宣佈對中國大陸實施制裁。血腥鎮壓之後，中共大肆通緝民運分子，逮捕人犯，並處決多名被控為暴亂分子的人。6月24日，中共四中全會通過撤銷趙紫陽的所有黨內職務，推選江澤民為總書記，重整中央權力結構。隨後數月，學生領袖吾爾開希、李祿等逃出大陸，柴玲、封從德等人歷經艱辛後也順利逃出。

　　六四事件使得中國大陸在政治方面的改革開放政策遭到重挫，保守勢力崛起，不過以鄧小平、江澤民為首的中共高層仍繼續推動經濟方面的改革開放，儘管政治上的專權腐敗現象仍然存在，但經濟上的持續進步，人民生活水準的提高，使得基層民怨化解大半，中共政權也因而延續下來。西方各國在六四事件平息之後，也紛紛解除制裁行動，與中共重修舊好。但六四事件的鎮壓行動使得共黨統治在全世界備受譴責與質疑，影響所及，間接引發了這年年底東歐民主改革的巨變。此外，鎮壓前後，香港和台灣均出現聲援大陸民主運動的活動，許多民運人士逃離大陸後，也曾來香港和台灣進行政治串連，為大陸的民主改革持續努力。

# 股票衝破一萬點

全民皆股扭曲社會正常運作
實施抑制措施逐步邁上正軌

▲股市指數衝破歷史性的一萬點，證券行內笑顏滿堂。

　　在人氣與資金不斷推進刺激下，由產業股帶動行情，台灣股市一舉衝破一萬點大關，並一路站穩萬點步伐，在證券商開香檳、燃放鞭炮的慶祝聲中，股民們個個笑逐顏開，樂不可支。

　　這是1989年6月19日，台灣股市以一萬一百零五點創下二十七年來的紀錄。它帶給股民歡悅的前景，但也引來深刻的批判和質疑。股市興旺不僅代表台灣經濟持續繁榮，也被看成台灣政治、經濟、金融以及人心遭到嚴重扭曲的過程。台灣國民生產總額在1989年將近一千二百億美元，約為日本的二十分之一、美國的四十分之一，比

◀ 大批投資人搶飲一瓶香檳酒，慶祝股市節節攀升，突破萬點。

七大工業國任何一個均相去甚遠。然而這一年台灣股市總成交值卻排名世界第三，僅次於東京和紐約，超過作為國際金融中心的倫敦和香港。這意味著，台灣財富的相當部分被投入股市，在不健全的政經體系下，推波助瀾、扶搖直上，創造了遠超過上市公司實際生產價值的金額，使得股市淪為欠缺規則的全民大賭場。

1987年大家樂非法賭博達到巔峰的時候，股市亦一路攀升，由前一年的一千零三點衝上四千點。1988年元月起，大家樂因受愛國獎券廢止的影響，迅速冷卻，過剩的游資以及急於發財的人心，旋即大舉轉進房市與股市，這一年的股市成長一倍，由四千點升至八千點。由於攀升速度異常，財政部擬採課徵證券交易所得稅等壓抑措施，卻引起民意代表和股民走上街頭強烈抗議。1989年雖然爆發天安門事件，國際局勢不安，股市幾經波動，但仍在6月底衝上萬點，成了與國際局勢鮮少關係、獨自運作的金融世界。

對於這種奇特現象，中央銀行總裁張繼正在監察院報告時痛斥時下的股市是「無政府狀態」，是「賭場」和「吃人的市場」。他說，有很多公司上市，無非是想印股票上市賺錢，撈一票就走，而社會大眾也想在股票市場上分一杯羹，大家都不想好好工作，企

業也不想好好做生意。《中國時報》社論指出股市成交不斷擴大,關鍵在於特權充斥、漫無法紀,該社論說:「目前在股市從事短線買賣的投機人口以百萬計,每日成交金額以千萬計,而以股市規模言,上市公司不過一百六十餘家,以投機價格計算的市值亦不過四兆多,要能滿足這麼龐大人口與投機交易的需要,唯一的可能就是上市公司大股東、市場作手與券商號子聯手操縱,違規炒作,而這些大股東的黨政關係向為人所側目,市場作手亦與政要民代時有往來,券商號子大多數皆有中央或地方民代介入經營,整個股市幾乎就是政商一體的病態股市。政商關係愈密切,股市投機愈凶,政治介入越深,股市投機越加瘋狂。」「每當行政部門採取抑制措施,就有政黨人士介入干預,就有民意代表造勢反對,迫使行政部門讓步,從而整個股市的交易秩序就破壞了,法治基礎被打散了,股市成了賭場、股票成了籌碼、股友成了賭友;所有的金錢、所有的人力,不斷地往股市集中,為的就是一賭,不但要賭,而且還不讓政府來維持一個起碼的公正賭局。這等病態社會現象,若無腐化的政治風氣推波助瀾,豈會演變至斯!」

從大的方面來說,自從解嚴以後,政治和言論迅速民主化,經濟也走向自由化,可是新的法治規範尚未產生,法治文化亦未成形,國會權力膨脹,相對地行政力量大幅削弱,以至於過去的行政濫權轉變為國會濫權。加上選舉需要大量金錢的投入,財團的影響提高,有時財團本身亦派出人選進入國會殿堂,造成擁有龐大政治力量的國會議員、財團和金融市場綁在一起的亂象。此外,股市瘋狂現象對社會的衝擊亦十分可觀,包括:一、許多人離開工廠跑去炒股票,造成產業勞工短缺,也使許多公司無法準時交貨。二、工廠關閉,老闆發現炒股票比工廠開工更具有更高的利潤,寧願關閉工廠,專心炒股票。三、教師不安於教課,不少老師帶著隨身聽,上課期間用耳機收聽股市行情。四、公務員無心公務,邊聽股市邊辦公,以致行政效率降低,有些公務員甚至去辦公室打個卡,隨後便跑去股市。五、家庭主婦不理會家事,成日跑股市以求賺取高利潤外快。另外,不少大學生也參與股市,樂此不疲,完全無心上課學習。

全民瘋狂炒股票的現象,衝擊到社會的基本價值,金錢遊戲造成社會財富大規模的重組,迅速拉大了貧富之間的差距。1990年2月,股票繼續衝至一萬三千點,達到歷史上的新高峰,股民估計已有兩百五十萬人,意即台灣大約每八個人中就有一個人在玩股票。然而股市過熱的另一面,便是各界要求改變此種瘋狂狀態的呼聲也跟著高漲,因而使行政單位擁有了龐大的民意基礎,得以對過熱的股市進行壓抑的措施。

1990年2月,政府開始徵收千分之六的證交稅,對股市投機心理造成重挫,開始一路猛跌。接著郝柏村新內閣大舉掃蕩地下投資公司,緊縮金融,釋放建設投資的管道,加上伊拉克入侵科威特,造成全球經濟的悲觀氣氛,終於導致股民信心大失,到了年底竟跌至三千多點,暴起暴跌的幅度創下空前的紀錄,也使得許多人的資金被套牢,損失慘重。總的來說,1989至1990年台灣股市巨大的漲跌,提供了許多教訓,並促使台灣股市逐步走上健全化的道路。

# 1990 國民黨二月政爭

### 權力路線爭議激盪政局

### 主流勢力促進下波政改

▲第八任正副總統候選人李登輝（中）、李元簇（右）登門拜訪國代，積極懇請賜票。

　　1990年2月，國民黨十三全臨時中央全體委員會議召開前夕，黨內籠罩著詭異的氣氛，各派系之間的餐宴、放話、磨擦、整合屢見不鮮。二年前蔣經國總統過世後黨內權力分裂重組的問題逐一浮現，問題的最大引爆點就在即將舉行的正、副總統選舉之上。

　　中華民國第八任總統、副總統選舉將於3月中旬舉行，現任總統李登輝繼續尋求連任但國民黨籍國大代表卻出現另提總統、副總統候選人競選的聲音，主事者為軍系國代滕傑，希望在黨內提名國安會秘書長蔣緯國為總統候選人。其後隨著情勢演變，改為提名蔣緯國為副總統候選人，接著又發展出提名林洋港、蔣緯國或林洋港、陳履安為正副總統候選人等各種搭配組合，直接挑戰李登輝的總統寶座。這個動作震撼了當時政局，

▶ 林洋港宣佈退選的隔天，國安會祕書長蔣緯國（右一）在台北賓館接受八老協調後，亦宣佈退選。

發展成了歷時二個月之久的國民黨黨內政爭。政爭結果不但促成黨內的權力消長，也激起大規模的學生運動，提高了社會對政治改革迫切性的共識。

　　這次政爭的背景須追溯自１９８８年１月蔣經國總統逝世，李登輝根據憲法接任總統職務後，有關黨主席一職曾出現短暫的異議，後來雖在黨內要求團結穩定的共識下使李登輝能夠擔任代理黨主席，並在隨後召開的國民黨十三全會中扶正，但等到黨內資歷尚淺且欠缺人脈淵源的李登輝開始行使職權，形成權力結構以及逐步實現其領導意志和政治路線的時候，與黨內不同意見者即開始發生權力和路線的摩擦衝突，這兩者又常常結合為一，互為表裡。權力方面，李登輝傾向任用虛心忠懇的後輩，對掌握人望或實權的同儕如林洋港、李煥、郝柏村等人，以及其餘原來在兩蔣時代受重視的老人則較為冷淡。路線方面，李登輝為台籍政治人物，其背景所反映的政治視野和思維令黨內許多大陸籍人士感到不安，尤其李登輝跳過行政院長李煥，直接指揮財政部長郭婉容赴北京參加亞銀年會，並起立面對中共旗歌一事，在黨內引起強烈的爭議。

　　部分國代擁立蔣緯國參選副總統的目的，即在於對李登輝的權力和路線進行制約。最先引起爭議的即是由國民黨內正、副總統候選人選舉方式所引發的「主流派」(或起立派)、「非主流派」(或票選派)之爭。主流派以宋楚瑜、何宜武、宋心濂、鄭為元，以及黃主文、林鈺祥等集思會成員為主；非主流派則涵蓋李煥、林洋港、郝柏村、俞國華、許歷農、宋長志以及新國民黨連線等人。主流派主張以傳統的起立方式選舉正副總統，以透過公開方式對權力挑戰者及其支持者造成震懾作用；非主流則主張以不記名秘密票選方式使中央委員能較自由的依其個人意志，選出黨中央提名的人選。由於非主流陣營中包括諸多掌握實權人物，同時票選較起立符合民主原則，因此吸引了不少期待黨內體制民主化的年輕中委支持，所以票選派取得了 聲勢上的優勢。但起立派由於掌握黨機器以及黨資源分配的優勢，不斷積極主動進行疏通，雙方暗中較勁十分激烈。

　　２月11日，國民黨臨時中央委員全體會議中，宋楚瑜在會上以強烈的方式指責「少數人在破壞黨的團結」，這項強烈的措詞激起與會者對於黨大分裂的危機感，表決結

果起立派以九十九比七十擊敗票選派,取得關鍵性的勝利。隨後,李登輝獲全體中委以起立鼓掌的方式提名為總統候選人,李登輝本身所選擇的李元簇則獲全體中委以舉手方式提名為副總統候選人。

會議結束後,李登輝與李元簇立刻展開拜訪國代尋求支持的活動,另一方面,擁蔣國代在黨提名會議遭挫之後,將戰場轉移至國大正副總統選舉上。2月12日,國代中有關連署林洋港、蔣緯國為正副總統候選人的聲音開始出現,林洋港表現「候選而不競選」的被動模糊態度,蔣緯國參選意願則較為明顯,不過他在美國關於「我哥哥(蔣經國)從來沒有說過『蔣家人不會競選總統』這句話」的說法,卻遭致黨內外的反彈。3月3日,李登輝邀約謝東閔、陳立夫、黃少谷、袁守謙、倪文亞、李國鼎、蔣彥士、辜振甫等八位黨國元老在官邸會商,八老同意出面勸退林、蔣。不過隔天以滕傑為首的非主流派國代在三軍軍官俱樂部舉行餐宴,林、蔣應邀簡短致詞,有兩百餘位國代出席。這項餐會顯示非主流派國代具肯連署提名林、蔣的實力,因此視聽上造成頗大的衝擊。不僅如此,支持林、蔣的聲音亦向民間擴散,使得工商界產生政局不穩的感受。

3月5日,除李國鼎以外的上述七老與林洋港、蔣緯國、李煥、郝柏村等四人首度舉行整合會議,會後蔣彥士繼續奔走折衝,但似乎未動搖林、蔣的立場。雖然如此,由於厭惡政局的紛擾,整體社會觀感對非主流派日漸不利。7日,中共新華社、中新社雙雙就台灣政爭發表評論,指係國民黨近年領導失當所致,明顯傾向於非主流派一邊,中共的態度更深化了這種觀感。9日,情勢出現了戲劇性的轉折。八老邀林洋港二度協商,會後林洋港以不做歷史罪人之慨,公開懇請國代不要連署他為總統候選人,正式退出候選狀態。這天下午,李登輝親自到司法院向林洋港致意。隔天,勢單力薄的蔣緯國亦宣佈退出。總統正式選舉當日,李登輝以唯一總統候選人的身分在六六八張選票中獲得六四一票,得票率為百分之九十五。隨後,李元簇亦順利當選副總統。

這場政爭終告落幕,結局是主流派政治實力獲得鞏固,非主流派遭受重挫,尤其曾經權傾一時的李煥隨後失去行政院長的職位,不過為了維護黨內團結,李登輝又提名郝柏村為行政院長,讓非主流派仍保有政治勢力。非主流派在政爭中失利有諸多因素,其中包括支持者形象不一,集結形式鬆散,以及身為當事人的林洋港未主動積極營造新的權力中心。不過最重要的仍是大環境的因素,李登輝為首位台籍總統,深獲台灣民間,包括民進黨人士的情感認同,在李登輝未犯重大錯誤以及黨內外普遍期待團結安定的前提下,挑戰者缺乏足夠的正當性,反而很容易淪於遭受指謫的被動地位。

此外,國大政爭亦激起大規模的學運,由未經普選產生的國代爭權奪利的景象激起民間普遍的反感,3月16日至22日,全台大專學生代表在中正紀念堂廣場進行示威,提出全面政治改革的要求;換言之,國代政爭的結果亦提高了社會有關國會全面改選以及總統直選的共識,為下階段的政治改革帶來了動力。

# 馬曉濱綁架案

### 義士難民背景為人關注
### 促使生命權意識廣受討論

▲馬曉濱三人綁架長榮少東張國明案件引起社會高度注目,馬曉濱的妹妹馬小琴、唐龍的弟弟唐尚明、王士杰的母親賴松英及妻子張月嫦,夜裡哭跪總統官邸前,求李登輝總統特赦馬曉濱等人。

　　1989年11月17日,長榮海運董事長張榮發的次子張國明遭三名歹徒綁架勒贖,在張榮發支付五千萬元贖金以後,張國明獲釋。接著二十四小時內,三名綁匪遭警方逮捕,然而當綁匪身分揭露之後,社會大眾卻驚訝地發現,其中包括了「反共義士」馬曉濱,以及華裔越南難民唐龍。這兩人的特殊身分背景在隨後的司法審理程序中引發情、理、法的巨大爭議,強烈地衝擊社會人心。

　　這起罪案的策劃人是長榮公司離職警衛王士杰，由於對公司不滿，在認識越南華裔青年唐龍與大陸來台青年馬曉濱之後，勾起綁架公司老闆兒子的念頭。１１月１１日，王士杰帶唐龍、馬曉濱等人至張國明住處及公司附近勘查地形，識別人質。１７日晚上十一時許，由唐龍駕車，馬曉濱下車將張國明挾持上車，將他蒙眼綑綁，直駛唐龍何姓友人處藏匿。１８日凌晨，王士杰打電話至長榮公司，恐嚇勒贖現金五千萬元。張榮發獲知兒子遭綁後，指示女婿鄭深池全權負責救援，為了避免傷害到張國明，張榮發特別囑明先贖款救人，再向警方報案。

　　１８日晚上，綁匪獲得贖金，三人到旅社平分，同時釋回人質。另一方面，張家安全接回兒子後立刻向警方報案。刑事警察局偵三隊獲報後，由局長莊亨岱親自率隊偵查，很快地判斷出王士杰涉嫌重大，並於１９日逮捕王士杰和唐龍，起出贓款一千七百萬元，逃逸的馬曉濱則於這天晚上攜一千四百萬元贓款主動投案。

　　三名歹徒迅速落網之後，社會各界對警方破案效率十分肯定，對三人鋌而走險則充滿唏噓，其中唐龍和馬曉濱的特殊背景更觸發各種省思。唐龍為華裔越南難民，四年前被安排在澎湖靠救濟金過日子，到了本島之後四處打工，後來聽說有錢可以在美國弄到綠卡，於是決定參與綁架案。至於馬曉濱於１９８７年和十八名大陸青年一起搭船至南韓，原本希望能轉往美國或加拿大，後來在南韓政府擬將其送返大陸之前，以反共義士的名義向台灣投誠。馬曉濱等人轉往台灣，度過短暫政治宣傳的風光以後，被救總送往澎湖的中南半島難民中心，一方面接受職業訓練，另一方面亦接受軍方的政治審查。兩年後，馬曉濱來到台灣本島，從事廚師的工作。

　　唐龍與馬曉濱的共同特點在於，他們均曾對外面的世界高度憧憬，以為到了外面就等同發財，然而目標達成之後，卻發現真實生活並不如此，他們只能在社會底層謀生，以微薄不穩定的工資辛苦地過日子，在嚴重的挫折感中萌生謀取不義之財的念頭。

　　然而，這樣的背景仍須面對法律的制裁，１２月２９日，台北地方法院在第一次開庭時即完成調查及辯論程序，並迅速進行宣判。王士杰、唐龍與馬曉濱三人均被判處死刑，褫奪公權終身。地方法院的迅速反應主要是依據司法院所作重大刑案速審速結的指示，由於近來社會治安嚴重惡化，重大刑案不斷發生，尤其工商界人士頻遭綁架勒贖更動搖整體投資信心。行政院長郝柏村就職後即以整頓治安為首務，核心理念即為重典治國，以有效遏止犯罪行為。

　　儘管如此，這件案子很快就引起人權組織的關切，台灣人權促進會(台權會)呼籲「槍下留人」，要求深思馬曉濱綁架案的犯罪動機與因素，衡量他由反共義士淪為綁架犯的特殊背景，給予人道上的援助。１９９０年３月１３日，台灣高等法院二審判決，仍判處三名被告死刑。隨著司法系統維持原判立場趨於堅決，救援活動也日趨升高，同時對於重典治國的信念以及死刑的意義亦展開哲學、社會和文化性的討論。６月初，最高法院

▶ 綁架張國明的大陸青年馬曉濱。

三審仍維持死刑判決，判決書中稱：「馬、唐、王三人竟因覬覦他人財富，不惜干犯極典，擄人勒贖五千萬元鉅款，具有反社會之重大惡性，雖於取得贖款後釋回被害人張國明，惟其犯行嚴重危害社會治安，經斟酌再三，認其有與社會永久隔離之必要，爰分別判處死刑，以昭炯戒。」

　　此時，三名被告的辯護律師郭吉仁立刻向最高檢察署聲請提起非常上訴，各方各界紛紛進行救援活動。民進黨立委陳水扁向行政院提出緊急質詢，認為馬曉濱等依刑事政策而言，罪不至死，而且以法律剝奪其生命權，亦違反憲法絕對尊重生命權的具體內涵，因此主張重審，酌減其刑。民進黨立法院黨團亦發表聲明，聲援馬曉濱等人。此外，佛教、天主教和基督教長老教會等十五位宗教界代表，聯袂前往總統府請願，希望放馬曉濱等人一條生路。同時由兩百多名教授、牧師、律師、民意代表、社運人員以及新聞從業人員共同組成了「馬曉濱、唐龍、王士杰救援會」，不僅積極參與救援活動，也要求全面檢討過於嚴苛的刑法以及死刑遭到濫用的現象。

　　7月間，馬曉濱的妹妹馬小琴、唐龍的弟弟唐尚明由大陸獲准來台，他們與王士杰的母親賴松英深夜長跪李登輝總統官邸門外求情，更將救援活動推向高峰。整個救援活動朝三個方面進行，一是提出非常上訴，二是請大法官會議就司審判過程中是否違憲部分聲請解釋；三是籲請李登輝總統進行特赦。7月19日，最高法院檢察署駁回非常上訴，同時司法院大法官會議通過第二六三號解釋，認為司法程序並未構成違憲，但也認為擄人勒贖罪為唯一死刑之罪，立法甚嚴、有導致情法失衡之虞，宜在立法上兼顧人民權利及刑事政策妥善檢討。至此，法律救濟的途徑已經斷絕，而且依常理，為了避免其他刑事犯援例照辦，總統特赦的可能性亦微乎其微。同日，法務部長呂有文批准執行死刑的公文，最高檢察署取得公文後，快馬加鞭轉交高檢署，由執行檢察官接令後，依文於「文到三天內執行」。

　　20日凌晨五點，馬曉濱、唐龍、王士杰等三人在土城監獄刑場被執行槍決，馬小琴、唐尚明、賴松英以及王士杰妻子張月嬌則在李總統官邸門外長跪哭嚎，抱著最後一絲希望，他們隨後被帶到台權會休息，天亮時即傳來前往收屍的通知。儘管案子在各方救援活動下一度拖延，但最後仍以速決為終。

　　然而，有關本案的後續討論仍持續著，批評者與支持者的意見相互激盪。奔走救援甚力的台權會會長陳菊事後回想時說：「依照自己以往的經驗，『可能不會有事』和『明早就被槍決』這兩種想法，在內心交戰不已。回到家裡，與辦公室小姐聯絡之後，大清早趕到土城去，一到那裡似乎聽到了槍聲最後一響，我到現在也不知道那是真聽到了，還是幻覺，整個人楞了許久，看到葬儀社的人也在那邊，回來台北的路上，我一句話都講不出來……。」對整個社會來說，此案激起社會大眾對「生命權」的空前意識，法律與情理之間究竟該如何裁決，社會秩序該如何維繫，仍深深地影響著日後司法與立法的雙重省思。

# 1991 蘇聯瓦解冷戰結束

### 蘇共保守派政變失敗　共產主義帝國終結

蘇共保守派發動政變，坦克部隊進入莫斯科市區時，遭到群
眾包圍，坦克駕駛站出來呼籲群眾離開，但群眾置之不理。

　　1991年8月19日莫斯科時間清晨六點八分，塔斯社發佈急電：由於戈巴契夫總統因健康問題，副總統雅納耶夫已接任總統。同時在一項公開聲明中，雅納耶夫表示，蘇聯政權已經移轉至由八名領導人共同組成的「國家緊急委員會」之手。

　　聲明指出，蘇聯全國將進入六個月的緊急狀態，以「克服深遠和廣泛的危機，政治、種族和社會的鬥爭、紊亂，以及威脅蘇聯人民生命和安全、蘇聯主權領土完整的無政府狀態。」不久，數百輛坦克和裝甲車進駐莫斯科主要街道，包圍傳播機構。同時蘇軍又宣稱已充份掌握波羅地海三小國的控制權。

這場軍事政變震驚了全世界。蘇聯數年來由戈巴契夫領導，正在進行一場空前的改革工程，並與西方和解，以結束數十年來的東西冷戰局勢。這次軍事政變代表著保守派勢力捲土重來。這不僅對蘇聯，事實上對世界局勢都將造成根本的衝擊。戈巴契夫在黑海度假時遭到軟禁，但蘇聯另一位政治要角俄羅斯共和國總統葉爾欽，卻於政變當天中午公開指責政變為非法行動，他呼籲俄羅斯人民舉行大示威與大罷工，以對抗政變。葉爾欽坐鎮於俄羅斯共和國國會辦公室，立即成為反政變的權力中心。數千名群眾聚集在國會外頭，設置路障，保護著葉爾欽。並有數輛坦克車加入葉爾欽陣營，在俄羅斯共和國國會外形成了一道武裝的保護牆。葉爾欽得以由此透過國際媒體向蘇聯內外爭取支持，並充份反映政變集團並未掌控全局。

8月20日，緊急委員會與葉爾欽的對峙出現戲劇性的變化。三十多萬蘇聯人民不顧緊急委員會的禁令，同時在莫斯科以及改革派的重鎮列寧格勒舉行示威抗議，有更多的裝甲部隊轉而投效葉爾欽，蘇聯國防部傘兵部隊司令葛拉契夫宣佈效忠葉爾欽，列寧格勒軍事指揮官山索諾夫不遵從緊急委員會的命令，拒絕將部隊開入城內。種種跡象顯示，政變集團不僅未獲得人民的支持，甚至調動不了部隊。21日凌晨一點，烏克蘭宣佈緊急委員會的決定與命令無效，新聞媒體也抗拒禁令，大肆報導葉爾欽的呼籲。二點半，緊急委員會宣佈莫斯科實行宵禁，準備進行武力鎮壓，清晨六點左右，一列坦克縱隊向俄羅斯國會推進，試圖衝過路障，卻遭憤怒的群眾縱火燃燒，衝突中有三名民眾喪生。不過坦克並未繼續推進，反而撤退。這天下午，緊急委員會出現動搖跡象，提議葉爾欽前往克里米亞會晤戈巴契夫，為葉氏所拒。下午五點緊急委員會主要成員搭機前去向戈巴契夫請罪，並宣佈緊急委員會解散。同時，蘇聯國防部下令派往各地的部隊撤回原駐地，部隊在莫斯科市民的歡呼聲中宣告離去。

這場短暫的軍事政變宣告落幕，22日戈巴契夫返回莫斯科，恢復總統職務，然而蘇聯歷史卻從此改觀。被視為社會主義祖國的蘇聯開始面臨崩解，一手推動改革工程的戈巴契夫在其政治生命的盡頭竟終結了共產主義意識形態。

回溯戈巴契夫的改革過程是起於1985年蘇共總書紀契爾年柯逝世，戈巴契夫繼任後即著手展開改革工作，目的是引介西方式的議會民主，藉由一定的政治競爭機制與市場經濟，為社會主義制度注入新的活力。1986年，戈巴契夫在蘇共第二十七屆黨大會上展開謹慎的領導階層更新工作，激進的改革者葉爾欽當選政治局候補委員，不過隔年葉爾欽即與政治局的保守同僚交惡，辭去黨職。同一時間，戈巴契夫與美國簽訂裁減歐洲中程核子飛彈條約，贏得西方的高度評價。1988年10月，戈巴契夫當選最高蘇維埃主席團主席，集國家主席和黨魁於一身。大權在握的戈巴契夫開始對內外進行大刀闊斧的改變。1989年，蘇聯由阿富汗撤軍，戈巴契夫與中共領袖鄧小平會面，結束中蘇共長達三十年的緊張關係。年底，戈巴契夫到東柏林發表演說，承認社會主義制度的缺點，不久，東德發生大規模群眾示威，駐守東德的蘇軍未予鎮壓，東德國家主

◀ 烏克蘭決定將列寧廣場改為自由廣
場,並將列寧紀念碑上的列寧塑像
逐一清理,象徵蘇聯正式走進了歷
史。

席何內克下台,柏林圍牆倒塌。
波蘭、捷克、匈牙利等國受此政
治大氣候衝擊,執政共黨政權紛
紛被迫下台,羅馬尼亞甚至爆發
流血革命,東歐一夕巨變。

在內部改革方面,戈巴契夫
先批准蘇共開放候選人競選制
度,建立共黨內部的民主機制,
此外並建立專職的國會,將黨的
權力逐漸轉移至行政部門與國
會。1990年,蘇聯創設總統
制,人大代表選舉戈巴契夫為蘇
聯總統,並且廢除憲法中保證共
黨統治地位的第六條款,給予反
對黨合法的地位。此舉受到保守
派的強烈抨擊,葉爾欽等改革派
人士因而退黨,成為非共黨的政
治領袖。1991年,戈巴契夫
續任共黨總書紀,葉爾欽當選俄
羅斯共和國總統,由於是直選產
生,所以實質上成為全蘇聯權力

基礎最雄厚的領導人，與戈巴契夫的權力摩擦更烈。簡言之，戈巴契夫的改革構思是逐步解除東西方的軍事對峙，撤回派往海外的軍隊，在內部建立民主政體，使得共黨內部分化；然而在蘇聯的現實中，這意味著共黨的權力大幅削弱，各加盟共和國受到開放自由政策的鼓舞，獨立呼聲高漲，尤其在二次大戰時被蘇聯併吞的波羅的海三小國立陶宛、拉脫維亞和愛沙尼亞，更不斷訴諸國際支持，不惜以流血對抗爭取獨立。

黨權的削弱、民族矛盾深化以及經濟改革中出現的混亂現象，凡此種種使得保守派與改革派逐漸面臨攤牌的局面，而身居核心的戈巴契夫對兩派都無法滿足，地位因此日益脆弱。１９９１年８月１９日之前，戈巴契夫原計畫與各加盟共和國簽署新聯邦條約，將蘇聯改為一較鬆散的聯邦，此舉不僅將使舊體制瓦解，亦將結束共黨的長期壟斷地位。因此保守派的副總統雅納耶夫、國防部長雅佐夫、內政部長普戈、KGB主席克留切科夫、財政部長帕夫洛夫、國防會議第一副主席巴克拉諾夫、國會代表斯塔羅杜切夫以及蒂吉亞科夫等八人，組成緊急委員會，發動改變，接管政權，以圖恢復舊蘇聯體制。

事發之後，國際社會曾將此舉比擬為１９８９年的北京天安門事件，象徵共黨以武力鎮壓，促使改革倒退。然而蘇聯情況不似中共，經過六年的大幅改革工作，蘇共權力已大致轉移至政府部門，尤其俄羅斯共和國已由非共黨的葉爾欽掌權，政變首腦無論個人威望、合法性以及對政權的實質掌控程度皆有不足，加上國際勢力的強大聲討浪潮，政變終於草草收場。

政變一旦宣告失敗，蘇共不僅未能保住權力，反而立刻成為改革派與人民清算的對象。政變首腦之一的內政部長普戈自殺，其餘七人隨後陸續被捕，葉爾欽趁機對蘇共進行大整肅，關閉《真理報》，逮捕涉及政變謀反的共黨人員，並下令禁止共黨活動。同時，蘇聯人民出現巨大的反共浪潮，數十萬人湧上街頭，蘇共特務機構KGB創始人捷爾仁斯基的銅像被群眾推倒在地，接著一些列寧銅像也被移除。共黨財產遭各共和國政府沒收，共黨甚至被宣佈為非法組織。共黨遭到致命的打擊，意味著蘇共總書記戈巴契夫的權力基礎亦逐漸喪失。此外由蘇聯體制延伸發展出來的蘇聯總統職務也失去權力的基礎，戈巴契夫乃被迫宣佈辭去蘇共總書記，並解散中央委員會，蘇聯共產體制因而瓦解，十五個加盟共和國亦紛紛宣佈獨立。

葉爾欽成為新的權力核心，大俄羅斯主義復活，並以其為中心結合舊蘇聯成員國成立一鬆散的獨立國協。１９１７年列寧及共黨領袖在十月革命中奪取政權後，共產主義曾帶給全世界被壓迫人民新的夢想和希望，這股浪潮蔓延至亞洲、非洲和拉丁美洲，帶動一股宗教性的狂熱，塑造了完美的社會主義遠景，但也製造了一個史無前例的極權體制。１９９１年蘇聯的瓦解象徵這個共產帝國烏托邦的終結。

# 1991 台獨爭論震撼全台

## 獨台會案引起軒然大波
### 朝野角力終使台獨合法化

▲大約六十多名交大、清大師生前往調查局靜坐抗議，調查局長吳東明（左）出面接受抗議書，並與師生代表溝通。

　　1991年5月9日清晨，法務部調查局幹員以迅雷不及掩耳的方式，在台北、新竹、高雄等地以涉嫌叛亂的罪名，將陳正然、廖偉程、王秀惠、林銀福等四人逮捕。

　　調查局指控這四人涉嫌為史明主持的「獨立台灣會」在台發展組織，以武裝暴動方式推翻政府，成立台灣獨立的革命政權。此案稱為「獨台會案」，其中陳正然為台大社研所畢業，開設「無花果打字行」；廖偉程正就讀於清大史研所；王秀惠則為民進黨籍社運人士；林銀福為原住民，玉山神學院畢業以傳道人身份在漁民中心工作。調查局指稱他們均曾赴日本接受史明的訓練和資助，返台後即秘密發展地下革命組織。調查局在追蹤年餘後，由副局長高明輝親自坐鎮指揮，進行了逮捕行動，並起出台獨資料，宣傳標語等物證。

　　史明本名施朝暉，1918年生，日本早稻田大學畢業，崇尚社會主義革命道路。太平洋戰爭爆發後，史明赴中國大陸，加入中共，後因不滿中共土改的殘酷鬥爭方式返回台灣。1952年史明逃往日本，以日文寫作《台灣人四百年史》一書，指出台灣歷史上一直受外來政權的統治，主張透過社會主義革命完成台灣民族的解放。其理論架構充滿古典馬克斯主義的浪漫色彩，而這本書也是第一本具有完整理論體系的台獨著作，其「反抗外來政權」的概念和語彙為後繼的台獨人士廣泛使用。史明曾客居東京，經營餐廳，成立「獨立台灣會」，吸收台灣來的訪客，鼓吹革命。不過在現實中，史明所鼓吹的革命通常只留在概念和文字的層面，並無訴諸暴力的實際行動。

　　調查局採取行動逮捕獨台會成員，為其長年一貫的任務。但1991年台灣內外局勢已產生了根本的變化。國際上，東歐共黨垮台，共產主義意識形態瀕臨崩潰，中共仍陷於天安門事件後的外交孤立困境，台灣的戰略自主性逐漸提高。在內部，傾向台獨的民進黨合法化，政治多元、思想言論自由已成為社會的主流價值。因此，調查局的逮捕行動被視為蠻橫的粗暴行動，尤其調查局人員在未知會清大校方的情況下，即闖入校園抓人，更激起大學師生的強烈不滿。事發不久，各地即出現學潮，聲援獨台會成員，抗議當局進行政治迫害。接著，進行示威抗議的學生與鎮暴警察發生衝突，更進一步刺激學潮迅速擴大。台大和清大出現罷課情形，各種以台灣歷史、文化研究為名的學生組織如雨後春筍般成立，甚至台獨聯盟的學生總部亦宣告成立，以直接挑戰當局的壓制政策。

　　由於事態迅速擴大，當局降低姿態。主其事的調查局副局長高明輝主動請辭，原本反對台獨立場鮮明強硬的行政院長郝柏村主動接見大學校長和教授，作出讓步姿態。抗議的師生主要訴求有二：要求立刻釋放獨台會案陳正然等四人，以及廢除「懲治叛亂條例」。儘管戒嚴令早已解除，李登輝總統亦於日前宣告中止動員戡亂時期，不再視中共為叛亂團體，解決了中共黨員來台的法律問題；但對於內亂罪仍有「懲治叛亂條例」和「刑法一百條」等政治刑責，其中懲治叛亂條例第二條為唯一死刑；刑法一百條則規定：意圖破壞國體、竊據國土、或以非法之方法變更國體，顛覆政府，著手實行者，處七年以上有期徒刑，首謀者為無期徒刑。這項條款包含了對言論罪和預謀罪的處分，是過去幾年對台獨人士進行判決的主要法律依據。

　　5月17日，立法院迅速二讀通過廢止懲治叛亂條例，隔天，獨台會案陳正然等四人獲准交保，紓緩了學潮的壓力。雖然如此，本案所激發的反政治迫害運動使得台獨的正當性和道德性大大提高，民進黨受此事件的刺激以及蘇聯瓦解，各共和國紛紛獨立的鼓舞，決定在黨綱上加入台獨條款，朝野的對峙情勢驟然升高。

　　10月13日，林濁水提案在黨綱中納入「建立主權獨立自主的台灣共和國」等條文，後經陳水扁提案修正為「基於國民主權原理，建立主權獨立自主的台灣共和國及制定新憲法之主張，應交由台灣全體住民以公民投票方式選擇決定。」此即所謂的台獨黨

隨著台獨聲浪的高漲，在野人士也要求以台灣名義透過公民投票加入
聯合國。由公民投票促進會等五個團體發起的「公民投票加入聯合國」
活動，遊行隊伍拉起巨型標語，人潮綿延數公里之長。

綱，使得民進黨實質上成為台獨黨，引起國民黨強烈的譴責、中共的抨擊以及國際社會的高度關切。此外，台灣社會亦出現強烈的反應，許多政治觀察家將本年底民進黨在國大選舉中的重挫歸咎於台獨黨綱的通過。

雖然如此，國民黨對此政治事件保持了克制的態度，未依刑法一百條採取強硬的反制；相反地，在政治進一步民主化壓力下，刑法一百條本身被迫進行修正。9月21日，由主張台獨的社運人士李鎮源、林山田、陳師孟等人組成「100行動聯盟」，以和平施壓方式要求廢除刑法一百條。這年國慶日，執政當局正擬舉行大閱兵活動，以鼓舞人心士氣，「100行動聯盟」則發起「反閱兵、廢惡法」行動，在國慶日前與憲警出現數度衝突。儘管聯盟人數並不多，但因示威選在敏感的國慶閱兵日，對國民黨造成了極大的壓力，1992年5月15日，立法院完成刑法一百條修正案三讀程序，明定以「強暴」和「脅迫」之犯罪行為為內亂罪之構成要件，並刪除對陰謀犯之處罰。此舉實際上在法律上刪除了所有的思想罪和言論罪，過去根據刑法一百條入獄的政治犯在法律修正之後全部獲得釋放，台灣進入了沒有政治犯的民主時代。到了1990年代末期，政府基於人權和人道原則對過去的政治犯進行道歉和賠償工作。

值得說明的是，由獨台會案、台獨黨綱到刑法一百條的修正，台灣民主化最後階段的帶動與突破是由台獨人士領導的，體現了此一時期台灣社會的文化環境。台獨取得了合法的地位，並透過本土的意識和情感迅速地擴展。至於獨台會案四名被告，該年底初判陳、王、林三人有罪，廖以證據不足無罪。隔年高等法院以其未構成修正後的刑法一百條的內亂罪，予以免訴，了結此案。1993年，獨台會會長史明偷渡返台被捕，警方問訊後即予交保，至此內亂罪的通緝榜上已無一人。

雖然民進黨衝破了台獨的禁忌，並經由此禁忌的解除使台灣走向全國言論自由的時代，不過隨著民進黨的成長，台獨不僅是言論主張，也成了攸關台灣安定的現實問題。每一次民進黨在選舉中失利時，台獨黨綱應否修改即在黨內激起激烈的爭辯，而台獨人士也因此被區分為務實派和所謂的基本教義派，對於台獨路線究竟應如何走，仍缺乏一致的共識。

# 1992 彭明敏教授返鄉
### 結束流亡生涯　堅持尊嚴風光回台

▲彭明敏教授返鄉，受到盛情歡迎。

　　1992年11月1日，流亡海外二十二年的前台灣大學政治系主任彭明敏教授，在近百名海外台籍人士以及新聞人員的陪同下，搭機抵達桃園機場。由民進黨主席許信良率領的歡迎隊伍一千多人舉著旗子，加上鑼鼓獅隊的助陣，氣氛熱烈。當彭明敏高揮右手緩緩走出機場時，霎時間當選聲、口號聲、歡呼聲不斷，群眾高呼「台灣萬歲」、「台灣人出頭天」的口號，將機場擠得水洩不通。彭明敏教授在書面的返鄉感言中說：「十年生死兩茫茫，何況是二十八年！那夢裡不知身是客的日子，如今回顧仍無怨無悔。

當初命運將我帶離台灣，如今又將我帶回台灣。雖然近鄉情怯，但在我個人生命的小史上，卻是一個時空的圓滿。」

1970年1月2日，被軟禁的彭明敏戴著假髮，拿著偽造的日本護照離開台灣，抵達瑞典，展開長期的流亡生涯。作為台籍知識菁英，彭明敏的人生經驗不僅具有十足的傳奇色彩，也相當反映出時代轉折的痕跡。

彭明敏於1924年生於台中大甲，父親是地方望族，以行醫為生。戰時，彭明敏考上東京帝大法學院政治系，後在長崎因遭遇美國軍機轟炸而失去左臂。戰後，彭明敏進入台大法學院政治系就讀，1951年，獲「中美文化教育基金會」獎學金，前往加拿大鑽研國際航空法。後來他在胡適博士私人資助之下，完成碩士學位，其後又轉往巴黎大學完成博士學位。由於研究成績斐然，通曉多國語言，彭明敏於1957年出任台大正教授時才三十四歲，成為當時最年輕的教授，也是國民黨政府遷台初期重點培植的台籍菁英。

▲彭明敏曾是民國52年度的十大傑出青年之一（右一），同年當選的還有日後的外交名人錢復（左二）。

▲易容逃出台灣的彭明敏教授，初抵瑞典時所攝。

　　往後幾年，彭明敏獲聘為台大政治系主任、聯合國中華民國代表團顧問。１９６２年，彭明敏獲選為第一屆中華民國十大傑出青年代表，受蔣中正總統召見勉勵。儘管仕途一帆風順，彭明敏內心所思與執政當局有著根本的出入。戰後台灣經過國府接收的紊亂、二二八事件、國共內戰以及國府遷台後的統治，許多台籍菁英內心充滿失望，尤其部份與國府在思想、利益或權力上發生衝突的仕紳階層更為不滿，遂在時代的轉換中滋生分離思維與情緒。彭明敏常聽見其父親和親友批評大陸來台的統治當局，及台灣本地人受盡欺壓等言論。事實上，台灣獨立的思維與情緒普遍存在於日據時代的台籍知識階層中，甚至影響到當時的仕紳階層，並構成早年流亡日本的台獨人士的主要成份。他們主張台灣人經過西班牙、荷蘭、日本的殖民統治，在種族上已非中國人，因此主張推翻國民黨外來政權。彭明敏與之不同的是，他曾受教於薩孟武、傅斯年、胡適等大陸來台的知識份子，受其自由主義與理性主義的影響；換言之，彭明敏有與大陸籍師友相處的不同經驗。他的主張是以民主精神和國際法出發，強調族群間的合作，建立新的國民意識和國家身份，以解除台灣的困境。

　　１９６４年９月，彭明敏與學生謝聰敏、魏廷朝草擬「台灣人民自救運動宣言」，其中說：「一個堅強的運動，正在台灣急速地展開著，這是島上一千二百萬人民不願意受

共產黨統治，不甘心被蔣介石毀滅的自救運動。我們要迎上人民自救覺醒的世界潮流，摧毀蔣介石的非法政權，為建設民主自由，合理繁榮的社會而團結奮鬥。」宣言尚未發出時，彭明敏等人即遭逮捕，被當局控以顛覆罪名，彭被判處八年徒刑，雖然一年後，蔣中正總統以台灣民眾感情為考量予以特赦，不過此後彭明敏的生活卻受到嚴密的監視。１９７０年，在旅日台獨人士許世楷、黃昭堂以及支持台獨的日本人宗像隆幸的協助下，彭明敏逃到瑞典，隨後並轉往美國。

初到美國的彭明敏受海外台獨組織的熱烈歡迎，不過由於信念與行事風格不同，彭明敏仍不免捲入海外組織的恩怨，與台獨聯盟主席張燦鍙關係不睦。儘管如此，彭明敏長期從事演說，協助遊說美國國會關注台灣人權問題，以其專業形象與風範，始終在台獨支持者中擁有極高的聲望。１９８０年代中期以後，台灣民主化迅速進展，島內禁忌逐步解除，本土意識提升，彭明敏被民進黨人士視為思想和精神的先驅，同時相對地也被執政當局視為較溫和的台獨領袖。在海外異議人士不斷偷渡和闖關的方式返回台灣之際，彭明敏何時回來的問題也就跟著浮現。

１９９０年中，李登輝總統主動邀請彭明敏返台參加國是會議，實質上等於肯定了彭明敏在台灣政治上的角色；然而最高檢察署卻發出相反的訊息，認為需要透過一定的司法程序才能撤銷對彭明敏的通緝令。雖然彭明敏返鄉心切，但在強調尊嚴的前提下，不僅不接受到案手續，反而要求當局就當年的政治壓迫公開道歉，雙方僵持不下，一時沒有結果。１９９２年時，懲治叛亂條例廢除、刑法一百條修正後，政治環境有了進一步的轉變，高檢署終於主動撤銷通緝令，為彭明敏有尊嚴地返鄉創造了條件。１１月１日，彭明敏終於以海外異議人士中最風光的方式回到了台灣，隨行人士並且募大量捐款，為彭明敏接下來的政治發展作了準備。

隔日，彭明敏回到睽違二十餘載的台大，面對法學院禮堂座無虛席的聽眾，做了一場公開演說。這時，他終於得以自由地在母校將三十年前的《自救宣言》的基本精義闡釋一遍。由於長年的資歷與聲望，彭明敏立刻成為民進黨支持者心目中最有份量的領袖人物，不過彭明敏仍謹慎地不直接涉入政治操作，而是以超然的身份鍼砭時政，對輿論產生相當的影響。到了１９９５年，客觀上彭明敏已成為民進黨總統候選人中最具份量的人，在絕對的優勢中，彭明敏以七十二之齡成為民進黨總統候選人，達到其人生的高峰。

儘管１９９６年３月的首屆總統直選中，彭明敏遭到重挫，在內外因素結合下，民進黨創下創黨以來最低的得票率，選後彭明敏的政治影響力也迅速消退，但是毫無疑問，彭明敏的個人經歷仍為台灣戰後重要的歷史檔案。

# 1992 失蹤兒童激增

## 各界展開協尋　兒童福利形成社會焦點

▲「失蹤兒童協尋委員會」召開第二次會議，不少家長在會場散發失蹤愛兒的資料，希望平日找回自己的骨肉。兒童失蹤使得父母內心受盡煎熬之苦。

　　1992年，台灣共有八十三個兒童失蹤，達到歷史的高峰，父母哀嚎求助之聲引起媒體廣泛的報導，引來社會全體的關懷與同情。各界紛紛動員展開協尋失蹤兒童，並催生健全的兒童福利觀念與法律。

　　1981年，台灣曾破獲褚麗卿國際販嬰集團，販嬰者偷竊和擄拐嬰兒、幼童，並夥同不法醫護人員偽造證明，將孩子賣給國外的收養者。

　　由於販嬰集團成員並非職業黑道份子，人際網絡並不複雜，成員之間只要守口如瓶，並不容易被查獲。後來集團成員之一的金淑華眼見擄來的男童突然心軟，始露出破綻。然而該集團已作案兩年餘，賣出國外的嬰兒和幼童達六十餘人。這件案子不僅轟動

台灣內外,也在為人父母之間造成一片驚恐的感受,深怕自己的孩子也成為不知名犯罪集團下手的對象。

時隔十年之久,幼童失蹤事件又再度形成社會關注的焦點;不同的是,這回各界積極配合,共同參與尋找工作。民間設立「兒童福利聯盟」,警政署設立「護幼專案」,《中國時報》、《聯合報》等大報以大篇幅的形式報導失蹤兒童個案,麥當勞、7-11、三商百貨、味全公司等,紛紛以海報或廣告的方式提供失蹤兒童的資料。警政署統計資料顯示,從1987年至1992年的失蹤兒童個案,排除戶口遷移等正常因素,共有一五五個,失蹤年齡以二至五歲最多,失蹤月份多在7、8月之間,失蹤地點以自家門口最多,其次還有百貨公司、市場等地,這一部份的失蹤者尋獲率最低。醫界認為,由於現代社會不孕夫婦日增、領養兒童需求大增,一些夫婦不惜花任何代價領養一個孩子,如此便提供不肖份子擄拐幼童的誘因。由於作案多半是分散的、即興式的,加上花錢買來幼兒的夫婦基於私心,不問幼兒來歷,有時即使知道幼兒為失蹤兒,也不願主動交還,所以幼兒在轉手之間到了養父母的懷抱,留下的卻是傷心欲絕的親生父母。

家裡一旦有孩子走失,會立刻落得愁雲慘霧,所有的擔心與恐懼無時無刻地盤據在父母的心頭,尤其駭人聽聞的傳說四處傳播,惡意者打電話來謊報以藉機勒索。孩子一天沒回來,父母就要受一天的煎熬,其內疚、焦慮與痛苦的程度,他人實難以體會。儘管如此,1992年在各界協尋失蹤兒的高峰中,出現幾個圓滿的案例。十九年前,李美嬌中秋節到寺廟拜拜,留下八歲的兒子范榮清在家,不料李美嬌回到家後發現阿清已不見人影,原本以為他只是出去一會兒,沒想到直到當天晚上阿清都沒回來。此後李美嬌心焦如焚,到處求神問卜,卻依舊音訊杳然。十年後,一名警員告訴她不如報死亡好結案,卻被李美嬌罵了一頓,即使到李美嬌的丈夫過世後,她仍沒有放棄尋回兒子的念頭。今年透過媒體公佈她的故事以及阿清的照片,被黃榮君先生一眼認出,阿清終於被找到了。原來當年阿清出門找媽媽,不知所以然地搭上火車,最後流落在台南火車站,被從事魚貨批發的黃榮君發現,報請派出所處理仍未能找到阿清的生母,後來領養了他,取名為黃正明。今天,黃正明已經二十七歲,而且結婚生子了。10月4日,李美嬌終於在台南見到了朝思暮想十九年的阿清,立刻相擁而泣,一再說:「媽媽找得你好辛苦。」

另一個事例是,1989年9月,剛搬進台北內湖租屋的王家,爸爸王釗義出門送報紙,媽媽李貴香看著三歲半的兒子王立中在屋前玩。電話鈴響,她入內接電話,再出來時已看不見立中,此後生活像一場噩夢。透過媒體報導,王家終於在今年10月24日在高雄樂育育幼中心找到已經上小學一年級的王立中。原來王立中走失的第二天,在高雄火車站被拾獲交女警處理,警員照顧了三天,透過媒體招領均無結果而送到樂育育幼中心。至於一個三歲半的小孩如何搭上火車來到高雄,似乎沒有答案。此外,還有一些失蹤的小孩透過協尋努力,得以與家人團聚。

▶在「失蹤兒童協尋會」
會議中，一位母親拿
著失蹤女兒的相片，
忍不住哭出來。

　　這些都還算是以喜劇收場，但多的是以悲劇落幕。１１月７日，新竹縣新埔鎮四歲男孩張立夫在家門前遊戲時失蹤，警方透過全國連線網路發出通報。結果半個月後，張立夫的屍體被發現在距家五公里外的鳳山溪。至於死因為何，檢警始終未能確定。如此慘劇，加上失蹤事件接二連三發生，對家長們產生極大的衝擊。小學生上學放學，接送的家長激增，許多人承認看多了失蹤兒的案例，如同患了「失兒恐懼症」，對自己兒女的安全問題已到了神經質的程度。許多小孩也被訓練如何與家長保持聯繫，或者遇到什麼人、什麼狀況時應該如何處理。

　　至於繼續協尋失蹤兒部份，警方透過全面的戶口清查，包括(一)遲報和補報戶口者。(二)戶口名簿上登錄的年齡與孩子實際年齡不符者。(三)育幼院和其他慈善機構收容部份。至於立法方面，則朝未來領養小孩必須經社政單位和法院的訪視和裁決，並對被領養的孩子作後續追蹤工作。簡言之，即對領養資格和程序作更仔細嚴格的檢視。

　　總的來說，失蹤兒問題牽涉多方面，兒童福利聯盟協尋成功的例子最多的是離家出走的小孩，其次是自然狀況下走失的，難以尋回的多半原因不明，這一部份即被視為可能遭擄走、販賣。由於犯罪線索太少，孩子們沒有能力自述，以及養父母本身常是有意識的共犯，所以很難偵破。無論如何，失蹤兒童事件是社會的傷痛，尤其父母的呼喚聲「你有沒有看見我的小孩？」總是令聞者同感悲憐。

# 1993 郝柏村辭職與新黨成立

## 國民黨新舊勢力消長
### 國家定位省籍問題浮上檯面

▲被迫辭職下台的行政院長郝柏村完成交接儀式後，走出行政院大門，支持郝柏村的群眾手持國旗和鮮花送行，場面感人，也有幾分黯然。

　　在經歷激烈的政爭以及龐大的政治壓力之後，行政院長郝柏村於1993年1月30日發表了書面聲明，表示不再續任閣揆。同時，他也派專人將一封辭職函送達國民黨中央。

　　聲明指出：「自二屆立委選舉後，政院應否總辭，各方意見不一，而海內外同胞對政院政績之肯定與對柏村個人之支持，函電交馳，更令柏村感動與感激。惟為配合當前政治情勢，柏村已不再繼續擔任行政院長之職，並將在近日內透過適當程序，完成總

▶ 新任行政院長連戰夫婦在省
政府三千多位員工的列隊歡
送下，揮別省政府。連戰曾
任兩年九個月的省政府主
席，後經由李登輝總統提
名，出任行政院長。

辭。」在１９９０年代的台
灣政治中，郝柏村的去職以
及半年多後新黨的成立具有
特殊的轉折意義，代表著國
民黨內新舊力量的重大消
長，本土政治勢力大幅提
升，省籍分裂公開化。

自１９９０年郝柏村在
國民黨二月政爭後被李登輝
總統任命為行政院長，統獨
紛爭和省籍分裂持續擴大。郝柏村具軍人背景，曾任參謀總長和國防部長，由於長年的
軍旅生涯，具有強烈的中華民族主義思想以及軍事強人的形象，他的施政風格極具魄
力，整頓治安受各界肯定，不過他對台獨近於恫嚇式的批判，使得民進黨與他的關係形
同水火，雙方的衝突幾乎無日不有。另一方面，儘管郝柏村與李登輝總統早期曾以「肝
膽相照」形容彼此的關係，但隨著總統府與行政院權力的不協調，在人事問題和內外政
策上的歧見，矛盾逐漸滋生。郝柏村強勢的風格以及對軍隊的強大影響力，亦使得李登
輝總統心生顧忌。此外，李登輝總統上台以來，民主化工作在台灣政治現實中產生一項
自然的結果，即占台灣百分之八十五的本省人口，包括閩南籍和客家籍，影響力迅速提
高，其中閩南籍政治人物無論在國民黨或民進黨內均迅速成為主流。本土感情的共通處
以及近似的生活體驗，使得李登輝總統與民進黨溝通無礙，其思維以及具體政策主張常
有高度的相似性。

因此，當李登輝總統與郝柏村院長矛盾升高時，民進黨普遍認同李登輝總統，加上
與郝柏村接近的政治盟友多為大陸籍的國民黨人士，尤其是蔣經國時代位高權重的人
物，因此這項政爭迅速向社會擴展，形成省籍情感的分裂，並衝擊台灣基本定位的價值

觀。本省民眾間傳佈一種「外省人欺負台灣總統」的說法，經過政治力的運用，迅速發展成一股反郝、仇郝的心理和氣氛。1992年底二屆立委選舉期間，民進黨候選人將郝柏村下台當成共同的訴求，連帶掀起一股反對中華民國體制的政治風潮，包括反對這個體制的旗、歌、名號等象徵事物。選舉結果，民進黨大有斬獲，席次大幅提升至將近國會的三分之一，要求郝柏村下台的政治能量更形增加。就當時憲政體制而言，行政院長是由總統提名，經立法院表決通過，儘管憲法並未明文規定立法院改選，行政院長必須尊重立法院的同意權提出總辭，但民進黨強烈要求郝柏村內閣應總辭以建立憲政慣例。此外，民進黨立委葉菊蘭提出書面質詢，稱郝柏村召集非法軍事會議。有關軍事強人政變的傳聞開始出現，震撼政壇，帶來一股吊詭的氣氛。事後證實，這段期間總統府與民進黨存在著合作倒郝的默契，總統府將有關消息傳給民進黨，以造成國民黨體制外的政治壓力。

　　至於郝柏村院長的態度一開始對總辭一事表示「沒有一定的決定」，隨後調整為「需要我開這樣一個憲政慣例，願意這樣做」，接著又主張交由國民黨中常會決定，由於中常會中舊權力體系人士仍然占大多數，所以理論上有可能做出無需總辭的決定。相對於高層的政爭，社會上也爆發針鋒相對的群眾動員，由「護憲同盟」發動的萬人遊行幾度到國民黨中央黨部，擁護郝柏村留任閣揆，參加者絕大部分是由大陸隨著國民政府來台的退伍榮民。儘管如此，李、郝政爭後，李登輝在黨內外的權力更為鞏固，使得代表非主流年輕菁英的「新國民黨連線」在國民黨內更難立足。新國民黨連線成員為強烈的中華民國主義者，原來支持李登輝接任黨主席，批評黨內舊勢力，但隨著情勢演變，改採反

▲新國民黨連線成員一行人在高雄舉行說明會，遭民進黨支持者鬧場破壞，並對他們呼喊「中國豬、滾回去！」等語。離開高雄前，連線成員在市警局舉行記者會，表示「我們一定會再來」。圖左至右為陳癸淼、郁慕明、李勝峰、關中、李慶華、趙少康、周荃。

李的立場，加上政治本土化使得地方派系和財團勢力進入黨政中央，造成腐蝕作用。基於強烈的民族認同和反對金權政治，新國民黨連線的反李色彩日益激進鮮明。就成員和支持者來看，新國民黨連線包含外省人和本省人，不過基於歷史背景的因素，外省人仍占多數，而且隨著省籍情感的分裂和激化，外省人作為少數族群的危機感和恐懼感升高，新國民黨連線迅速成為他們的政治代表。

１９９２年底立委選舉，國民黨提名候選人刻意排斥新國民黨連線成員。此外，財政部長王建煊計劃實行「土地增值稅」，以實踐平均地權的社會正義，卻遭地方派系和財團以「外省人清算台灣人的土地」攻擊被逼下台。儘管隨後新國民黨連線成員以自行參選的方式紛紛當選，其中王建煊甚至獲得台北市最高票，不過社會上省籍問題仍繼續深化。

１９９３年３月１４日，新國民黨連線成員南下高雄舉行說明會，民進黨人士率治弱勢的姿態走上街頭，顯示台灣政治和社會生態已出現了巨大的轉變，體現於外的就是國家基本政策將逐漸轉向。

１月２９日，郝柏村出席國民大會臨時會的閉幕典禮時，出現了激烈的場面。民進黨國代攔住郝柏村的去路，齊聲高喊「郝柏村下台」，郝柏村受此羞辱原本未予回應，但隨後按捺不住振臂高呼「中華民國萬歲！」、「消滅台獨」等口號，不過除了少數國民黨國代聲援外，大多數的國民黨國代皆冷眼旁觀，陳重光等人甚至加入民進黨國代的呼聲中。隨後李登輝總統至會場致詞，民進黨國代則呼喊：「郝柏村下台，李登輝加油！」經此一幕，第二天郝柏村即發表了總辭聲明。受此刺激，許多大陸籍老兵開始出現了強烈反李登輝的傾向。

郝柏村總辭成為事實後，非主流人士則希望林洋港能成為行政院長，不過李登輝總統卻提名了省主席連戰接替郝柏村。連戰為台籍人士，祖父連橫因拒絕接受日本殖民統治，舉家遷回中國大陸，撰寫《台灣通史》，教誨後代子孫不忘根源。連橫之子連震東服務於國民政府，故連戰的童年是在抗戰中的重慶度過的。台灣光復後，連震東舉家返台工作，因此連戰是具有大陸背景的台籍人士，這種特殊的背景，使他脫穎而出，繼任成為行政院長。

８月１０日，趙少康、王建煊、李勝峰、郁慕明、李慶華、陳癸淼、周荃等七人終於宣佈成立新黨，標舉繼承孫中山先生的政治理想，與財團劃清界線，作小市民的代言人。新黨的成立代表著國民黨內主流、非主流的鬥爭告一段落，然而並不意味著問題的結束，而是代表黨內路線和省籍分裂正式向整個社會擴散。儘管新黨標舉著政治民主與經濟平等的主張，然而其誕生的背景卻是國家定位與省籍問題，其政治發展無可避免地受此政治原動力的驅策，台灣社會面臨了嚴重分裂的危機，在１９９４年底台灣省長暨北、高市長選舉中，達到了高峰。

# 1993 辜汪會談

### 隔離四十餘年首度高層接觸
### 兩岸和平協商重大進展

▲台灣海基會董事長辜振甫（左）與大陸海協會會長汪道涵（右）新加坡首度舉行會談，這是兩岸隔絕四十餘年來首次高層會談，引起國際社會高度關注。

　　海峽兩岸在隔絕四十餘年之後代表兩岸高層的台灣「海峽交流基金會」(海基會)董事長辜振甫與大陸「海峽兩岸關係協會」(海協會)會長汪道涵，於１９９３年４月３７日，首度在新加坡舉行會談，成為兩岸隔絕四十餘年來首度高層會商，一般稱為「辜汪會談」。

　　隔天，辜振甫與汪道涵率領兩會代表舉行第二次會議，會後雙方正式簽署「兩岸公證書使用查證協議」、「兩岸掛號函件查詢」、「兩會聯繫與談判制度協議」與「辜汪會談共同協議」等四項文件。這項會談象徵兩岸在歷經數十年的政治和軍事對抗後，進入了和解的時代，不僅轟動國際社會，對台灣內部朝野的價值觀也造成巨大的衝擊。

　　1988年初，李登輝接任總統之後，台灣的內政外交均呈現新的思維與視野。政權本土化以後，李登輝總統開始以台灣為主體尋求對外關係，並期望改善兩岸緊繃的關係。此外，間接貿易和旅遊往來衍生諸多行政問題，包括婚姻、認證、犯罪等，均需要兩岸政府合作共同解決。但中華民國政府堅持多年均不談判政策並未改變，中共雖然主張談判，但為迴避兩岸官方談判可能形成「兩個中國」的政治格局，提出由共產黨與國民黨進行黨對黨談判，然而對於政治趨於多元化的台灣而言，過去國共黨對黨談判的模式已不可行。函此1991年2月，台灣根據「國家統一綱領」近程階段的規劃，設立海基會，以建立兩岸交流秩序，協助推動兩岸交流。對於海基會的設立，中共一開始持批評態度，斥之為「白手套」，但在衡量內外主客觀形勢後開始接受，並在同年12月成立海協會作為對應機構。

　　出任台灣海基會董事長的是國民黨中常委辜振甫，他曾長年主持民間外交工作，是台灣與美日領袖接觸的非正式管道，與蔣中正、蔣經國、李登輝等三代台灣領導人均有密切的關係。出任大陸海協會會長的則是前上海市長汪道涵，雖非中共政治局常委，但與中共總書記江澤民關係密切，是江澤民的高級顧問。因此兩會均具有高度的政治代表性，成立之後成為兩岸的正式接

◄ 海基會董事長辜振甫酷愛平劇，並經常客串演出，圖為辜振甫在「借東風」一劇中飾演孔明，與他在兩岸談判中的角色有著微妙的契合相關。

▲ 由於民進黨立委陳水扁公
開指責辜振甫家族是「賣
台家族」,引起辜家強烈的
不滿。辜振甫同父異母胞
弟辜寬敏特地召開記者會
憤怒地反駁。

觸管道。1992年1月8日,海協會致函海基會,邀請海基會董事長、副董事長或祕書長訪問大陸,隨後一年多,兩會就邀訪事宜函電往來共十七次,雙方均表示願意促成兩會的高層會談。

在這個過程中,雙方在會談的目的、定位、議題、參與人員、地點和時機上不斷尋求共識。大陸希望能將會談提升至政治層次,台灣則希望不涉及政治性,而強調會談的事務性和功能性,由於大陸急著打開兩岸接觸的大門,最後有關兩會談判的國家定位問題,兩會達成了「一個中國,各自表述」的默契,有關談判地點,最後選在新加坡。1993年4月8日,海基會祕書長邱進益前往北京,進行辜汪會談前的預備性磋商,這次會議氣氛良好,對辜汪會談創造了很好的條件。

儘管辜汪會談如同箭在弦上,兩岸關係將出現新格局,可是台灣內部政治情勢卻暗潮洶湧。由黃昆輝主管的陸委會對海基會採取制衡與監督的立場,使得海基會祕書長一職兩度易人,造成台灣談判隊伍不穩定,內爭暴露。更重要的是,主張台獨的民進黨指責兩會談判為「國共談判統一出賣台灣」。4月22日,民進黨立法院黨團幹事長陳水扁

在立法院發言台上，貼著「撤換台奸辜振甫」的海報。陳水扁抨擊辜振甫是「台奸之後」，其父辜顯榮過去「賣國求榮」的歷史「血跡斑斑」。陳水扁要求辜振甫為其父的賣國行為道歉以及立即取消辜汪會談。

1895年，日軍根據「馬關條約」前來接收台灣時，曾與台民組成的義勇軍發生激烈的戰鬥，辜顯榮為一商人，引導日軍進入台北城，從此受到歷任日本總督的信任，予以保良重任和若干經濟特權。日據時代，辜顯榮享盡榮華富貴，私下卻為台民所不齒，陳水扁抨擊辜振甫是「賣台家族」形同觸及歷史傷痛，立刻在輿論上掀起波瀾。辜家反應激烈，辜振甫公開表示辭意，其同父異母的弟弟辜寬敏召開記者會，激動反駁陳水扁所指。由於辜寬敏同屬激進台獨陣營，此事猶如內爭，在陳水扁轉趨沉默後自動打住。最後，民進黨決定組成辜汪會談宣達團前往新加坡，希望藉此機會向國際社會表達其反對兩岸統一的立場。

雖然幾經波折，辜汪會談最終仍然順利舉行。4月25日起，兩會代表陸續飛抵新加坡，正式會議在27、28日兩岸舉行，吸引了大約五百多位兩岸與國際媒體人員。會議在良好的氣氛下順利完成，民進黨宣達團則在會場外以抗議形式達成其國際宣傳的目的。

這次辜汪會談的成功無疑地使兩岸的接觸更加緊密，緩和了兩岸的對峙狀態，美國和日本對此一進程抱持著高度關切的立場。1994年，江澤民發表「江八點」即是以辜汪會談為基礎設定兩岸長期交流促成最終統一的政策。不過台灣的民主化與本土化卻造成台灣與大陸離心發展的趨向，使得兩岸關係出現重大變數，雙方的不信任感日益加重。1995年中，李登輝總統訪美後，大陸主動中斷兩會交流，並在台灣北部海面首度舉行導彈試射，兩岸關係急轉直下，在1996年3月總統大選期間甚至陷入全面戰爭的危機。

1998年10月，在新的政治情勢下，第二次辜汪會談終於得以在大陸舉行，台灣仍堅持事務性的會議，大陸則提出「政治對話」、「政治性談判的程序性會談」與「政治談判」三個階段，雖然彼此仍無法完全達成共識，但辜汪會談已為兩岸打開了封閉的大門，為兩岸問題的和平解決邁出了重要的一步。

# 省市長開放民選

戰後政治新星歷練成長

總統民選前奏順利暖身

　　台灣政治新世代中的宋楚瑜、陳水扁和吳敦義於１９９４年１２月３日分別當選台灣省長、台北市長和高雄市長。這次涵蓋全國的地方高層首長選舉不僅動員規模空前龐大，氣氛熱烈，實質上並且是１９９６年首屆總統民選的暖身前奏，奠定日後台灣權力和社會的生態。１９９６年總統民選的主要參選者均屬戰前世代，總統民選代表台灣民主化的里程碑，也意味著戰前世代走近了政治生涯的尾聲。接著將是戰後新世代政治任

▲行政院長連戰（右）在行政院院會後，接見新任的台灣省長宋楚瑜（右二）、台北市長陳水扁（左二）與高雄市長吳敦義，這三位是台灣民主化後新崛起的民選政治明星。

▲國民黨台灣省長候選人競逐中，李登輝主席在宋楚瑜和吳伯雄之間傾向於宋，因此吳伯雄主動退出競逐。圖為李登輝主席主動赴吳宅拜會吳伯雄的父親吳鴻麟，吳伯雄的妻子戴美玉（右）出外迎接。

務與風格的來臨，他們的歷練和視野將決定二十一世紀初台灣政治的面貌，因此１９９４年底的這場省市長選舉可說是這一批新世代政治人物的操兵訓練，在競逐中產生領袖型的人物，並依靠大行政區的施政經驗，為孕育二十一世紀台灣最高領導人作準備。

　　儘管這次選舉包括了台灣省長、省議員、台北、高雄市長、市議員等多項職務，但是選舉的焦點仍舊是台灣省長和北、高市長。根據修正過後的地方自治法，這三項職務由官派改為民選，由於其行政區的人口和資源在政治版圖上具有關鍵性地位，因此選舉結果將直接影響政黨和個別政治人物力量的消長，並直接衝擊整體政策方向。

台灣省長方面：

國民黨由現任省主席宋楚瑜與前內政部長吳伯雄競爭黨內提名，宋楚瑜與吳伯雄皆為國民黨內中壯派的代表人物，不過國民黨主席李登輝主觀上屬意過去數年來協助他進行政改的宋楚瑜。吳伯雄在一個場合中目睹李登輝對宋楚瑜做出攬腰的打氣動作後，主動退出初選。民進黨方面則由立法委員張俊雄及甫入黨的前宜蘭縣長陳定南角逐。在黨員直選下，陳定南脫穎而出。至於新黨的候選人則是朱高正，朱原是民進黨的創黨人之一，早年在群眾運動中以激烈的肢體衝撞聞名，後因理念不合退出民進黨，自組中華社會民主黨，後與新黨合併，這次代表新黨參選，目標是帶領新黨往中南部擴展。

由於省長選舉選區遼闊，動員龐大，選情激烈。宋楚瑜在一年多的省主席任內勤跑基層，致力建設，又有李登輝領導的國民黨上下一致支持；陳定南則在宜蘭縣兩任縣長任內頗有建樹，雖然形象頗佳，但欠缺全國性的行政經驗和聲望。競選後期，民進黨為了抬高陳定南的聲勢，喊出「台灣人選台灣人」的口號，以攻擊宋楚瑜外省人的身份。此外，民進黨也以「四百年來的第一戰」、「變天」等訴求，希望刺激本省人的族群情緒。選舉結果，宋楚瑜以四百七十餘萬票擊敗陳定南的三百二十多萬票，朱高正則以個人政治魅力獲得三十七萬多票。宋楚瑜大獲全勝，而且得票率高達百分之五十六，較原本預期高出許多。

台北市長方面：

參加角逐的有國民黨的黃大洲、民進黨的陳水扁以及新黨的趙少康。黃大洲為現任官派市長尋求連任，受李登輝支持，不過因其民意支持率偏低，由於黨意與民意的巨大差距，埋下黨內分裂的因素。趙少康為新黨召集人，計劃透過選舉活動促成新黨的快速成長。儘管新黨創黨初衷定位為小市民和弱勢代言者的政黨，不過新黨領導菁英大多是國民黨本土化後遭打壓的悲劇英雄，因此其主要政治動能無可避免地源於此種政治反彈，充滿著悲情與攻擊性。競選期間，趙少康高舉「保衛中華民國」的旗幟，以激進的方式抨擊李登輝。儘管本省民眾對中華民國亦抱持情感，但李登輝卻是本省人政治上受壓抑數十年後得以出頭的象徵，「李登輝情結」的本質即為本省人情結，因此肆無忌憚地攻擊李登輝必然會傷害許多本省人的情感，使得原本趨於惡化的省籍關係更是火上加油。由於新黨悲情的訴求和攻擊性的策略，使得其最後幾場造勢活動聲勢浩大，但相對地也激起本省民眾的不安感受，支持能代表他們的政治人物。此時民意支持最高的民進黨候選人陳水扁擱置其鮮明的台獨主張，改採較中性溫和的立場，打出「快樂、希望」的口號，便獲得了不少中間票源的青睞。

選舉結果，陳水扁的得票率為百分之四十三，趙少康百分之三十，黃大洲僅有百分之二十五。國民黨中許多票轉向趙少康的同時，也有許多本省票轉向陳水扁，本省游離票幾乎悉數轉向陳水扁，造成陳水扁的大勝，並使民進黨成功地奪下了首都的執政權。

## 高雄市長方面：

由於高雄為南部最大的城市，居民主要為本省人，省籍反而不是一個問題，競爭焦點主要集中在候選人個人特質以及地方派系的動向上。國民黨候選人吳敦義為現任官派市長尋求連任，其政績與施政風格均受選民肯定，民進黨候選人張俊雄為美麗島事件辯護律師，擔任了四屆立委；新黨候選人湯阿根的參選基本上僅為象徵性的。競選期間，張俊雄攻擊對手較無著力點，只能重返南台灣民眾的地域訴求，但這點對於同為本省人並在高雄主政四年的吳敦義較無影響；相反地，張俊雄擁有一妻一妾的傳統陋習招致婦女選民的普遍反感，迫使張俊雄在反覆辯解中陷入極大的政治被動，選舉結果，吳敦義獲近四十萬票，張俊雄二十八萬多票，湯阿根二萬餘票，吳敦義大勝。

宋楚瑜、陳水扁、吳敦義成為這場選舉的贏家。對國民黨而言，宋楚瑜的勝利尤為重要，因為這意味著取得了總統大選對地方票源的操控位置。對宋楚瑜個人而言，這是他邁向全國性政治領導地位的良機。事實上，在總統直接民選之前，宋楚瑜四百七十餘萬的選票，已使得他實質上躍升為全台權力基礎最龐大的政治領導人。至於陳水扁主政台北市後，挾著選票和行政資源，實際上已使民進黨內出現由他所領導的第二個權力中心，隨著他的政績受肯定，以及一舉一動受到全台的注意，陳水扁甚至形成民進黨新的黨中央，其政治能量足以影響民進黨的發展方向。

至於趙少康所領導的新黨雖然成長迅速，在整體退票中大有斬獲但本質上卻屬於懷有中華民國情感者經過政治動員迅速凝聚，在危機感中爆發強大的團結力量，其政治擴展空間有限，若未能積極地調整，則有轉化為外省人黨的危機，不僅不敵本省人占絕多數的民進黨，也易為同樣代表外省人情感的中華民國符號的國民黨所吸納。因此新黨儘管在此次選舉中大出風頭，但日後也因無法轉型成功，熱潮迅速衰退，無法形成有效的第三勢力。綜觀這次選舉，雖說競爭激烈，風波不斷，但終究和平落幕，選輸的一方也都坦然接受選舉結果，這麼大規模的選舉為台灣社會提供了難得的民主歷練過程，也使兩年後的首屆總統民選得以順利舉行，為台灣的民主政治開啟了新的里程碑。

# 傳統民間宗教熱潮

### 政治環境開放獲得成長空間
### 撫慰失落人心發揮積極作用

◀ 七號公園觀音像搬
遷與否的問題，引
起不同信仰人士的
宗教衝突，圖為觀
音像遭到不明人士
的污損，引起佛教
界的不滿。

　　爭議多時的
台北市七號公園
觀音像搬遷案於
１９９４年３月
２４日終於圓滿
解決，佛教界代
表星雲法師、基
督教代表周聯華
牧師、台北市議
會議長陳健治以
及台北市長黃大
洲達成協議，觀
音像贈予市府，
以藝術品的名義

▶慈濟大愛電視台開播晚
會，證嚴法師以愛心照亮
世界，慈濟功德會已發
展成國際性的慈善團體。

安置原地，信徒不得有焚
香、膜拜的行為。

　　這天深夜，星雲法師
拿著黃大洲市長簽署的協
議書到達觀音像座區，向
現場絕食靜坐的佛教徒宣
佈這個消息，現場立刻歡
聲雷動。在這場涉及宗教
的爭議中，佛教徒以集體
的力量決定了公共政策的走向，突顯了這幾年來傳統民間宗教在台灣逐漸復興的社會現
象。雖然一些基督徒對此感到不滿，但佛教溫和的性格，與人為善的傾向，使得爭議不
致擴大提高，反能逐漸平息。

　　七號公園觀音像搬遷事件的根源需追溯到１９７９年，大雄精舍創辦人邱慧君居士
發願興建觀音像，板橋林家後代林宗賢先生同意捐贈用地。１９８５年１０月，觀音像
正式安座開光，神像由名雕塑家楊英風完成，雕工細緻、法相莊嚴，吸引許多善男信女
膜拜。不過由於觀音像坐落於七號公園預定地，其主持人明光法師在市府有關單位的要
求下，簽下日後搬遷的切結書。儘管如此，１９９２年春天，七號公園開始進行拆遷整
地工作時，有關觀音像的去留卻出現不確定的現象，公園處要求搬遷，工務局卻主張保
留，政策反覆不決使得正反兩種意見開始出現社會性的集結，信仰的衝突旋即升高。基
督徒對於「崇拜偶像」強烈不滿，尤其對於所有建物均被遷移，獨保留觀音像此舉表示

不解。此時，觀音像遭不明激進人士潑灑硫酸及糞便，消息傳出，震驚佛教界。１９９
４年１月，立委林正杰、葉憲修、明光法師等人發起成立「七號公園竹林禪意區促進
會」，並推動「觀音不要走」萬人請願活動。３月１６日，公園處發文給大雄精舍，要求
３月２０日前遷移觀音像。佛教徒決定以更激烈的方式回應，釋昭慧甚至表示不惜以身
殉教。由於反應局面失控，市府與各方協調下終於在６天後達成妥協方案，觀音像由大
雄精舍捐予市府，作為藝術品保留在原地，觀音像座四週種上矮灌木，以為隔離。

　　這場爭議得以圓滿落幕，也凸顯出佛教界團結一致的力量，由於歷史和文化淵源，
佛教和道教等傳統宗教在民間有深厚的基礎，各地香火鼎盛，信徒眾多；不過在戒嚴時
期，一方面基於保守的道德觀念，另一方面又唯恐反政府勢力利用傳統的神秘主義進行
串連擴張，因此傳統宗教受到政治力的嚴密監控，民間宗教經常與政治體制有密切的關
連。解嚴以後，傳統宗教得以自由發展，在豐沃的土壤上迅速成長。加上現代化的組織
形態以及工業化時代的人心失落，傳統宗教扮演了更多的撫慰人心，加強社會凝聚力的

▲上萬信徒到中正機場迎接清海無上師，將接機大廳擠得水泄不通，信徒們還準備了特製的轎子，讓清
　海無上師坐轎離去。台灣民間宗教復興之後，各種教派如雨後春筍般出現。

角色。其中影響力較大的有星雲法師創辦的佛光山以及證嚴法師成立的慈濟功德會。星雲法師為江蘇人，父親在日軍占領南京進行殺掠的當天即未返家。１９４９年星雲由大陸來台，芒鞋破缽、飢寒交迫，１９６７年星雲在高雄縣大樹鄉設佛光道場，提倡「人間佛教」的觀點。他的解釋是，釋迦牟尼三十一歲成佛之後，沿著恆河流域走遍十六個王國，每日弘法不倦，所教化的對象上至國王大臣，下至販夫走卒，連妓女、盜賊也在內。佛陀的教法，就是「人間佛教」。

依此方式，星雲的弘法與基督教的博愛有相通之處，有著積極的入世精神。由此觀念延伸便是世俗化的組織形態，包括講師制度、學校教育、慈善事業等。到了１９８０年代初，佛光山已成了台灣南部的觀光勝地，遊客絡繹不絕，帶來大批的收益，更加強了佛光山持續擴展的基礎。此時，星雲開始走向全世界，在洛杉磯設立美國最大的佛教寺廟「西來寺」，１９９２年國際佛光會世界總會成立，佛光會成了世界性的佛教組織。成立三十年後，佛光會在全球六十三個國家和地區成立協會和分會，國際信徒達五十萬人，台灣本地信徒近三百萬人。１９９７年，星雲法師在梵蒂崗與教宗若望保祿二世會面，西藏精神領袖達賴喇嘛來台首站即參訪佛光山，佛光會已成為具有國際影響力的佛教組織。

至於慈濟功德會則是由證嚴法師於１９６７年創立，那一年，俗名王錦雲的證嚴法師偶爾看見花蓮縣鳳林鎮一家私人醫院，因一位流產的原住民婦女欠缺保證金而拒收她，在地上留下一灘血，於是心生慈念，發願日後興建一間夠水準的醫院幫助窮苦人家。她在花蓮山腳的修行小屋與三十多位弟子和信徒成立「佛教克難慈濟功德會」，憑著她的誠心與人格感召，天下善士連袂而至，百川匯流，三十年後慈濟會員超過了三百萬人，海內外有六十五個分會。證嚴法師不僅實現了在花蓮興建慈濟醫院的許諾，慈濟的志業也從濟貧、醫療服務擴及教育、文化、國際賑災等，其救濟範圍擴及非洲飢荒、馬來西亞水災、印尼地震、泰國水患等，成為促進世界和平的一股力量。此外，值得一提的是，１９９８年中國大陸發生水災，台灣社會因兩岸不睦反應遲疑，慈濟仍以低調方式救助大陸災民。在強調台灣人意識的政治氣氛下，許多政治人物抨擊慈濟賑救大陸災民之舉，然而證嚴法師仍認為佛祖以慈悲為重，關懷生命應優先於政治的視野。

佛光會與慈濟功德會代表傳統民間宗教在台灣的復興，展現旺盛的生命力，成為重要的精神力量。除此之外，１９８０年代末期合法化的一貫道以及一些道教組織由於與傳統歷史文化和社會道德結合，在民間亦得以迅速發展。

當然，在傳統民間宗教復興的同時，也有著缺失的一面，不少人自設道場，自立法號，利用庶民的迷信心理，猶如五斗米教重現於世，傳統中國農村神秘主義的根苗隱然萌芽，更甚者斂財騙色，帶來許多社會問題。不過儘管如此，在人民知識水平提高，民主體制趨於合理成熟以及資訊自由流通的條件下，這些不良弊端尚未帶來太大困擾。傳統民間宗教的復興仍使台灣社會多了一股維繫力量，使失落的人心得已獲得撫慰。

# 1995
# 李登輝總統訪美與務實外交

## 重返母校獲致重大外交突破
### 中共強烈反應升高台海緊張

▲李登輝總統應邀返回母校美國康乃爾大學發表演說,當他抵達雪城機場時,受到美國友人的盛大歡迎,左為參議院共和黨議員赫姆斯。

　　美東時間1995年6月9日下午3點,李登輝總統在母校康乃爾大學歐林講座中,以「民之所欲,常在我心」為題發表演說。這場演說詮釋了李登輝總統內政外交的信念,獲得熱烈的迴響,使得務實外交政策達到高峰,但也引發了兩岸的高度緊張。

　　這一年,中華民國政府將李登輝總統訪美視為外交上的重大工作,尤其透過公關公司和國會遊說團體,經由國會向美國行政部門施壓,希望促成李總統的美國之行。年

初，共和黨議員穆考斯基表示將邀請李總統來美出席「中美工商聯合會」，此外，康乃爾大學校長寫信邀請李總統以傑出校友身分返校演講。最後，台灣方面選擇了康大演說為主要訪美管道。當此事排上議程時，美國國會與行政部門旋即出現強勁的政治角力。3月10日，國務院亞太事務助理國務卿羅德公開表態反對，他說李總統訪美不符合美國與台灣的非官方關係，然而美國國會與輿情均支持李總統訪美。

5月3日，眾議院以396票對0票通過決議，要求政府部門同意李總統訪美。5月9日，參議院再以97票對1票壓倒性的優勢通過決議，要求發簽證給李總統。隔天，《華盛頓郵報》發表社論指出：「參眾兩院幾乎一致決議要求行政當局歡迎李總統訪美，反映國會一致的心聲，而且台灣無論經貿或民主的發展，均遙遙領先大陸，更是沒有理由不准其領袖來美訪問。」儘管國會決議對行政部門並無拘束力，國務院仍然明確表示反對，甚至曾透過美國在台協會台北辦事處主任貝霖，當面向李總統表示不悅，中共亦不斷重申其強烈反對的立場，不過美國國內政局動向最後卻改變了政府的決策。

1994年美國國會期中選舉後，共和黨同時成為參眾兩院的多數，政治實力大增，對柯林頓總統的各項政策更加抨擊，以為1996年總統大選營造氣勢。中國政策便成為內部政爭的課題，尤其台灣民主化成就普獲美國人民好感，相對於中國大陸在人權問題進展緩慢，表彰台灣的成就自然符合美國外交政策中的道德理想，連民主黨籍的國會議員都須順應趨勢。在這種政治氣氛下，國務院以外交現實考量所持的反對立場被視為欺善怕惡的軟弱態度，造成國會和輿情反彈更烈，如此對於欲尋求連任的柯林頓總統將造成政治傷害。5月中旬，柯林頓總統終於改變態度，同意李總統訪美，5月23日，國務院正式證實了這項決定。李總統訪美一經確定，象徵台灣外交的一大突破，也是李總統推動務實外交的累積性成果。

務實外交可說是李登輝總統對兩岸政策及外交關係的重大突破，也是其主要政績之一。台灣自退出聯合國、中美斷交之後，一直陷於長期的外交困境。兩蔣時代由於堅持一個中國、漢賊不兩立的政策，一直無法做有效的突破。不過自1988年李登輝就任總統後，由於其以台灣為主體的理念，使其在外交政策上開始改變，不再迴避中共，並且主動出擊，擴展台灣的外交經貿空間。同時以他個人為主體，以元首外交的方式在國際上公開宣揚台灣的經濟和民主化成果，凸顯中華民國在台灣的主權。

1993年李總統推動中華民國重返聯合國，該年郝柏村院長辭職，李總統更得以全力貫徹其內政外交的路線。1994年2月，李總統展開菲律賓、印尼和泰國的東南亞之旅。1994年4月再赴中美洲的尼加拉瓜和哥斯大黎加，同時轉往南非出席曼德拉總統的就職典禮。1995年4月，造訪中東的阿拉伯聯合大公國和約旦，這些訪問無疑地累積了台灣在國際上的能見度，創造了更強的外交活動能量，因此，李總統得以成功訪美等於其對外政策獲致重大成果，也使得他個人的政治聲望達到前所未有的頂點。

▲「務實外交」是李登輝總統（右）的重要外交政策，主要形式之一就是由其以元首身份積極出國訪問，以拓展台灣的外交空間。圖為李總統跨越四國之旅的最後一站，出席南非新任總統曼德拉的就職典禮。

　　在訪美之前，5月25日，李總統視察了在淡水舉行的「平實六號」軍事演習，向北京傳遞了強硬的訊息。5月28日，他在台南演講時，以不滿的口吻說，中共從未在台灣行使過主權，卻口口聲聲說台灣是他們的一部分，是搞不清楚父子繼承關係。5月30日和6月1日，李總統先後又巡視「前鋒」和「崑崙二號」兩場軍事演習；換言之，伴隨著訪美的突破，李總統在兩岸關係中的姿態也趨於強硬，或者說務實外交的成果使得李總統在兩岸關係中提高了姿態。6月9日，李總統一行在台灣社會高度的期待下啟程飛往美國，他行經洛杉磯、雪城和綺色佳等地時，均受到僑民熱情的歡迎。美國國會親台參議員赫姆斯、穆考斯基等人親赴雪城迎接。美東時間9日下午，李總統在康乃爾大學亞伯丁體育館內，面對擠滿四千多人的聽眾發表演說，他說：「我們很誠懇地希望世界各國以公平合理的態度對我們，不要忽視我們所代表的意義、價值和功能。有人說我們不可能打破外交上的孤立，但是我們會盡加向『不可能的事物挑戰』！本人確信，這個世界終將了解，在台灣的中華民國是一個友善且具實力的發展夥伴。」

　　總的來說，李總統的訪美之行在熱情、溫馨和讚美聲中圓滿完成，使得台灣內部人心大振，不過它在兩岸關係上的衝擊也立即顯現。6月6日起，中共《新華社》和《人民日報》開始發表一連串的社評和署名文章，指責李登輝訪美是把台灣問題國際化，分裂祖國，同時又指責美國是在玩火。對李總統激烈的人身攻擊持續了兩個多星期，包括指稱「李登輝陷入台獨深淵中」、「李登輝明知美國對台灣有野心，卻甘心梳妝打扮，送上門去，一旦結交了洋人，便狐假虎威，挾洋自重」。另一方面，美國輿論雖然高度肯定李總統訪美之行，但國務院對於李總統康大演說的高度政治性大感吃驚與不悅，認為這篇演說包含了兩個中國的政治意涵。

　　至於北京方面受到外交挫敗的衝擊，江澤民和錢其琛受到軍方強硬派的強烈批評，許多大陸人民亦責怪當局軟弱，終將「失去台灣」。在情勢短暫混淆不定後，6月16日，北京國台辦發表談話，指第二次辜汪會談不能按期舉行，中止了兩岸溝通管道。兩天後，北京召回駐美大使李道豫，以表達對美國的不滿。強硬政策取得主導地位，導致北京與華盛頓、台灣與大陸關係急轉直下。7月下旬，北京宣佈將於7月21日在台灣北部彭佳嶼海面舉行八天的飛彈試射，對台灣北面海空運進行實質的封鎖，兩岸在承平多年後首度出現戰爭危機，亞太地區的安全和穩定受到巨大的衝擊。北京以武力警告台灣政治走向的政策，在1996年3月台灣總統大選期間達到高峰，並使中國大陸與美國幾乎達到兵戎相向的地步。

　　總的來說，李登輝的訪美旅程可說是務實外交政策的巔峰，使台灣的國際能見度更形提高，其個人政治聲望也達到高峰，使其在1996年的首屆總統民選中，以超過半數的絕對優勢連任總統。但也同時加深了兩岸的矛盾與歧見，使兩岸關係進入動盪不安的危險期，在1996年台灣總統大選中試射導彈達到高峰。尤其影響最為深遠的是，中共自此關閉了與台灣的官方接觸管道，雖然立即戰爭的危機暫告解除，但台灣朝野民間對兩岸關係一直處於不確定的陰影之下，台灣的領導人也更以小心翼翼的態度來處理兩岸問題。

# 1995 閏八月效應

## 客觀環境引發社會集體焦慮
## 成為戰後台灣史上特殊事件

在李登輝總統訪美之後，中共中止兩岸協商，並宣佈在台灣北面海域進行導彈試射，使「閏八月」效應在台灣社會更加擴散。圖為解放軍第二砲兵部隊導彈發射基地檔案照片。

幾乎所有的宗教都有「末世預言」，災難的降臨造成人類的毀滅，這種人性中深層的恐懼感常以各種形式呈現出來。尤其當客觀環境險惡，社會上形成集體的焦慮感，此時一絲火花就可能引發烽火燎原的效果。

1995年對台灣社會心理而言是一大考驗，兩岸關係急速走下坡，台海戰爭一觸即發，台灣股市大跌、資金大量外流，申請移民的人數激增，有關上帝將懲罰台灣的神祕主義的說法四處流傳，人心惶惶，為光復以來僅見。1994年8月間，由鄭浪平所著的《1995閏八月》一書出版，這本書指出一些海外華人教會公開警告，台灣將受上主審判，在1995年淪亡在中共的手掌之中，因此信徒應該做好逃亡的計畫。這種說法雖然無神學的根據，但傳回台灣教會時已引起不少信徒的恐慌。此外，作者又引用唐代李淳風的推背圖以及明代黃禪師的預言，指出歷史上每逢農曆閏八月的年代都曾發生重大事件，就二十世紀而言，第一次閏八月是1900年，八國聯軍入侵中國。第二次是1957年，中共發動反右鬥爭，造成五十萬名知識分子挨鬥，從此極左路線日趨激進。第三次是在1976年、毛澤東、朱德、周恩來相繼死亡。第四次則

是在1995年，這一年會發生什麼事呢？鄭浪平認為這是值得深究的問題，他認為，在歷史宿命之外，許多重大事件也有現實的基礎，如中共肩負維護中國主權完整的使命，而李登輝總統輕估這層意義，不斷在主權問題上挑戰中共，而且在言詞上肆無忌憚地刺激中華民族主義，其結果是和平統一無望。因此鄭浪平大膽預言，根據中共近年軍事演習頻繁的紀錄，中共將利用1995年台灣社會為了總統大選高度動員的國防空窗期，對台灣發動奇襲，迅速占領台灣。最後，鄭浪平提出坦率的警告：「給台灣同胞一個面對最壞可能的歷史巨變警告，從而讓台灣同胞做出改變歷史的選擇，正是作者真正的希望……任何人或是任何團體，沒有理由為了方便自己政治立場的訴求，或是繼續維護眼前的既得利益，而以各種打壓或是扭曲的方式，剝奪台灣同胞對於自己命運危機警告的權利。」

由於李登輝總統訪美與閏八月效應，使台海局勢陷入相當緊張的局面，國軍也加強演習提升戰備。圖為空降特戰部隊進行加強訓練，以確保台海安全。

這本書之所以出現的時空背景，首要在於1994年台灣發生一連串的政治社會事件，使台灣內外受到不少的激盪。首先由於行政院長郝柏村辭職，新黨成立，島內群族的裂痕有擴大的趨勢，對立性的言語相互刺激著，社會分裂的隱憂加深。雖然如此，李登輝藉此鞏固了其在國民黨內的領導地位，同時也排除了高層政治的障礙，因此開始全力貫徹他心目中的正確路線。1994年開春以後，李登輝總統先有東南亞破冰之旅，接著是千島湖事件，同

時全面動員外交和經濟力量，安排訪問美國和日本的行程。這些事情不僅凸顯了台灣的主權，也造成與中共激烈的言詞交鋒。此外，李登輝總統接受日本作家司馬遼太郎的訪問時直指國民黨是「外來政權」，並正面肯定日本殖民統治的建設，導致台灣內外的巨大震盪。簡言之，１９９４年起，兩岸關係出現強大的碰撞，人心不安。《１９９５閏八月》一書在這種社會氣氛中問世，立刻激起強大的反應，成為最暢銷的書籍，短短半年內賣出了二十萬本之多。無論政壇、商界、教育界乃至市井小民都在談論這個話題，一種末世的恐慌心理四處彌漫著。

　　儘管李登輝總統公開地反駁這本書的內容，並譴責作者抱持不良的政治意圖，民進黨多人也加入批判的行列但並沒有阻擋不安情緒的擴散。１９９５年６月，李登輝總統結束美國之行後，兩岸關係逼近攤牌的邊緣，中共部隊由原本的暗中演練，變成公開的軍事恫嚇。６月１８日，在宣佈暫緩第二次辜汪會談的時間後，中共公告將在７月２１日至２８日在東海北緯２６度２２分、東經１２２度１０分的半徑十海浬圓形海域之中，進行地對地導彈試射。這次試射導彈區域是中共歷年軍演最接近台灣的一次，距台北約一百五十五公里，地理位置上屬彭佳嶼海域，事實上已對台灣北部港口造成封鎖。

▲閏八月效應掀起國人一陣移民風，在環亞百貨公司舉行的一場移民展上，就吸引了許多民眾前往參觀了解。

由於中共強烈的軍事反應超乎政府預期，因此政府高層一開始保持緘默，不過基於戰爭風險迅速升高，總統府後來表示，中華民國追求統一，反對台獨的立場不變。

　　儘管如此，１９９５年確實是兩岸關係的分水嶺，雙方正式對話管道中斷，兩岸人民之間的敵意升高，武力統一的可能性從此不被排除。從１９９５年７月至１９９６年３月總統大選期間，台海戰雲密佈，《１９９５閏八月》的預言似乎有實現的可能。尤其是１９９６年開始，為了因應台灣總統大選可能帶來台灣獨立的局面，中共調動其陸海空主力部隊近五十萬人，集結在福建省並分為三波進行大規模軍演。包括第一波在基隆和高雄外海進行導彈試射，第二波在廣東汕頭外海進行海空實彈演習，第三波在福建平潭進行海陸空實彈演習，並公開宣佈如果台灣阻擾演習將視同宣戰。事實上，後兩波的演習可以因情勢需要立刻轉變成實際的攻台行動。

　　這場歷時八個月的台海危機其規模為八二三砲戰後所僅見，最後以美國航空母艦駛入台灣海峽以及台灣順利完成總統大選而劃上了句點。不過台灣社會也因歷經此巨盪而付出了慘重的代價，股匯市雙雙劇跌，１９９５年股市跌到五千點以下，隔年更跌至四千點以下，超過一百億美金以上的資金流出台灣。申辦移民的公司更是門庭若市，從過去熱門的美國、加拿大、澳紐等國到菲律賓、貝里斯、拉丁美洲，以及南太平洋島國等地均有人申請，移民不再只是富裕階層改善生活環境的手段，也成了受薪階層避險的途徑。根據統計到了１９９６年１月，貝里斯已有多達五萬餘的台灣移民，他們在異鄉重建免於戰禍恐懼的新家園。

　　台灣各界對「閏八月現象」的解讀不一，而且摻雜著情感的衝突。有人乘船到中共導彈試射區表示抗議，或譴責移民者不疼惜台灣，對台灣沒有信心，也有人批評當局的政策輕忽百姓的生命財產，將使台灣萬劫不復。無論如何，台灣民主化過程中出現了觀點的衝突和情感的對立，開放的資訊環境亦有利於集體情緒的散撥，加上中共軍事威脅的事實存在，使得「閏八月現象」始終有發酵的土壤。雖然事實證明，１９９５年並沒有出現《１９９５閏八月》一書所預言的中共攻台情形，不過該書所指陳的台灣內外基本問題確實存在，如果處理不當，戰爭或將瞬間爆發。

　　從表面上看，這一年台灣部分民眾的信心崩潰以及移民潮是由《１９９５閏八月》一書所引起，但其實是對於台灣自解嚴之後的種種政經亂象做個總體檢，《１９９５閏八月》一書只是作為導火線，驗證出了台灣固然擁有傲人的經濟奇蹟，政治奇蹟，但人們的信心反而更加低落，尤其在中共的強大壓力下，對戰爭的恐懼心理更使台灣民眾對任何風吹草動都顯得敏感而脆弱。不論這一年恐慌性的信心崩盤與移民潮將受到何種評價，由這本書所引起的社會心理震盪之程度，確實值得記錄於台灣史上。

# 首屆民選總統舉行

## 國史首度民選最高領袖
### 中共強烈反應和平蒙上陰影

中華民國第九任正副總統選舉於1996年3月23日舉行投票。這是1987年解除戒嚴以來，民主政治走向制度化的重要關鍵，也是我國歷史上第一次在自由競逐的情況之下，以民眾直接投票的民主方式決定誰是國家最高領導人。

選舉結果，國民黨候選人李登輝、連戰以五百八十一萬餘票，百分之五十四的得票率當選；民進黨候選人彭明敏、謝長廷二百二十七萬餘票，百分之二十一的得票率；以新黨為組織班底的獨立候選人林洋港、郝柏村為一百六十萬餘票，近百分之十五的得票率；另一組獨立候選人陳履安、王清峰則得到一百零七萬餘票，得票率近百分之十。李登輝總統獲悉當選之後，隨即前往國民黨中央黨部與連戰開香檳慶賀當選。接著並赴李連全國競選總部發表當選感言，他表示，這是歷史的一刻，中華民國民主的大門終於在台澎金馬完全打開，李登輝說：「在國家面臨威脅、恫嚇的關鍵時刻，完成這次大選，因為我們深信，這是歷史使命的召喚。一切榮耀應歸於兩千一百萬人民。」李登輝獲選為首屆民選總統，也將所謂的「李登輝時代」帶向高峰。

首屆民選總統的產生，是我國歷史上一件大事，期間歷經種種高層政治運作與法律修訂。自1990年李登輝化解黨內非主流人士的挑戰當選第九任總統以後，即透過國民大會修憲程序推動一系列的政治改革，包括資深民代退職，第二屆國大和立院選舉，台灣省長和北高市長選舉等。1994年通過的修憲條文確定總統由台澎金馬地區人民直接投票選出。此後，總統大選的相關事宜即成為政治運作的主軸。

基於台灣特殊的歷史和戰略地位，總統大選不僅只是島內事務，還牽涉到兩岸關係和國際秩序，尤其政治實力雄厚的李登輝1994年在接受日本作家司馬遼太郎的專訪時，以「身為台灣人的悲哀」為主題將國民黨定位為「外來政權」時，儼然使得總統大選不僅是民主政治的實踐，也成為台灣的國家定位之爭，面對此種情勢，中共的反應自然極為強烈。

1995年中，李登輝總統訪美返台後，中共即宣佈關閉海協會和海基會的協商管道，並在台灣北部外海進行導彈試射。到了年底隨著大選日期的逼近，兩岸危機隨之升高，此時各黨競逐人選已大致出現。國民黨方面，延續1990年主流、非主流的分裂，由前司法院長林洋港出面挑戰李登輝，不過林洋港以黨內無法提供合理公平的競爭環境放棄黨內競逐。李登輝遂挑選行政院長連戰為副手，順利贏得國民黨黨內提名。

在這種情況下，林洋港挑選了非主流大老郝柏村搭檔參選，並以新黨的基層組織為工作班底。民進黨方面則進行了冗長的黨內提名競爭，一開始是由彭明敏、許信良、尤

清、林義雄等四位競逐,接著又以美國總統選舉政黨提名制度為鑑,逐區投票,最後由彭明敏擊敗許信良獲得提名,隨後彭明敏挑選了謝長廷擔任副手。另外,前監察院長陳履安亦宣佈參選總統,陳履安為故副總統陳誠之子。陳誠因推行土地改革政策在民間享有很高的聲望,陳履安承父之恩澤,又形象清新,民間支持度不低。他拒絕了林洋港作為副手的邀約,反而邀請王清峰律師搭檔,自行參選。

1996年開春,總統大選趨於白熱化,各組候選人的宣傳旗幟、海報、宣傳單、廣告充塞大街小巷。與此同時,攻訐、買票的耳語也四處傳播,總統大選之下的台灣社會躁動不安,尤其中共在福建沿海集結近五十萬的部隊警告台灣不得走向台獨的大動作,更使得總統大選成為影響亞太安全和世界和平的重大事件。國際媒體紛紛派員前來採訪,台灣的政情成為各大媒體的頭條新聞。

中共在台海的大規模軍事演習共分為三波:第一波為3月8日至15日,第二砲兵部隊以四枚地對地導彈分別射向基隆和高雄的外海;第二波為3月中旬,解放軍在汕頭外海舉行海空實彈演習;第三波則是3月18日至25日,南京戰區在福建平潭外海舉行海陸空聯合作戰演習,由於此次演習地點最接近台灣本島,動員兵員規模最大,而且演習的內容包含廣泛,從制海制空到快速裝載航渡,從裝甲集群搶灘登島到空、機降部隊垂直登陸,從多層次火力突擊到多路強擊突破,從立體穿插分割到縱深越點攻擊無所不包。

實際上,以上三次演習即是解放軍攻打台灣的基本演練,即先以導彈實行封鎖,再以優勢兵力搶灘登陸,又由於中共表示,如果台灣攔截中共發射的導彈,將形同戰爭,因此使台海局勢空前升高,戰爭隨時有一觸即發的可能。

面對台海極端危險的情勢,李登輝在言詞上採取強硬的回應方式,嘲笑中共發射的是「空包彈」,不過國軍在戰備上卻採守勢,小心謹慎,避免任何擦槍走火的情況產生。而在國際秩序方面,中共大規模軍演已威脅到區域的和平以及美國在亞太地區的領導地位,迫使美國必須以實際行動回應。美國總統柯林頓宣佈派兩艘航空母艦尼米茲號和獨立號戰鬥群前往南中國海,頓時台海危機轉變為中共與美軍爆發戰爭的危險,情勢更形升高。中共軍方高層人員宣稱「美國在乎洛杉磯超過台灣」之詞更引起震撼,核武戰事的陰影瞬間籠罩。為了避免局勢失控,美中雙方緊急密商,雙方同意,中共提前結束軍演,美國航空母艦則不進入台灣海峽,而是停在台灣東部外海三百公里處。

事後證明,中共軍演對台灣內外局勢有著深遠的影響,由於台灣民眾對中共的普遍反感,使得李登輝得以高票當選,台獨的正當性在外在武力的威嚇之下得以進一步強化。但台灣民心面對中共演習卻顯示出脆弱的一面,股市大跌,民眾掀起搶兌美金的風潮,呈現了一般人民早已習於安逸生活的現實,對戰爭的恐懼與不安極為強烈。

　　而中共與美國則在戰爭邊緣亦體會到彼此合作的迫切性，雙方關係迅速拉近，再加上李登輝不斷遊走邊緣，強勢的宣告台灣自主性，並不時刺激中共，使美國政府極為頭痛，為日後美國總統柯林頓以「三不政策」壓縮中華民國的國際空間埋下了遠因。

　　無論如何，首屆民選總統的產生仍是我國歷史上極具意義的人事，雖然在政治體制上仍有許多不足與缺陷，但由全民選出最高領導人，無疑是民主政治上的重大成就，也對台灣政治走向影響深遠。

# 1996 世紀末保釣風雲

主權糾紛觸動民族情感

台港團體合力突圍搶灘

台、港、澳三地保釣人士在釣魚台，順利完成
宣示主權的階段性任務。圖為一面中華民國國
旗高掛在釣魚台的北小島礁石上，海面上日本
保安廳的小艇，仍不停往來巡邏。

海上保安厅

M-7

PM01-M2

由於日本右翼組織「日本青年社」成員在釣魚台島嶼上興建燈塔，以宣示日本對釣魚台的主權，兩岸三地爆發大規模的抗議行動，中華民族主義情緒高漲，並掀起世紀末的保釣運動。

釣魚台位於日本和台灣之間，為無人居住的珊瑚礁。歷史上，中國船隻航經此海域，視釣魚台為中國之土地，不過日本也宣稱擁有釣魚台。二次世界大戰後，美國將釣魚台置於沖繩的管轄區，１９７１年美國將沖繩歸還日本時，同時宣稱將釣魚台的管轄權交予日本，不過卻對釣魚台的主權地位採取模糊的立場。然而，此舉因侵犯中國主權，勾起了日本侵華的舊傷痕，立刻勾起了全球華人的憤怒情緒，抗議的聲浪傳遍了台北、香港和美國僑生，青年學子紛紛上街遊行，並組織保釣團體。由於中共在此議題上採取高姿態，並發動上萬艘漁船包圍釣魚台，作為宣示主權的象徵行動。中共總理周恩來並接見海外保釣運動的青年代表，使得中共在中華民族主義的代表性上迅速提高，也使得外交力量薄弱的中華民國政府，在顧慮與美國、日本關係以及中共的統戰時，左右為難。

雖然當時的保釣運動無疾而終，但已在一代青年中留下深刻的印象，「保釣」一詞也成為某個時代的象徵。此後，釣魚台問題雖然懸而不決，但卻如同愛國青年胸中的隱痛，很容易被勾起。１９９６年９月初，日本右翼團體在釣魚台宣示主權之舉，立刻觸動這根敏感的神經，中共政府迅速作出反應，外交部發言人沈國放表示，在主權問題上沒有任何迴旋餘地，中共將採取一切行動維護主權。他並要求日本政府採取行動，制止右翼團體非法行動的惡化。同時，代表中共軍方的《解放軍報》也以罕見的強硬態度提出「寧失千金，不丟寸土」的口號。

雖然如此，日本政府基於本身的立場亦不示弱，其外交部相關人員表示，日本政府沒有鼓勵或支持日本人到釣魚台興建燈塔，但也不會制止此類民間活動。在雙方互不相讓的情況下，對立氣氛迅速升高。台灣、香港和美國華社紛紛湧現多個保釣團體，情況一如當年。

在台灣，多位民意代表發起保釣簽名活動，並將簽名布條遞交日本交流協會以示抗議，台北縣議員金介壽則搭船赴釣魚台海域、了解在日本軍艦的阻撓下登陸釣魚台的可能。在香港，三千市民在市區遊行，並到日本駐香港總領事館抗議。在美國，二十多個華人團體成立保釣聯合會，並發動群眾前往日本駐紐約總領事館示威抗議。

至於中國大陸，由於資訊環境較早年開放，所以立刻也感染到保釣的情緒。三十多名國家級記者和編輯發表署名的公開聲明，要求中共政府採取軍事行動保衛釣魚台，如果對日本的行為視而不見，等於默認日本軍國主義復活，縱容日本對中國領土的覬覦。此外，北京大學出現反日示威，學生高舉白布條並高喊「打倒日本軍國主義」口號。上海復旦大學亦出現措詞強烈的傳單，不僅批評日本政府，也抨擊中共政府在處理釣魚台

問題上態度軟弱。由於反日情緒升高，時機又接近「九一八」紀念日，中共政府顧慮到反日活動可能失控，並將矛頭轉向中共，因此開始採取降溫措施，制止抗議行動進一步蔓延。

雖然如此，台港兩他的保釣團體卻已串連一起，並將登陸釣魚台的計畫付諸行動，他們租用了漁船，進行任務編組和模擬演練。9月21日，三艘懸掛中華民國國旗的漁船由番子澳漁港出海，十六名保釣人士穿著正面印有「誓死捍衛釣魚台」，背面印有「日本滾出釣魚台」的T恤，港邊也升起寫有抗爭標語的天燈，眾人情緒幾達沸騰。而另一艘載滿七十多人的船則由香港維大利亞港出發，船上的保釣人士組成「突擊隊」，由召集人陳毓祥任領隊，計畫搶灘登陸釣魚台，插上中華人民共和國的五星旗並拆除日本右翼團體建立的燈塔。

與此同時，日本海上防衛廳則派出多艘武裝巡邏艇，加強釣魚台海域的防勢，準備強制驅離台港人士的船隻。因此當台港保釣船隻在行駛兩天之後，靠近釣魚台海域時，遭到日方艦艇的阻擋，無法接近釣魚台，雙方在相互追逐一陣子後，因突圍無望，由金介壽所領軍的台灣船隻決定返回台灣，以再次展開登陸行動。

▼港台保衛釣魚台護土行動由台北縣議員金介壽（右）與香港立法局議員何俊仁帶領出發，並與日本海上保安廳出動的小艇對峙、追逐。

　　不過，香港的保釣船在無法登陸時，領隊的陳毓祥卻決定與其他四位突擊隊員跳入水中，以游泳方式搶灘，不料因風浪太大，陳毓祥遭海水淹沒，最後被救起時已氣絕身亡。由於整個過程被隨行記者拍攝下來，透過電視畫面，震撼了各界。陳毓祥的犧牲使得保釣行動遭挫，台港方面陸續有團體出面呼籲各界保持冷靜，中華民國內政部長林豐正提出三項訴求：我們必須堅定立場，維護國家主權；我們必須整體考量，著眼國家長遠利益；我們必須多方考量，避免國家受到意外衝擊。

　　儘管如此，保釣人士搶灘計畫並未放棄，事實上，陳毓祥的死加深了他們的決心，他們決定制訂更詳盡的計畫，１０月初，保釣人士加強摩托艇搶灘的演練，再次展現搶灘的決心。同時基於陳毓祥喪生的慘劇以及局面可能更加惡化，日本海土保安廳出動了近五十艘的船艦，嚴防台港人士再度前來。

　　１０月７日，十五艘保釣船隻浩浩蕩蕩分別由番仔澳漁港、瑞芳鎮和萬里鄉等三地出發，岸上的民眾放鞭炮和煙火歡呼。由於這次船隻規模浩大，計畫周詳，且事先演練過，因此８日凌晨在與五十艘日本艦艇追逐之後，終於有船隻得以突圍。清晨六點，「自立六號」順利靠近釣魚台山岩壁邊，金介壽跳上岩石，豎起青天白日旗，陳裕南跟隨在後，插上了五星旗。沸騰一個月的保釣運動終於獲得某種勝利的精神象徵。

　　由於情感獲得滿足，１０月中以後，保釣行動逐漸落幕，不過在香港回歸中國前夕，由日本右翼青年行為所勾起的全球華人激昂情緒，背後仍是中日兩國在現代史上強烈的恩怨情結，只要有實質的國家利益衝突或民族情感受傷，民族主義隨時都可能一觸即發。

# 1997 白曉燕命案

### 陳進興等歹徒手段殘酷
## 治安惡化國人強烈不滿

五一八大遊行，群眾為白曉燕案再度走上街頭，抗議治安敗壞，群眾並且使用雷射光將「認錯」兩字打在總統府建築上。

　　1997年4月28日，台北縣新莊警察分局中港派出所獲報，泰山鄉五股工業區中港大排發現一具浮屍。屍體全身赤裸，綁了六個鉚頭，頭部遭重創，舌頭外吐，死狀悽慘。

　　大批警政首長隨後趕到，證實死者是被綁架兩週的藝人白冰冰的女兒白曉燕。晚上，大批媒體趕來，電視台架設了對全國現場立即轉播的設備。關切的民眾從電視螢幕上看見白冰冰由友人陪同趕來認屍，當警方把屍布掀開來時，受盡煎熬折磨的白冰冰此時神情木然，一言不發。然而，這一夜，許多母親不禁落淚，甚而痛哭起來，這股傷痛迅速轉化對政府無能的憤怒，激動至極。

　　1997年春天發生的白曉燕命案，持續了半年才結束。這件案子不僅是台灣治安史上空前的污點，其所涉及的政治和媒體運作問題，也是過去所沒有的。政治人物、媒體、犯罪者和受害者，都在進行一場無形的戰爭，而每一場戰役皆觸痛著社會的良知，喚起深刻的省思。

　　4月14日，綁匪陳進興、林春生、高天民趁白曉燕獨自離家上學時，將她劫持，藏在五股鄉白雲路的租屋。為了達到恐嚇白冰冰的目的，陳進興等人拍下白曉燕的裸照，剁下她的左手小指，置於龜山墓園並通知白家人來取，當晚白冰冰見物時幾乎昏厥。儘管綁匪恐嚇她不得報警，但孤立無援、備受驚嚇的白冰冰只能求助於警方。不幸的是，警方獲報的同時，與警局有密切聯繫的主要媒體也立刻風聞消息。隔天，《中華日報》和《大成報》搶先報導了這則新聞，白家門外旋即站滿了等候的記者，連電視台的轉播車也開到了白家的門口。這個原本是絕對秘密的警方緝匪行動，此刻似乎全世界的人都透過媒體知道了。

　　綁匪要求五百萬美元的贖款，並於17日、18日兩度通知白冰冰到指定地點付贖，這段期間，白家來了許多關切的地方首長、警政首長、民意代表和好友等，門外則是深怕漏掉新聞的媒體記者。當白冰冰開車前往付贖時，埋伏路邊觀察的綁匪看見了一幅奇異的景象，她的車後跟著大批的媒體車輛。19日起，綁匪一連4日未再連絡。事後證實，18日傍晚，綁匪回到租屋內，因不滿白冰冰報警，對白曉燕腳踹、摑打、拳槌，陳進興並涉嫌強暴了曉燕。次日凌晨曉燕身體抽筋，因不堪拳打腳踢致肝臟破裂，腹腔內出血死亡。21日凌晨，綁匪脫去曉燕的衣服，綑上鄉頭，棄屍於中港大排水溝內。23日，綁匪又佯裝曉燕仍然活著，再度通知白冰冰次日到新竹付贖，不過這次綁匪仍未現身。

　　這段期間，警方透過行動電話的監聽，掌握了綁匪的身分和地點。25日，警方展開逮捕行動，逮捕了涉嫌協助綁匪的林致能、張素真、吳在培等三人，不過主犯卻得以逃逸。26日起，這件案子正式向外公開，電視報刊開始大幅報導，成為全國關注的焦點。白冰冰召開記者會，呼籲李登輝總統在積極開拓務實外交時，「看看國內治安」，白

▶ 遭歹徒綁架遇害的白曉燕
生前的照片，曉燕是個可
愛乖巧的女孩。

冰冰以母親的身分向社會
大眾求助，舉國為之動
容。然而政府反應遲鈍，
李登輝總統、連戰副總統
仍繼續打高爾夫球，甚至
將外交工作遭批評扯上
「中共陰謀」，這種情形如
同火上加油。28日曉燕
的慘死被證實之後，輿情
憤怒到了極點，對政府首
長的抨擊不留餘地。

　　5月2日，李登輝總
統在總統府召開「高層治
安會議」，李、連向全國
人民道歉。兩天後，五萬
民眾走上街頭，舉行「五
○四悼曉燕，為台灣而

走」大遊行，高呼「總統認錯，撤換閣揆」口號，8日政務委員馬英九宣佈辭職，以抗議政府對白案處理不當，反應無力。18日，第二波的遊行活動舉行，數萬名群眾在總統府前抗議示威，並用雷射光將「認錯」兩個字打在總統府的牆上，以充分表達憤怒不滿的情緒。在龐大的壓力下，李登輝總統不得不同意俟修憲完成後，七月間將撤換閣揆，此時白案已造成行政院長連戰下台的政治效應。

雖然如此，陳進興等人仍然在逃，尚未逮捕歸案。而且令人驚駭的是，逃亡期間，他們仍然持續犯案，警方動員了上萬的警力，進行路檢、搜山、守候，卻一無所獲。期間，陳進興持刀槍進入北市中山區大樓出租套房，至少犯下八起強暴案，8月8日，陳進興等人再度犯案，綁架北投商人勒贖四百萬元，此時陳姓商人的家屬對警方的能力已完全失去信心，不敢報警，逕自付贖釋回陳姓商人。此事經媒體披露，幾乎動搖社會人心。更難堪的是，警政署長姚高橋隱瞞案情，未向上級呈報，以致連總統、副總統、部長等都是由媒體報導才得知陳進興等人再度犯案。8月15日，姚高橋被迫辭職。8月19日，事情終於有所突破，林春生、高天民現身北市五常街一處改建的警察宿舍，經民眾報警，大批警員和記者趕至，雙方發生激烈槍戰，林春生喪命、高天民逃逸，警員曹立民殉職。兩天後，白案偵結，被控協助陳進興等人綁架白曉燕的陳進興的妻子張素真、張素真的弟弟張志輝、林春生的遠親林致能、女友許嘉惠等十二人均被求處重刑。由於民眾對罪犯行為痛恨至極，社會上瀰漫著「亂世用重典」的情緒，進而要求檢討現行假釋制度，許多人甚至懷念起以往戒嚴時代的治安狀況。

儘管輿論壓力龐大，林春生已死，警方持續提高舉報獎金至兩千萬，但是陳進興和高天民仍得以繼續犯案。陳進興不斷強暴婦女，10月23日，陳、高兩人闖入北市羅斯福路一段「方整形美容外科」，強迫整形醫師方保芳、張昌碧夫婦、護士鄭文喻三人為其整容，事後陳進興強暴了鄭文喻，並將三人槍殺滅口，手段兇殘。11月3日，陳、高兩人出現在陽明山，與警員短暫槍戰後逃逸而去，隨後大批警員搜山未果，隔天附近幾所學校宣佈停課，風聲鶴唳，人心惶惶。

綜觀陳進興於4月中旬殺害白曉燕以來半年間，並未如一般的黑道分子般逃往海外，反而繼續以婦孺為對象幹下搶劫、綁架、強暴等罪行，其活動範圍大致在台北縣市，在警力密佈中來去自如，不斷留下蹤跡，又不斷得逞。陳進興等人展現一種新的犯罪型態，他們並非傳統的幫派人物，後者有著組織的內在紀律、社會地位和公共關係等，槍殺案件多半源於幫派之間的地盤和經濟利益的爭奪；陳進興等人的犯罪呈現著變態的反社會心理，殺人、劫財、強暴為所欲為，陳進興甚至在逃亡期間投書媒體，以受委屈的姿態控訴警方刑求其妻張素真，其文辭通暢理性，與瘋狂的殺人行為形成強烈的對比。不過由於其行蹤不斷暴露，活動範圍縮小，逐漸走到末路。11月17日，高天民進入北投石牌路一家油壓中心，警方獲報大舉搜捕，雙方爆發激烈槍戰，最後高天民在房間內舉槍自戕。

　　剩下最後的陳進興此時則準備幹下稍早投書報紙所說的「風雲變色」的大案。18日下午六時許，陳進興闖入南非駐台武官卓懋祺的官邸，將卓懋祺、妻子安妮、二十二歲的女兒梅蘭妮、十二歲的女兒克莉斯汀以及一個七個月大的男嬰扣為人質。陳進興透過梅蘭妮告訴警方，他要綁架外國人作為籌碼，並提出國際媒體採訪、會見妻子張素真及檢查官張振興等條件。消息傳開，官邸外旋即包圍了大批的警員和媒體記者。特勤人員潛入官邸的廚房和浴室，準備攻堅。不久，陳進興因一時緊張誤傷卓懋祺和梅蘭妮，經台北刑事警察大隊長侯友宜與之協商，將卓懋祺和梅蘭妮送醫，此後陳進興與警方陷入僵持階段，為了避免傷及人質，警方採取談判策略。

　　然而從19日凌晨零時開始，陳進興開始接受電視台的電話現場訪問，由台視主播戴忠仁開始，在全國觀眾面前談了兩個鐘頭，隨後又有其他電視台繼續訪談，原本被用來作為陳進興與警方聯繫管道的電話被佔線了五個多小時。這種景象是過去犯罪行為所沒有的，殘酷的兇手得以以委屈的口吻，直接向大眾吐訴其內心的委屈，展現極為人性的一面。記者為了避免刺激他，也以極為禮貌的方式提出問題，有時聽來甚至像是刻意討好。這種電子媒體的特性產生了複雜的觀眾心理，人們擔心人質安全的同時，不少人似乎開始對陳進興抱持著微妙的同情心理。同樣為過去罕見的是，陳進興可以從客廳的電視中透過直播，看見外頭警方的佈署與動靜。

　　清晨七點二十分，檢察官張振興終於對陳進興製作了兩個多小時的電話筆錄。十點四十分，張素真與友人進入官邸與陳進興會面，規勸陳投降。十一點四十八分，陳進興同意釋放嬰兒。在警方試圖勸服陳進興的期間，不少政治人物亦趕到現場外表達關切，其中民進黨的謝長廷律師表示願意為陳進興的家人辯護，隨後謝長廷兩度進入官邸規勸，帶出克莉斯汀。晚上七點五十四分，陳進興釋放最後一個人質，在張素真、侯友宜等人的陪同下終於步出了官邸，結束了長達二十四小時的人質劫持事件。

　　白曉燕命案至此落幕了，然而社會失去的並不只是一個純潔女孩的生命而已，而是對身家安全的基本信心。尤其始料未及的是，在經過現代媒體的聲光效果後，犯罪活動被摻上了戲劇色彩，是非善惡的界線變得更模糊了。雖然如此，陳進興等人逃亡期間，北台灣瀰漫著驚恐的氣氛，人們在恐懼中夾雜著憤怒與無奈，這段鮮明的記憶，始終深刻地烙印在民眾的腦海之中。

# 1997 香港回歸中國

## 中英主權順利交接　一國兩制開始實行

▲香港主權交接典禮隆重舉行，中英雙方均派出盛大的代表團參加，成為舉世矚目的焦點。

　　1997年7月1日凌晨零點，英國國旗與港英政府旗下降，中華人民共和國國旗及香港特區旗升起，象徵英國結束了對香港的一百五十五年的殖民統治，香港回到了中國人的懷抱。

　　6月30日至7月1日這兩天，是香港主權交接典禮的重要日子，中英兩國領袖、世界各國的代表雲集香港，參與此一歷史盛會。上千名國際傳媒人員則持續了近兩週的

▶ 在英國告別典禮中，港督彭定康
發表告別演說，低首沉思。

香港系列報導，從香港的政治體制、言論自由、人權觀念、市民生活等角度均詳加探討，最終的疑問則停在鄧小平提出的「一國兩制」概念，是否真能在香港成功地實踐？然而在這些嚴肅課題的背後，香港主權交接的前後仍充滿著感性的色彩，幾許歡笑、幾許感傷，轉眼間轉換了兩個時代。

　　１８４２年，中英兩國在鴉片戰爭之後簽署「南京條約」，清廷割讓香港給英國。１８６０年，清廷再割讓九龍半島。１８９８年，清廷再租讓新界，租期九十九年。二次世界大戰期間，日軍佔領香港並實行了三年八個月的高壓統治。日本投降後，中國收回了絕大部分的租界地，卻因當時特殊的內外環境，使得香港繼續成為英國的殖民地。１９８４年，中英兩國終於簽署聯合聲明，決定於１９９７年７月１日，香港、九龍、新界全部回歸中國，並實施「港人治港、一國兩制」，香港資本主義制度保持五十年不變。在歷經十四年的震盪、衝突、抗爭、協商、妥協、定案等種種波折後，歷史約定的一刻終於來臨。

　　６月３０日凌晨六點，四千餘名解放軍部隊由海陸空三路進駐香港，全面接管香港的防務。１９８９年六四事件期間，曾有百萬港人湧上街頭抗議，因此對於解放軍隆隆的軍車聲和景象有著複雜的感受。中國政府為了安定人心，曾對駐港部隊施以嚴格的軍事和政治訓練，並對駐港部隊在香港活動的形式和範圍予以嚴格的規定。無論如何，解放軍進駐揭開了香港主權交換的序幕。

　　下午四點三十五分，英國駐港總督府降下英國國旗和港英旗，最後一任總督彭定康接下旗子，噙著眼淚，帶著傷感，離開了總督府。彭定康就任後曾在最後階段推動政治改革，試圖以民主化保障香港的自由，由於此舉有違中英聯合聲明，遭到北京強烈的反對。北京以有限選舉方式產生的「臨時立法會」取代普選產生的立法會，作為和平過渡的手段。儘管彭定康遭到政治挫敗，但卻普遍獲得香港人心，在離去前留下好評。六點十五分，在一片惜別聲中，英國王儲查理王子、首相布萊爾和港督彭定康在添馬艦海軍基地舉行盛大的告別儀式，向全體港人道別，充滿離別愁緒。

▶中共國家主席江澤民抵達香港，受到
　特首董建華的歡迎。

　　接近十二點的時候，香港會展
中心已是人聲沸騰，近四千賓客雲
集。主禮台上，中國代表團五位代
表為國家主席江澤民、國務院總理
李鵬、國務院副總理兼外長錢其
琛、中央軍委副主席張萬年和香港
特別行政區長官董建華；英國代表
為查理王子、首相布萊爾、外相庫
克、港督彭定康，以及參謀總長葛
里思。在儀杖隊向雙方代表敬禮之
後，先由查理王子致詞，他表示香
港向世人證明了東方與西方是可以和諧共處的，他並意有所指地說，香港必須擁有本身
的貿易和金融體系，享受自主和一個由選舉產生的立法機關，以及維持本身的法律和各
種自由。英國曾經治理香港，在香港成就中，也有英國的一分參與，他有信心與香港的
密切關係不但會繼續下去，還會隨著香港與港人持續繁榮而更形深厚。

　　接著是升降旗儀式，在英國國歌「天佑吾皇」中，英國國旗和港英旗降下，英方代
表難掩落寞之情，緊接著7月1日零點整，分秒不差地，在「義勇軍進行曲」樂聲中，
中華人民共和國國旗和香港特區旗緩緩升起，現場響起了興奮的掌聲，中方代表均顯得
欣悅異常。隨後由江澤民主席致詞，他強調這是中華民族的盛事，也是世界和平與正義
事業的勝利。他承諾中國政府將堅定不移保持一國兩制、港人治港、高度自治等基本方
針，保持香港原有社會、經濟制度和生活方式不變。

　　交接儀式後，英方代表離開會場，隨即轉赴添馬艦海軍基地，在彭定康夫婦和家人
與現場數百名送行的友人一一握手擁抱道別後，零點五十分，查理王子和彭定康總督搭
著不列顛尼亞號，在綿綿細雨中告別了香江，也象徵性地告別了英國在香港的殖民歷
史。

　　英國統治正式結束後，特區政府旋即成立。凌晨一點三十分起，香港特別行政區行政長官董建華，在中國總理李鵬監誓下宣誓就任，接著特區政府行政官員、臨時立法會全體成員、司法人員等，則先後在李鵬和董建華的監誓下完成就任儀式。儘管臨時立法會將於１９９８年５月第一屆立法會選舉後解散，但香港民主派人士對臨立會始終持強烈反對的態度，香港主權交接儀式進行的同時，以民主黨主席李柱銘為首的民主黨成員強佔了立法局大樓的陽台，李柱銘以擴音器向千餘名支持者演說，他大呼：「我們準備捍衛我們熱愛的自由，民主之火已經點燃起來，在我們心中燃燒，不會熄滅……。我要告訴在這裡集會的各位以及世界各地的香港友人，我們必定會回來，民主萬歲！」至於激進的「四五行動」組織則動員了二十多名成員舉著黑色標語，在會展中心外高呼「平反八九民運」、「打倒李鵬」等口號。

　　至於台海兩岸的反應，中國大陸各地皆處於民族主義的熱烈情緒，將香港回歸視為洗刷百年恥辱的重大勝利。北京天安門廣場上聚集了十萬群眾，當廣場大型電子螢幕播出中國國旗在香港土地上升起時，全場歡聲雷動，火樹銀花在香港上空迸放，民眾歡欣鼓舞、熱烈至極。

　　至於台灣方面，海基會董事長辜振甫、統一企業總裁高清愿、中華奧會主席張豐緒、前總統府資政高玉樹、新黨國代許歷農、馮滬祥、中國統一聯盟、勞動黨等數十人代表，應邀出席交接典禮。民進黨則在台北發起了「向中國說不」群眾示威活動，以向國際社會表達民進黨的立場。行政院新聞局長李大維則代表中華民國政府發表聲明，指

中英香港主權交接前夕，第一批中共解放軍五百餘官兵，分乘三十九部軍車，由落馬州皇崗口岸進入香港。

▲在香港回歸數小時後，包括民主黨、四五行動、支聯會及「前線」各民主團體在內的數千名支持民主的示威者走上街頭，高舉「建設民主中國」、「結束一黨專政」的標語。

出：「香港前途不僅涉及香港人民的福祉與權益，也影響台港關係及兩岸關係的未來發展。我們希望中共能平衡大局，遵守對港人的承諾，並務實地調整對我若干不切實際的意圖與政策，共同為改善兩岸關係以及促進國家和平統一而努力。」同時，李登輝總統在《今日美國》撰文表示：「海峽兩岸中國人同文同種，沒有理由不能建構民主自由制度，充分享受天賦人權。」連戰副總統則在接受CNN專訪時，則認為一國兩制不適用於台灣，他說：「中華民國是一個主權國家，我們已經存在八十六年了。我們是一個民主社會，我們的政府是人民選出來的。我們對人民的未來及命運負責，我們在國際社會已建立了國際聲望。我們有自己的軍隊可以防衛自己，所以我們與香港是完全不同的。」

　　儘管兩岸三地不同黨派對香港回歸中國有著各自不同的解讀與反應，但不論如何，這代表了一個新時代的開始。兩岸三地在這嶄新的環境氣氛下，如何尋求互惠合作的方式，使彼此能獲致最大的利益，就有賴所有政治人物更有智慧的思考與作為了。

# 1998

# 馬英九、陳水扁世紀對決
### 總統大選前哨戰　國、民兩黨分獲北高市長

國民黨候選人，馬英九當選台北市長，
支持者以香檳酒為他灌頂狂歡慶祝。

　　1998年12月5日，在進行了四個多月的選舉動員和龐大的宣傳後，國民黨的馬英九擊敗了民進黨的陳水扁成為台北市長；民進黨的謝長廷則擊敗了國民黨的吳敦義成為高雄市長。此外，國民黨則在立法委員選舉方面大獲全勝。

　　這一年政壇上的首要大事無疑是台北市長的競逐，市民預期多年的陳水扁與馬英九的精采對壘終於上陣，雙方實力不分軒輊，戰局緊湊，象徵台灣新生代民選政治人物進一步成熟壯大。1994年底，陳水扁接任台北市長以來，在市政建設上勵精圖治，聲望迅速升高，加上他領導能力強，擅於處理群眾關係，掌握了龐大的行政資源，很快地成為民進黨內的超級巨星。1997年底，陳水扁以「寶島希望助選團」的個人名義，在縣市長選舉中為民進黨候選人助選，其助選能量甚至超過民進黨中央。選舉結果，民進黨獲得空前的勝利，陳水扁的政治實力也達到巔峰，不僅迫使許信良在龐大壓力下宣佈不再連任民進黨黨主席，也震懾到國民黨政權。此時，坊間盛傳陳水扁才是李登輝總統屬意的接班人。

　　簡言之，陳水扁參選台北市長連任勢在必得，不僅他本人充滿了自信，外界也充份看好；反觀國民黨則呈現陣腳不一、人心散渙的亂局。根據民調，國民黨內只有宋楚瑜和馬英九有條件與陳水扁一搏，然而這兩人與李登輝主席關係漸行漸遠，宋楚瑜無志於台北市長，馬英九則於1997年中白曉燕案辭去政務委員一職後，即表明對政治環境失望。在李登輝主席未明示支持的情況下，他拒絕參選。因此1998年中，國民黨即陷入找不到人選的極端困窘，包括祕書長章孝嚴、外交部長胡志強等均曾被點名，流言不斷，似乎象徵了國民黨必敗的命運。

　　雖然如此，在最後一刻，馬英九接受徵召，而且民調顯示他的支持率領先陳水扁，這使得國民黨士氣大振、凝聚力增強。於是台北市長選舉就形成民進黨陳水扁、國民黨馬英九和新黨王建煊三強鼎立的局面，其中因馬英九與陳水扁的支持率十分接近，所以王建煊得票率便極具關鍵性。此外，由於陳水扁受到強大的挑戰，必須堅守台北的陣地，無暇到全台為民進黨立委候選人造勢，無形中降低了民進黨整體的戰力，選戰呈現一種微妙的狀況。儘管在民調中，大多數人均認為陳水扁將獲勝，陳水扁所到之處確也人山人海，尤其是年輕支持者的反應更是異常激烈，但在實際的支持率上，陳水扁始終落後於馬英九三至五個百分點左右。還有，馬英九為外省籍，陳水扁為本省籍，省籍因素雖未全面爆發，但仍刺痛著選戰的神經。陳水扁在選戰初期，引用民進黨立委葉菊蘭之語，批評馬英九是「新賣台集團的棋子」，由於「賣台集團」是過去民進黨攻擊外省官僚集團的特定用語，因此陳水扁的發言立刻激起外省族群的強烈反彈。儘管陳隨後就此保持緘默，但其幕僚人員仍持續發表諸如「台灣人對抗中國人」的觀點以號召群眾，競選基調不復四年前的「快樂、希望」，而是回到民進黨往昔的台灣人悲情的訴求。

　　選戰最後一天，陳水扁在市政廣場前舉行「大家拼就贏——為台北點燈晚會」，數萬群眾參與，搖旗吶喊，將氣氛推到最高點。至於馬英九則在中正紀念堂廣場舉行「萬馬

狂飆之夜」，數萬群眾與會，不僅揮舞國民黨旗，也有不少揮舞新黨黨旗者，李登輝主席亦到場助陣，稍晚李登輝曾以「新台灣人」為馬英九的外省背景背書，減輕了馬英九在省籍問題上的壓力。陳水扁與馬英九對壘的最後一夜，似乎成為近年經典的政治印象。

　　至於高雄市長選舉方面，國民黨的吳敦義上屆曾以十萬餘票擊敗民進黨的張俊雄，在高雄市政績亦獲肯定；反之，民進黨的謝長廷近年的政治之路並不順遂，謝長廷於１９９６年為民進黨副總統候選人，與彭明敏創下民進黨罕見的低得票率，隔年又扯上宋七力事件，信譽受挫，隨後在白曉燕案中謝長廷奮勇與歹徒陳進興協調，為事件和平落幕作出了貢獻，不過他為陳進興的涉嫌家屬辯護，亦遭到部份人士的不諒解。

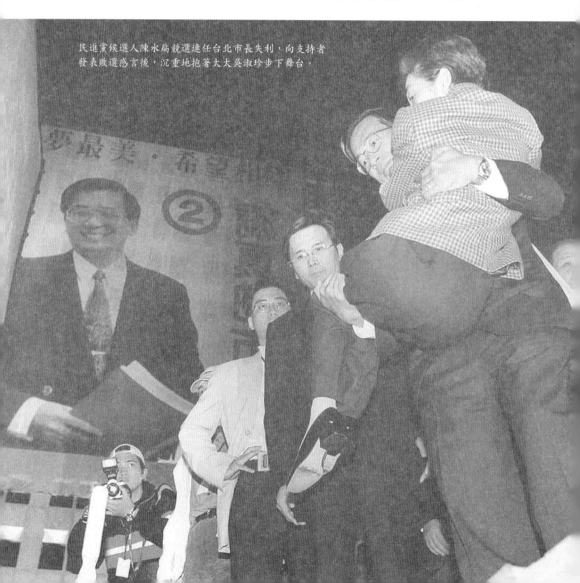

民進黨候選人陳水扁競選連任台北市長失利，向支持者發表敗選感言後，沉重地抱著太太吳淑珍步下舞台。

　　儘管吳敦義被認為可以輕易擊敗謝長廷，而且民調確實也顯示吳的支持率大幅領先謝，不過吳陣營過於篤定的姿態，使得支持者懈於攻防。選戰期間吳敦義在宋七力事件上強烈抨擊謝長廷，其負面選舉方式導致了反效果。最後階段中，白曉燕案的苦主白冰冰自製錄影帶，現身說法指出：「謝長廷出面為陳進興辯護，謝長廷以為這樣就可以出名，參選高雄市長，他真的錯了，其實他在幫助犯罪，成為魔鬼的代言人。」白冰冰用著獨具感染力的口吻說：「謝長廷不是一個好人，也不是一個壞人，實際上他不是人。」錄影帶的重要片段在電視上以新聞的方式播出後，造成社會強烈的震撼。謝長廷隨即表示，白冰冰是被害人家屬，他能理解白冰冰心中的悲痛，但吳敦義不該利用仇恨為工具。在吳敦義和謝長廷激烈的宣傳戰後，雙方在民調中的支持率已十分接近，吳敦義自稱「已經可以感覺到對手的呼吸聲」。

　　投票結果，台北市方面，馬英九獲七十六萬六千餘票，得票率５１％，陳水扁獲六十八萬八千餘票，得票率４５.９％，王建煊則獲四萬四千餘票，得票率２.９％。高雄市方面，謝長廷獲三十八萬七千餘票，得票率４８.７％，吳敦義獲三十八萬三千票，得票率４８.１％，其餘的三萬餘票由無黨籍的鄭德耀與新黨的吳建國獲得。台北和高雄雙雙易幟，吳敦義意外落敗，陳水扁更遭致了從政十七年來最大的挫敗，他的支持群眾普遍出現憤憤不平的情緒，許多人指責新黨的支持者大量流向馬英九，是陳水扁失利的最大原因。為了力求給陳水扁一個公道，支持者人氣持續不散，鼓勵陳水扁參選總統。

　　最後在立委選情方面，國民黨得票率為４６.４％，全部席次一二三席，席次率為５４.６％，民進黨得票率２９.５，全部席次七十席，席次率３１.１％，新黨得票率７％，全部席次十一席，席次率４.８％。總的來說，國民黨大獲全勝，新黨則大幅萎縮，新黨的票源大量流回國民黨，馬英九的參選對於促成這樣一個局面，可說起了關鍵的作用。

# 腸病毒危機

## 全台爆發大流行　家長談病色變

▲腸病毒流行造成全國家長人心惶惶，許多父母帶著幼兒去醫院時，都儘量帶著口罩，以免遭到傳染。

　　１９９８年夏天，台灣爆發腸病毒流行危機，其中幾種病毒導致幼兒死亡，而且死亡病例迅速增加，各界一時束手無策，全台家長陷入極度的恐慌。

　　這種困局的出現與政府衛生單位警覺性不足，防疫作業官僚化有著密切的關係，導致事發時已面臨失控狀態。自５月起，台灣各大醫院及小兒科診所陸續發現大量罹患手

足口症的幼童，其中少部份發腦炎，症狀迅速惡化，甚至死亡，經初步檢驗出元凶是腸病毒７１型。根據醫學文獻紀載，腸病毒７１型最早是１９６９至１９７３年自美國加州一些腦膜炎以及小兒麻痺似症狀的病患分離出來的一種新的腸病毒。１９７５年保加利亞有一次較大的流行，並有四十四個死亡病例。１９７８年日本也出現一次流行，最近的一次是１９９７年夏天在馬來西亞沙勞越，造成三十多個死亡病例，由於來勢洶洶，曾造成馬來西亞一片風聲鶴唳，然而這並沒有使得台灣衛生單位產生警惕作用。

最早向社會發出警訊的並非行政院衛生署，而是醫界的臨床醫師，台北長庚、馬偕、國泰紛紛提出死亡病例。長庚兒童醫院從４月底就覺得情況有異，手足口病死亡病例陸續出現，５月２５日已有七人死亡，腦炎、腦膜炎的病例也超過十例，透過檢測，他們判斷死亡及嚴重病例與腸病毒７１型有關。長庚醫院發佈消息後，衛生署防疫處處長王立信卻指責長庚擅自發佈不確定的疫情，引起民眾不必要的恐慌。

儘管如此，民眾的恐慌已經被激起，不過卻可能是必要的，因為到了６月下旬，死亡病例激增到了五十個以上，顯示常態的防疫系統幾近失靈。６月初起，報章的社論齊聲呼籲加強防疫，傳媒對於各地病例作出詳盡的報導，各地方政府同時在公共領域上採取了相關措施。台北縣市政府首先宣佈公立幼稚園停課，台北市並暫時關閉所有學校游泳池，停辦暑期泳訓班。受到疫情的衝擊，家中有五歲以下幼兒的家長無不憂心不已。一旦孩子出現手足口症，或有發燒現象，均立刻送醫檢查，大醫院內送來許多看診的幼兒。也有許多家長擔心幼兒本來沒病，卻在醫院感染上，紛紛讓自己和孩子都戴上口罩，同時盡量避免去公共場所。總之，人人談病色變，幾近神經質的地步。

６月下旬，衛生署長詹啟賢表示，根據各醫院的通報資料顯示，疫情已逐漸退燒，不過在立委洪奇昌召開的「醫師們的心痛證言」記者會中，小兒科醫師郭明裕批評詹署長的發言不妥當，因為根據經驗，腸病毒流行期將延續整個夏天，而且還有五、六種病毒一起流行。郭明裕是衛生署檢疫總所「定點醫師通報系統」的一員，５月中曾寫「腸病毒來勢洶洶的警訊」一函給檢疫總所，該所向防疫處反映，卻因雙方意見相左而不了了之。此外，多位立委和監委紛紛責難衛生署各部門對疫情判斷不一，步調分歧，對問題蔓延束手無策，整個防疫體系形同崩潰。如果說５月底爭論基本上只存在衛生署和醫界之間，那麼到了６月底時，幾乎全台眾口一致地抨擊衛生署的無能，疫情已上升成政治問題，嚴重地影響了人民對政府的信心。

此時，李登輝總統在總統府召集會議，聽取有關疫情報告，他表示召開這次會議主要目的是要安民心，讓民眾相信政府的防疫能力。行政院長蕭萬長也為腸病毒造成恐慌，公開向民眾道歉。儘管這種安定民心的首長會議並不特別引人注意，但確實對各行政系統的執行人員產生巨大的壓力，這時全國性的危機總動員才正式開始，各醫院、診所、學校、政府單位的配合度大幅提高，同時保持高度警惕的態度，衛生署的防疫措施轉為主動，不再坐等各地疫情通報，而是一有不尋常的狀況，立刻派員前往了解監控，

一旦證實，立刻主動發佈警訊。此外，衛生署預防醫學研究所分析，在五十二件病例檢體中，有二十一例發現了腸病毒７１型，九例為腺病毒，伊柯病毒、柯沙奇病毒各有二例，其餘十八例病毒尚待分析。衛生署還由美國邀請了病理專家謝文儒，專程來台了解腸病毒疫情引發的原因。謝文儒去年曾協助馬來西亞調查腸病毒疫情，他表示，馬來西亞的經驗不一定適用於台灣，畢竟國情、民情和環境都不同。例如，台灣腸病毒疫情之所以會蔓延流行，很可能受到人口流動的影響，因為台灣人口密度高，民眾南來北往的機率也很大。

這一次的腸病毒流行以５月、６月為最高峰，後因積極動員防疫，７月後疫情趨緩，不過９月底以後，台灣南部疫情出現復發跡象，屏東縣和高雄縣定點通報病例激增，衛生署立即派員進駐防範。總共１９９８年從２月到１０月，腸病毒死亡病例累積到了六十七個，其中三歲以下的幼童佔了八成，這樣的死亡病例顯示疫情慘重程度相當罕見。這許多可愛幼兒因大人防疫不周而失去寶貴的生命，其代價則是一場全民的健康教育，從今年以後，大部份的家長和學校老師都記得，要防止腸病毒，就是要讓小朋友們多洗手，不僅幼童、兒童必須如此，可能與幼童、兒童接觸的大人也須如此，保持環境的衛生是防止腸病毒的有效途徑。

# 1999 九二一大地震

世紀強震撼動全台　損失慘重災區亟待重建

◀ 一隻俄羅斯救難隊
所帶來的救災犬在
南投縣名間鄉上毅
世家大樓現場搜尋
時，左後腳遭到割
傷，經過簡單包紮
後，繼續勇敢地執
行援救任務。

本世紀台灣
最大規模的地震
於１９９９年９
月２１日清晨１
點４７分突然降
臨，大多數百姓
在睡夢中被驚
醒，感到了前所
未有的搖晃。電
力斷絕，許多人
扶老攜幼，逃到
大馬路上，不敢
回到屋內，另一
些百姓則在轟然

▲台灣九二一大地震造成震央附近地區地形劇烈變動，台中市光復國小學生利用課外教學機會，到台中縣霧峰鄉光復國中操場了解地震形成的斷層地形。

塌落的大樓中永別人間。第二天清晨，全台各地均傳來傷亡情況，災情最慘重的地區猶如末世景象，怵目驚心。

　　這次地震芮氏地震儀規模約在七點三級，震央位於日月潭西方十二點五公里，即南投縣集集鎮，屬淺層地震。在震波直衝地表的情形之下，各地震度以南投和台中兩縣的六級最大，包括日月潭、嘉義、台南和新竹等地都是五級強震，台北和高雄則為四級，在主震過後，餘震更是不斷發生。

　　大地震隔天，消防署初步估計全台死亡人數一七一二人、受傷失蹤人數約四○二五人，不過傷亡和失蹤人數隨著救災工作的展開，每天都在攀升，尤其南投全縣多達五二二戶的民房倒塌，僅一個鎮，倒塌的房屋就上百棟，加上數座聯外橋樑斷裂，南投對外通訊幾乎全斷，使得災區實際受損情形一開始並未能被徹底掌握。

　　面對這場世紀強震，政府立刻展開救災工作，行政院長蕭萬長在地震當天即在南投設立中央防災中心指揮所，內政部營建署亦成立緊急指揮中心，對全省一千五百餘名專業技師、三百餘名裝備三百部重機械的隊員下達動員令，要求急速主動向各縣市防災指揮中心報到。此外，國防部在震災後亦主動投入救災，當天早上即投入近三千兵力，各項車輛一六五輛、海鷗救難大隊則派遣十二架救難直升機出動救災。負責保衛中部地區的陸軍十軍團成立機動指揮所，前往南投地區，並派遣聯絡官分別到台中、嘉義、南投、雲林、彰化等地。

　　大地震亦引起國際社會的關切。聯合國人道救援協調辦公室派遣了六人代表團來台，美國、南韓、新加坡、日本、俄羅斯、德國、瑞士、奧地利、法國等十四國救援團、五百多位救援人員也在第一時間趕到。在國際救援時間七十二小時內進入災區，運用現代救災技術，尋找生命跡象。他們日夜救災的精神令台灣社會十分敬佩，不過因災

▲台灣九二一大地震南投縣中寮鄉災情慘重，一名張姓視障災民，住所房屋倒塌，一無所有，全憑堅強的意志力，從廢墟中將祖先及神明牌位救出。

情慘重，並未找到生還者。超過七十二小時之後，家屬萬般無奈，只好同意救災指揮官下令重機械進駐，以加快挖掘速度。眼看一具具的屍體抬出，受難者家屬既傷痛又絕望。

9月28日是震災罹難者的頭七，佛光山和各佛教團體在中寮等地誦經超渡，在兩萬朵往生蓮花火化時，罹難者家屬在一旁不斷呼喚往生者的名字，請往生者前來領取，以往生西方極樂世界，家屬的呼喊淒厲異常。這段期間，媒體均大幅報導震災的相關消息，因此許多悲慘的故事幾乎日日映入眼簾，包括全家被埋者，兒童失去家人者，或父母失去子女者，辛酸的遭遇一個個被發掘。失去家園的人們只能住在暫時搭建的帳棚，向著官員和媒體訴苦。或許因為台灣社會陷入傷痛，因此連帶對政府抱著怪罪的心情，媒體對政府救災行動的遲緩予以不留情的批評，尤其地震發生在總統選舉期間，政府的救災指揮工作成為製造形象的機會，難免遭致反感。有些災民甚至直接責罵前來探視的官員。譬如李登輝總統搭乘直升機降落中興新村的操場時，捲起的風太強，吹翻了附近避難民眾搭的帳棚，激動不已的婦人當場就和李總統吵了起來。面對婦人氣極敗壞的辱罵，李總統也忍不住回嘴：「那妳要怎麼樣？是為了大家，大家都在努力！」

雖然如此，九二一大地震也使台灣社會的善心充分表現出來，各界紛紛慷慨解囊，大批的罐頭、泡麵、衣服、毛毯、帳棚等運往災區。慈濟義工發揮很大的組織效率，除了捐助食品，提供醫療救濟，也興建組合屋，進行救災宣傳，使得社會充滿同胞相互關愛的氣氛。

到了10月中旬，情勢初步穩定，各項統計數字亦大致出爐。內政部統計，震災死亡人數二二九五人、失蹤三十八人、重傷四一三九人、房屋全倒二○八一五戶，半倒一七九七八戶。教育部所提供的數字則是，全台共有八一七所學校校舍損毀，其中大專院校六十五所、高中職九十六所、國中國小五十六所。

行政院主計處分析報告指出，大地震造成的財物損失高達新台幣三千億元（九十二億美金），較日本阪神大地震的一千億美金以及加州北嶺大地震的四百七十億美元為低。但以損失金額的GDP的比率來看，台灣為百分之三點三、阪神為百分之二、加州為百分之○點七，顯示九二一大地震對台灣經濟的重傷遠超過阪神地震之於日本，及加州北嶺地震之於美國。

這些是實際物質上的損失，然而接下來的是災區重建工作和災民心理復健的工作。由於總統大選造成中央政府更替，組織工作在過渡期間未能發揮效率，所以災後一年仍有不少災民未獲安置，不過在第二年以後，政府運作又重入正軌，災區生活開始逐漸恢復正常。只不過那天搖地動的一夜、大樓倒塌的慘況以及露宿街頭的景象，都成為這一代台灣人心頭揮之不去的陰影。

# 高科技產業崛起

### 因應經濟結構調整應運而生
### 再創高峰猶待積極轉型

▲宏碁集團董事長施振榮(右)與雲門舞集藝術總監林懷民(左)簽署合作契約書,撥款新台幣十萬元做為雲門舞集海外演出經費,由宏碁為商業藝術化、藝術商業化而努力,讓更多人知道台灣科技與藝術的成就。

　　隨著台灣經濟結構的改變,以及政府相關部門的主導推動,以電子資訊產業為主的高科技產業躍居為台灣經濟發展的火車頭,其蓬勃發展的程度甚至使得台灣在世界資訊工業中占有一席之地。

　　如果說,民國60年代,台灣青年心目中最想當的風雲人物是台塑董事長王永慶,民國70年代是宏碁董事長施振榮,那麼到了民國80年代末期,學子心目中排行第一的人物無疑是台灣積體電路公司董事長張忠謀。

　　這些年來，電子資訊業的動向幾乎成為媒體經濟新聞的主體，著名電子公司的股價行情也成了整體股市漲跌的指標。電子業兩大龍頭台積電董事長張忠謀和聯電董事長曹興誠，他們之間的競爭與合作經常驚動業界的視聽，並成為業者探究和討論的材料。能進入這些高科技公司工作，不僅代表收入的穩定與豐厚，也代表其工作能力受到一定的肯定。在實際薪資所得和個人工作成就都比其他產業誘人的狀況下，高科技產業自然成為人人稱羨的行業，無數的人，尤其是剛自理工組畢業的青年學子更是以躋身高科技產業為榮，成為此時台灣最受歡迎的產業。

　　台灣科技產業的興起必須回溯到１９７０年代，受到石油危機的衝擊，台灣推動了第二次進口替代政策以及出口擴張政策，利用當時相對的低勞力成本優勢，生產大量的輕工業產品，如玩具、腳踏車、雨傘、成衣、汽車零件等等，藉由出口國外賺取外匯。一方面增加了生產所需的資本累積，另一方面也提高了島內的消費能力，增加了生產機制所需的市場後盾，使台灣經濟得以逐步穩定地向上發展。

　　不過到了１９７０年代末期，輕工業的生產能量已趨近飽和，而且隨著經濟水平的提升，本土勞動工資也大幅提高，使台灣低勞力成本的優勢逐步喪失。相對台灣勞力成本的提高，越戰結束後的東南亞國家則在和平中取得發展的機會，此外拉丁美洲國家亦逐一結束內戰，休生養息。這些第三世界國家也走了台灣發展經濟的軌道，以低勞力成本發展輕工業起步，並與台灣等較早發達地區形成競爭勢態。因此，中華民國的領導階層決定進一步提高產業在技術和資金上的密集程度，開始推動「策略性工業」，期望在競爭中繼續取得優勢。

　　早在１９７３年，孫運璿先生擔任經濟部長時，鑑於研究發展的重要，以及政府機關從事研發工作的種種限制，便以經濟部所屬的聯合工業研究所、礦業研究所及金屬工業研究所為基礎，經由立法程序，成立了財團法人工業技術研究所，以此機構為主導，帶動台灣工業技術的升級。在政府的大力支持下，工研院集中了許多優秀的人才，也成為培育接下來電子產業企業家的搖籃。其中台積電董事長張忠謀曾擔任工研院院長，聯電董事長曹興誠則曾擔任過工研院電子所副所長，顯示了工研院在台灣科技產業發展過程上的重要性。

　　１９７９年新竹科學園區成立，這項建設日後證實對於台灣的經濟發展極具關鍵性，也是二十年後台灣高科技產業得以崛起之始。值得一提的是，「竹科」的成立本質上是美國高科技重鎮矽谷的翻版，行政院政務委員李國鼎和國科會主委徐賢修從美國經驗中總結，科技產業應與科研有成的高等學府做有機的結合，台灣的高等技術教育經過三十年的累積已有相當的成就，清華與交通兩所大學是其中重鎮。因此應選擇在接近清華大學和交通大學的新竹市興建科學園區，可以吸引高等學府的優秀人才。而且既然是引鑑美國矽谷的模式，竹科也將以優惠條件吸引留美科技人才返台創業。

回溯以往，台灣於１９６０年代興建的加工出口區，其作用在於吸引外國企業進駐，以台灣充沛、低廉的勞動力，運用初級的技術能力製作輕工業產品。此時大批的大學生畢業後即赴美深造，許多人日後服務於美國矽谷的科技公司，不過基於微妙的種族因素，這些傑出的科技人才很難晉升為高階管理階層，自行創業又缺乏足夠的資金。因此竹科設立的目的也在於吸引以上人才返台創業，如此不僅可以在短時間內取得充分的高級技術人才，而且實際上將竹科與矽谷在人才、技術資訊、市場資訊和產銷網絡上連成一體。這表示，高級技術人員回國創業，同時也把他們與矽谷密切的關係帶回來，他們的生產和銷售策略與矽谷息息相關，實際上成了矽谷的外在延伸。因此，只要美國的科技產業迅速發展，竹科也必然跟著成長。

１９８０年開始，根據以上思維所製訂的政策加速推動，其根本原則為「二大」(市場潛力大、產業關聯性大)、「二高」(技術層次高、附加價值高)、「二低」(污染低、能源依存低)。經過一段時間的累積，規模初具，１９８７年開始設立的大型晶圓廠，無論是生產、管理和研究均需要大量人才，因此工研院電子所人員大批地進入創業行列，而且常常是主管帶著同一部門的子弟自立門戶，如合泰、盛群、凌陽等公司皆是如此。

這些新成立的半導體公司，資本累積速度驚人，在業務的合作上，也因彼此淵源深厚，互動默契十足。在他們領頭衝鋒之下，台灣電子業突飛猛進，蓬勃發展。此時正好是第三波工業化的高峰，原本在第二波工業化中占盡優勢的日本，因策略選擇錯誤，金融體系刻板、創新能力不足，和金權政治腐敗等因素，使得資訊產業未能如過去的汽車、機械、造船等工業取得輝煌成就，反而是進展緩慢，被美國遠遠拋在後頭。

而台灣的科技產業由於一開始就界定為美國科技產業的延伸，因此也就跟著美國的進步而進步，速度相當驚人。１９８０年代初，政府領導人曾不斷批評日本產業吝於對台灣轉移技術，使得台灣淪為日本的廉價代工。然而到了１９９０年代，以美國為發展模式的科技產業興起，卻使得台灣在技術發展上獲得前所未有的突破，無形間擺脫了對日本技術的依賴。

雖然如此，不過隨著高科技產業成為全球新寵，世界各國無不想在此一領域占有一席之地，尤其海峽對岸的中國大陸在經濟改革獲得驚人成就，政治局勢也相對穩定下來，便也以高科技產業為發展重點，拜更廣大的低廉勞力成本之賜，其發展速度甚至比當年的台灣還快。加以台灣內部勞力成本持續升高，經濟發展面臨新的轉型期，這使得台灣高科技產業在全球佈局中又面臨新的挑戰，亟待突破。

# 政權首度和平轉移
## 結束國民黨統治時代
### 陳水扁脫穎而出艱苦獲勝

▲陳水扁（左）、呂秀蓮當選正、副總統之後，攜手接受支持者的歡呼，象徵台灣政治嶄新時代的到來。

　　中華民國第十任正副總統選舉的當天，全台各地的百姓皆屏氣凝神注視電視上的選情報導，民進黨籍正副總統候選人陳水扁、呂秀蓮一路領先，獨立候選人宋楚瑜、張昭雄緊追在後。意外地，在台灣執政半世紀、實力和資源最雄厚的國民黨候選人連戰、蕭萬長卻大幅落後。最後結果底定，陳水扁、呂秀蓮勝出，各地民進黨的支持者爆出驚呼，象徵台灣歷史掀開新的一頁。

　　這是中國歷史上，同時也是台灣歷史上，首次以和平選舉方式轉移政權。整個過程動盪激情，猶如驚濤駭浪，選後亦面對諸多不測。儘管如此，首度政權和平轉移樹立了重要的憲政慣例，其成敗具有深遠的影響。

　　在這場跨世紀總統選舉之中，１９９８年底有兩件政壇大事情為選情投下了變數。其一是台灣省長宋楚瑜完成省長任期，赴美與兒子相聚，實質上走上與李登輝分道揚鑣的道路。宋楚瑜於１９９２年任省主席，１９９４年當選首任民選省長，不過１９９７年修憲卻將省政府虛級化，導致宋楚瑜與以李登輝為首的國民黨中央發生嚴重的政治衝突。由於宋楚瑜任內勤走基層，支持地方建設經費，與基層百姓互動密切，被稱許為勤政愛民，因此在政治人物中享有最高的民調支持率，因此完成省長職務的宋楚瑜動向，為政局投入不可測的變數。其二是被認為政績斐然的台北市長陳水扁，在連任選舉中遭馬英九擊敗，由於微妙的省籍情感因素，陳水扁的失利激起本省民眾的反彈，在中南部尤為明顯，這股反彈情緒進而要求並支持敗選台北市長的陳水扁參選總統。

　　１９９９年開春，宋楚瑜自美返台，試圖與國民黨中央整合，不過卻與代表李登輝意志的總統辦公室主任蘇志誠出現激烈的言詞交鋒，雙方互信更趨低落。由於副總統連戰已被內定為國民黨總統候選人，各項民調顯示連戰搭配宋楚瑜競選正副總統，幾可穩操勝券，因此國民黨中層幹部普遍支持「連宋配」，不過李登輝卻未表態支持，反而由蘇志誠顯露相反的訊息。５月間，宋楚瑜明確向支持者表示「撩下去」的意向，初步傳達參選總統的意願。

　　此外，陳水扁獲民進黨臨全會代表無異議通過，成為民進黨總統候選人，選戰氣氛逐漸熱烈，電視和報紙幾乎每天都會報導李登輝、連戰、宋楚瑜和陳水扁等「四大天王」的動向。對於慣於掌握執政地位與資源的國民黨而言，政治實力雄厚的宋楚瑜和陳水扁構成強大的威脅。其間，一些國民黨中生代菁英仍試圖促成連戰與宋楚瑜合作，但終歸失敗，原因之一是國民黨內缺乏足夠的民主機制，無法真正由下而上產生反映民意的政治代表。另外，也有一些國民黨高層人士相信，一旦宋楚瑜參選，由於不具備任何行政職務，不擁有資源，而且沒有黨組織的奧援，其最終發揮的力量將十分有限。

　　除此之外，１９９９年中，國民大會開會期間，李登輝總統提出台灣與大陸是「特殊國與國的關係」，並指示國大議長蘇南成將此「兩國論」精神作為修憲的方向。此舉立刻導致兩岸關係緊張，１９９６年的台海戰爭危機又有重演之勢。不過此次美國採取積極介入的政策，主動派遣代表分赴兩岸消解危機。在美國的壓力之下，有關「兩國論」入憲的計畫胎死腹中，不過國大卻通過延任案，導致輿情譁然，民眾紛紛予以譴責。由於國大延任案是國民黨與民進黨聯手通過，使得原本因「兩國論」而陷於被動的宋楚瑜獲得出擊的機會，不過另一方面，宋楚瑜居高不下的民調支持率，也使得他成為國民黨與民進黨共同攻擊的對象，尤其李登輝開始運用台語俚語以罕見的嚴厲口吻抨擊宋楚瑜，１９９４年省長選舉時曾「情同父子」的李宋兩人已徹底恩盡義絕。

　　就在選戰白熱化之時，９月２１日發生了台灣百年來最大規模的地震，中部地區災情慘重，死傷的狀況震驚國際社會，由於災情與救災工作佔據媒體的版面，總統選戰的硝煙也暫時平息。不過到了１１月，救災情勢逐步穩定後，選戰又起，此時的競選態勢已經明朗，由連戰、蕭萬長代表國民黨參選，陳水扁、呂秀蓮代表民進黨，李敖、馮滬祥代表新黨，宋楚瑜、張昭雄為了獨立參選人，另一組獨立參選人為民進黨前主席許信良及新黨立委朱惠良。

　　其中聲勢最強的為宋楚瑜和張昭雄。自８月中旬正式宣佈參選以來，宋楚瑜以原本的省長政績為基礎，加上其「勤政愛民」與「清廉」的宣傳，儘管在國、民兩黨激烈的攻擊下，仍保持民調的高支持率，尤其在挑選本省籍的醫師張昭雄為競選搭檔後，宋楚瑜的聲勢更為攀升，將其他的競選對手遠遠拋在後頭，到了１２月進入獨立參選人的連署工作，全台各地民眾對宋楚瑜連署的情況十分踴躍，由於距投票日僅剩四個月，宋楚瑜當選總統的趨勢似乎已難以阻擋。然而就在此時情勢出現戲劇性的變化。

　　國民黨籍立委楊吉雄以銀行單據影印，指出宋楚瑜的兒子宋鎮遠的銀行戶頭曾獲一筆上億元的存款，宋楚瑜立刻予以駁斥，但因未正面回答，導致選民反感。由於上述巨款存在中興票券銀行，所以一般稱之為「興票案」。宋楚瑜召開記者會，說明此款乃當年任國民黨祕書時期，由李登輝主席交辦的照顧蔣家遺族的款項，不過李登輝對宋楚瑜的說法予以否認。在興情強大的壓力下，宋楚瑜一共開了三次記者會進行解釋。

　　由於宋楚瑜曾任國民黨祕書長，熟悉黨內事務，與李登輝的關係亦千絲萬縷，因此外界曾預言，李、宋相爭必將爆出諸多國民黨的家務事，造成兩敗俱傷，此時似乎證實了這項預言。此外財政機關、調查機關也以匿名的方式發佈許多不利於宋楚瑜的消息，司法單位也以超乎尋常的速度偵辦此案，監察院則日夜趕工，以罕見的速度完成興票案的調查報告，宋楚瑜則強烈指控國民黨濫用國家機器，對其進行政治迫害，隨著對立情緒的升高，社會也充滿著不安的情緒。

　　無論如何，興票案使得宋楚瑜民調大幅滑落，由於民眾出現厭惡金權政治的情緒，國民黨亦未獲利，大批的支持者轉至陳水扁，認為其較能解決黑金問題。到了選戰後期，中共總理朱鎔基發表強硬言論，傷害台灣民眾的情感，加上李遠哲和原本親李的台籍代表性人士如張榮發、許文龍等明確表態支持陳水扁，使得「棄保效應」又隱然發作。

　　３月１８日投票結果，陳水扁、呂秀蓮獲四百九十七萬餘票，宋楚瑜、張昭雄獲四百六十六萬餘票，連戰、蕭萬長獲二百九十二萬票餘。陳水扁以三十多萬票的差距險勝宋楚瑜，當選中華民國第十任總統，宣告國民黨的統治結束，完成中華民國史上首度以選舉和平轉移政權的歷史性任務。

　　陳水扁、呂秀蓮以最初並未被看好的情況下，取得最後的勝利，其過程堪稱戲劇

性。自１９８６年成立以來的民進黨在國民黨嚴重的分裂下取得了政權。這一刻似乎較一般預料提前到來，無疑是中華民國憲政史上的里程碑，然而總統大選帶來的後遺症，如統獨對立、省籍矛盾、南北分裂等嚴肅課題仍然繼續考驗台灣民主政治的進一步完善與成熟。

# 2000 上海熱興起台灣

人心徬徨企盼掌握方向

因緣際會掀起移民熱潮

▲上海展現蓬勃發展的氣象之後，立即吸引各國外資進入尋求發展，圖為荷蘭銀行在上海外灘該行舊址重新開幕營業。

　　由一位原本名不見經傳的台商陳彬所寫的一本《我的上海經驗》，竟意外地成了「上海熱」的序曲。陳彬在上海住了十年，做過幾種生意，最成功的是火鍋生意，但只維持好景兩年後也在強勢的競爭下收攤。

　　在偶然的情況下，陳彬應邀寫了一本書談在上海做生意的種種遭遇，包括微妙有趣的生活細節，以表現上海生活思維與台灣的不同。不料，這本原本不受期待的經驗談卻一舉成為暢銷書，由台北轉往香港再飛向上海的班機上，生意人幾乎人手一本。隨著陳彬一夕之間出名，並連續再撰寫其他類似的書和受邀演講，台灣書市迅速出現大量有關

上海的書籍，媒體也以上海為主題大幅報導，上海成了「本土」之後台灣的新顯學。

　　１９９２年鄧小平南巡之後，中國大陸經濟起飛的重心由珠江三角洲轉至長江三角洲。歷史上，吳越之地的長江三角洲為中國最富庶的地區，物產豐富，鳥語花香，帝王將相、才人佳人，韻事不斷。晚清時期，西風東漸，此區承襲傳統優勢加上地利之便，成為中國最早近代化的地方。直至１９２８年國民政府定都南京，經濟上以此區域為全國發展的火車頭，加上列強經濟掠奪中亦引進新式的管理技術，以致上海發展突飛猛進，成為亞洲第一大城市。「上海」成為國際性名詞，象徵繁華、令人流連忘返的流金歲月。

　　不過１９４９年中共建立政權後，實行蘇聯式的集體化和公有制，上海的繁榮幾乎瞬間消逝，成為與其他在共產制度下死氣沈沈的城市一樣。到了１９７０年代，上海甚至落後於亞洲新興城市如香港、台北、新加坡、漢城等地。１９７９年由鄧小平啟動的改革開放政策首先集中在深圳、廣州、珠海等南方城市，直到１９９２年後，上海的經濟發展政策始全面開放。

　　在靈活的發展策略、大量湧進的外資、原有的建設基礎以及上海優秀的人力素質等因素衝擊下，上海的發展一日千里。楊浦大橋的興建得以連接浦東和浦西，外灘全面改造，並加裝現代化的燈光工程，造就了璀璨的夜景。原名為「霞飛路」的淮海中路全面翻新，成為時髦的商店街。至於浦東則是大樓林立，由原本荒蕪的漁村搖身一變，展現猶如紐約曼哈頓的現代大都會風貌。在短短的三、五年間，外商紛紛進駐，抱著發財夢的冒險家和單幫客大舉遷入，不僅改變了上海的都市面貌，也形成了充滿活力和生機的社會氛圍。過去曾被形容成如夢似幻的十里洋場似乎一夕之間復活了。

上海由於改革開放而展現新的一面，在歐式風格老建築旁邊，聳立起一座座現代化大廈，相映成趣。

▲漂亮的上海小姐在開放式的櫃檯前挑選皮鞋。

　　至於台商進駐上海的時機大致始於80年代末期，到了1995年上海房地產熱出現時，台商在上海購屋的人數增加，食品業和婚紗攝影業者也紛紛在上海開店，然而受到台海危機、「戒急用忍」的政治氣候，以及中共國營企業改革的影響，台商的上海熱出現降溫的情形。儘管如此，由於工資上漲和國內政爭等問題，台灣中小企業仍持續遷往大陸，除了過去的深圳、珠海等地，新近的投資地點也包括了上海周邊的城市如崑山、蘇州、吳錫、常州等新興工業區。

　　1997年後，上海至南京的滬寧公速公路通車，沿線城市的基礎設施大幅改善，綠化面積大增，逐漸形成優質的生活環境。原本隻身在此地區工作的台灣人開始將家屬接過來，形成實質上的舉家移民。1999年，各總統候選人為了爭取選票，紛紛提出三通政策，使得1996年由李登輝提出的「戒急用忍」政策約束力趨於薄弱，中小企業更加速移至大陸。2000年總統大選前，社會高度動員，人心浮動，資金與人才持續外移。

　　接著，由於當選總統的陳水扁和呂秀蓮主張台獨，使得國際社會處於觀望，兩岸關係更顯不確。此外，雖然民進黨取得執政地位，但國民黨在國會中仍掌握多數，首度政黨輪替的初期效應便是政局動盪不安；相反地，大陸卻呈現相當穩定和經濟高速發展的局面，上海更是一枝獨秀，由過去幾年的穩步成長轉入當前飛躍的狀況。

　　因此，在不耐於台灣政局難測，社會不安的心理下，上海突飛猛進更像是新的神話，成為許多台灣人心中虛擬的希望之地。到了民進黨政府突然決定停止興建核四時，股市大跌，民眾信心指數空前低落，新一波的台灣移民潮湧入上海，此時來滬的台灣人已不似十年前的商人，而是包括了追求自我實現的台灣新生代。如藝術家來滬尋找創作靈感，球員來打職業球賽，時裝業者來尋覓新的模特兒，建築師來大展身手等等，甚至一些台灣留美學生畢業後不是回到台灣，而是受聘於國際公司直奔上海。此時的上海對許多台灣人而言，已不僅是投資賺錢之地，而是創造美麗人生的樂土。

　　無論這種願景是否屬實，究竟它是新世紀的夢想，或只是不存在真實世界的幻影，事實上到了２００１年底，據估計，居住在大上海地區(包括周邊的江南城鎮)的台灣人及其眷屬已高達三十萬人之多，其中包括許多一流的生產、管理和文化人才。至於除了追求發展之外，為何台灣人能迅速適應上海的生活型態，著名公關人張依依做了如下的分析：

　　北京固然是京城重地，但風沙太大，天氣太冷，對於台灣人而言，非常不習慣……歷代以前及前清留下的巨大陰影，使得北京有歷史感也有文化，但對於……台商而言，上海只有百年的歷史背景與台灣十分相似，並且兩地人同樣有著討海成長的艱辛、好吃海鮮的食性，以及頭腦動得快，會做生意的靈活。深圳和廣州雖然接觸更早，但不會講廣東話的台商，與記憶中的廣州唯一的接軌，只有上溯到黃花崗７２烈士，可是商人怎會寄情於那些陳年舊事及拋頭顱灑熱血的「傻勁」。至於青島大連，同屬北地胭脂，雖然天大地大，但一來氣候冷，二來距台灣也遠，三來俄國、德國的感覺太強，好像喚不起台灣人的「故國感」。只有上海，有如江南佳麗，一方面氣候適宜，二來處大江南北之間，又有富庶的長江三角洲為腹地，一出上海一小時就有蘇州，兩個多小時到杭州，周圍還有無錫、崑山等地，到處論歷史有歷史，論風景有風景，論文化有文化，論人才有人才，論美食有美食，上海灘的風華，又廣為台灣人所熟悉，十里洋場的風光如果再現，叫這些趕不上老上海上一波繁華的台灣人，趕上了這一波的驚豔，豈不稱心愉快。更重要的，上海實在太像台北了，並且只有比台北更寬大、更氣派、更華麗、更有管理，更有遠景，也更上得了國際舞台。

　　所以這波上海熱的興起可說是結合了不滿現實、追求發展與適應力強等諸多因素而形成的。上海熱不僅在現實上顯現出兩岸的社會流動，更在心態上深深刺激了包括仍留在台灣的所有台灣人民，原本在經濟方面遠遠領先大陸的台灣現在不僅快被大陸追上，甚至已將大陸視為新一波移民的地方。台灣未來發展的遠景究竟在那裡，過往傲人的「台灣奇蹟」會不會像泡沫經濟一樣灰飛煙滅，這個問題深刻地縈繞台灣人民心中，期望在永無止境的政治惡鬥之外，能夠真正為台灣找到一條理想的出路。

## 1971

1.1 省政府今日批准台灣土地開發公司投資9億餘元，闢建高雄臨海工業區。

1.1 首屆巡迴原子能應用展覽在台北市揭幕。

1.1 龍族詩社成立。

1.2 省社會處發表勞動就業人口統計，共472萬人。

1.5 台銀啟用電動搖獎機舉行愛國獎券開獎。

1.5 內政部統一商品產地名稱為中華民國台灣（Made in Taiwan, Republic of China）。

1.7 嘉義市垂楊隊以3比2擊敗台南縣新民隊，獲得「七虎杯」冠軍，全場吸引2萬球迷觀戰。

1.11 黃俊雄在台視推出布袋戲「新西遊記」。

1.15 台北市政府展開你丟我撿運動。

1.15 《文學》雙月刊出刊。

1.22 省教育廳宣佈，全省國民小學學生制服自下學年起統一，女生為白、黃上衣，藍短裙及藍長褲；男生為白、黃上衣，藍短褲及黃長褲。

1.22 美國總統尼克森於向國會發表的「世局咨文」中，首次稱中共為「中華人民共和國」。

1.25 烏干達陸軍司令阿敏發動軍事政變上台。

1.26 國務院、中央軍委決定調整航空客運票價和專包機、專業飛行收費標準。

1.27 天主教徒舉行首次祭祖典禮，由于斌樞機主教主祭。

1.28 「越南和平協定」生效，越南全面停戰。

1.29 「李勝洋爵士熱門音樂演唱會」在台北中山堂演出。

1.30 周恩來、郭沫若會見日本乒乓球協會會長後藤鉀二。

2.1 「余光雷蒙熱門音樂演唱會」在台北中山堂演出。

2.1 台中港工程局正式成立。

2.2 中華民國首座自建原子爐今日開始運轉。

2.4 經濟部核准南亞塑膠公司在美設置台塑關係企業公司。

2.5 台北美國花旗銀行發生爆炸，15人重傷。

2.5 美國太空船「阿波羅14號」登陸月球。

2.6 教育部表示，國民中學教科書已編輯完成，全部共119冊。

2.12 教育部文化局「中華樂府」今日成立。

2.13 監察院彈劾台北市長高玉樹，高玉樹今提出申辯書。

2.15 台閩地區農漁普查完成，統計農漁戶共98萬9,900戶。

2.15 林彪致電越南南方共和國臨時革命政府國防部長陳南忠，表示中國堅決支持越南。

2.17 日本NHK交響樂團首次來台演出，第3場演出（19日）由郭美貞指揮。

2.18 教育部下令禁止各大專院校學生社團參加校外團體活動，或有參與校際間聯合組織之活動。

2.19 行政院今日核准籌設國立陽明醫學院。

2.19 中華航空公司與日本航空公司簽訂台北──東京航線聯營合約。

2.23 謝聰敏、魏廷朝、李敖等人以叛亂罪分判15、12、10年。

2.23 中越兩國政府關於中國給予越南1971年經濟、軍事補充援助協定、議定書在北京簽字。

2.27 教育部通過「檢討九年國民教育實施辦法」。

3.1 警廣交通事業電台開播。

3.1 電影界實施劃分電影電視演員範圍，藉以提高國片水準。

3.1 中視「銀色廣場」、「你我他」、「萬紫千紅」、「合家歡」、「猜猜看」等現場節目，開始改以彩色播出。

3.2 中共《人民日報》發表整版批評田漢劇作「關漢卿」的文章。

3.2 周恩來、郭沫若會見日本日中備忘錄貿易談判代表團。

3.3 台大醫院裝設鈷60。

3.10 教育部通過「各公私立中等學校體育成績優良學生保送升學辦法」，凡參加國際性、全國性、全省或院轄市運動會體育成績優良學生，將可依次獲得機會保送升學。

3.12 楊麗花率台視歌仔戲團環島公演「斷腸淚」，演唱1年。

3.14 台中港建港工程決作重大修改，先建工業港，再建商港及漁港。

3.16 台北市警察局表示，市民如穿熱褲出現街頭，警方將嚴予取締。

3.20 中日官員會談決定，台灣省香蕉輸日開放自由化，自本年8月起實施。

3.20 經濟部長孫運璿稱，台灣經濟已進入「以對外輸出導向並促進農業生產，以工業支援農業現代化」的時代。

3.22 林彪、葉群指示林立果、周宇馳在上海制定「571工程紀要」，策畫發動政變。

3.23 省教育廳表示，中等學校學生具有後備軍人身分者，可免除教育召集。

3.24 諜片「長江一號」再度上演，掀起熱潮。

3.25 巴基斯坦爆發內戰。

3.26 澎湖跨海大橋通車。

3.29 外交部聲明，中華民國與科威特斷交。

3.31 菲律賓一架客機非法進入中國大陸領空，中共命令該機在廣州機場降落，經調查後限令該機飛離中國。

3.31 美國判決卡利中尉在美萊屠殺案中有罪。

4.1 中華民國獲准加入國際網球協會及國際射箭協會，中共退出。

4.1 台北市警局指出，今後凡穿著過分暴露短褲者，依奇裝異服及妨害善良風俗取締。

4.1 白先勇小說集《台北人》出版。

4.3 外交部宣佈與喀麥隆斷交。

4.7 雲林縣政府為防治鼠害所滅200萬隻老鼠舉行鼠類慰靈祭典。

4.8 行政院今日通過沈劍虹出任駐美大使。

4.8 行政院核定台灣電力公司向亞洲開發銀行貸款50萬美元，開闢立霧溪水力電源。

4.10 外交部發言人代表政府提出聲明，堅決反對美國將釣魚台列嶼交給日本，並向美國政府作嚴重抗議。

4.10 中、日、韓共同開發海洋資源會

議紀錄發表，我對於大陸礁層保有領土主權及石油開採權。

4.10　華人2,500名於美國華盛頓舉行保衛釣魚台示威遊行。

4.11　高雄佛光山大悲殿今日舉行落成典禮。

4.14　為維持釣魚台主權，政治大學學生在校園內遊行、開座談會；台灣大學學生赴日本大使館致送抗議書。

4.15　大專學生300多名至美國大使館抗議釣魚台問題。

4.15　南區少棒冠軍決賽，台南市立棒球場4、5萬球迷瘋狂擁擠，秩序無法維持，比賽延期。

4.17　旅美音樂家林二主持的電腦藝術與應用中心在台北銘傳女子商專成立。

4.21　年僅14歲的作曲家陳揚首次舉行鋼琴作品發表會。

4.25　謝敏男獲亞洲高球賽總冠軍，呂良煥亞軍。

4.26　前行政院長宋子文在美國逝世，享年77歲。

4.26　中華航空公司新增台美中太平洋航線，正式通航。

4.28　美國國務院發表聲明，稱台、澎地位未定，贊成由台北與北京直接談判。

4.29　中國科學院副院長、地質學家李四光在北京病逝。

4.13　中共中央召開「批陳整風」匯報會。會上討論了黃永勝、吳法憲、李作鵬、邱會作等人4月4日所作的書面檢討，批判了他們的錯誤。

4.30　無黨籍台北市長高玉樹遭公懲會申誡懲處。

5.1　中視將大受歡迎的「國際職業摔角表演」影集，改在週6晚間10點以後播出，以免兒童模仿。

5.1　伊朗法蒂瑪‧巴勒維公主今日訪問大陸。

5.3　大陸北京舉行「巴勒斯坦國際週」。

5.5　政府決定拓寬南北縱貫公路，以應付未來10年公路運輸的需要。

5.6　柬埔寨領袖西哈努克對大陸南京、無錫、蘇州、杭州、上海等城市進行私人訪問。

5.7　台灣省家庭計畫推行委員會今日表示，台灣人口密度已成為世界之冠。

5.8　行政院核定台灣區重要公共設施興建次序，高速公路第一，高雄、基隆、台中港為次。

5.11　雲南永善發生7.1級地震，死1,641人，傷1,600人。

5.15　紀政於全美大專女子田徑賽中，贏得100公尺短跑與跳遠冠軍。

5.16　前裝甲司令徐庭瑤將2,000餘冊古書捐贈故宮。

5.17　沙烏地阿拉伯國王費瑟今日抵台訪問。

5.17　台灣警備總部逮捕涉嫌從事顛覆活動的日本人小林正成。

5.17　台北市圓山保齡球館今日被大火焚毀。

5.19　台北市議員鄭娟娥、楊炯明等29人，建議政府將居住台灣地區國民的籍貫採用「原籍」與「現籍」兩欄記載的方式，以期能消除省籍隔閡。

5.22　亞洲蔬菜研究發展中心在台南縣成立。

5.25　台灣造船公司所造10萬噸級油輪神農號舉行下水禮。

6.2　經濟部工業局要求廠商降低彩色電視機售價，19吋彩色電視機應在1萬8千元以下。

6.2　省政府為發展觀光事業，決成立梨山管理局。

6.3　行政院核定「少年事件處理法施行細則」、「少年管訓事件審理細則」及「地方法院少年法庭處務規程」。

6.3　毛澤東會見羅馬尼亞共產黨總書記、國務委員會主席齊奧塞斯庫及其夫人。

6.5　第17屆亞洲電影節暨影展在台北揭幕。

6.9　影星甄珍獲得第17屆亞洲影展最佳女主角獎。

6.12　行政院新聞局宣佈「大華晚報」董事長李荊蓀以匪諜罪名被提起公訴。

6.15　總統蔣介石在國家安全會議提示「我們國家的立場和國民精神」一文，激勵國人「莊敬自強，處變不驚」。

6.16　台灣省家庭計畫推行委員會推出「兩個孩子恰恰好」口號。

6.17　台灣大學近千名學生舉行示威遊行，為釣魚台主權，向美、日大使館遞抗議書。

6.23　因多項發明未受重視，醫學博士李紹唐自殺身亡，享年62歲。

6.23　衛生署全面禁用DDT。

6.27　金門選舉第1屆鄉鎮長。

6.29　台蕉輸日在台北、東京正式公告標售。

6.29　中共《人民日報》報導：郵電部新發行「慶祝中國共產黨成立50週年」紀念郵票。

6.30　美國最高法院贊成公佈「五角大廈文件」。

6.30　蘇聯三名太空人在返回地球途中死亡。

7.1　台灣第1所外役監獄台東外役監獄成立。

7.5　留美中國同學會聯合會抗議美國對釣魚台立場。

7.7　省議會通過「為消除國民地域隔膜，建議政府修改戶籍法，將籍別記載加記『祖籍』一欄，並准光復後來台之各省同胞，在台逕行申報『設本籍』，以建立國民『慶典不致忘祖』與『來台無分先後』案」。

7.8　省政府通令各機構學校進行「台灣省加強推行國語實施計畫」。

7.9　美國國務卿季辛吉祕密訪問中國大陸三天，與中華人民共和國總理周恩來進行會談，決定1972年5月底前由美國總統訪問中華人民共和國。7月25日，蘇聯《真理報》刊登專論，對中(共)美親善提出警告。

7.12　外交部長周書楷率團飛馬尼拉，出席亞太理事會第6屆部長級會議，並對記者申明南沙群島為我領土。

7.14　南北高速公路舉行破土禮。

7.16　高雄市長楊金虎與陳彩鳳今日公證結婚。

7.16　季辛吉訪華「會談公報」發表。

7.20　日本首相佐藤榮作表示將對台灣繼續提供經濟援助。

7.27　清華大學5名學生登奇萊山不幸遇難。

7.29 狄托再次當選南斯拉夫總統。

7.30 中共政府發表聲明，表示不能接受蘇聯政府提出的關於召開擁有核武器的蘇聯、美國、中國、法國和英國5國會議的建議。

7.31 日本政府正式開放台灣香蕉自由進口。

7.31 首屆亞洲兒童畫展今日在台北市揭幕。

8.1 內政部審核音樂負責人邱慶彰表示，國語歌曲抄襲日本和韓國曲調的情形日趨嚴重，呼籲正統音樂家將流行歌曲扶上正道。

8.2 美國國務卿羅吉斯宣佈美國政府對中國代表問題之新方案，主張兩個中國並存於聯合國。

8.5 外交部宣佈與土耳其斷交。

8.10 基隆1名60歲老翁因觀看電視摔角節目導致心臟痲痺而暴斃。

8.14 毛澤東今日離開北京去南方各地巡視。

8.16 中共和伊朗建交。

8.17 中華民國外交部宣佈與伊朗中止外交關係。

8.17 美國針對所謂中國代表權案提出備忘錄，要求聯大列入議程。

8.17 毛澤東到達長沙、南昌，分別接見了湖南、廣西、廣東、江西、江蘇、福建等地黨政軍負責人。

8.20 中華民國外交部聲明與獅子山國斷交。

8.20 中華電視台接受教育部委託創設的空中學校開始招生。

8.23 聯合國糧農組織發表報告指出，台灣去年經濟成長率在遠東各國居首位。

8.26 李靖今日辭去中國青年黨中央黨部主席。

8.27 有11永前科的男子葉吉，涉嫌以創辦私立竟成高中為名，詐騙錢財，為警方偵破。

8.29 中華巨人少棒隊擊敗美北隊，榮獲世界少棒冠軍。

9.5 意圖發動政變的中共空軍司令部辦公室副主任周宇馳獲悉毛澤東長沙談話內容。

9.6 徐進良所導的藝術短片「大寂之劍」入選第32屆威尼斯影展。

9.6 周宇馳飛抵北戴河，將毛澤東長沙談話電話記錄稿交給葉群、林

立果。

9.7 林立果向「聯合艦隊」下達了一級戰備命令，準備實施暗殺毛澤東計畫。

9.9 亞洲識字人口比率，台灣居第2位，計98%完成小學教育。

9.11 台灣第1屆觀光小姐決選，19歲的楊海蒂榮登后座。

9.11 前蘇聯領導人赫魯雪夫逝世。

9.12 毛澤東安全返抵北京，林彪政變計畫失敗，計畫南逃廣州另立中央。事情洩漏後，林改逃蘇聯。

9.13 林彪座機256號三叉戟飛機於凌晨2點30分左右，在蒙古溫都爾汗附近墜毀。

9.13 因林彪事件發生，大陸封鎖全國機場，除國際民航外，其他飛機一律不得升空。

9.15 美國駐聯合國大使布希表示，正動員一切力量，確保中華民國在聯合國的代表權。

9.16 台北市警察局會同有關單位，共同會商取締披頭長髮、奇裝異服的標準。

9.20 台灣電視公司和中國電視公司停播摔角節目。

9.22 中華民國以73票當選聯合國大會副主席。

9.30 胡適夫人江冬秀控告書商盜印胡適遺作一案，纏訟5年後宣判，前文星書店負責人蕭孟能判處徒刑5個月。

10.2 首座職訓中心在桃園破土動工。

10.6 日本前首相岸信介率團抵台。

10.6 林海峰贏得第7屆名人棋賽，奪回榮銜。

10.8 毛澤東會見衣索比亞皇帝海爾·塞拉西一世。

10.9 美國總統尼克森私人代表隆納德·雷根來台訪問。

10.10 慶祝建國60年，總統明令特赦，有4,500人獲得減刑釋放。

10.16 經濟部表示，美國同意台灣輸美棉紡織品配額增加15%。

10.17 中美簽訂備忘錄，限制非棉紡織品輸美。

10.19 省政府宣佈交通建設目標為鐵路電氣化及公路高速化。

10.25 聯合國通過以中華人民共和國取代中華民國案。

10.26 中華民國宣佈退出聯合國。總統蔣中正發表「告全國同胞書」。

10.26 外交部宣佈與比利時斷交。

10.28 尼克森總統今日晤南斯拉夫總統狄托。

10.29 外交部長周書楷會晤美國國務卿羅吉斯，商討加強雙方關係。

10.31 中華電視台正式開播。

11.1 美國駐華大使馬康衛今日晉謁總統蔣中正，重申保證中美關係不受影響。

11.2 中華民國宣佈與祕魯斷交。

11.6 日本恢復中日邦交國民議會訪問代表團訪問大陸。

11.7 日本防衛廳把中國釣魚島等島嶼劃進日本「防空識別圈」。

11.8 政府決投資1億9千多萬元，以推動原子能和平用途。

11.11 中華民國宣佈與黎巴嫩斷交。

11.15 喬冠華率中國代表團首次正式出席聯大第26屆會議的全體會議。

11.17 墨西哥片面宣佈終止與中華民國外交關係，外交部今嚴重抗議並且關閉駐墨西哥使館。

11.18 厄瓜多爾宣佈與中華民國終止外交關係。

11.19 高雄至馬公的台澎輪今日舉行首航典禮。

11.20 中華航空公司客機在馬公上空失事墜海。機上25人包括巴西駐華大使繆勒全部罹難。

11.20 越南政府總理范文同今日率團訪問大陸。

11.28 毛澤東會見越南勞動黨中央政治局委員、越南民主共和國總理范文同及其率領的越南黨政代表團全體成員。

12.3 巴基斯坦與印度開戰。

12.10 軍事法庭公開宣言李荊蓀與俞棘叛亂罪。

12.15 中國銀行開放民營，更名中國國際商業銀行。

12.16 基督教長老會發表〈對國是的建議與聲明〉。

12.16 中共政府發表聲明，反對印度對巴基斯坦發動的侵略戰爭。

12.16 中共外交部照會印度駐華使館，就印度武裝人員和印度飛機侵入中國境內進入偵查事件，提出強烈抗議。

12.19 業餘考古學家郭德鈴等人在台南縣三重溪發掘到1具完整的200萬年前犀牛骨骼化石。

12.20 財政部宣佈,新台幣對美元維持40比1的匯率。

12.26 轟動香港影壇的「大漠英雄傳」在台北舉行試映,元旦起全省同時上演。

12.27 全美中國同學反共愛國同盟在華盛頓成立。

12.30 中共外交部發表聲明,抗議美國、日本把中國釣魚島等島嶼劃入日本「歸還區域」之中,重申中國對這些島嶼的領土主權。

12.31 經濟部長孫運璿在經濟部宣佈去年重要經濟指標:過去1年經濟成長率10.1%,工業成長率16.8%,農業成長率4%。

12.31 立法院通過修正農藥管理法。

12.31 立法院通過修正交通部民用航空局組織條例。

## 1972

1.1 台灣大學外文系所出版之《中外文學》月刊創刊。

1.2 南投縣政府以仁愛、信義兩山地鄉的教會活動已嚴重影響山地學校教育,決定提出7項建議,請政府重視與改進。

1.6 省政府公開宣佈已完成5萬7千公頃國有森林用地解除地的調查規劃工作。

1.6 中共前十大元帥之一陳毅病逝。

1.10 雷震發表「救亡圖存獻議」,建議:一、宣佈成立「中華台灣民主國」,二、蔣介石辭職總統,三、實行民主政治,四、削減軍費,五、實行法治保障人權,六、改造治安機關,七、廢止創辦新聞禁令,八、簡化行政機構,九、廢除省級制度,十、大赦政治犯。

1.13 中華民國與塞浦路斯雙方中止外交關係。

1.13 台北市古亭分局刑警蕭明照等3人,被勾結流氓勒索,各處有期徒刑9年。

1.16 台中縣霧峰鄉又傳盜墓案,旅日僑領林以文母親墳墓被人掘開。

1.19 台北與日本東京間衛生通信開始

作業。

1.20 台灣大學火箭學社同學於彰化海邊試射4枚自製火箭。

1.21 台大醫院從1名7個月大的小男孩肚子裡開刀,拿出500公克重的畸形胎兒。

1.23 大雪山發生森林火災,燒毀林地80餘公頃。

1.28 屏東潮州今日發生大車禍,死亡30餘人。

1.30 巴基斯坦因英國支持孟加拉獨立而退出大英國協。

1.31 美國務院表示,中美共同防禦條約將無限期有效,但簽約雙方的任一方如通知對方有意終止條約,則1年內失效。

1.31 巴基斯坦總理布托訪問大陸。

2.2 台北市警察局表示,去年下半年間,總共取締違規長髮男子19,020人。

2.4 蘇澳漁會公告:各類漁船應油漆統一顏色及反共標語,違反者將予停止出海處分。

2.4 中共政府聲明,堅決支持越南南方臨時革命政府,2月2日關於和平解決越南問題的聲明。

2.3 美國務院記者協會決議,要求聯合國祕書處取消其吊銷中央通訊社兩名中華民國記者資格的決定。

2.4 英國承認孟加拉國。

2.5 台北市城中分局動員全部警員至西門町,取締450名蓄留長髮和67名穿喇叭褲的男性及13名迷你裙過短的女性。

2.5 台北市木柵芳川煤礦瓦斯爆炸,13人死亡。

2.9 行政院指示教育部,滿16歲男子出境由警備總部嚴格審查。

2.10 司法行政部長王任遠表示,結夥搶劫不分首從,一律交軍法審判嚴懲。

2.10 美軍B-52型轟炸機今日首次轟炸北越。

2.11 天主教于斌樞機主教發起春節祭天祭祖大典。

2.17 英國議會通過加入歐洲經濟共同體的法案。

2.20 第1屆國民大會第5次會議開幕。

2.21 美國總統尼克森訪問大陸,與中

共領導人毛澤東會面。

2.22 立法院通過接受立法院長黃國書辭職。

2.22 台灣與西班牙直達電話電路開放使用。

2.24 外交部宣佈關閉駐馬爾他使館。

2.27 新竹市郊古奇峰高120公尺的關公聖像開光大典今日舉行。

2.28 關傑明在《中國時報》人間副刊發表〈現代中國詩人的困境〉一文,引起現代詩壇爭議。

3.1 倪文亞代理立法院長。

3.1 南部橫貫公路西段開放通車。

3.2 第1屆「中國現代樂創作獎」舉行頒獎典禮,由溫隆信獲得首獎,李泰祥、馬水龍獲得佳作。

3.10 國民黨第10屆3中全會一致推舉蔣介石為該黨總統候選人,嚴家淦為副總統候選人。

3.10 中共外交部發表公開聲明,嚴厲譴責美國最近連續轟炸越南的侵略行為。

3.11 中共《紅旗》雜誌發表〈運用毛澤東哲學思想控制上海地面沉降〉一文。

3.16 華視訂定男藝人不得蓄鬚、留長髮等自律準則。

3.17 國民大會第1屆第5次會議以起立方式全票通過修訂動員戡亂時期臨時條款,擴大授權總統調整政府行政人事機構組織、訂頒辦法充實中央民意機構。

3.18 中日武術觀察賽中,馬場正平近似拚角的演出,教育部禁止第2晚再演。

3.21 蔣介石以99.3%的得票率當選連任第5任總統。次日,嚴家淦當選第5任副總統。

3.21 英國結束台灣淡水的領事館,完全撤出台灣。

3.21 日本「三里塚鬥爭」代表團今日訪華。

3.24 經濟部國際貿易局宣佈不准進口吃角子老虎和電動打彈子機器。

3.25 省警務處宣佈台灣地區人口已逾1,500萬人。

3.27 台北市義芳化學工廠將含汞廢水排入新店溪,本日被提起公訴,為台灣司法史上第1宗污染水源者的起訴案件。

3.30 遠征美洲9國3個月的亞東女籃隊歸國,乘18輛吉普車在台北市區接受夾道歡迎。

3.30 北越向南越發動猛烈攻勢。

4.2 日本民社黨代表團訪問大陸。

4.4 政府決定不接受在台北舉辦世界觀光小姐選拔。

4.8 凌波首開電影紅星主演連續劇紀錄,演出華視「七世夫妻」。

4.10 外交部宣佈與南太平洋東加王國建立外交關係。

4.10 教育部明令:女學生頭髮以齊耳為準。

4.12 越南美軍自今日起全面停止來台度假。

4.12 台北市古亭區400多個會首在政府宣佈退出聯合國時集體宣告倒會,金額達5億元。

4.13 屏東縣山地推行國語受阻,教育局嚴禁教會利用方言拼音及日文書籍傳教。

4.15 美國轟炸機大舉轟炸北越。

4.16 日本諾貝爾文學獎得主川端康成在寫作室以瓦斯自殺。

4.16 日本外相三木武夫訪問大陸。

4.17 多位名醫會診紀政,開刀取出變性肌腱。

4.20 美國阿波羅16號太空船今日登陸月球。

4.23 中共政協全國委員會副主席、全國婦聯副主席李德全在北京逝世,終年77歲。

4.26 中國國民黨中央常務委員會通過提名立法院代院長倪文亞為立法院候選人,劉闊才為副院長候選人,並決定於5月2日進行選舉。

4.30 高雄機場航站啟用。

5.1 高雄市鼓山區大洋冷凍廠發生機房爆炸,氨氣外溢,造成400多人集體中毒。

5.2 立法院選舉正副院長,倪文亞、劉闊才分別當選。

5.2 嘉義民族國小14名女學生受電視劇「媽祖」影響,集體到城隍廟坐禪求道。

5.2 美國聯邦調查局局長埃德加·胡佛去世。

5.3 小提琴家馬思聰返回台灣,粉碎回大陸謠言。

5.9 外交部鄭重聲明決不放棄釣魚台列嶼領土主權。

5.9 以色列突擊隊營救92名被劫持飛機上的人質。

5.11 第1家民營大貿易商世界通商股份有限公司開幕,由王永慶擔任董事長。

5.15 美國將琉球及釣魚台主權還日本,成立沖繩縣。

5.15 台灣大學保衛釣魚台列嶼委員會發表忠告美國青年書,全文1,700餘字。

5.15 監察院長李嗣璁今日逝世,享年75歲。

5.15 台北市國父紀念館落成。

5.16 航發中心製造完成UH-1H直升機一批。

5.16 高球名將呂良煥宣佈定居日本。

5.20 第5任總統蔣介石、副總統嚴家淦舉行宣誓就職典禮。

5.20 總統蔣介石咨文立法院提名蔣經國出任行政院長。

5.20 巨人、雄獅兩支少棒隊創下少棒史上最長比賽紀錄,共計4個半小時。

5.21 第18屆亞洲影展於漢城開幕,江彬、李菁獲得最佳男女主角。

5.22 美國總統尼克森對蘇聯進行國事訪問。

5.23 大陸革命現代京劇「海港」、「紅色娘子軍」等彩色影片攝製完成。

5.26 立法院高票同意蔣經國出任行政院長。

5.30 外交部宣佈與西薩摩亞建交。

6.1 總統任命謝東閔為台灣省主席,張豐緒為台北市長,錢復為新聞局長,陳桂華為人事行政局長。

6.2 立法院通過國家公園法。

6.7 外交部宣佈與希臘斷交。

6.8 行政院長蔣經國提出10項革新指示以刷新政風。

6.9 警察機關全面查禁公務人員涉足特定營業場所。

6.9 台灣再解放聯盟幹部蔡炎坤由日返台。

6.12 旅日華僑邱永漢率領70位日本企業家來台考察。

6.15 省府通令各級單位普設「政治風氣檢舉箱」,受理民眾書,檢舉不法。

6.16 瓜地馬拉總統阿拉納將軍今日抵台訪問。

6.17 美國逮捕五名嫌犯,罪名為侵入民主黨全國委員會總部,企圖裝置竊聽器於該處,此即為水門事件開端。

6.18 美國在越南地面部隊全部撤離,越軍已負起戰鬥任務。

6.18 諾貝爾物理獎獲得者楊振寧博士回上海探親、訪問。

6.20 美國國務卿季辛吉今日抵達北京訪問。

6.22 中國國民黨中央主管單位認為,此時此地不宜高價邀請美國歌手湯姆·瓊斯來台演唱。

6.24 新聞局宣佈嚴令各部會首長及政務委員辭去公私兼職,並撤銷所有公營事業及金融機構散佈各地之招待所。

6.29 總統蔣中正公佈「動員戡亂時期自由地區增加中央民意代表名額選舉辦法」。

7.1 板橋、鳳山兩鎮改制為縣轄市。

7.1 台北市各舞廳門口掛起牌子,聲明謝絕軍公教人員光顧。

7.1 省政府於彰化縣員林醫院附設的「台灣省煙民勒戒所」開始收容煙民。

7.5 中國國民黨中央評議委員,有「老議長」之稱的黃朝琴病逝,享年76歲。

7.5 基隆中宏煤礦災變,6人死亡,11人受傷。

7.6 田中角榮當選日本新首相。

7.8 台灣大學考古隊在台南縣左鎮挖出200萬年前之史前犀牛及鹿角化石。

7.10 台灣建造第1艘巨型散裝貨輪堅利號,舉行命名典禮。

7.15 中央研究院選出8位新院士:沈申甫、竇祖烈、林同棪、艾世勛、曹安邦、張琨、屈萬里、費景漢。

7.16 世界衛生組織調查環境衛生,台北、高雄市空氣污染嚴重。

7.17 中華民國中小企業協會成立。

7.20 台北縣新店碧潭大橋通車。

7.22 莉泰颱風來襲,造成山洪爆發,海水倒灌,屏東枋寮一百餘間房屋倒塌,一列火車出軌翻覆,6

節車廂沒入水中，造成司機、司爐2人死亡。

7.25　大陸著名文藝理論家、作家王任叔逝世，終年71歲。

7.27　總統今日公佈實施動員戡亂時期僑選增額立法委員及監察委員遴選辦法。

7.27　中共中央、中央軍委要求各地駐軍退出佔用地方的房屋和物資。

7.31　雲林縣衛生局長許秋火慶祝女兒歸寧，上月席開42桌，省政府本日下令記2大過。

8.1　行政院長蔣經國發表「致全國公務人員」公開信。

8.3　聯合國公文書件等紀錄，從此不記載「台灣」項目。

8.6　烏干達總統阿敏計畫驅逐5萬名亞洲人。

8.8　中共總理周恩來提出：無產階級政治掛帥要掛在業務上。

8.9　省議員陳火土為本省確實發生「霍亂」，衛生處封鎖新聞，否認事實一事提出質詢。

8.10　監察院同意孫科、楊亮功出任第5屆考試院正、副院長，周肇西等19人為考試委員。

8.11　中共《人民日報》發表辛文彤文章（〈「人的文學」就是資產階級文學〉）。

8.14　省建設廳決定在新店溪上游興建直潭壩及青潭堰。

8.17　「貝蒂」颱風造成29人死傷。

8.20　中華美和青少棒隊獲得首次世界青少棒冠軍。

8.21　中共中央決定：三支兩軍人員撤回部隊。

8.21　毛澤東、周恩來批准武鋼進口聯邦德國、日本等設備，這是中共建國以來最大的引進項目。

8.25　菸酒公賣局嘉義菸葉廠廠長及員工等39人，涉嫌集體貪污被檢方起訴。

8.26　中華少棒隊獲得世界冠軍，創下「雙冠王」紀錄。

8.26　李崇祥小說《西北雨》涉嫌影射當年轟動全省的「黃豆案」，創司法界主動展開偵查先例。

8.28　行政院核定：出入境管理處自9月1日起改隸內政部，定名為「內政部入出境管理局」。

8.30　中國國民黨中央常務委員會決定中國通史及中國現代史為大學生必修課程。

8.30　旅港華僑向華波港台販毒案宣判，主犯2人判死刑，另14人判徒刑不等。

9.1　雜誌《書評書目》創刊。

9.1　中華民國自製第1艘大型登陸艦下水。

9.1　中共聞人何香凝逝世。

9.2　外交部聲明反對日本首相田中角榮訪問大陸。

9.5　慕尼黑奧運選手村遭巴勒斯坦游擊隊入侵，以色列選手2人遇害，9人成為人質。同夜機場槍戰中，所有人質及3名游擊隊員全部遭到殺害。

9.7　以色列軍隊入侵黎巴嫩，9月8日，以色列空軍為報復奧運事件，出軍轟炸敘利亞、黎巴嫩游擊基地。9月9日，敘利亞轟炸以色列，中東情勢為之升高。

9.7　福照輪包庇走私案軍人部分，軍法審判結束，2人死刑，3人無期徒刑，另5人判處12年以上有期徒刑。

9.8　經濟部國際貿易局決定，如申請向日本進口物資金額超過2萬美元者，應改向歐美地區購買。

9.10　前台灣青年獨立聯盟中央委員傅金泉自日本返台。

9.13　外交部同意日本派椎名悅三郎為日本特使來台。

9.18　伊朗王后法拉赫·巴勒維今日訪問大陸。

9.25　宜蘭縣政府通令各國民小學女教師應避免穿迷你裙，以維持為人師表的風度。

9.25　日本首相田中角榮訪問大陸，中共與日本邦交正常化。

9.26　福照輪包庇走私案宣判，2人判死刑，8人判無期徒刑，31人判1年6個月至15年徒刑，1人無罪。

9.26　美籍華裔物理學家李政道夫婦訪問大陸。

9.28　與骨癌對抗的平劇演員蔣桂琴今日去世。

9.29　外交部宣佈與日本斷交。

9.29　鋼琴家陳必先獲第21屆慕尼黑國際音樂比賽鋼琴組冠軍。

9.30　長沙湘江公路大橋建成通車。

10.1　自本日起至1975年9月30日止，台灣地區全面禁獵3年。

10.1　基隆、台北、桃園、新竹、苗栗5縣市關閉舊式屠宰廠，實施電化屠宰。

10.9　中央銀行發行新台幣100元、50元彩色新鈔。

10.12　台電與美國進出口銀行簽約，貸款3億美元興建第2核能電廠。

10.12　大陸全國田徑運動會在南京舉行。這是「文革」以來首次全國田徑運動會。

10.13　連續劇「西螺七劍」播至220集下檔。

10.14　省建設廳為防止台北地盤下陷，決定禁止鄉鎮工廠鑿井。

10.14　國片金馬獎揭曉，「秋決」獲最佳影片，李行獲最佳導演，歐威、翁倩玉獲最佳男女主角。

10.20　中華民國第1家參加世界旅館聯營組織的「世紀大飯店」開張。

10.25　英國與冰島的「鱈魚戰爭」持續發展，冰島開始抵制英國商品。

10.26　省立台北醫院開始作業。

10.29　台北縣淡水鎮飛歌電子公司連續5名女工三氯乙烯中毒死亡，導致500多名女工辭職，內政部下令該公司即日起停工3天。

10.31　南部橫貫公路全線通車。

11.2　美國宣佈售予台灣兩艘普通動力軍事潛艇。

11.2　美國500名青年發起全美印第安運動，占領印第安事務局。

11.5　宜蘭市長葉煥培涉嫌挪用公款，哄抬地價一案，被宜蘭地檢處提起公訴。

11.12　呂良煥、謝敏男獲第20屆世界杯職業高爾夫球錦標賽雙料冠軍。

11.13　蘇花公路發生車禍，19人喪生，26人輕重傷。

11.14　省政府公告禁止製造販賣陳列具有賭博性「吃角子老虎」、「柏青哥」等電動玩具。

11.16　省政府訂頒台灣省消滅貧窮計畫綱要（小康計畫）。

11.17　阿根廷前總統貝隆結束17年流亡生涯返國。

11.20　自琉球移駐台灣的美國幽靈式（F-4）戰鬥轟炸機兩中隊公開對

外展示。

11.20 美國福特汽車公司與台灣六和汽車公司簽訂投資合約。

11.22 美國B-52轟炸機首次在越南作戰被擊落。

11.25 大陸歷史劇「屈原」今日在日本上演。

11.26 行政院新聞局宣佈今年台灣1至8月工業生產實績繼續飛躍進展，較上半年同期增加25.83%。

11.28 駐日大使彭孟緝返國。

12.1 台南縣鹽水鎮媽祖廟舉行大規模建醮大典。

12.2 教育部文化局函知3家電視台，電視節目應遵循之準則，對方言節目播出時數及時段均有規定。

12.2 管制進口達10年的中藥材當歸，即日起開放進口。

12.4 台大副教授陳鼓應在座談會上批評時政，引發學生馮滬祥不滿，其後釀成「台大哲學系事件」。

12.6 唐震寰、羅節崙擄人勒索，分別被判死刑、無期徒刑。

12.7 宜蘭市長葉煥培因涉嫌貪清被判刑12年半。

12.10 毛澤東發表關於「深挖洞、廣積糧、不稱霸」指示。

12.15 外交部宣佈與馬拉加西共和國中止外交關係。

12.17 毛澤東指出：林彪是極右。此後，只准批林彪的極右，不准再批極左。

12.22 中華民國與澳大利亞及紐西蘭兩國斷交。

12.23 增額中央民意代表及台灣省第5屆省議員，第7屆縣市長選舉舉行投票。

12.23 本年度中央暨地公職選舉投票。選出國大代表53名，立法委員36名，省議員73名及縣市長20名。

12.26 美國前總統杜魯門去世。

12.27 外交部宣佈與查德斷交。

## 1973

1.1 英國、丹麥和愛爾蘭成為歐洲經濟共同體成員。

1.1 台灣各地天主教徒今日齊聚台北舉行「光復大陸、世界和平」祈禱大會。

1.1 美國核子物理學家泰勒博士夫婦

抵台訪問。

1.1 集合台、港名鴿的世界名鴿展覽會在台北市舉行。

1.2 台灣拆船工業高居世界首位，去年達160萬噸。

1.3 副總統嚴家淦以特使身分，赴美參加美國故前總統尼克森、副總統安格紐會談。

1.8 據中國大陸災胞救濟總會統計，歷年接運來台之反共義士達156,258人。

1.8 中共新華社發表聲明駁斥蘇聯塔斯社關於中國向國外銷售鴉片的報導。

1.12 女子高爾夫球選手涂阿玉獲菲律賓女子業餘高球賽冠軍。

1.15 大陸全國冰上運動會在吉林省吉林市舉行。這是文化大革命以來的第1次全國冰上運動會。

1.15 尼克森下令中止轟炸北越。

1.17 菲律賓總統馬可仕無限延長其任期。

1.19 美國軍人布萊克威爾因在台販毒，被處徒刑2年6個月。

1.27 中華民國政府宣佈貸予越南500萬美元。

1.27 越南和平約在巴黎簽字。

1.29 毛澤東、董必武、朱德、周恩來等中共領導人聯名致電越南領導人，熱烈祝賀關於越南問題的巴黎協定正式簽字，熱烈祝賀越南人民抗美救國戰爭的重大勝利。

1.30 中華民國宣佈與薩伊共和國中止外交關係。

2.1 台灣省第5屆省議會成立，蔡鴻文當選議長。

2.5 台糖去年出口約50萬噸，占農產品外銷第1位。

2.5 南非2萬名黑人工人舉行罷工。

2.7 前高雄市長楊金虎夫婦因涉嫌貪污被收押。

2.9 行政院核定自3月起課證券交易所得稅。

2.13 美國務院發言人證實美國與台灣已簽訂協定，F-5E噴射戰鬥機將在台設廠裝配。

2.15 財政部宣佈新匯率，新台幣升值5%，以38元兌換1美元。

2.15 財政部公佈實施統一捐獻金收支處理辦法。

2.15 美國總統國家安全事務助理季辛吉訪問大陸。

2.17 毛澤東會見季辛吉。

2.23 台美在台合製F-5E戰鬥機，預定生產100架。

2.26 省教育廳指定16所中學自本學期起試辦取消高中畢業考。

2.27 中華民國體操協會成立。

2.28 教育部公佈實施中等學校體育成績優良學生保送升學辦法。

3.2 陳增福通過教育部考試，成為台灣第1位藥理學博士。

3.5 教育部文化局今日明令通知3家電視公司，播映國語節目要用純正國語。

3.8 國際教育會報告，去年台灣留美學生共8,703人，占留美學人數第4位。

3.9 北愛爾蘭公民投票決定繼續成為英國之領土，不脫離英國統治。

3.12 外交部長沈昌煥與中非共和國外長卜索洛在台北進行會談後，兩國發表聯合公報，加強經濟貿易關係。

3.12 中華民國宣佈與西班牙斷交。

3.13 駐越軍援團結束8年5個月來，協助越南建立政治作戰體系的任務返回台灣。

3.15 播映近3年的台視布袋戲「雲州大儒俠」，於今日中午12點50分播出最後一集，史艷文至靈空寺落髮出家。

3.17 前高雄市長楊金虎賣官貪污案宣判，楊金虎判刑5年，其妻陳彩鳳判刑10年。

3.19 日本外相大平正芳宣佈，中華民國與日本航線繼續存在。

3.20 中華民國籃球委員會選出10大神射手，鮑泗龍、侯玲玲分居男女第1。

3.26 休戰18個月的田徑選手紀政今日重返田徑場，參加美國布魯因運動會。

3.29 北越釋放美軍戰俘完畢，美國駐南越部隊撤退完畢。

3.30 中央銀行呼籲國人勿儲藏硬幣，並表示1元硬幣正在趕製中。

4.2 中央通訊社正式改組為公司體制，馬星野當選董事長，魏景蒙擔任社長。

4.2 中華民國與柬埔寨臨時空運協定換文，台北金邊間將通民航。

4.5 陸軍飛彈部隊今日舉行神箭13號演習。

4.6 中央銀行委託台銀代為發行價值1千6百萬元的1元及5元鈔券（紙幣）開始兌換。

4.8 印度兼併錫金。

4.8 畫家畢卡索在法國去世。

4.12 鄧小平復出，出任中共國務院副總理。

4.12 越南總統阮文紹夫婦抵台訪問，商討兩國共同利益。

4.16 約旦王儲哈山親王抵台訪問。

4.21 中央銀行開始發行橫式1元新台幣紙幣。

4.22 行政院新聞局發表去年觀光收入近1億3千萬美元。

4.24 日本棋院決定追贈中共已故的陳毅副總理圍棋名譽8段稱號。

4.28 曾參加「台灣獨立聯盟」的黃永純返國，宣佈脫離組織。

4.29 台北市計畫投資2億5千萬元，以5年為期，汰換自來水管線19萬3千公尺。

4.30 福特六和汽車公司工廠擴建完成，首輛跑天下轎車出廠。

4.30 美國總統尼克森的4名助手因水門事件辭職。

5.1 台灣各縣市第8屆縣市議會宣告成立。

5.1 行政院衛生署表示，感冒口服液及含有影響中樞神經藥類將7月1日起一律禁止出售。

5.3 中央銀行總裁俞國華今日表示，1元硬幣合金時價值值4角，外傳材料成本超過面值說法，並不符合事實。

5.4 教育部核定國立清華大學分設理學院、工學院及原子科學院等3個學院。

5.6 吳健雄博士膺獲美國自然科學協會第1位女副主席。

5.10 為實踐競選諾言，高雄市長王玉雲公佈財產，共4,850餘萬元。

5.11 縱貫鐵路彰化二水車站發生貨櫃火車與平快車互撞，12人喪生，40人重傷。

5.11 西德議會下議院批准通過布朗德總理所提，與東德關係正常化的條約。

5.12 日本松山芭蕾舞團建團25週年紀念演出舞劇「紅色娘子軍」。

5.13 周恩來總理會見美籍華裔學者趙元任夫婦及其家屬。

5.14 美國第1個太空站「太空實驗室」發射升空並進入軌道。

5.15 台北縣福隆海水浴場正式開放。

5.17 美國參議院開始就水門事件舉行聽證會。

5.27 三重大拜拜，前後幾天內約有20萬名食客湧入。

5.28 苗栗縣苑裡鎮鎮民代表於第9屆第10次大會中建議政府准予將該鎮恢復本名為蓬山鎮，因「苑裡」名字不吉祥，諧音為「怨妳」，致地方不團結。

5.31 救國團人事改組，主任由李煥繼任，副主任由徐亨、邱創煥、楊振忠、鄧昌國繼任。

5.31 高雄地方法院判決高雄市議員陳柏蒼因賄選當選無效。

6.1 中央銀行發行新壹圓券。

6.1 希臘宣佈成為共和國，帕帕多普洛斯擔任總統。

6.4 漁船太功發號遭3名菲律賓人劫持，生福剝號漁船前往救援，有3名船員遭射殺。

6.4 內政部決定採用「師丈」新名詞稱呼女老師的丈夫。

6.8 本年度世界青棒賽，全國棒球協會決定不派隊參加。

6.11 經濟部公佈，自今年7月1日起禁止製造DDT，明年7月1日，禁止使用與銷售。

6.16 桃園地方法院宣告成立。

6.16 師範大學12名男女學生合力以克難方法製成300倍反射式天文望遠鏡。

6.20 省政府公告訂定每年4月8日為「保護動物節」。

6.20 新加坡決定首次向台灣購買食米5千噸。

6.23 台灣造船公司總經理晏海波在立法院表示，台灣造船工業已居世界第15位。

6.24 全國少棒球賽落幕，台南巨人隊獲得冠軍，取得遠東區代表權。

6.26 台灣省政府為加強推廣「客廳即工廠」運動，洽請電力公司對於家庭副業用電從寬處理。

6.27 在華死亡日本人遺骨交接儀式在北京舉行。

6.28 為有效抑止建材漲風，行政院下令即日起禁止興建娛樂用及4層以上建築。

7.1 《音樂與音響》雜誌創刊。

7.3 立法院通過修正戶籍法，動員戡亂時期戶政得隸屬警察機關。

7.8 華興青少棒隊戰今日勝關島隊，獲本年度世界青少棒賽遠東區代表權。

7.8 被禁電影「畢業生」將情節修改為大學畢業生愛上兩姊妹而不是母女，且剪去黃色鏡頭，預定8月修改完成後上演。

7.9 電話局指出，1元硬幣自2月起短缺，自2月至6月，每月減少300萬元收入。

7.14 外交部重申立場，堅決維護中日航線，如果日本對中共讓步，破壞中日空運，將不准任何日機飛越國境。

7.14 首支歐洲足球隊西德黑沙隊訪華友誼賽，中華龍隊以1：0擊敗西德隊。

7.15 台北市希爾頓大飯店開幕。

7.16 連接台北市與永和的福和橋完工通車。

7.17 毛澤東主席會見美國華裔物理學家楊振寧博士。

7.19 大陸1名學生張鐵生在大學招生考試中交白卷後所寫的一封信公開發表。

7.20 武打明星李小龍暴斃於香港女星丁珮家中。

7.21 聯勤總部成立飛駝足球隊。

7.23 台灣廣播公司暨復興轉播電台舉行開播典禮。

7.30 總統公佈人事命令：高魁元任國防部長、黎玉璽任總統府參軍長、陳大慶調任戰略顧問。

8.1 巨人少棒隊代表中華民國獲得遠東區少棒賽冠軍。

8.1 行政院新聞局增設出版事業處、電影事業處及廣播電視事業處。

8.1 中國廣播公司新聞專業電台今日開播。

8.4 中共中央轉發國務院「關於知識青年上山下鄉工作會議的報

告」，提出了統籌解決知識青年上山下鄉有關問題的辦法。

8.7 立法院通過修正戡亂時期貪污治罪條例，規定犯者仍不適用刑法上的假釋條文。

8.9 因涉嫌洩漏標售林班底價，監察院通過彈劾省林務局長沈家銘。

8.11 副總統嚴家淦率領赴巴拉圭慶祝其總統連任就職。

8.13 金大中於東京遭南韓中央情報局（KCIA）綁架，監禁6日後回到漢城住宅。

8.14 美國軍機墜毀於台南外海，高雄漁民救起2名飛行員。

8.15 《文學季刊》創刊。

8.16 在足球場上被譽為「拼命三郎」的台灣足球名將張金海，在家自縊而死。

8.18 新聞局訂定「獎勵優良國語影片辦法」。

8.19 華興隊獲得世界青少棒賽冠軍。

8.24 中共第10屆全國代表會（十全大會）開幕。會中決定林彪、陳伯達永久開除黨籍。並由王洪文出任副主席，鄧小平、廖承志等舊有幹部全部復職。

8.25 中華民國巨人少棒隊衛冕世界少棒賽成功。

9.1 內政部警政署刑事警察局成立。

9.10 教育部通令全國加強取締在校學生留嬉皮長髮及穿著奇裝異服等行為。

9.10 央行儲蓄券10億元上市。

9.11 台北縣第1屆平地山胞豐年祭在平溪鄉菁桐坑舉行。

9.13 考試院長孫科逝世。

9.13 中華民國國劇團啟程赴美，將在20多個城市演出3個月。

9.17 省政府決定將鄉鎮衛生所由鄉鎮公所改隸為縣、市政府衛生局，報請行政院核准。

9.17 監察院函請行政院對台大教授林瑞翰修正再版之《中國通史》重加審查，若未修正原有之「視岳飛為軍閥」文句，其版本即予以銷毀。

9.18 亞運執行委員會今日通過伊朗代表所提之容納中國（共）排除台灣案。

9.18 聯合國大會通過決議，允許東、

西德、巴哈馬加入聯合國（會員國達135國）。

9.24 因應市面5角輔幣不足，中央銀行恢復發行庫存5角輔幣券。

9.24 台灣中南部104位貧困老人接受台灣基督教福利會的邀請，參加「阿公阿婆遊台北」活動。

9.27 美國著名作家斯諾的夫人及女兒護送斯諾的部分骨灰到達北京。

9.29 林懷民「雲門舞集」首次公演，其創作結合史惟亮、許博允、李泰祥等人的音樂，頗受矚目。

9.29 台視綜藝節目「青春旋律」播出第100集，介紹於美國伍茲塔克舉行的20萬人演唱會。

10.2 省糧食局在台北市、基隆市、台北縣、台中市、台南市、高雄市等地區掛牌拋售食米，無限制大量供應。

10.2 教育部核定台灣省立教育學院辦理中學教師在職進修。

10.3 日本議員訪問團離台，團長灘尾弘吉表示將盡最大的努力，維護中日航線。

10.4 馬來西亞航空公司班機今日首航台北。

10.5 柬埔寨國防部長烏賽訪台。

10.6 楊群、上官靈鳳獲得金馬獎最佳男女主角，程剛最佳導演，最佳劇情片「忍」。

10.6 埃及軍隊自蘇伊士運河東岸、敘利亞軍隊自戈蘭高地同時進攻以色列，雙方發生激戰（第4次中東戰爭爆發）。

10.7 嘉義山區機械化盜林案，嘉義地方法院審理終結，112名被告中10人宣告無罪，其餘98人分別依戡亂時期貪污條例及森林法從重判刑。

10.8 因瀆職案被高檢處下令通緝的前高雄縣長余登發被捕。

10.8 美籍華裔物理學家吳健雄、袁家騮博士抵達北京。

10.10 美國副總統安格紐涉嫌貪污而宣佈辭職。

10.11 監察院通過楊亮功、劉季洪繼任考試院正副院長。

10.12 美國總統尼克森提名福特繼任美國副總統。

10.15 沙烏地阿拉伯參加第4次中東戰

爭，使參戰的阿拉伯國家增加至10個。

10.17 由於中東戰爭影響，世界石油價格上漲70%。

10.19 教育部任命李元簇擔任國立政治大學校長。

10.19 北京舉行斯諾骨灰安葬儀式。中共主席毛澤東致送花圈，周恩來總理等參加安葬儀式。

10.23 中華民國宣佈與上伏塔斷交。

10.24 日本首相田中角榮表示，無意切斷中日航線。

10.27 台灣省政府舉行霧社山胞抗日事件43週年紀念日，及抗日首領莫那魯道安葬典禮。

10.31 曾文水庫竣工。

11.1 內政部營建司成立。

11.1 中華民國電影製片界人士，發表宣言響應行政院長蔣經國提倡「淨化電影運動」。

11.2 省教育廳長許智偉宣佈恢復國中之留級、退學辦法。

11.4 中華民國標準學會成立。

11.5 鐵路局光華號在嘉義與卡車相撞，3人死亡，40餘人受傷。

11.8 省議會通過「台灣省自來水股份有限公司」編組案，明定為省屬2級事業機構，合併全省128家水廠統一經營。

11.9 中山學術獎揭曉，陳立夫的《孟子之政治思想》、林良的《小太陽》等獲獎。

11.10 辜振甫、辜偉甫捐贈之鹿港民俗文物館開幕。

11.10 美國國務卿季辛吉抵京。

11.11 世界華文教育協進會成立。

11.12 國民黨第10屆4中全會揭幕，行政院長蔣經國發表「9大建設」計劃。

11.12 中國比較法學會設立的台北法律服務中心正式成立。

11.12 第2屆世界詩人大會今日在台北揭幕。

11.13 教育部宣佈，在台以所持有之大陸時期校印出具的學歷證明一律無效。

11.14 台北市工務局今日對外指出：歷年台北盆地地盤下陷程度平均每年16公分。

11.15 省政府決定各縣鄉道路客運業

務，開放民營。

11.16　亞洲運動協會理事會以38票對13票，5票棄權，通過中國（共）入會。

11.18　第1屆亞洲田徑賽今日在菲律賓舉行。

11.19　陳德宗於亞洲田徑錦標賽中打破楊傳廣保持17年之久的跳高全國紀錄，並且是我國首位跳過2公尺高度的選手，他在該項比賽中名列第4。

11.23　第1屆亞洲田徑錦標賽閉幕，我國選手共贏得金牌2面、銀牌6面、銅牌7面。

11.25　高雄、基隆兩港區解除自光復以來的宵禁。

12.1　台北市胡適公園落成啟用。

12.3　美商西屋公司與台電簽約，共同興建4座電廠。

12.4　台北市建設局決定於15日以前將牯嶺街舊書攤遷往光華商場。

12.5　參帥公路每晚7點至翌晨6點止實施全面交通管制，為期1年。

12.7　內政部呼籲任何場所不得假借耶誕狂歡而舉行任何舞會、晚會。

12.8　歷史博物館自今日起舉行董作賓甲骨文展覽。

12.10　新任美軍顧問團長奈許今日抵華履任。

12.14　中華籃球代表隊在連續8年輸給日本後，於第7屆亞洲杯籃球賽中擊敗日本隊，贏得季軍。

12.14　台北市教育局表示，國小不得硬性規定學生到校參加早操。

12.14　梁漱溟在全國政協學習會上發言，表示「我對當前的『批林批孔』運動持保留態度」。後來又作發言，表示不同意「批林批孔」。

12.16　新竹天后宮慶成福醮大拜拜，殺豬5千頭，耗費1億元以上。

12.17　阿拉伯恐怖分子挾持美國飛機，殺死31人。

12.19　司法行政部公佈「家事事件處理辦法」，並定於1974年1月1日在台北、台中、高雄3地設立家事法庭。

12.20　行政院主計處報告，今年我國國民所得平均467美元。

12.20　為配合節約能源措施，3家電視

台協議自1974年1月起縮短播出時間。

12.20　西班牙總理布朗哥（Blanco）於地下反抗組織之恐怖行動中被炸身亡。

12.23　波斯灣沿岸6個石油國公開對外宣佈，自1974年1月1日起原油價格提高兩倍。

12.25　石油輸出國組織石油部長會議宣佈視日本與歐洲為友好國家，決提供其一切所需原油，但美與荷蘭除外。

# 1974

1.1　台灣報界翻譯並連載蘇俄反共作家索忍尼辛新作《古拉格群島》。

1.4　日本外務臣大平正芳訪問中國大陸。

1.7　財政部長李國鼎演講指出時下所流行的大褲管和Maxi（迷喜），帶來新的浪費。

1.9　台灣籃球賽改採每場超過10次犯規罰球的國際新規則。

1.10　省立中醫院完成首次連體嬰兒分割手術。

1.12　巴拉圭「南美拉丁音樂團」在台北國際學舍演唱，大受歡迎。

1.12　中共外交部發言人發表聲明，譴責南越公開把中國南沙群島的10多個島嶼劃入版圖。

1.14　由中華民國空軍裝配的F-5A噴射戰鬥機正式啟用。

1.14　經濟部長孫運璿宣佈採行7項措施以因應國際經濟情勢。

1.16　台灣蠶業公司苗栗蠶絲廠勞資糾紛案順利解決，35名退職女工取得資遣金。

1.18　台電決定以美金10億元在墾丁公園附近興建第3座核能電廠，並計畫興建第4核能電廠。

1.18　毛澤東批准中共中央轉發《林彪與孔孟之道》（材料之一）。全國開始批林批孔運動。

1.20　中共海軍反擊南越西貢富以武裝侵犯西沙群島中的琛航島。

1.21　郵局開始代銷台灣銀行發行的第1期有獎儲蓄券。

1.23　有「中國馬蒂斯」之稱的畫家郭柏川逝世。

1.24　橫貫公路泰山隧道附近1輛遊覽車翻落山谷，造成45人死亡。

1.24　台灣去年對美國貿易額，居亞洲第2位，僅次於日本，總額26億8千餘萬元。

1.26　中共《人民日報》發表北大、清大批判文章〈孔子是怎樣利用教育進行反革命復辟活動的〉。

1.30　分割後的男嬰廖凱輝不幸罹患肺炎死亡。

1.31　日本商人服部安正被控挾帶912枚台灣5元硬幣出境，經台北地方法院判處3年有期徒刑。

2.1　國軍文藝活動中心全面開放公演平劇。

2.1　中共遣返西沙群島自衛戰中被俘的西貢軍隊傷病俘5名、美國病俘1名。

2.5　台灣省糧食局宣佈民間米可以自由買賣，價格不受限制。

2.8　中國攝影學會理事長郎靜山率團訪問東南亞。

2.8　訪問美國及中南美洲3國，進行18場比賽的台元女子籃球隊今日返國。

2.10　財政部通知各港口機場海關，出境觀光旅客攜帶台灣硬幣每一種不得超過20枚。

2.12　台視推出黃俊雄新布袋戲「雲州四傑傳」。

2.15　美國國務院宣佈，安克志替換馬康衛出駐華大使。

2.17　中華民國選手呂良煥、許勝三分獲菲律賓高爾夫球賽冠、亞軍。

2.17　毛澤東會見美國總統國家安全事務助理季辛吉。

2.18　中國文藝協會發表聲明，支援蘇聯作家索忍尼辛。

2.21　桃園縣復興鄉原來認為擁有6000年樹齡之拉拉山巨木，經專家修正為3500年。

2.21　日本外相大平正芳首次表示，日本擬與中華民國談判民航協定。

2.22　台北3家電視台聯播義大利導演安東尼奧尼在大陸拍攝之紀錄片「中國」。

2.22　台北市取締16家基督教院的行動收效，13家停辦，3家不再開設大專課程。

2.22　巴基斯坦承認孟加拉國。

| | | |
|---|---|---|
| 2.23 | 毛澤東與尚比亞總統卡翁達會談，提出著名的三國世界劃分的理論。 | |
| 2.26 | 台灣省各地嚴寒，打破多年來紀錄，台北最低溫為攝氏5度。 | |
| 2.26 | 前空軍隊王牌投手譚信民接受日本職棒獅子隊聘書。 | |
| 2.28 | 美國與埃及的外交關係在中斷7年後恢復。 | |

2.23 毛澤東與尚比亞總統卡翁達會談，提出著名的三國世界劃分的理論。

2.26 台灣省各地嚴寒，打破多年來紀錄，台北最低溫為攝氏5度。

2.26 前空軍隊王牌投手譚信民接受日本職棒獅子隊聘書。

2.28 美國與埃及的外交關係在中斷7年後恢復。

3.1 交通部解除旅行業執照禁令。

3.1 全省各地報紙由零售價每份1.5元調整為2.5元。

3.2 台南縣左鎮鄉菜寮溪出土的200萬年前犀牛化石在省立博物館作初步復原。

3.3 台灣省高雄市五福國中實驗新課程教材教法，獲顯著成效。

3.10 僑務委員會鑄造高270公分，重1,300公斤的孔子銅像，將贈予美國紐約孔子大廈。

3.10 國內3家電視台聯播大陸實況紀錄片「赤色風暴20年」。

3.11 位於中壢之台灣「國際兒童村」正式啟用。

3.11 日本裕仁天皇之堂兄賀陽恆憲代表皇族抵台致謝，感謝總統蔣中正維護日本國體及天皇制。

3.14 孔孟學會發表聲明，駁斥中共「批孔揚秦」運動。

3.22 蘇聯、瑞典、西德等臨波羅的海7國簽署世界上第1個多國間公海污染防治協約。

3.23 中視「家有嬌妻」連續劇演出第100集。

3.23 中共抗議蘇聯飛機3月14日侵入新疆進行間諜活動。

3.25 第2屆亞太地區博物館會議在故宮博物院揭幕。

3.26 台灣省政府公告查禁木、鐵質雙節棍。

3.27 毛澤東針對江青反對鄧小平率代表團出席聯合國大會第6次特別會議，致信江青說：「鄧小平同志出國是我的意見，你不要反對為好。小心謹慎，不要反對我的提議。」

3.28 行政院指示改建台北市水源路高爾夫球場為青年公園。

3.30 中華民國與加彭共和國斷交。

4.1 前高雄市長楊金虎賣官案經高等

法院台南分院更審宣判，陳彩鳳減刑1年，楊金虎、洪雲龍維持原判。

4.2 毛澤東會見柬埔寨民族解放人民武裝力量總司令喬森潘，及他率領的柬埔寨民族統一陣線，和王國民族團結政府代表團。柬埔寨元首西哈努克親王及首相賓努親王，也參加了會見。

4.5 外交部宣佈中止與波札那的外交關係。

4.5 蔡阿田在東京獲第3屆亞洲區保齡球賽單人冠軍。

4.8 世界反共聯盟第7屆大會決定以自由鬥士獎致贈總統蔣中正。

4.9 立法院首次公開審查中央政府總預算。

4.10 果爾達．梅厄今日辭去以色列總理職務。

4.14 經濟部長孫運璿頒發首屆產品設計獎。

4.15 服裝設計家賴麗瓊在台北美軍軍官俱樂部舉行「中國旗袍展示會」。

4.19 中共全國政協副主席傅作義逝世，終年79歲。

4.19 中國上海市和日本大阪市正式結成友好城市。

4.20 日本與中共簽訂民航條約，中華民國外交部發表聲明中華航空公司客機停飛日本。21日，日航最後班機離開。

4.20 外交部宣佈，中華航空公司即日停飛中日本航線，同時禁止日本航空器進入中華民國管轄的飛航情報區及防空識別區之內。

4.26 行政院院會通過「監獄行刑法」修正草案，受刑人父母配偶死亡時可返家探親。

4.29 內政部通知北投照明宮情人廟，該廟放置牛郎、織女、卓文君、司馬相如蠟像與傳統習俗不合，應加以改善。

5.1 台北縣發生爆炸案，1罐殺蟲劑掉在地上時爆炸起火，縣民陳洞磅受重傷，引起大眾注意罐裝殺蟲劑的安全性。

5.4 行政院新聞局長錢復表示，台灣地區已登記的雜誌有1,500多種，平均每10,000人有1本雜誌，

居世界第1位。

5.4 美國新任駐華大使安克志履任。

5.11 大陸雲南昭通地區、四川山區發生7.1級強烈地震。

5.12 巴基斯坦總理布托今日訪問中國大陸。

5.14 台灣省政府通令各縣市政府，為遏止社會奢侈風氣，即日起暫停受理一切有關冷熱飲業、茶室、酒店、純吃茶等行業之營利事業登記。

5.17 台灣省稅務處長李厚高表示，為響應省主席謝東閔「客廳即工廠」的號召，凡屬家庭副業一律免徵營利事業所得稅。

5.18 國際獅子會中華民國總會，贈送蘭嶼雅美族原住民1,000條短褲及1,000套爐灶。

5.18 中視連續劇「一代暴君」播出劉邦入咸陽完結篇。

5.18 中共中央發出「關於批林批孔運動幾個政策問題的通知」，強調批判、清查林彪集團「不要擴大化」，軍以下領導機關和部隊「一律堅持正面教育」。

5.18 印度試驗原子彈。

5.19 中華田徑代表隊在菲律賓舉行的國際田徑邀請賽中分獲男女組團體冠軍。

5.20 中央電台慶祝對大陸廣播20週年，展出大陸聽眾來函。

5.29 經濟部決定暫時限制日製汽車、彩色電視機等進口簽證。

5.30 毛澤東會見美籍華裔物理學家李政道博士。

5.31 馬來西亞政府宣佈承認中共政權，並宣告中止與中華民國領事關係。

6.1 中美貨運班機在高雄開航。

6.1 中華民國與馬來西亞間的空運航線，在馬國政府與中共建交後仍然繼續維持。

6.1 中共與馬來西亞建交。

6.6 內政部決定，將寺廟祭典日上演的外台戲由原來規定的1天放寬為3天。

6.8 中共《人民日報》發表文章〈季辛吉國務卿談中美關係〉。

6.10 省議會通過省政府提案，將舞廳、夜總會、酒家、酒吧、特種

咖啡廳、茶室等特定營業的許可年費照現行標準提高5倍，自7月1日起實施。

6.11　第20屆亞洲電影節大會在台北揭幕舉行。

6.15　警政署長周菊村表示，中央警官學校今年開始招收女生。

6.15　第20屆亞洲影展40部影片通過有獎，「雪花片片」、「大摩天嶺」各獲獎5座。

6.17　中國大陸新的核試驗在西部上空取得成功。

6.20　出席國際足球協會的中華民國首席代表李惠堂回國表示，足協不受理中共入會案。

6.20　東西德正式相互締結關係。

6.24　台灣省農林廳公開提出警告，全省普遍栽種的觀賞樹木夾竹桃含有毒性。

6.26　台南市府城少棒隊以31A：0創下國內外少棒史上最高得分紀錄。

6.29　外交部宣佈，因委內瑞拉與中共建交，中華民國中止與委內瑞拉的外交關係。

7.1　陸軍軍官預備學校正式成立。

7.1　省政府核定成立鐵路幹線電化工程處，進行規劃西部幹線電氣化施工事宜。

7.1　阿根廷總統裴隆去世。

7.2　立法院通過「水污染防治法」。

7.2　張大千國畫展在日本東京市揭幕，展出15天。

7.11　美國眾議院司法委員會公佈水門事件之證據資料，共約四千多頁。7月13日，參議院特別調查委員會發表最後報告書，批判水門事件之不正當、濫用公權力。

7.17　省政府擬訂寺廟管理辦法，為避免廟宇淪為營利事業，規定新建寺廟須辦財團法人登記，開啟「功德箱」時須有官員見證等。

7.22　美國政府任命施奈德繼任台灣協防司令。

7.23　桃園國際機場航站大廈開工。

7.28　獲英國名小提琴家曼紐因賞識的辛明峰赴英深造。

7.29　高速公路三重至中壢段今日開放通車。

7.29　中華民國因尼日共和國政府承認

中共而與之斷交。

7.31　中國大陸陝西省西安郊外秦始皇陵寢中發現兵馬俑。

8.2　中共新華社報導：上海、遼寧等6省市和國務院各部委選派389名教師參加援藏建設。

8.7　公路局1輛滿載學生的客車在中部橫貫公路梨山附近翻落山谷，造成5人死亡，30人受傷的不幸事件。

8.8　台北市圓山動物標本館正式對外開放。

8.8　美國總統尼克森辭職，原副總統福特繼任為總統。

8.10　女歌手李雅芳遭歹徒挾持2小時後獲釋。

8.15　日本《產經新聞》開始連載〈蔣介石秘錄——中日關係80年之證言〉。

8.16　外交部今日宣佈中止與巴西的外交關係。

8.18　中華青棒及青少棒隊雙獲世界大賽冠軍。

8.22　電影「英烈千秋」首輪下片，中影創紀錄淨賺1,100萬元。

8.23　省教育廳決定將學生鮮奶供應，自國小擴大至國中，每日提供20萬瓶。

8.24　中華立德少棒隊獲得世界少棒賽冠軍，台灣首度贏得「三冠王」。

8.25　黃河劍齒象化石修復。

8.27　美國81歲舞蹈家瑪莎．葛蘭姆率現代舞團來台演出。

8.31　中共新華社報導：DIS小型多用電子計算機研製成功。

9.1　高爾夫球名將呂良煥獲得日本第3屆廣島高爾夫球公開賽冠軍。

9.1　蘇慕薩將軍當選尼加拉瓜總統。

9.5　台北市棒球場宣告改名為三冠王棒球場。

9.5　高雄縣綜合體育館棒球場改名立德棒球場，以紀念獲世界少棒賽冠軍的立德少棒隊。

9.10　僑務委員會委員長毛松年代表政府頒贈海光獎章給雷震遠神父，獎勵其長期在海外宣揚正義。

9.12　衣索比亞皇帝海爾．塞拉西被罷黜下台。

9.13　中華民國駐宏都拉斯大使俞國斌

被其座車司機刺殺身亡。

9.14　尼加拉瓜總統當選人蘇慕薩偕夫人抵台北訪問。

9.14　台灣省衛生處表示，蓮子、麥芽、菊花、參花等為中藥材，禁止製成「保存飲料」出售。

9.17　鄧小平副總理首次以周恩來總理名義舉行宴會迎接芳利塔尼亞總統達達赫。

9.20　宏都拉斯受風災肆虐，造成1萬人死亡。

9.23　南投縣政府下令嚴禁國中、小學生參加抬神轎、扮乩童的活動。

9.28　總統蔣中正發表聲明譴責中共迫使聯合國秘書處拆除聯合國大廈上的「禮運大同篇」石碑。

9.28　「范迪」颱風豪雨成災，高速公路八堵分線道發生山崩，72人遭活埋。

9.29　大陸一日本定期航空線今日正式通航。

10.1　世界銀行發表研究報告指出，中華民國推行土地政策為全球最成功範例。

10.4　23位駕舟投奔自由之大陸民眾，由金門接運抵台。

10.5　《女性世界》雜誌創刊。

10.6　台中德基水庫竣工發電。

10.7　在日本從事台灣獨立活動的台籍人士林璐環、黃來旺、盧成塗、楊子湖、楊新沂、詹東光等6人脫離台獨組織返台。

10.7　涉嫌挾持女歌手李雅芳的黃志銘，以結夥搶劫擄人勒贖罪名，遭台北地方法院判處2個死刑。

10.7　中共《人民日報》報導：西藏90%以上的鄉都已建立人民公社。

10.10　台北市青年公園正式開放。

10.10　世界客屬總會在台北成立。

10.12　中共分子在美國洛杉磯僑胞國慶晚會滋事，留學生阮寶珊遇害。

10.18　中共4人幫成員之一王洪文飛往長沙向毛澤東「告狀」。毛澤東決定仍由周恩來主持和籌備4屆人大工作。

10.21　阮寶珊遺體運返台北。

10.25　《大學雜誌》舉辦日據時代台灣新文學與抗日運動座談會。

10.26　關於1975年中共給予越南經濟、軍事物質援助協定在北京簽字。

10.28 中共《人民日報》以「教子讀經的黑標本」為題，批判粵劇「三娘教子」。

10.29 北京─卡拉奇─巴黎國際航空線正式通航。

10.29 穆罕默德・阿里奪回拳擊重量級世界冠軍寶座。

10.31 中華民國與美國洛斯羅普飛機製造公司合作生產的第1架F-5E噴射戰鬥機出廠。

11.2 副總統嚴家淦接見日本前首相岸信介。

11.2 農村復興委員會畜牧生產組，以2年時間成功將黑色土鴨變成白色鴨。

11.3 深受歡迎的華視連續劇「包青天」，在上演7個月後終於演出完結篇。

11.4 中韓菲越4國加強關稅合作，我國專家將協助越南政府建立租稅制度。

11.9 財政部長李國鼎同意，暫緩實施外銷品標註國名。

11.11 少棒聯盟主席謝國城針對美國世界少棒聯盟錦標賽，外國少棒隊將不得參加一事表示遺憾。

11.12 毛澤東與鄧小平談話，批判江青等人，並鼓勵鄧小平把政府和軍隊的重擔「擔起來」。

11.13 為縮減貿易逆差，國貿局決定各種小汽車一律禁止進口。

11.13 中共與日本海運協定簽字儀式在日本外務省舉行。

11.14 行政院解除5樓以上禁建命令。

11.19 德黑蘭─北京─東京航空線正式開航。

11.26 行政院長蔣經國同意協助台東師專女生鄭招想，在綠島設立1所圖書館。鄭女因有感綠島文化建設落後，故寫信向蔣經國請願。

11.27 北京─德黑蘭─布加勒斯特─地拉那航線正式通航。

11.29 中國無產階級革命家、軍事家、中國人民解放軍創始人之一彭德懷遭林彪、「四人幫」迫害，在北京逝世。

11.29 英國對外宣佈愛爾蘭共和軍為非法組織。

12.1 台灣果菜運銷公司正式營業。

12.8 希臘投票廢除君主制。

12.11 中華航空公司與約旦航空公司決定彼此合作經營台北─曼谷─歐洲航線。

12.12 日本首相三木武夫在記者會中宣佈日本外交政策不變，並希望中日復航達成協議。

12.15 研究台灣民俗的學者莊松林因病逝世，享年65歲。

12.24 女歌手李雅芳被勒贖案2審判決，6名被告獲減刑，但黃志銘、程財福兩人因另涉他案仍處死刑。

12.26 台灣省台東縣山胞李光輝在印尼摩祿泰島叢林隱居29年後，終被發現。

12.26 首屆台灣區女子少棒賽在台中、台北舉行。

12.27 以農藥毒殺親夫的45歲婦人李黃金蘭在台中監獄刑場遭槍決，成為台灣近年來第1名遭槍決的女性囚犯。

12.29 台南海東隊贏得台灣區第1屆女子少棒邀請賽冠軍。

12.30 因甘比亞與中共建交，中華民國與甘比亞斷交。

12.30 中共新華社報導，中國自行設計建造的第1艘海洋地質勘探浮船「勘探1號」，出海試航成功，在黃海南部海區成功地打了一口石油地質普查井。

12.31 由中研院民族所所長李亦園主持的「濁大計畫」，在南投集集鎮洞角附近發掘距今4000年的「繩紋紅陶（細陶）文化層」。

## 1975

1.1 三台聯播抗戰歷史教育片「仁者無敵」。

1.2 大陸天津市一百多萬人參加「跑向延安」冬季長跑活動。

1.4 外交部就美國警員侮辱我國駐檀香山總領事濮德坤一事，訓令大使館向美國表示嚴正反應，美國官方以書面正式道歉。

1.5 一名男子闖入故宮博物院盜寶遭到逮捕。

1.5 美國「白雪溜冰團」為陶聲洋防癌基金會義演，一天收入超過200萬元。

1.6 內政部公佈，至去年10月底，台

灣省人口總數13,801,134人，台北市1,998,770人，金馬地區75,195人。

1.8 第二次世界大戰期間被日本徵召之台東原住民李光輝返回台灣。

1.9 中共黨政領導人之一李富春今日逝世。

1.10 葡萄牙政府同意安哥拉獨立。

1.17 我國第一位女性大法官張金蘭病逝，享年57歲。

1.17 監察院通過駐哥倫比亞前大使何鳳山彈劾案，指其違法瀆職，目無法紀，且抗命不返，私自逗留國外。

1.24 諾魯共和國總統戴羅伯夫婦來台作非官方訪問4天。

1.24 新聞局再禁「我恨你恨到底」等91首歌曲。「淨化歌曲」數月來已審查四千餘首，其中禁唱達五、六百首。

1.25 鄧小平公開發表「軍隊要整頓」的講話。

1.28 台中市鬧區興中街發生爆炸，並導致大火災，27人喪生，162人受傷，房屋倒塌53戶。

1.31 美籍「桂冠鋼琴家」羅曼・魯尼茲基在高雄華王飯店演出（2月1日在台北中山堂）。

2.1 自今日起電視劇本不必在播放前送審。

2.1 中共第四屆人大產生的國務院第一次會議上，周恩來宣佈：國務院工作以鄧小平為首，其他11位副總理協助。會後，周恩來住院，由鄧小平主持中共中央日常工作。

2.2 我國首部自製自畫彩色大銀幕卡通「封神榜」完成。

2.2 南京紫金山天文台發現一顆軌道特殊的小行星。

2.5 蔣中正總統任命連戰為駐瓜地馬拉共和國大使，唐京軒為駐宏都拉斯共和國大使。

2.6 內政部開會討論孔子塑像標準化問題。

2.7 教育部嚴禁學生參加「統一教」，調查局密切注意該教不法活動。

2.8 香港當局拒絕中華民國接運逃港之大陸難胞。

2.9 中影「電影文化城」揭幕。

2.11 49歲的瑪格麗特‧柴契爾成為英國保守黨新領袖。

2.14 中美去年貿易總值達35億美元，位居美國第13位貿易夥伴，在亞洲國家中名列第2位。

2.18 內政部函告台灣省、台北市政府，切實取締「世界基督教統一神靈協會」在台灣地區的活動。

2.27 香港「毒玫瑰」楊映卿被控販毒案宣判，楊映卿及其保鑣陳軍堡兩人均判處無期徒刑，褫奪公權終身。

2.28 尼克森3名助手因隱瞞水門事件真相遭到判刑。

3.1 首次來台的美國狄斯奈樂團，即日起在台北市中華體育活動中心展開為期23天的盛大公演。

3.2 西片「奪標」以1,160萬元破台北票房紀錄。

3.8 著名京劇表演藝術家周信芳今日逝世。

3.13 台灣電話成長率居世界第一位，電話機將逾100萬具。

3.13 北京、上海、南京、廣州、武漢分別舉行孫中山逝世50週年紀念儀式。

3.18 哥倫比亞第三屆國際業餘女子高爾夫球錦標賽中，台灣選手蔡麗音、吳明月獲團體冠軍及個人冠亞軍。

3.19 中共最高人民法院在戰犯管理所召開特赦大會，宣佈釋放全部在押戰爭罪犯名單，並發給特赦通知書。

3.21 衣索匹亞廢除君主制度。

3.25 沙烏地阿拉伯國王費瑟遭其外甥暗殺身亡。

3.26 中華民國駐沙烏地阿拉伯大使薛毓麒參加沙國費瑟國王葬禮。31日，派特使周書楷賀沙國新王哈立德登基。

3.31 台南縣左鎮菜寮溪出土的化石，經中日專家鑑定，證實為人類頭骨化石，年代在1萬至3萬多年，並命名為「左鎮」化石。

4.2 中共要人董必武逝世。

4.5 蔣中正總統因突發性心臟病於今日去世。

4.6 美國總統福特發表聲明，哀悼蔣中正逝世。韓國總統朴正熙、日本首相三木武夫等各國領袖亦致電慰唁。

4.6 總統嚴家淦令：1.全國軍公教人員應綴配喪章1個月；2.全國各部隊、機關、學校、軍艦及駐外使館等應自升日起下半旗誌衰30日；3.各要塞、部隊及軍艦應自升旗時起至降旗時止，每隔半小時鳴放禮砲；4.全國娛樂場所應停止娛樂1個月。

4.6 為了哀悼總統蔣中正的去世，3家電視台決定取消一切娛樂節目3天，加強新聞報導，並以黑白片播出1個月。

4.8 因蔣中正總統去世，台大學生代表主動發起一項全國性的獻機報國運動。

4.9 故總統蔣中正靈柩自台北市榮民總醫院移至國父紀念館。10日起供民眾瞻仰。

4.13 民眾前往台北市國父紀念館瞻仰故總統蔣中正遺容，4日來逾200萬人。

4.16 故總統蔣中正大殮，奉厝於桃園縣大溪鎮慈湖行館。

4.18 林海峰在東京接受「10段棋士」榮銜。

4.24 外交部授權中華民國駐越南大使館，全權處理應變措施。

4.25 森林試驗所表示台東紅葉村深山發現原始鐵樹林，佔地300公頃，為台灣林業一大發現。

4.26 越南前總統阮文紹、總理陳善謙抵達台灣。

4.27 中華民國駐越南大使許經國今日返國，28日起，駐越大使館停止辦公。

4.28 中國國民黨舉行第十屆中央委員會臨時會議，會中一致通過蔣經國擔任中央委員會主席，並保留總裁一職。

4.29 中共發表聲明，譴責印度企圖以武力把錫金變成印度的一個邦。

4.30 北越共軍攻佔西貢，南北越宣告統一。

5.2 總統嚴家淦夫婦接見越南前總統阮文紹。

5.2 中華民國海軍艦隊完成撤運越南難民任務。

5.2 撤運越南僑胞艦隊第一艘登陸艇返台。

5.2 省政府通令屬行公制度量衡單位，嚴禁使用台斤、呎、磅、加侖等單位。

5.2 比利時、西德、義大利、盧森堡及荷蘭等5國批准國際禁止核子擴散條約，使批准該條約的國家增至92個。

5.3 毛澤東在政治局會議上，批評江青、張春橋、姚文元、王洪文搞「四人幫」。

5.8 我國2艘軍艦搶救855名越南僑胞回國。

5.8 中共中央召開全國鋼鐵工業座談會。由於頭4個月欠產鋼195萬噸，鄧小平提出要對鋼鐵工業進行整頓。

5.12 國際新聞協會恢復我國會籍。

5.13 立法院通過空氣污染防治法。

5.13 南韓總統朴正熙頒緊急命令，禁止從事反對運動。

5.14 台電與美國西屋公司簽約，購入核三廠之核子反應器及燃料。

5.16 印度正式合併錫金，使其成為印度第22省。

5.20 世華聯合商業銀行開業。

5.23 胡金銓導演的「俠女」在坎城影展中獲得最佳攝影技術獎。

5.23 西班牙政府宣布允其西北非屬地撒哈拉獨立。

5.25 空軍自製之教練戰鬥機中興號試飛完成，將納入生產線。

5.26 中華民國被各國處理歐洲移民委員會選為安頓越南、柬埔寨難民的18個國家之一。

5.29 行政院公佈修正反共抗俄戰士授田條例施行細則。

6.3 中華文化復興運動推行委員會臨時全會推選嚴家淦總統繼任會長，于斌為副會長。

6.5 蘇伊士運河在關閉8年後重新對外開放。

6.6 中共《人民日報》報導：河北發現一件商代兵器。

6.6 英國全民公決贊成繼續留在歐洲經濟共同體內。

6.9 澎湖成功水庫開始供水，解決馬公缺水問題。

6.11 戴世然獲得第二屆亞洲田徑賽男

子110公尺高欄金牌。

6.15 詩人管管與吳晟獲頒吳望堯所設第二屆中國現代詩獎。

6.15 中華民國代表團在第二十一屆亞洲影展中獲得最佳導演（丁善璽）、最佳男主角（柯俊雄）、最佳編劇、最佳剪接等7個獎，「英烈千秋」獲4項大獎。

6.19 中華民國與菲律賓簽署協議，在菲律賓設立太平洋經濟文化中心，菲律賓在台灣設立遠東貿易促進中心。

6.23 大陸秦皇島至北京的輸油管道建成投產。

6.24 內蒙古生產建設兵團建制改變，農牧業團改為國營農場。

6.25 連映8個月之久的華視連續劇「保鏢」播出大結局，共演出多達256集。

6.30 國立陽明醫學院正式成立，首任院長韓偉視事。

7.1 台灣省各縣市公教人員福利品供應中心開始營業。

7.1 立法院三讀通過「國宅條例」，決定大量興建國民住宅。

7.1 中國大陸第一條電氣化鐵路──寶成鐵路通車。

7.2 總統嚴家淦今日明令，先總統蔣中正逝世日及誕辰日訂為國定紀念日。

7.2 台北市議會今日決議請市政府撤銷關於「禁止餐飲業者雇用女性」通告。

7.9 中日雙方在台北由亞東關係協會與日本交流協會簽訂雙方復航協議書。

7.10 中共新華社報導：陝西發現一處規模龐大的秦代陶俑坑。

7.12 省水產試驗所遠洋艇拖試驗船「海功號」舉行下水典禮。

7.14 政府開釋減刑人3,600餘人。

7.15 立法院通過修正土地法。

7.17 蘇聯聯合19號太空船與美國阿波羅太空船進行首度會合。

7.18 中央選舉總事務所成立。

7.19 航行花蓮－基隆間的豪華快輪花蓮輪首航。

7.19 省政府決定自8月1日起試辦學生團體平安保險1年。

7.21 中共新華社報導：湖北江陵發掘

一座距今2,140年的西漢早期古墓葬。

7.25 日本內閣正式宣佈，日本航空公司將組子公司，經營中日航線。

7.31 我首任駐沙烏地阿拉伯大使馬步芳在沙國病逝，享年77歲。

8.1 《音響雜誌》創刊。

8.5 台北市立棒球場舉行中華民國棒球史上首場夜間比賽，擠進15,000名球迷。

8.7 諾魯共和國總統戴羅伯今日抵台訪問。

8.8 日本亞細亞航空公司成立，經營台北－東京間航線。

8.9 兩艘河船在廣州附近相撞，500人死亡。

8.10 中日航線正式恢復，中華航空公司客機經東京飛往美國。

8.13 省政府主席謝東閔頒獎給美國康乃爾大學謝斐博士，以感謝其對本省種瘟防治工作的幫助。

8.13 毛澤東發表關於如何評價《水滸》的談話。

8.14 喬森潘英薩利副首相率東埔寨王國民族團結政府代表團抵達大陸訪問。

8.17 世界青棒、青少棒比賽，中華代表隊雙獲冠軍。

8.20 中國造船公司正式興建第一艘44.55萬噸油輪。

8.27 台灣省政府主席謝東閔表示，實施小康計畫4年，至1975年5月底止，已減少貧民26萬餘人。

8.27 衛生機關購進2台販賣保險套機器，1元硬幣可以買到3個。

8.29 愛爾蘭政治家德瓦勒拉去世。

8.30 北京天文台發現天鵝星座出現一顆新星。同日，江西段元星也發現這顆星。

9.1 洪建全視聽圖書館開幕。

9.4 世界銀行調查研究指出，中華民國中小學教育超過開發中國家平均水準。

9.7 蘭州－拉薩新航線正式通航。

9.15 日本亞細亞航空公司客機首航抵台，日本自民黨總務會長尾弘吉率國會代表團29人來訪。

9.15 國防部宣布，今後國慶日閱兵將以後備軍人為主。

9.16 中共中央發出「關於大力發展養

豬業」的通知。

9.17 蔣夫人宋美齡赴美就醫。

9.17 金馬獎頒獎，最佳劇情片「吾土吾民」，最佳導演劉藝，秦祥林、盧燕分獲最佳男女主角。

9.20 曾當選十大傑出青年的殘障青年鄭豐喜因肝癌去世，享年32歲。

9.22 巴拉圭總統史托斯納爾抵台訪問4天。

9.22 中共釋放在押的95名台灣武裝特務和49名武裝特務船船員。

9.25 中國與越南簽訂關於中國向越南提供無息貸款的協定，同時還有1976年中國向越南提供一般物資的協定。

9.30 國防部長高魁元在立法院表示，我國已有能力自製響尾蛇飛彈。

10.1 中共「全國攝影藝術展覽」在北京舉行。

10.2 行政院主計處統計，台灣人口密度為每平方公里440.57人，居世界之冠。

10.4 國片「俠女」在美國紐約舉行的第一屆國際靈異影片展示會中，獲得榮譽獎。

10.4 國立故宮博物院管理委員會由王雲五連任主任委員，續聘蔣復璁為院長，並推選蔣宋美齡等8位常務委員。

10.4 維吾爾歌劇片「紅燈記」在新疆上映。

10.5 台灣省消費合作社聯合社成立。

10.5 埃及和以色列開始執行西奈半島隔軍協定。

10.6 高雄大統百貨公司開業。

10.6 亞洲國會議員聯合會第十一屆大會在台北舉行。

10.7 新竹縣一滿載噴霧式殺蟲劑的貨車在卸貨時爆炸，導致屋毀13間，6人死亡，4人受傷。

10.9 蘇聯人權鬥士沙卡洛夫獲1975年諾貝爾和平獎。

10.11 河內（北越）設立日本大使館。

10.13 政府統計，20年來台灣國民所得，平均每人增加3倍，去年每人所得為697美元，儲蓄也比日本以外各國高。

10.18 23個加勒比海與拉丁美洲國家簽訂經濟憲章。

10.14 第一屆世界國術觀摩及擂台邀請

賽在台南揭幕。

10.19 美國國務卿季辛吉抵達中國大陸訪問。

10.23 財政部和中央銀行會商決定,以現有行政區域為準設置國民銀行,但在同一行政區域內以設立一家國民銀行為限。

10.23 白雅燦印發「廿九條質問蔣經國」傳單,被判無期徒刑。

10.29 美國名佈道家葛理翰牧師在台北市舉行佈道大會,吸引5萬多人冒雨聽道。

10.30 聯合國大會第一(政治)委員會通過決議,同時同意支持南韓及支持北韓兩議案。

10.31 王永慶兄弟捐建的林口中正運動公園室內綜合體育館破土興建。

10.31 中國大陸李天賜研發成功「公元干支紀日速查盤」。

11.3 中華民國贈送日本的孔子像在東京孔子廟揭幕。

11.4 台灣省增闢3條橫貫公路勘查工作完成。

11.4 美籍女醫生白信德在台灣貢獻37年青春後返國。

11.9 1974年諾貝爾經濟學獎得主英國經濟學家海耶克訪台。

11.10 葡萄牙人在統治安哥拉320年之後撤出該國。

11.11 畫家席德進獲得中山文藝創作獎。

11.12 美國總統福特要求美國國會給予中華民國政府8,000萬美元軍售貸款。

11.12 台灣抗日志士丘逢甲之銅像在台北市新公園揭幕。

11.12 中共新華社報導:中國科學工作者最近在內蒙古四子王旗腦木根公社,發現大批古新世哺乳動物化石。

11.13 針對美國宣佈福特總統將於12月1日訪問大陸一事,我國發表聲明,重申反對立場。

11.18 14歲小棋士王銘琬赴日深造。

11.18 教育部宣佈,國民常用字表初稿已研訂完成,共有4,709字。

11.18 台灣基督教長老教會總會發表「我們的呼籲」。

11.20 自1939年起任西班牙國家元首的佛朗哥將軍於今日去世。

11.22 台北市十大死亡原因公佈,惡性腫瘤高居首位,腦血管疾病及意外次之。

11.23 台灣養殖漁業蓬勃發展,生產總值約50億元。

11.23 大陸貴州省發現較為完整的劍齒象化石。

11.26 台灣經濟持續成長,國際貿易排名躍居前20名。

11.26 中共又發射一枚衛星並首度成功回收衛星。

12.1 美國前副總統安格紐抵台訪問。

12.2 美國眾議院支持我國議案已獲過半數的218名眾議員簽署。

12.2 毛澤東今日會見美國總統福特和夫人。

12.4 台灣省教育廳函令中國語文學會,將國歌、國父遺囑及先總統蔣公遺囑譯成白話文,轉發各校作為中國文化基本教材。

12.4 中共《人民日報》轉載《紅旗》署名北京大學、清華大學大批組的文章〈教育改革的方向不容篡改〉。以「教育革命大辯論」為起點的「批鄧、反擊右傾翻案風」運動開始。

12.5 外交部就美國總統福特訪問大陸一事發表聲明,重申嚴正立場,反對美國與中共交往。

12.6 台北市籍的祖母級登山家楊碧蓮,成為國內第一位完成萬呎以上百岳攀登壯舉的女登山者。

12.7 中國國民黨中央委員會要求全體黨員,在耶誕、元旦、春節期間禁止飲宴遊樂。

12.8 亞洲人民反共聯盟第二十一屆大會在東京揭幕,會中決定秘書處移設台北,由杭立武擔任聯盟秘書長。

12.10 高速公路中壢至楊梅路段今日開放通車。

12.12 前中華民國中將李毅回到大陸。

12.15 中共宣佈在押的原國民黨縣團以上黨政軍人員一律寬大釋放。

12.16 中共黨政要人康生在北京病逝。

12.19 建立清嘉慶11年,歷經109年,在道光4年完工的鹿港文武廟,全毀於一場大火。

12.21 台北市圓山動物園大象馬蘭擴工飼養工。

12.25 行政院長蔣經國宣佈6年經濟建設總體目標。

12.31 毛澤東會見美國前總統尼克森的女兒茱莉·尼克森·艾森豪和她的丈夫戴維·艾森豪。

## 1976

1.1 經濟部中央標準局制訂施行我國電ності國家標準。

1.1 桃園大溪賓館開放參觀。

1.5 女歌手甄妮住宅遭4名蒙面歹徒持刀搶劫。警察於9日偵破,16日,4名人犯依軍法判處死刑。

1.6 財政部宣佈台省合會儲蓄公司改為中小企業銀行,7月1日正式營業。

1.8 廣播電視法開始實行,規定國內廣播播音以國語為主,方言應逐年減少。

1.8 中共國務院總理周恩來去世,享年78歲。

1.10 中央標準局公佈施行機車安全帽國家標準。

1.12 中國電影製片廠籌辦錄製4年之久的電視影集「寒流」,在三家電視台聯播。

1.14 歌星余天高雄登台擅唱黃色歌詞,市警察局依違警罰法第64條第5款妨害風俗,裁決拘留7天。17日台北市政府教育局吊銷其演員證。

1.18 呂良煥奪得中華民國第十屆職業高爾夫球公開賽冠軍。

1.19 高雄市人口破百萬大關。

1.20 台灣省水產試驗所東港分所,創世界水產界紀錄,用人工繁殖烏魚,再授精卵成功。

1.24 用來減輕孕婦害喜的易遠眠——沙利遏度藥劑事件達成協議,日本製藥公社提供新台幣2,385.5萬元,作為台灣38名受害兒童補償金。

1.25 國畫大師張大千返台定居。

2.5 行政院核定,將留在台北機場的一架越南航空公司波音727客機收歸公有。

2.5 台灣首創的高雄地下商城今日破土興工。

2.9 教育部公佈私立中小學、幼稚園招生規定,入學方式採自由登

記，初中小學一律不得增班。

2.10 高雄市福澤社會服務中心，設立國內第一個「保護你」專線，援助遭強暴少女。

2.10 教育部表示，中文書橫行書寫排版採由左向右，標語、招牌則由右而左。

2.10 中共與柬埔寨簽訂中共向柬埔寨無償提供軍事援助協定。

2.11 國立台灣大學考古隊在台南縣仁德鄉牛稠子遺跡，發掘出3,000年前之穀類化石。

2.12 行政院通過修正「國外留學規程」，決定自1976年起停辦自費留學考試。

2.12 聯合報系之《世界日報》在美創刊發行。

2.13 油畫家廖繼春因氣喘病去世，享年74歲。

2.14 《汪洋中的破船》一書遭大量盜印，作者鄭豐喜之遺孀吳繼釗向台北市警察局報案。

2.19 行政院人事行政局表示：夏令「日光節約時間」自今年起停止實施。

2.19 冰島因漁業權糾紛宣佈與英國斷交（鱈魚戰爭）。

2.23 亞東關係協會與日本交流協會舉行第一屆經貿會議。

2.23 衛生署公佈實行「食品衛生標準」。

2.23 毛澤東會見美國前總統尼克森和夫人。

2.26 政府決定，自今年暑假起開始試辦大專一、二級女生軍事後勤訓練。

2.27 全省自來水廠合併完成，正式納入省自來水公司的經營體系。

2.29 《夏潮》雜誌創刊。

3.1 豐原鎮改制為豐原市，成為台灣省第13個縣轄市。

3.3 內政部表示，凡大廈、商號、補習班以洋化名稱申請證照者，一律不予核准。

3.3 中共中央發出「關於學習『毛主席重要指示』的通知」，並轉發華國鋒在中央召集的各省、市、自治區和各大軍區負責同志會議上的講話。要求「組織縣團以上幹部認真傳達學習」。

3.5 首次出現1英磅對2美元之匯率，義大利里拉大幅下跌，歐洲貨幣再度出現不穩定局面。

3.9 行政院衛生署表示，醫院名稱一律不得使用洋名，已用者必須加以更改。

3.12 素人畫家洪通在台北市美國新聞處舉辦首次畫展。

3.13 田徑選手楊國華、王榮華在台東縣田徑賽400公尺表演賽中，分別以47秒5、47秒6破楊傳廣保持的該項全國紀錄。

3.14 雕刻家朱銘在國立歷史博物館舉行首次個展。

3.15 中美海式電纜電話開放。

3.19 針對越南出版地圖的錯誤，外交部重申西沙、南沙群島為中華民國領土。

3.23 鄭豐喜遺作《汪洋中的破船》經行政院長蔣經國更名為《汪洋中的一條船》，重新發行問世。

3.23 1966年聯合國大會通過之國際人權規約正式生效。

3.24 阿根廷總統裴隆夫人被推翻。

3.25 行政院會核定，將台灣省本屆省議員、縣市長、縣市議員、鄉鎮（縣轄市）長等4種公職人員之改選，延至次年11月，與台北市市議員之改選同時舉行。

3.26 作家林語堂病逝。

3.27 工業技術研究院引進積體電路的製造技術。

3.31 台北市警察局表示：乘坐機車應戴安全帽，台北市自4月1日起展開勸導工作，11日起執行告發。

4.5 中國大陸北京天安門廣場上民眾所放置之周恩來追悼花圈遭中共政府移除，數萬群眾表示抗議並與軍警發生衝突，爆發四五天安門事件。

4.7 中共第一副主席華國鋒出任總理，鄧小平被解除一切職務。

4.8 中華卡通影片股份有限公司與美國吉伏國際公司訂約，合作製作中國彩色卡通電視影片。

4.12 中國國民黨發表「告大陸同胞書」，宣佈歡迎大陸同胞入黨的方法。

4.12 教育部訂定私立學校之現金及有價證券處理準則，規定收費悉數

存入銀行，校產非經主管教育行政機關核准，不得處分。

4.15 行政院長蔣經國指示教育部，應將台灣先賢烈士事蹟從速編纂台灣史籍，或列入中小學教科書內容中。

4.15 交通部道路交通安全督導會報決議，在國內市場未能充份供應合格安全帽前，暫不取締處罰未戴安全帽之機車騎士。

4.16 台灣省議員藍榮祥指責，鐵路便當排骨菜飯每下愈況，一杯水洗好幾個茶杯。

4.19 台中縣籍的總統府國策顧問楊肇嘉去世，享年85歲。

4.20 立法院今日通過山坡地保育利用條例。

4.21 彰化縣大村鄉發生南下觀光號火車與彰化客運客車相撞車禍，40人死亡，41人輕重傷。

4.22 政府決定成立輔導小組，推動應屆畢業國中女生到工廠工作，以解決勞力嚴重不足問題。

4.24 國家科學委員會主任委員徐賢修表示，台灣地區開發之地熱資源可發電100萬瓩以上。

4.26 中華民國與南非宣佈建立正式外交關係。

4.26 外交部宣佈駐南非領事館升格為大使館。

4.27 最高法院刑事庭庭長推事總會議決議，攜帶日據時期發行之洋硬幣出國時，其含銀量不得超過20市兩。

5.2 行政院衛生署發佈資料指出，台灣最具危險性的霍亂、鼠疫等9種傳染病已經絕跡。

5.4 經濟部表示，公司資本逾一定數額者股票須公開發行。

5.5 台北市一青年因信教而拒絕服兵役，引起市府民政局關切。

5.5 為慶祝舞蹈節，教育部頒獎給創作「小鼓手」歌舞的林懷民和史惟亮。

5.6 「守望台」聚會所美籍傳教士表示，信徒拒服兵役純係誤解教義所致。

5.6 教育部宣佈不承認任何宗教學院文憑。

5.6 大陸著名文藝活動家、詩人、劇

作家孟超，因長期遭受江青集團的誣陷和殘酷迫害，含冤逝世。

5.6 義大利北部發生地震，造成2,000人死亡。

5.7 成立軍眷住宅公用合作社，以解決軍眷居住及住宅權益問題。

5.10 新加坡總理李光耀訪問大陸。

5.12 台北市議員林鈺祥、高金殿質詢建設局「為什麼要吃50元一個的蘋果？」

5.14 印度、巴基斯坦於斷交5年後再度恢復邦交。

5.15 11名遇險台灣漁民獲救後離開浙江返回台灣。

5.18 教育部公告解釋：新任的私立學校校長不可兼任民意代表。

5.20 由台灣銀行發起設立的中興票券金融股份有限公司正式開業。

5.24 「協和」式飛機首次進行跨越大西洋的商業飛行。

5.27 張大千在歷史博物館發表「我與敦煌壁畫」演講，並且澄清過去一直被外界認為「毀壞壁畫」之誤解。

5.28 美蘇分別於華盛頓、莫斯科同時簽署規定和平用途之核子試爆條約，將禁止15萬噸以上的核子試爆，並允許雙方在現場進行監視試爆。

5.30 縱貫線海線竹南與談文站間發生南下快班車與北上對號快車互撞車禍意外事件，死亡29人，受傷164人。

5.31 財政部常務次長王紹堉、糧鹽司長張清治因執行糧鹽政策不力，遭行政院記兩大過免職。

6.1 中國造船公司高雄造船廠今日提前完工。

6.1 總統嚴家淦接見賴索托總理約拿旦夫婦。

6.2 哥倫比亞國會眾議院主席桑托費米奧抵台訪問。

6.2 冰刀式溜冰場「白雪冰宮」於今日開幕。

6.5 財政部規定：信用合作社及農會信用部不得參與貨幣市場活動。

6.7 中共新華社報導：貫穿大興安嶺原始林區的嫩林鐵路建成通車。

6.8 中央研究院院士吳健雄與陳省身榮獲美國科學獎章。

6.9 總統任命宋長志為參謀總長、鄒堅為海軍總司令。

6.10 總統任命林洋港為台北市長。

6.13 省教育廳公佈1976學年度私立初中、小學及幼稚園新生入學實施要點。其中規定私立初中設有小學部，其畢業生得直升該校初中部；惟私立小學設有幼稚園者，其畢業生不得直升小學部。

6.14 中共外交部發言人就瑞典和菲律賓石油開發公司在南沙群島作業一事發表聲明，指出南沙群島及其資源屬中國所有。

6.15 行政院長蔣經國指示中船，國船國造、國輪國修、國貨國運。

6.16 南非1萬名抗議語言政策之黑人學生與警察發生衝突，後擴大至各地，死亡者超過100人。

6.17 省議會通過省自8月1日起正式辦理學生團體平安保險。

6.24 美國福特政府聲明，從金門、馬祖撤回6名美國軍事顧問並無特別政治含義，目前駐華美軍約2,300人。

6.25 中共新華社報導：中華全國體育總會在北京成立台灣省體育工作聯絡處。

7.1 國際奧會指責加拿大拒讓中華民國運動員入境參加夏季奧運會。

7.2 耶和華教會東區傳教士高和等4人，被控煽惑教徒拒服兵役，經台東地方法院判決，各處有期徒刑1年6個月。

7.3 毛澤東、朱德、華國鋒電賀越南全國統一。

7.4 以色列突擊隊在恩德培向被劫持的飛機發動攻擊。

7.8 加拿大企業拒絕中華民國奧林匹克運動會代表團入境。

7.8 台灣省教育廳函省各級學校將陸海空軍軍歌列入音樂課程，普遍教唱。

7.9 政府興建中正紀念堂，決定錄取楊卓成提出之設計方案。

7.16 中華民國奧林匹克運動會代表團退出本屆奧運會。

7.16 北京等6城市舉行游泳活動以此紀念毛澤東長江游泳10週年。

7.17 第二十一屆奧運會在加拿大蒙特婁開幕。

7.17 印尼總統蘇哈托宣佈東帝汶與印尼正式合併。

7.19 國際奧林匹克委員會投票否決排除中華民國案，並擱置中共入會申請。

7.21 英國駐愛爾蘭大使在都柏林遭汽車炸彈炸死。

7.23 中共新華社報導：津滬鐵路復線建成。

7.26 日亞航空公司中日航線正式開航，每週27班次。

7.27 警備總部軍法處初審判決：楊金海意圖顛覆政府，著手實行，處無期徒刑；顏明聖預備顛覆政府，處有期徒刑12年。

7.28 唐山大地震發生。

7.30 中國大陸災胞救濟總會公開呼籲海內外同胞，救助大陸河北省地震災胞。

8.1 台灣公路局台北－台中線開始行駛中興號冷氣車。

8.6 美國決定再售予中華民國60架F-5E戰鬥機，使總數達180架。

8.6 外交部次長楊西崑訪問巴拉圭，晉見史托斯納爾總統。

8.8 中央通訊社報導，中共派軍機攔截我方救濟物資。

8.8 在關島舉行的遠東區少棒賽中，中華民國榮工隊敗於日本隊，衛冕失敗。

8.10 農村復興委員會通過南極蝦開發試驗計畫。

8.11 中華民國外匯存底逾28億美元，財政部將有效控制貨幣供給額。

8.16 愛國獎券由每聯10元提高為20元，獎金由第一特獎每聯50萬元提高為100萬元。

8.16 四川松潘、平武先後發生兩次7.2級地震。震前震後在四川出現地震恐慌現象，成都平原人心浮動，停工停產，造成巨大經濟損失。

8.22 中華民國青棒、青少棒代表隊在世界大賽中衛冕成功。

8.23 外交部宣佈與中非共和國終止外交關係。

8.25 洪範出版社成立。

8.29 美國《華盛頓郵報》報導，美國政府之機密文件指出，台灣秘密進行核子燃料之再處理工作。

8.31 行政院新聞局表示，中華民國從事核能開發僅限於和平用途。

9.3 台北市政府今日決定，私人興建住宅附設游泳池，將不發給建築執照。

9.5 反共電視影集「寒流」配上閩南語發音，在三家電視台再度聯合播出。

9.8 中國國民黨中央常務委員會通過第四屆大法官人選共15人。28日，大法官宣誓就職。

9.9 毛澤東逝世。

9.12 張琍敏主演的電視連續劇「家有嬌妻」，在播出4年多後下檔。

9.16 國際業餘棒球邀請賽在台北揭幕。26日閉幕，日、美分居冠亞軍，中韓並列第三名。

9.16 行政院發表聲明，中華民國從未考慮製造核子武器。

9.17 行政院長蔣經國在立法院嚴正表示，政府決心全力剷除當前社會四大害：職業賭博、流氓集團、走私、販毒吸毒。

9.18 大陸北京百萬群眾在天安門廣場舉行毛澤東主席追悼大會。

9.22 台北縣五股鄉發生箱屍案。

9.24 被控盜印《汪洋中的一條船》一書，黎明圖書社負責人陳福順經台北地方法院判處1年有期徒刑。

9.27 行政院選定梅花標準圖案。

10.2 國語影片金馬獎名單揭曉，「梅花」獲得最佳影片獎，最佳導演張佩成，常楓、徐楓獲最佳男女主角。

10.6 中共中央政治局對江青、張春橋、姚文元、王洪文等人實行隔離審問。

10.8 國防部發佈金湯演習於10月9日實施，第一次利用大眾傳播機構下達召集令。

10.10 台灣省主席謝東閔遭郵包炸彈炸傷右手。

10.18 旅美科學家丁肇中發現新型基本粒子，獲得諾貝爾物理學獎。

10.19 《台灣政論》雜誌副總編輯黃華被控意圖顛覆政府，經警備總部軍事法庭判處10年有期徒刑。21日，該雜誌遭撤銷登記。

10.21 美國加州大學宣佈，華裔科學家李卓皓發現天然止痛劑貝他因多芬，效果比嗎啡大20倍。

10.21 最高軍事法庭審判確定，《台灣政論》雜誌刊載觸犯內亂罪及煽動他人觸犯內亂罪文字，依「出版法」撤銷登記。

10.22 中華民國著作權人協會在台北正式成立。

10.24 大陸北京各界群眾在天安門廣場集會，隆重慶祝粉碎「四人幫」的勝利。中共中央主要領導人出席大會。

10.31 中正紀念堂在總統嚴家淦主持破土典禮後動工興建。

10.31 台中港正式啟用通航。

11.1 台中港開放參觀，首日參觀者10萬多人。

11.3 吉米·卡特當選美國總統。

11.4 大力士徐治士應法國國家第二電視台邀請，表演汽車過身，結果失手，在高雄三多路當場輾斃。

11.10 唐朝大文豪韓愈之後代子孫韓思道控告「潮州文獻」雜誌發行人郭壽華誹謗韓愈。

11.11 行政院決定今後縣政府所在地之鄉鎮一律改為縣轄市。

11.12 中國國民黨第十一次全國代表大會在陽明山中山樓揭幕。

11.16 中國國民黨十一全大會通過蔣經國為黨主席。

11.20 蘇澳商港啟用。

11.24 毛主席紀念堂奠基儀式今日在北京舉行。

11.24 土耳其發生大地震，造成7,000人死亡。

11.25 台灣地區最大棒球場——新竹縣中正棒球場落成啟用。

11.27 陳明忠等13人被控接受中共駐日本大使館指使，在台組織密謀武裝暴動，經軍法庭審判終結宣判。

11.29 經濟部劃定基隆河水污染管制區，即日起公告執行。

11.30 中共第四屆全國人大常委會第三次會議在北京舉行。會議通過鄧穎超為副委員長的決議，並任命黃華為外交部長。

12.1 台北市長慶紀念醫院今日正式開放應診。

12.2 行政院長蔣經國指示有關單位，詳查外電報導台灣女子赴日賣春一事。

12.4 中非共和國更名為中非帝國，總統卜卡薩改稱皇帝。

12.10 旅美科學家丁肇中在斯德哥爾摩接受諾貝爾物理獎後，以華語致詞感謝。

12.10 中共中央印發「四人幫」罪證材料，全國掀起批判「四人幫」活動高潮。

12.15 福建最長的公路橋閩清大橋建成通車。

12.21 行政院新聞局為鼓勵優良出版事業及出版品所創設的金鼎獎，舉行頒獎典禮。

12.21 因美國女權運動家妮基·范·海桃博士對禮運大同篇「男有分，女有歸」一句曲解，我學術界加以反駁。

12.23 中共新華社報導：河北省發掘出十多處戰國時期燕國和秦國的古城遺址。

12.28 西德繆爾德博教授成為本年來台觀光的第100萬名旅客。

12.28 台中中正國民小學學童在集合升旗時，因搶下樓梯造成擁擠，結果有31名學童摔倒在地。

## 1977

1.1 廣播電視法施行細則生效。

1.2 行政法院駁回統一教不服撤銷登記之行政訴訟。

1.3 國際貨幣基金（IMF）為紓解英國經濟困境，決定提供39億美元貸款。

1.4 財政部決定自1月25日起降低石油關稅稅率50%，實施一年。

1.5 我遠洋漁業試驗船「海功號」自南非開普敦出航前往南極探勘磷蝦漁場。

1.6 捷克知識份子發表人權宣言。

1.11 中華民國宣佈與巴貝多中止外交關係。

1.11 據統計，1976年台灣進出口貿易總額達156億餘美元，創歷年來最高紀錄。

1.12 麻豆鎮五王廟「七朝」建醮大拜拜，估計花費七千餘萬元。

1.17 美國恢復死刑，加里·吉爾莫被處決。

1.18 立法院通過修正「實施都市平均

地權條例」，改名為「平均地權條例」。

1.18　立法院通過修正學位授予法，並廢止名譽博士學位授予條例。

1.20　吉米·卡特宣誓就任美國總統。

1.21　涉及省政府主席謝東閔去年拆信遭炸傷一案的王幸男被逮捕。28日，王幸男被判無期徒刑。

1.21　台省各宗教團體呼籲香港政府停止遣返大陸難胞。

1.24　音樂家馬思聰在高雄、台南、台中等地作4場演奏表演，行程歷時一週。

1.25　前台北縣長蘇清波受賄變更都市計畫案，判處8年徒刑。

1.28　外交部發言人鍾湖濱重申政府立場，中華民國隨時與美國合作，努力防止核武擴散。

1.29　愛爾蘭共和軍在倫敦西區劇院製造爆炸事件。

1.30　台灣省政府擬定「台灣省老人乘搭車船免費優待辦法草案」。

2.3　王幸男之父母王孟冬夫婦拜訪省政府主席謝東閔，為郵包爆炸案一事向謝東閔道歉。

2.5　經濟部中東貿易推展小組成立。

2.5　巴西籍足球王比利訪台。

2.6　行政院函令各機關人員，除法定及專業報准外，一律不得兼職。

2.6　中台化工公司高雄廠開始生產，此乃國內第一座生產尼龍原料的工廠。

2.7　李天祿率「亦宛然」掌中戲團首度參加香港藝術節演出。

2.8　一貫道負責人王壽、蕭江水2人因利用迷信蠱惑群眾，依叛亂罪移送軍法偵辦。

2.8　師大與中國醫藥學院均修改招生簡章，嚴格限制病殘學生報考。

2.10　《潮州文獻》雜誌發行人郭壽華被控誹謗唐代文學家韓愈一案，經台北地方法院判決，被告在無史實依據下捕風捉影，誣衊韓愈人格，科處罰金300銀元。

2.11　司法院解釋，工人七日一假係強制性規定。

2.12　由於銷美日光燈退貨事件，國貿局長汪彝定表示今後凡銷往北美洲之電產品須通過美國UL或加拿大CSA檢查標準方可出口。

2.18　烏干達大主教被阿敏軍隊殺害。

2.23　中華民國宣佈與賴比瑞亞中止外交關係。

2.24　南非共和國陸軍總司令維容中將訪台。

2.26　行政院核定中美租稅協定。

2.28　中共首都各界人士在北京的台灣省同胞300多人集會，隆重紀念台灣省人民「二二八」起義30週年。廖承志在會上，重申了愛國一家，愛國不分先後等政策，歡迎台灣同胞來大陸看一看，保證安全和來去自由。

3.1　《仙人掌》雜誌出刊。

3.1　阿根廷反對美國以人權問題為由削減軍事援助，烏拉圭亦作同樣表示。

3.6　中華民國神經學會成立。

3.7　第一屆亞非高峰會議於開羅召開，共有60國代表參加，包含巴勒斯坦解放組織（PLO）及非洲6個解放團體代表。

3.8　立法院通過修正海關進口稅則。

3.14　教育部訂定「公私立大學院校學術行政主管人員聘用資格審查要點」。

3.17　經濟部表示為配合國貨國運政策，進口方面凡屬大宗物資均應由國輪運輸。

3.20　莫拉阿吉·德賽在印度大選中擊敗甘地夫人。

3.22　行政院核定准許院、省轄市可在都市計劃住宅區內興建國際觀光旅館。

3.26　教育部表示：絕對禁止教師對學生施以體罰，違者將依法處分。

3.27　泛美航空及荷蘭航空客機在西班牙屬地加那利群島上空互撞，造成575人死亡（航空史上最大事故）。

3.28　內政部入出境管理局表示，華僑如被迫使用中共證照或曾赴大陸者申請來台時，將以准其入境為原則。

4.1　高雄市中華市場舞弊案移送法辦，8名市議員及2名市政府官員列為被告。

4.6　省主計處統計顯示，台灣省平均每1.14戶有1架電視，每2.97戶訂1份報紙。

4.7　財政部核釋，台灣光復前，夫妻在婚姻關係中以妻名義取得之財產，視為妻之特有財產。

4.8　台灣省鐵路局開始淘汰觀光號列車，以莒光號客車取代。

4.9　16名赴日本賣春女子被起訴，涉案人達105人。

4.9　西班牙共產黨被禁38年後宣告合法化。

4.11　政府支付青年黨反共抗俄宣傳費每月85萬元，遭立委質詢。

4.11　台灣省菸酒公賣局因遭外界批評，決定不製售女用香菸。

4.13　華裔大提琴家馬友友在台北市國父紀念館舉行獨奏會。

4.14　因約旦王國與中共建交，中華民國宣佈與約旦中止外交關係。

4.14　嚴家淦特任戴炎輝、韓忠謨為司法院正、副院長。

4.15　上海－蘭州－烏魯木齊新航線正式通航，全長3,600公里，是大陸最長的航空線。

4.16　第一屆台灣省東區山胞運動大會在台東縣舉行。

4.17　台灣旅英小提琴手辛明峰在蘇格蘭格拉斯哥市獲國際少年小提琴比賽冠軍。

4.18　台灣地區第一次實施人造雨。

4.19　教育部長蔣彥士因蘇澳港翻船事件引咎辭職，由李元簇接任。

4.20　「民間藝人音樂會」於台北實踐堂舉行，有陳達的唸歌、賴碧霞的客家山歌、陳冠華的歌仔戲、鹿港聚英社的南管演奏。

4.21　教育部公佈學位授予法，大專生可提前畢業。

4.26　旅美科學家丁肇中膺選為美國國家科學院院士。

4.30　台北市公民營公車開始聯營。

5.1　葉石濤在《夏潮》發表〈台灣鄉土文學史導論〉。

5.2　台灣省政府公佈農田受災流失、埋沒及海水倒灌救濟標準。

5.5　行政院核定中美漁業協定。

5.5　基隆七堵福基煤礦發生災變，造成5死14傷。

5.6　中國石油公司苗栗境內油井試氣爆炸，造成3死3重傷。

5.7　第三屆先進國家7國高峰會議於倫敦召開。於8日通過貿易、南

北問題等協議，發表「倫敦宣言」。

5.10 北大西洋公約組織15國高階層會議於倫敦召開。

5.10 經濟部接獲美國通知，美國決定取消台灣輸美橡膠鞋類平衡稅。

5.11 美國政府連續第二年拒絕中華民國提出之更換駐美大使之要求，同時決定不更換駐華美國大使。

5.15 楊森將軍病逝於台北三軍總醫院，享年96歲。

5.17 立法院通過修正「政府發表經濟社會向國外借款及保證條例」，保證限額由30億元將提高至45億美元。

5.18 行政院新聞局公佈實施優良圖書、雜誌金鼎獎評選辦法。

5.19 省議會通過臨時動議，請議會就省議員許信良所著《風雨之聲》之內容向外澄清，並促許信良自我檢討。

5.24 鄧小平同中央兩位同志談話中提出：「兩個凡是」不符合馬克斯主義，暗批華國鋒。

6.2 中船承建之我國第一艘超級油輪44萬5千噸柏瑪奮進號舉行下水典禮。

6.4 中共新華社報導：在廣東省曲江縣附近的石峽地區，發現了一處距今3千多萬年的古文化遺址和氏族公共墓地。

6.4 蘇聯公佈新憲法，為41年來首度大幅修正。

6.7 雜誌業者向立法院陳情，抗議郵政當局違反郵政法及出版法「雜誌屬新聞紙類」規定，以行政命令將雜誌列為一般印刷品類收費，提高郵資達9倍之多。

6.9 警政署發佈「六七水災」災情：共計死亡18人、失蹤1人、重傷1人、房屋全倒24間，搶救災民19,570人。

6.12 台南市元寶歌廳發生兇殺案，台語歌手葉啟田遭到指控涉嫌教唆行兇。

6.15 瑞典國際和平研究所指出，中華民國有能力製造核子巡弋飛彈。

6.22 前陸軍副總司令、駐越南大使胡璉病逝於台北。

6.22 流亡美國之前南韓中央情報局局長金炯旭於美國眾議院國際組織委員會中指證，金大中事件係由當時之南韓中情局（KCIA）局司李厚洛所安排。

6.23 外交部就美國國務卿范錫將訪問中共一事，重申反對美國與中共接觸的嚴正立場。

6.25 台電與沙烏地阿拉伯簽約，為其建造阿巴哈地區輸電系統。

6.28 立法院通過中船改制為國營型態，於7月1日正式生效。

6.29 調查局在台北市破獲製售「速賜康」迷幻藥集團，該集團已售出50萬支以上「速賜康」。

7.1 中國造船公司、中國鋼鐵公司正式改制國營。

7.1 立法院通過土地稅法，以配合全面實施平均地權。

7.1 外交部長沈昌煥對上月29日美國國務卿范錫在亞洲學會所稱，美國將尋找與中共的關係正常化一事提出抗議。

7.1 美國國防部決定售予台灣鷹式防空飛彈。

7.1 中興、台北、華江及西螺大橋停收過橋費。

7.3 經濟部發表聲明，釣魚台水域屬中華民國領土，日本無權禁止台灣漁船作業。

7.5 巴基斯坦發生軍事政變，總理布托遭到監禁。以陸軍參謀長齊亞將軍為首之臨時委員會成立，迄大選為止實施軍事管制（戒嚴）。

7.6 第一屆威廉瓊斯杯國際籃球邀請賽在台北市中華體育館揭幕，共計9隊參加。

7.7 中共空軍中隊長范園焱駕駛米格19型軍機飛抵台灣。

7.14 陶曉清策劃「中國現代民歌」在台北市中山堂演出，歌手有楊弦、吳楚楚、吳統雄、胡德夫、陳屏、韓正皓、楊祖珺等。

7.16 中共第十屆三中全會開幕。22日決定恢復鄧小平為黨副主席，開除江青等四人幫成員黨籍。

7.21 柬埔寨與泰國爆發嚴重邊境交火衝突。

7.25 新任美軍協防台灣司令林德少將來華履新。

7.25 強烈颱風賽洛瑪登陸台灣南部，風力達16級。

8.1 警政署表示，「薇拉」颱風侵襲東北部造成嚴重傷害，共計有45人死亡，175人受傷，156間房屋倒塌。

8.1 高速公路基隆內湖段開放通車。

8.3 中華民國國民生產毛額及成長率，躍居世界第12位。

8.3 日華議員懇談會在東京舉行。

8.5 中共駐印度大使館臨時辦劉率福，就印度政府領導人接見達賴喇嘛一事，向印度政府提出強烈抗議。

8.11 我國女子足球代表隊榮獲第2屆亞洲女子足球賽冠軍。

8.12 中共第11屆全國代表大會於北京開幕，主席華國鋒表示承襲毛澤東路線並結束第一次文化大革命，實施近代化政策。

8.13 14名台灣人委託7名日本律師控告日本政府，要求以23萬4,000美元賠償他們在第二次世界大戰期間所受的傷亡損失。

8.16 台灣基督長老教會因應美國與中共關係正常化，總會常置委員會議決通過「人權宣言」，提出「台灣人民自決」及建立「新而獨立的國家」等主張。

8.17 彭歌在《聯合副刊》發表〈不談人性何有文學〉，反對鄉土文學作家之論。

8.20 余光中在《聯合副刊》發表〈狼來了〉一文，認為鄉土文學作家即在提倡「工農兵文藝」。

8.21 中華青棒、青少棒代表隊在美國參加世界大賽獲得冠軍，27日，立德少棒亦獲世界冠軍，台灣重拾失去兩年的三冠王寶座。

8.25 國人自製成功製造沉箱用的氣壓式浮船台。

8.29 中共中央發表任命韋國清為中國人民解放軍總政治主任。

9.3 旅日棒球明星王貞治擊出第756支全壘打，創下世界新紀錄。

9.6 財政部修正「報關行設置管理辦法」，規定申設報關行應報海關審查。

9.7 財政部決定提高保險公司的最低資本額為一億元。

9.7 美國、巴拿馬於華盛頓簽署一項條約,約定美國須於1999年年底前將巴拿馬運河區之管理權交還巴拿馬。

9.8 板橋大滿溪畔發現「江子翠無頭分屍案」。

9.9 美國國防部通知國會,將售予台灣價值超過8,000萬美元的戰車一批。

9.10 青年作家、民歌作曲家李雙澤因救人溺斃淡海。

9.12 立法委員胡秋原等9人發表共同聲明,指責訪台之哈佛大學費正清教授為中共的宣傳家。

9.17 17歲的小提琴家林昭亮在西班牙馬德里首屆蘇菲亞王后國際音樂比賽中獲首獎。

9.18 台中鬧區發生大火,綜合大樓及遠東公司全部付之一炬,損失至少5億元,死傷18人。

9.18 東加王國國王杜包4世伉儷抵台訪問。

9.18 工業局決定設立食品工業會報。

9.23 中共中央發出「王洪文、張春橋、江青、姚文元反黨集團罪證(材料之三)」。

9.28 東埔寨共產黨中央委員會書記、民柬政府總理波布率領黨政代表團訪問中國大陸。

9.29 金馬獎揭曉,最佳影片《筧橋英烈傳》,秦祥林、陳秋霞獲最佳男女主角,最佳導演為張曾澤。

10.3 教育部公佈各級各類私立學校設立標準。

10.3 印度總理甘地夫涉嫌貪污案件被捕。

10.7 中共《人民日報》發表署名文章〈把「四人幫」顛倒了的幹部路線是非糾正過來〉。

10.8 台電第三號核能電廠破土興建。

10.12 中國造船公司承建之第一艘巨無霸油輪柏瑪奮進號,正式出海試航5天。

10.13 因台北市政府決定拆除林安泰古厝,專家學者楊雲萍、游以德等人致函要求保存古蹟。

10.14 台中縣石岡水壩竣工。

10.15 作家古龍與未成年電視女星趙姿菁(趙倍譽)出遊,被控妨害家庭一案,罪證不足不起訴。

10.16 美國國務院中華民國事務科科長費浩偉訪台。

10.22 老牌影星白光返台登台巡迴演唱,為18年來首次公開亮相。

10.24 台灣區運動會中,標槍選手沈裕盛以80公尺18成績打破亞洲、亞運及全國紀錄。

10.26 教育部通令各級學校及幼稚園普遍教唱出蔣緯國將軍改編的「梅花」歌曲。

10.29 工技院積體電路示範工廠開工。

10.31 嘉義市民林國川與蔡耀振研究利用太陽能淡化海水成功,獲十餘國專利用。

11.1 患小兒痲痹症的蔡蓬江經台東縣選舉委員會通過其縣議員候選人資格,成為本省實施地方自治以來第一位不良於行的公職人員候選人。

11.3 美國務院公開宣佈決不裁減駐台美軍。

11.3 聯合國大會通過防止劫機議案。

11.4 聯合國禁止向南非出售武器。

11.5 新聞局宣佈警備總部破獲中共組織,逮捕戴華光、劉國基、賴明烈3人。

11.8 中共新華社報導:大陸自行設計、自行研製的第一個數字控制衛星地面站建成,並順利開通。

11.8 馬來西亞發生暴動,國王宣佈進入緊急狀態。

11.9 加拿大法庭裁定台灣和韓國的腳踏車與零件「傾銷」,對加拿大製造業造成傷害。

11.10 女作家陳若曦以《尹縣長》一書獲中山學術文藝獎。

11.14 中國鋼鐵公司首批外銷鋼筋7,000頓運往沙烏地阿拉伯。

11.15 因「議案荒」,立法院決定停止本月18、22日兩次院會。

11.16 台灣北部第一座核能電廠正式發電,進入核能發電時代。

11.17 雲林縣四湖鄉鄉長選舉,二位候選人之助選員因拉票糾紛引發200人集體械鬥事件。

11.17 日本交流協會台北事務所所長西山昭蒞新。

11.18 泰國政府因政治干涉,遲遲不發入境簽證,中華民國宣佈退出第23屆亞洲影展。

11.19 省市議員、縣市長、縣市議員、鄉鎮縣轄市長、台北市議員五項公職選舉。

11.19 桃園縣長選舉,中壢區213投票所主任監察員涉嫌舞弊,引發「中壢事件」,群眾燒毀警車及分局大樓。

11.19 埃及總統沙達特首度抵達以色列訪問。

11.23 吳濁流《波茨坦科長》一書遭當局查禁。

11.24 行政院經濟設計委員會改組為經濟建設委員會,俞國華擔任主任委員,王章清、郭婉容、孫震任副主委,原財經小組取消。

12.1 行政院經濟建設委員會於今日正式成立。

12.2 美國國務院宣佈我國在美國海岸200浬內之捕魚限額。

12.2 聯合國大會通過設立機構處理巴勒斯坦問題。

12.5 為平衡中日貿易逆差,政府決限制日本消費品進口。

12.5 教育部宣佈禁止公私立各級學校專任教師在以升學為目的的文理補習班兼課,國中、小學生也禁止到補習班補習。

12.10 中共中央任命胡耀邦為中央組織部長。

12.11 台灣省最大漁港──高雄縣興達港通航啟用。

12.12 台灣省政府主席謝東閔為電氣化鐵路列車命名為「自強號」。

12.15 中國鋼鐵公司一貫作業大煉鋼廠完成,正式生產。

12.16 中壢妨害投票案中,投票所主任監察員范姜新林獲不起訴。

12.22 中視推出卡通影集「科學小飛俠」(日人原作,日名「科學忍者」,台灣負責著色、製作)。

12.24 以色列總理比金與埃及總統沙達特討論和平問題。

12.27 省議員蘇洪月嬌聲明省議員可用台灣話發言。28日,又聲明修正此一主張。

12.28 中壢選舉事件中,林益生等3人因涉嫌縱火焚毀警車而被收押。

## 1978

1.1 中共國防部長徐向前宣佈停止砲

轟金門。

1.3 印度前總理甘地夫人被開除國大黨黨籍。

1.4 智利統治者皮諾切特以公民投票方式擴大其權力。

1.5 亞東隊打敗蟬聯六屆台灣省籃球聯賽女甲組后座的國泰隊，贏得冠軍。

1.6 中共新華社：中共中央和國務院批准，命名上海鐵路局東風3型0058號內燃機車為「周恩來號」機車。

1.7 中共《人民日報》：北京圖書館開放一批文化大革命時的禁書，其中包括自然科學、社會科學，還有中外文學名著等書籍。

1.10 立法委員張子揚等55人連署提案「卸任總統優遇條例」草案。

1.10 內政部針對省市共有約4,000件國民身分證統一編號重複現象，要求警政署改進。

1.11 屏東縣鯉魚山泥火山爆發，附近一磚廠引泥漿製磚，淨賺100萬元。

1.11 軍事法庭公開審訊戴華光等陰謀叛亂顛覆政府案。

1.13 中共新華社：長江流域規劃辦公室組織調查組對長江源頭的查勘結果，證實長江源頭在唐古拉山脈主峰各拉丹各雪山西南側的沱沱河。

1.14 暢銷歌曲高凌風的「姑娘的酒窩」和李佩菁的「虔誠」，被批評為歪歌。

1.17 警備總部軍事法庭就「人民解放陣線」案宣判，戴華光處無期徒刑，賴明珍15年，劉國基12年。

1.21 經濟部長孫運璿訪問沙烏地阿拉伯返國表示，沙國願增加供應石油一倍。

1.22 台灣首座廟宇馬公媽祖宮，險因都市計畫拆遷。

1.23 尼加拉瓜爆發抗議蘇慕薩政府的全國性罷工。

1.26 行政院人事行政局修正公教人員子女教育補助費規定，取消在學證明書，中學以上只繳學生證影本，小學來附收費單據。

1.28 去年9月9日爆發的江子翠分屍案，宣告偵破。

2.1 南方朔發表〈中國自由主義的取後堡壘——大學雜誌的量底分析〉，討論《大學雜誌》集團分裂的原因。

2.6 美國《紐約時報》報導，台灣電子工業發展迅速，在亞洲僅次於日本。

2.10 台北香港之間快遞郵政業務開始辦理。

2.12 台灣作家躍登日本文壇第一位作家張文環逝世。

2.12 桑地諾陣線在尼加拉稱已作內戰準備。

2.15 中國國民黨第十一屆二中全會，提名蔣經國、謝東閔為第六任正、副總統候選人。

2.17 行政院核定開闢中部橫貫公路三條新線：嘉義至阿里山、水里至阿里山、阿里山至玉里。

2.18 《出版與研究》雜誌在台北耕莘文教院舉行「裸體藝術問題」研討會。

2.18 《民報》創刊。

2.21 中華民國郵票發行屆100年，郵政總局發行海關紀念郵票。

2.21 台灣省政府通過整治高雄市仁愛河計畫，預計六年完成。

2.24 首期鐵路電氣化工程基隆至竹南段，完工通車。

2.24 高速公路客車由美國灰狗公司得標。

2.24 中共全國政協五屆一次會議在北京召開。這是從1966年開始文化大革命以來，第一次召開的全國政協會議。

2.25 北迴鐵路和平大橋竣工，全長1,400公尺，為本省最大的預力鐵路路橋。

2.25 台灣人口密度高居世界第二位。

2.27 來華公演的美國白雪溜冰團，因觀眾太少草草收場，盛況不再。

3.1 行政院長蔣經國在國民大會中抨擊「台灣獨立」論。

3.5 《時報週刊》國內版創刊。

3.5 中共為紀念周恩來誕辰80週年，《人民日報》發表周恩來的「人民英雄紀念碑文」和「毛主席教導中國人民深挖洞、廣積糧、不稱霸」的毛筆手蹟。

3.6 國際蛋白質化學會議揭幕。9日，李卓皓博士發表貝他因多芬（腦啡）新發現論文。

3.9 由於菲律賓軍隊佔領南沙群島中之巴納塔島，外交部重申南沙群島為中華民國國土。

3.9 中華航空公司飛香港班機，發生機員施明振企圖劫機飛住廣州未果。

3.9 索馬利亞軍隊撤出衣索匹亞，從而結束歐加戰爭。

3.15 中華民國音樂作曲家代表團因國旗、國歌問題，拒絕參加在泰國舉行的第五屆亞洲音樂節暨亞洲作曲家聯盟大會。

3.16 行政院新聞局通知台灣省和台北市政府新聞處，暫停受理雜誌申請一年。

3.17 中共新華社：3月6日中國成功地進行了一次新的核試驗。

3.18 「美的人體繪畫雕塑展」在台中市中外畫廊舉行，此為國內首次以人體為創作主題的展覽。

3.18 巴基斯坦前總理布托被判死刑。

3.20 台灣與菲律賓簽約，合建台灣、呂宋間海底電纜。

3.21 國大代表今起選舉第六任總統，蔣經國以1,184票當選。22日，謝東閔獲941票，當選為副總統。

3.25 李小龍最後一部電影「死亡遊戲」在台灣首映，造成轟動。

3.28 香港溫拿五虎合唱團首度在台演唱。

3.29 中華民國電影事業發展基金會舉行第一屆優良實驗電影「金穗獎」頒獎典禮。

3.31 世界青年反共聯盟中華民國分會舉行成立大會。

3.31 立法委員黃煥興為刑警亂抓人，頻開一案雙破，提出質詢。

4.1 尉天驄主編的《鄉土文學討論集》出版。

4.4 安哥拉政府向安盟發動進攻。

4.5 中共新華社：經黨中央批准，教育部決定，1978年高等學校招收新生，實行全國統一命題，由各省、市、自治區組織考試。

4.5 中共中央批准中央統戰部、公安部「關於全部摘掉右派份子帽子的請示報告」。

4.6 高血壓居本省十大死因首位。

| | |
|---|---|
| 4.9 | 十二項建設計畫草案規劃完成，政府將以今年7月1日為基準日，陸續展開各項工程，總資金2,180億元。 |
| 4.14 | 交通部決定在10年內使台灣地區電話電纜全部埋入地下。 |
| 4.17 | 「中壢事件」初審宣判，9名被告因公共危險罪、妨害公務等，分別處以2年4個月至12年徒刑不等。 |
| 4.27 | 阿富汗發生流血政變，政府官員紛紛被殺。 |
| 4.28 | 最高法院為許冬霖等人與省農林廳林務局文山林區管理處間的民事案件開庭辯論，此為最高法院成立51年來首次開言詞辯護庭。 |
| 4.30 | 阿里山森林火車「中興號」翻車，是76年來第一次。 |
| 5.1 | 行政院新聞局規定，今起三家電視台連續劇由60集濃縮為30集。 |
| 5.7 | 中華文化復興委員會整理中華民族姓氏源流，已查出80堂號、267姓。 |
| 5.9 | 為拍攝電影「賣身契」，許冠武、許冠英、許冠傑三兄弟首次自港來台，與許冠文會合。 |
| 5.11 | 德黑蘭發生動亂，穆斯林要求廢除國王巴勒維。 |
| 5.13 | 警備總部與調查局破獲製售假酒集團，查出地下工廠及銷售地30餘處，嫌犯共60人。 |
| 5.15 | 台北市松山國民小學為附近工廠排煙所苦，集體呼籲當局正視空氣污染問題，並謀求解決之道。 |
| 5.15 | 羅馬尼亞共產黨總書記、羅馬尼亞社會主義共和國總統尼古拉·齊奧塞斯庫應邀訪問中國大陸。 |
| 5.17 | 中共外交部照會蘇聯駐華大使館，強烈抗議蘇聯最近派遣飛機、軍艦對中國大陸進行有組織的軍事挑釁。 |
| 5.20 | 北迴鐵路和平隧道開鑿貫通，全長2,970公尺。 |
| 5.20 | 蔣經國、謝東閔就任第六任總統、副總統。 |
| 5.20 | 總統蔣經國任命蔣彥士為總統府秘書長。 |
| 5.20 | 總統蔣經國提名孫運璿為行政院長。26日，立法院投票通過。 |
| 5.24 | 中共國務院僑務辦公室發言人就 |
| 5.26 | 越南驅趕華僑問題，向新華社記者發表談話。 |
| 5.26 | 立法院同意孫運璿出任行政院長。 |
| 5.28 | 新華社：西藏自治區藏族人口激增，已發展到163萬，比1959年增加44萬人。 |
| 6.1 | 行政院通過任命林洋港為省政府主席，李登輝為台北市長。 |
| 6.3 | 原中國文聯副主席、著名愛國作家、人民藝術家老舍先生骨灰安放儀式，在北京隆重舉行。 |
| 6.5 | 總統蔣經國指示，苗栗縣上島溫泉改名為泰安溫泉，並規劃開發為觀光區。 |
| 6.9 | 中央研究院舉行成立50週年紀念會，由院長錢思亮主持。 |
| 6.9 | 中共外交部發表「關於越南驅趕華僑問題的聲明」，嚴正抗議越南大規模排華反華運動。 |
| 6.13 | 台灣電力公司本日尖峰負載達509.3萬瓦，創新紀錄。 |
| 6.14 | 中華民國與沙烏地阿拉伯簽訂交通技術人員支援協議書，將助沙完成公路建設計畫。 |
| 6.14 | 中國國民黨中央常務委員會通過黨主席蔣經國兼革命實踐研究院主任，李煥轉任中國電視公司董事長。 |
| 6.16 | 第二屆威廉瓊斯杯國際男籃邀請賽在台北揭幕，有6國9隊參加。 |
| 6.16 | 中共外交部照會越南外交部：中國政府決定撤銷該市總領事的任命。根據對等原則，請越方立即關閉駐廣州、昆明、南寧3個總領事館，並在近期內撤離全部領事館人員。 |
| 6.17 | 9歲的旅美長跑小將蒲仲強返國，在台北市立體育場作3,000公尺觀摩表演賽。 |
| 6.26 | 第九屆亞太影展在台北揭幕。 |
| 6.26 | 中共外交部發表聲明，就日本政府和南朝鮮當局互換所謂「日朝共同開發大陸架構」的批准書一事，對日本政府侵犯中國主權的行為提出強烈抗議。 |
| 6.28 | 台北國泰美術館舉行西班牙現代名家畫展，並中有米羅、達利、畢卡索等大師之真蹟。 |
| 7.1 | 台籍日本軍人曹輝樂流落菲律賓 |
| | 35年後，今日返台。 |
| 7.2 | 台灣第一座野生動物園——六福村野生動物園破土興建。 |
| 7.5 | 印尼與台灣簽訂貿易協定，以燃料油交換煤油。 |
| 7.7 | 中共國務院批准國務院僑務辦公室和教育部關於從1978年開始接收華僑學生回國，和港澳學生到內地報考高等學校的決定。 |
| 7.7 | 中共外交部就中國被迫停止對阿爾巴尼亞援助和接回專家問題，照會阿國駐使館。 |
| 7.8 | 高雄市婦人葉烏旦，一胎生下4男嬰，創下台灣多胞胎紀錄。 |
| 7.11 | 新台幣升值，36元兌1元美金，並開始改採機動匯率。 |
| 7.13 | 中華民國與菲律賓簽署鋪設海底電纜協議書。 |
| 7.13 | 新華社：經中共中央、國務院批准，停辦八年的中國人民大學正式恢復。 |
| 7.15 | 中華民國與盧森堡開闢兩國間航空運輸，今揭開首航序幕。 |
| 7.16 | 中央研究院第十二屆新院士選出9人：數理組傅京孫、鄭洪。生物組何炳棣、蔡作雍、方懷時、彭明聰。人文組陳榮捷、石璋如、許烺光。 |
| 7.27 | 第二次赴美採購團返國，購買7億8,670萬美元之農產品。 |
| 8.5 | 省政府決定全國開放南崁溪口至新達港間，約5萬公頃海埔新生地。 |
| 8.5 | 台北地區12家百貨公司取消原擬實施的聯合統一售價。 |
| 8.5 | 近萬名觀眾湧至台北公賣局體育館，美國武師馬佛仁與密宗高手吳三洙的比武因而被迫取消。 |
| 8.10 | 影片「汪洋中的一條船」在台北地區上演16天，票房超過1,800萬，全省則超過2,000萬，打破「精武門」、「猛龍過江」、「梁山伯與祝英台」的紀錄。 |
| 8.12 | 外交部沈昌煥就日本與中共簽訂「和平友好條約」一事發表聲明，重申對釣魚台列嶼主權。 |
| 8.12 | 中華人民共和國和日本和平友好條約在北京簽字。 |
| 8.13 | 貝魯特發生大爆炸，造成150名巴勒斯坦人死亡。 |

| | |
|---|---|
| 8.15 | 第一列鐵路電氣化列車自強號,上午由台北開往台中,開始營運。 |
| 8.16 | 天主教樞機主教于斌在羅馬逝世。 |
| 8.20 | 世界青棒、青少棒大賽,中華隊雙雙衛冕成功。 |
| 8.21 | 哥斯大黎加副總統艾法羅來台訪問。 |
| 8.24 | 中國大陸學者和台灣學者一起參加在日本東京召開的國際高能物理會議。 |
| 8.26 | 中華屏光少棒隊榮獲世界少棒賽冠軍。 |
| 8.30 | 總統蔣經國特派行政院政務委員費驊為慶賀教宗若望保祿一世登基典禮特使。 |
| 8.30 | 王貞治打出第800支全壘打,再創世界紀錄。 |
| 9.2 | 旅日棒球名將王貞治擊出第801支全壘打,再創世界全壘打紀錄。 |
| 9.6 | 中央銀行總裁俞國華宣稱,政府將核准出口廠商百分之百持有外匯,此為外匯制度一大改革。 |
| 9.7 | 裕隆、福特六和、中華、三陽、三富五家汽車公司負責人向經濟部陳情,反對日本豐田汽車公司來華設廠。 |
| 9.8 | 鐵路局自強號電聯車停駛事件爆發驚人內幕,傳在製造時已有偷工減料問題。 |
| 9.8 | 中共中央副主席、國務院副總理鄧小平,率中國黨政代表團參加朝鮮民主主義人民共和國成立30週年慶祝活動,並進行友好訪問。 |
| 9.8 | 伊朗示威者無視軍管法,發動反政府遊行。 |
| 9.9 | 省政府主席林洋港下令調查自強號列車有無偷工減料之事,並追究官員責任。 |
| 9.14 | 中華民國與利比亞中止外交關係。 |
| 9.16 | 中華隊在第一屆亞太跆拳大賽中獲團體總冠軍。 |
| 9.16 | 齊亞·哈克成為巴基斯坦新國家首腦。 |
| 9.29 | 內政部長邱創煥表示,台灣地區神壇、寺廟計有8,000多座,比 |
| | 村里數還多。 |
| 9.29 | 教皇若望保祿一世去世。 |
| 9.30 | 司法行政部調查局破獲吳泰安間諜叛亂案。 |
| 10.1 | 已播出7年的台視外景歌唱節目「翠笛銀箏」停播,與另一已開播近6年的節目「喜相逢」合併為「歡樂宮」。 |
| 10.2 | 政府指示中央信託局禁止賓士、勞斯萊斯、凱迪拉克三種豪華轎車進口,以杜絕奢靡風氣。 |
| 10.2 | 《中國時報》第一屆時報文學獎公佈。 |
| 10.3 | 《時報週刊》十大影星選舉,林青霞奪魁。 |
| 10.4 | 國產雄蜂飛彈研製成功,將參加國慶閱兵行列。 |
| 10.6 | 立法委員黃信介於作家王拓餐會中宣佈,黨外人士決定組成「台灣黨外人士助選團」。 |
| 10.6 | 中共《人民日報》發表胡喬木文章〈按照經濟規律辦事,加快實現四個現代化〉。 |
| 10.8 | 中共新華社:陝西省委召開座談會,為1976年清明節前後因悼念周恩來總理而遭拘捕的同志平反,恢復名譽。 |
| 10.12 | 內政部公布25項危險性工作不得由女工、童工操作。 |
| 10.13 | 刑事警察局啟用「高速縮影電子計算機」,犯罪資料3秒內即可查出。 |
| 10.17 | 台灣省政府規定公教人員結婚宴客以10桌為原則。 |
| 10.27 | 台灣區運動會於台南市揭幕,有7,000多名男女運動員參加。31日,大會閉幕,計11項破全國紀錄,22項刷新大會紀錄。 |
| 10.27 | 教育部核准中華民國聖經公會申請出版羅馬拼音聖經5,000冊,但限不識字之年長教友及初來台灣之外籍傳教士使用,並須逐冊編號登記。 |
| 10.30 | 本年度國片金馬獎揭曉,最佳劇情片為「汪洋中的一條船」,最佳導演李行,最佳編劇張永祥。 |
| 10.30 | 台灣地區未滿20歲媽媽每年生下35,000名嬰兒,佔全年總出生率10%,居世界之冠。 |
| 10.31 | 貫通台灣南北大動脈,全長373 |
| | 公里的高速公路全線通車。 |
| 10.31 | 高屏大橋通車。 |
| 11.1 | 公路局國光號長途客車首次載客行駛台北-高雄間高速公路。 |
| 11.1 | 吳哲朗發表〈新聞自由是埋不死的!〉一文,為其著作《黨外的新聞台灣日報辛酸史》自序。 |
| 11.3 | 蘇聯與越南簽訂為期25年的友好條約。 |
| 11.4 | 新聞局長丁懋時於立法院報告台灣現有報刊、出版社3,600家。 |
| 11.5 | 吳三連文藝基金會宣佈姜貴、陳若曦及吳隆榮三人獲獎。 |
| 11.5 | 中共遼寧省委舉行大會,為所謂「『東北幫』叛黨投敵反革命集團」假案平反。 |
| 11.7 | 美國決售中華民國F-5E改良型攔截機48架,配新武器小牛飛彈。 |
| 11.9 | 中共於今日至16日召開中國科協一屆二次擴大會議,宣佈為原科協副主席、黨總書記范長江平反昭雪。 |
| 11.13 | 第一屆吳三連文藝獎頒獎。 |
| 11.16 | 中共新華社:至11月,全國各地摘掉右派份子帽子的工作,已全部完成。 |
| 11.24 | 由共青團中央和北京市團委舉辦的天安門事件英雄人物報告大會,在首都體育館舉行。 |
| 11.25 | 台灣省教育廳通知各地娛樂場所禁唱日本歌曲。 |
| 11.28 | 美國《華盛頓郵報》指出,鄧小平表示即使統一台灣亦將維持其現有經濟體制,不採共生產化。 |
| 12.1 | 長庚醫院林口醫學中心開幕,成為本省規模最大的醫學中心。 |
| 12.5 | 台視重新推出有14年歷史、數度易名的「五燈獎」歌唱及才藝比賽節目,並再度由4年前的阮翎、邱碧治主持。 |
| 12.6 | 西班牙舉行全民公決通過新憲法。 |
| 12.14 | 國軍發展研製航速40節飛彈快艇成功。 |
| 12.15 | 美國總統卡特宣佈,美國將於1979年1月1日與中華人民共和國建立完全的外交關係,並終止美國與中華民國的共同防禦條約。 |
| 12.15 | 中共國務院通知各地,改用漢語拼音方案作為中國人名、地名羅 |

馬字母拼寫的統一規範。

12.16　總統蔣經國核定，外交部長沈昌煥辭職照准。

12.16　美國總統卡特宣佈與中共建交。

12.16　雲門舞集「薪傳」於嘉義首演。

12.16　中華人民共和國和美利堅合眾國公佈兩國建立外交關係的聯合公報，決定自1979年1月1日起相互承認並建立外交關係。

12.20　總統蔣經國明令蔣彥士繼任外交部長，馬紀壯為總統府秘書長，瞿紹華為行政院秘書長。

12.23　衛生署宣佈，台灣自翌年起不再接種牛痘。

12.24　電影演員谷名倫上午自台北市忠孝東路四段光復大樓12樓跳樓自殺身亡。

## 1979

1.1　美國正式與中華民國斷交，並與中華人民共和國建交，中華民國駐美大使沈劍虹返台。

1.1　中共國防部長徐向前宣佈，下令停止砲轟金門，並指出此為促進彼此交流之措施。

1.1　中共人大發出「告台灣同胞書」，建議兩岸通郵通航。

1.3　內政部入出境管理局，開始受理國民出國觀光申請案件（開放出國觀光）。

1.4　行政院任命丁懋時為外交部常務次長，宋楚瑜代理新聞局局長。

1.5　鄧小平在會見來訪的美國記者時說：我們將採取多種方法同台灣當局特別是同蔣經國先生，商談祖國統一的問題。

1.7　束埔寨首都金邊於今日遭到越南軍隊攻佔。

1.13　姚明麗古典芭蕾舞團在台北國父紀念館演出「吉賽兒」，是國內首次整本古典芭蕾舞劇的演出。

1.16　美國宣佈成立「美洲在台灣協會」，由丁大衛擔任總部主任（理事主席）。

1.16　伊朗國王巴勒維夫婦流亡埃及。

1.18　總統蔣經國發佈命令，現任增額中央民意代表繼續行使職權至定期選出增額中央民意代表開始行使職權之日止。

1.20　國內首座電影圖書館開放。

1.20　中共四川省委第三次代表大會召開，趙紫陽當選省委第一書記。

1.21　前高雄縣長余登發及其子余瑞言涉嫌參與叛亂遭逮捕。

1.22　黨外人士為余登發涉嫌叛亂案被捕，在高雄火車站及高雄縣橋頭鄉抗議遊行示威聲援。

1.22　省政府通過同意嘉義市及新竹市升格為省轄市。

1.24　吳春發等5人涉嫌叛亂案，今在軍事法庭公開審理。

1.25　省政府宣佈將桃園縣長許信良因參加抗議余登發被捕遊行擅離職守案送請監察院審查。

1.29　中共副總理鄧小平訪問美國。

2.1　外交部發言人金樹基表示美國國務院已於1月16日片面宣佈將早先成立的「美洲在台灣協會」改稱為「美國在台灣協會」。

2.1　柯梅尼在流亡16年後回到伊朗。

2.2　台灣省教育廳通函各縣市政府，自即日起接受語言補習班之設立申請。

2.4　全省黨外人士至桃園市遊行，並向縣長許信良贈送「人權萬歲」匾額。

2.7　北迴鐵路南段花蓮新站到和平段正式通車。

2.10　中共外交部照會越南駐華大使館，強烈抗議越南當局從1月15日至2月7日出動大批武裝人員瘋狂向中國大陸境內開槍開砲，打死打傷邊防人員70多人。

2.11　柯梅尼的追隨者在伊朗建立新的臨時政府。

2.12　沙烏地阿拉伯回教大學教授穆罕默德參觀「北港六尺四」武道館後，邀陳政行赴沙教授武功。

2.12　中共國家體委召開大會，宣讀黨中央批准的國家體委有關報告，全部推翻林彪、「四人幫」強加給賀龍的一切誣賴不實之詞。

2.15　中共國院發出「關於停辦『五七』幹校有關問題的通知」。

2.15　行政院通過將桃園國際機場命名為「中正國際機場」。

2.17　中共宣佈邊防部隊在廣西、雲南邊境地區對越南自衛反擊取得重大勝利。

2.22　美國參議院外交委員會通過台灣

關係法案，增列安全條例，保證續售我武器。

2.25　台北至嘉義的鐵路已入電氣化，自強號電聯車今正式行駛。

2.26　桃園中正國際機場於今日正式啟用營運。

2.28　3個月歌監期滿，鳳飛飛再度出現豪華酒店，為電視節目「一道彩虹」錄影，女學生歌迷熱情送紅玫瑰。

3.1　國內雜誌登記開放，《八十年代》、《聖國》、《努力》、《鼓聲》、《春雷》等分別由康寧祥、黃信介、王拓、陳鼓應、吳哲朗等提出申請或醞釀申請。

3.3　巴拿馬駐華大使館在台北市設總領事館。

3.7　知名反對運動人士雷震病逝。

3.8　北迴鐵路南澳隧道全部貫通。

3.15　行政院通過自本年7月1日起，高雄市升格為直轄市，首任市長由王玉雲擔任。

3.16　行政院農業發展委員會於今日正式成立。

3.18　中華民國第一屆馬拉松公開賽在台北縣金山鄉舉行。

3.19　台灣省政府通令，演唱歌謠「燒肉粽」應先說明時代背景。

3.20　總統蔣經國指示行政院，撥提自強救助捐款，購F-5E戰機18架。

3.21　4名印尼人搶劫台北市中國國際商業銀行，犯下台灣近年來首椿銀行搶案。

3.22　中華民國奧林匹克委員會就國際奧林匹克委員會主席基蘭寧取消中國問題會議，發表嚴正聲明，並決定派員赴烏拉圭參加會議。

3.24　郭美貞指揮的台北愛樂交響樂團首場音樂會，在台北國父紀念館舉行，會場爆滿。

3.26　以色列、埃及於華盛頓簽署和約，美國總統卡特以見證人身份簽署。

3.27　國防工業發展基金通過以自強救國捐獻基金購買一個中隊的F-5E戰鬥機。

3.30　中共遼寧省委召開大會，為文革期間遭處決的張志新徹底平反昭雪，追認她為革命烈士。

3.31　新女性主義倡導者呂秀蓮被國民

黨開除黨籍。

4.3 中共宣佈廢止中蘇友好同盟互助條約，並通知蘇聯自1980年4月10日起失效。

4.4 巴基斯坦前總理布托被處以絞刑，國內發生示威遊行。

4.6 烏干達阿敏政權瓦解。

4.7 國際奧林匹克委員會以36對28票通過承認台北會籍，也同時承認北京奧林匹克委員會。

4.10 美國總統卡特簽署「台灣關係法案」，容許中美斷交後，繼續維持商務及文化關係。

4.12 全國黨外人士40餘人於台北姚嘉文律師事務所集會，會中發表「黨外是聲明」，內容主張積極重返聯合國，尋求新的國際社會地位。

4.13 大學英文系教授邢光祖，經該校女學生揭發非禮緋聞，遭私立文化學院及東吳大學解除教職。

4.16 吳春發及余登發父子叛亂案初審宣判。警備總部軍事法庭宣判：吳春發、李榮和、余登發等15人陰謀顛覆叛亂案判刑，吳春發處死刑，李榮和、林榮晚處無期徒刑，余素貞處有期徒刑15年，余登發處有期徒刑8年，余瑞言處有期徒刑2年，緩刑2年。

4.17 行政院函覆立委董微之質詢：公教人員持綠卡者不受國籍法限制，現行法律亦無限制其任公職之規定。

4.19 中華民國政府決夏功權為北美事務協調委員會駐美代表。

4.20 監察院通過許信良彈劾案，隨後移送公務員懲戒委員會。

4.22 亞洲高爾夫球巡迴大賽閉幕，台灣選手呂西鈞榮膺總冠軍，許溪山、許勝山、郭吉雄則分獲2、3、4名。

4.27 中影紀念開拍第100部的大片「源」開拍。

4.30 中共國務院發出「關於准許退職回城青年回原單位復工的通知」。

5.3 行政院通過成立經濟犯罪防制小組，以預防及迅速辦理經濟犯罪案件。

5.4 雲門舞集舞碼「廖添丁」在台北

國父紀念館首演。

5.7 以廖承志為團長、粟裕為最高顧問的「中日友好之船」訪問團訪問日本。

5.9 經濟學者高希鈞在師大演講時，建議開放高中畢業生出國留學。

5.10 美國總統卡特表示，台灣具有核子爆炸的技能。

5.17 郭小莊發起的「雅音小集」，在台北國父紀念館首演「白蛇與許仙」。

5.20 第十屆吳濁流文學獎揭曉，小說創作獎得主有2人：陳映真（作品《夜行貨車》）和宋澤萊（作品《打牛湳村》）。

5.24 考試院通過修正公務人員退休法施行細則。

5.25 教育部核定台北市立女子師範專科學校自1979學年度第一學期起改制，兼收男女學生，並改校名為「台北市立師範專科學校」。

5.26 桃園縣長許信良舉行生日茶會；桃園縣議會通過臨時動議，呼籲縣民不要參加無謂集會。

5.28 警備總司令部宣佈吳春發等人叛亂案覆判維持原判，今天凌晨，吳春發執行槍決。

5.31 台美合製F-5F型戰鬥機，於台中空軍基地試飛，情況良好。

6.1 《八十年代》雜誌創刊。

6.2 由姚嘉文、黃煌雄、楊青矗等20餘位非國民黨籍人士組成的「增額中央民意代表選舉黨外候選人聯誼會」，在台北成立。

6.4 中視為革新節目提出「八不」要求，要求演員「不奇裝異服、不珠光寶氣、不袒胸露背、不蓬頭垢面」，節目內容中「不唱低俗肉麻的歌、不跳扭腰擺臀的舞、不說荒腔走板的話、不演胡鬧無聊的戲」。

6.7 行政院院會通過提案，任命宋楚瑜為新聞局局長。

6.9 台灣警備總部宣佈：一種類似「人民廟堂」的非宗教團體「愛的家庭」，由於提倡「雜交」與「性開放」，鼓勵教徒信仰共產主義，警方已予以取締。

6.11 在職軍人胡崇實於桃園國際機場持槍挾持人質闖關，欲劫機飛

美，經槍戰後被捕。

6.12 國際貨幣基金會（IMF）發佈報告，1978年世界貿易大國排名，台灣居第21位，出口貿易成長率居第1位。

6.12 台灣省議員何春木在省政總質詢時，指責《南海血書》誇大渲染，荒誕離譜。

6.14 台灣省議員林義雄及張俊宏就軍隊在省議會附近演習一事，向省政府提出質詢。

6.15 台灣經濟持續成長，今年每平均所得達1,500美元。

6.17 美國在台協會台北辦事處處長葛樂士抵台履新。

6.18 連體男嬰張忠仁、張忠義兄弟住進台大醫院，預計9月進行分割手術。

6.19 據內政部統計，台灣學童就學率達99.64%。

6.22 美國總統卡特今簽署實施「台灣關係法」行政命令。

6.27 內政部對於外傳台北縣長李鴻賽中，獎金高達1.2億元，影響社會風氣甚鉅，要求查明糾正。

6.29 桃園縣長許信良經監察院以擅離職守、參加非法遊行及簽署誣蔑政府文件提出彈劾，公務員懲戒委員會議決休職2年。

7.1 高雄市改為直轄市。

7.1 台灣地區自今日起至9月30日止，實施日光節約時間，時鐘撥快1小時。

7.1 縱貫鐵路電氣化，全線通車。

7.4 足球王李惠堂病逝香港。

7.5 行政院核定由李煥出任國立中山大學校長。

7.6 菲律賓總統馬可仕、伊美黛夫婦訪問中國大陸。

7.7 以「台獨黑拳幫野心份子」為打擊對象的《疾風》雜誌創刊。

7.10 國軍昆吾飛彈和青蜂飛彈宣告研發成功。

7.11 中國青年黨主席之一李璜搭機返國，參加青年黨第13次全國代表大會。

7.19 行政院通過台北市鐵路轉入地下方案，建立大眾捷運系統。

7.20 台灣自製XA-3式戰鬥機，可配備飛彈及巨型炸彈，將於1980年

大量生產。

7.23 外交部宣佈承認由共產國家支持的尼加拉瓜桑定革命政府。

7.26 第一商業銀行押匯弊案主嫌林浩興，經菲律賓政府驅逐出境後，由我國警方逮捕歸案。

8.2 中共新華社報導：經中共中央批准，中共北京市委正式決定為「三家村反黨集團」冤獄徹底平反，撤銷對鄧拓、吳晗、廖沫沙3人所作的錯誤結論，恢復他們的政治名譽。

8.3 由自立晚報社主辦之第一屆鹽分地帶文藝營，在台南縣將軍鄉南鯤鯓廟召開。

8.8 陳秋霞與蘇明明以「一個女工的故事」，分獲巴拿馬影展最佳女主角和女配角獎。

8.9 一枚定時炸彈在北美事務協調會紐約辦事處爆炸。

8.10 新竹縣關西鎮六福村野生動物園開幕。

8.11 現代民歌手在台北國父紀念館合作演出「唱自己的歌」演唱會。

8.14 總統府資政王雲五今日逝世，享年92歲。

8.15 《美麗島》雜誌創刊，黃信介為發行人，許信良任社長，張俊宏任總編輯。

8.18 中共交通部長曾生就恢復和發展大陸與台灣間的海運業務問題，向記者發表談話指出，大陸交通部門願意就此問題與台灣交通部門進行協商。

8.20 中華東峰青少棒代表隊在世界青少棒大賽中奪得冠軍。

8.21 工兵少校連長陳金龍為搶修青潭堰工程殉職。

8.22 哈林籃球隊第四度訪華公演，距上次訪問已有13年之久。

8.24 中華朴子少棒隊投手陳昭安，在對義大利隊的6局比賽中，三振18人，同時創下「完全比賽」的紀錄。

8.30 省教育廳函：《鐘鼓樓》雜誌第1期因刊載〈高雄事件特輯〉，內容混淆視聽，予以查禁。

9.4 前曾連續因「為匪宣傳」罪名被判刑8年的張化民，因出版「為匪宣傳，不利政府之刊物」為警

備總部羈押偵辦。

9.5 中華朴子少棒隊奪得世界少棒賽冠軍。

9.6 中華民國公佈領海擴增為12浬，經濟海域為200浬。

9.8 《美麗島》雜誌於中泰賓館舉行創刊酒會，數百名群眾在館外抗議。並有「反共義士」勞政武、沈光秀等《疾風》雜誌社成員，舉行「聲討國賊陳婉真行動大會」，造成對峙衝突。

9.8 小說家金庸的作品於查禁多年後，首度在國內報紙開始連載《倚天屠龍記》。

9.10 台大醫院成功分割連體嬰張忠仁、張忠義兄弟。

9.14 國際航海業不景氣，中國造船公司每月平均虧損1.6億元。

9.15 台南市議員沙臨川涉嫌辱罵市政府主計室主任，被市長蘇南成移送地方法院檢察處偵辦，為地方自治以來，縣市長將民意代表送法辦的首例。

9.17 中共中央軍委發佈命令，授予對越自衛還擊、保衛邊疆戰鬥中的143個英雄模範單位和個人榮譽稱號。

9.22 《黃河》雜誌舉辦政治溝通座談會，邀請國民黨及民、青兩黨及無黨籍人士參加。

9.26 中共外交部發表聲明，重申南沙群島歷來是中國的領土。

10.2 我外交部長蔣彥士今日重申，釣魚台列嶼及南沙群島為中華民國領土。

10.4 財政部決定，對十信盧列庫存現金予以處分，補繳利息一千餘萬元，罰鍰27.9萬元。

10.6 衛生署公佈，連月來中部地區數千人中毒，乃彰化油脂公司製作米糠油滲入多氯聯苯所致。

10.8 國家安全會議完成我領海延伸12浬，經濟海域200浬法定程序，由總統公佈實施。

10.10 警察廣播電台高速公路路況報導開播。

10.11 行政院院會通過「全面推動基層建設方案」，預計以200億元完成6項重要建設。

10.14 一千餘名陝西省旅台同鄉人士從

各地趕到彰化縣秀水鄉陝西村，參加「烏面將軍」馬信的誕辰紀念日。

10.14 中共中央批准統戰部「關於地方民族主義分子摘帽子問題的請示」，決定：凡是在1957年反右派鬥爭期間及以後幾年內，劃為地方民族主義分子的，不論按敵我矛盾或者人民內部矛盾對待的，都應根據中央的精神，全部摘掉地方民族主義分子的帽子。

10.22 被廢黜的伊朗國王巴勒維推出走流亡美國。

10.25 國際奧林匹克委員會通過建議，迫中華民國奧林匹克委員會變更會名，使用新會歌、會旗。

10.27 以《撒哈拉的故事》一書馳名的作家三毛，在喪夫之後自西班牙返國。

10.30 立法院三讀通過「自衛槍枝管理」修正案，將獵槍、魚槍、空氣槍納入管理。

10.31 統一公司與美國南方公司展開技術合作，引進7-Eleven連鎖經營技術，為台灣地區國際性連鎖便利商店之始。

11.2 台北市警察局開始執行北投廢娼行動。

11.4 位於台北縣金山的首座核能電廠（核一廠）竣工。

11.6 行政院長孫運璿於國建會表示：中共應放棄共產主義，發起「政治學台北」運動。

11.13 「拒絕聯考的小子」在台北萬國戲院上片，首日7場全滿，售票萬餘張。

11.15 行政院長孫運璿表示，再收容2,000名中南半島難民。

11.18 金庸武俠小說發生版權糾紛，遠景出版社登報警告南琪出版社。

11.20 內政部警政署啟用電腦雷達自動照相測速器。

11.23 中華民國派專機自泰國接運154名越南難民來台居住。

11.26 朴正熙總統被韓國中央情報局人員刺殺。

11.30 北京市高級人民法院開庭，審理了魏京生上訴案。高級人民法院終審裁定駁回上訴，維持北京市中級人民法院判處有期徒刑15年

的原判。

12.2 伊朗在柯梅尼主持下，通過伊斯蘭憲法。

12.5 日本總理大臣大平正芳訪問中國大陸。6日，中日兩國政府簽署文化交流協定。

12.10 《美麗島》雜誌社在高雄市發起遊行，憲警實施管制，雙方發生衝突，是為「美麗島事件」。

12.13 警備總部以「涉嫌叛亂」逮捕高雄「美麗島事件」關係人14人，包括張俊宏、姚嘉文、王拓、陳菊、周平德、蘇秋鎮、呂秀蓮、紀萬生、林義雄、陳忠信、楊青矗、邱奕彬、魏廷朝、張富忠，並通緝施明德，查封《美麗島》雜誌社台北總社及各地辦事處。

12.13 新聞局處分《美麗島》雜誌停刊1年，並扣押所有出版品。

12.14 《美麗島》雜誌社發行人黃信介經立法院全體無異議鼓掌通過後，由警備總部予以逮捕。

12.15 高雄美麗島事件在逃嫌犯施明德之美籍妻子艾琳達被驅逐出境。

12.18 政府決定全面開放包裹、郵件寄往地區（除中國大陸）。

12.19 總統蔣經國任命朱撫松為外交部部長。

12.20 殺害南韓總統朴正熙之金載圭等7人判處死刑。

12.25 北迴鐵路竣工完成試車。

12.27 阿富汗政變後，蘇聯派遣軍隊入侵該國。

12.30 「氫彈之父」泰勒博士表示，台灣沿海外傘頂洲有豐富鈦礦，可作為鈾的代替品，能供台灣核能電之需。

12.31 中美共同防禦條約失效。

## 1980

1.3 美國政府宣佈，出售價值2.8億美元武器予台灣，但未包括台灣提出的F-14、F-16及F-18戰機。

1.4 中共新華社：中共教育部、國務院科技幹部局最近在北京聯合召開全國出國留學人員工作會議。

1.5 中共教育部自本日起至23日止，在北京召開全國教育工作會議，會議指出，「文化大革命」前17年並沒有一條所謂「劉少奇的修正主義教育路線」。

1.6 英迪拉‧甘地的國大黨在印度選舉中勝利。

1.8 高雄美麗島事件主要人物施明德落網。

1.11 立法院三讀通過「老人福利法」，70歲以上老人享有優待。

1.11 中共新華社：中國新疆南部的塔里木盆地從1977年以來，陸續打出3口高產油氣井。

1.15 中共新華社：陝西彬縣發現大煤田，儲量達90多億噸，煤田面積1,171平方公里。

1.17 美國在台協會主席丁大衛，接見美麗島事件被捕人士家屬18人。

1.22 台灣自製電腦中文打字機問世。

1.22 中共和美國科技合作聯合委員會第一次會議在北京召開。

1.23 鋼琴家陳必先巡迴台灣演出。

1.25 行政院新聞局長宋楚瑜強烈譴責美國《新聞週刊》報導美麗島事件，歪曲不實。

1.25 台灣省交響樂團新任指揮李泰祥指揮該團在台中中興堂演出，並創新將國樂加入交響樂團。

1.28 中共新華社：中國一座新的大型油氣田－遼河油田建成投產。

1.29 台灣菸酒公賣局代客化驗高粱酒，假酒比率達65%，並含有致死之甲醇成份。

1.30 孫越、陶大偉、夏玲玲主持的台視綜藝節目「小人物狂想曲」播出後受到歡迎。

1.30 中共外交部公開發表題為「中國對西沙和南沙的主權無可爭辯」的文件。

1.31 中共新華社：中國北部的內蒙古、山西附近，發現了幾千年來逐漸形成的一座岩化寶庫。

2.1 十大建設中之北迴鐵路舉行通車典禮，明起正式營運。

2.1 警備總司令表示，去年美麗島事件，61人在押，53人涉嫌叛亂，8人涉嫌藏匿人犯。

2.5 因「知匪不報」判刑8年的前高雄縣長余登發獲准保外就醫。

2.8 蘭嶼雅美族穿丁字褲在台北表演勇士舞。

2.9 外交部宣佈與哥倫比亞斷交，以抗議其與中共建交。

2.10 第十一屆吳濁流文學獎揭曉，小說創作獎得主有吳念真、鍾延豪，新詩創作獎得主為靜修。

2.11 台灣電力公司投資11億元，費時3年6個月之南迴高壓輸電線及台東一次變電所、綠島發電廠在台東舉行竣工典禮。

2.12 行政院召開記者會，由院長孫運璿回答記者問題，為國內首舉。

2.12 美國紐約州最高法院對是否讓中華民國以國號與國旗參加寧靜湖冬季奧運不作法律之判決，中華民國代表團宣佈不參加本屆冬季奧運會。

2.12 第十三屆冬季運會在美國普萊西德湖舉行。中共體育代表團參加。這是中共歷史上第一次參加冬季運會。

2.15 在「文化大革命」期間停辦的較有影響力的兩家晚報《北京晚報》、《羊城晚報》今起復刊。

2.19 省政府表示，「動員戡亂時期公職人員選舉罷免法」完成立法程序後，將於今年恢復增額中央民意代表選舉。

2.20 高雄美麗島事件涉案人黃信介等8人涉嫌叛亂依軍法審判。

2.23 中華民國冬季奧運代表26人被迫退出比賽，上午抵達金門。

2.23 中國共產黨第十一屆中央委員會第五次全體會議在北京舉行。增選胡耀邦、趙紫陽為中央政治局常委；選舉胡耀邦為中央委員會總書記。

2.25 中央銀行發行新台幣500元券及1000元券。

2.27 中華航空公司波音707客機，降落馬尼拉機場時，起火燃燒，3人失蹤，41人輕重傷。

2.28 美麗島事件涉案人林義雄母親及3名幼女，在家中遭人殺害，3死1重傷。

3.9 柬埔寨國家主席團主席、政府總理喬森潘訪問中國大陸。

3.10 僑務委員會委員長毛松年表示：政府援助中南半島難民，前後計達一萬餘人。

3.13 「國際特赦組織」發表聲明，指控中華民國政府刑求及監禁政治異議人士。

3.14　台灣電力公司與南非核能燃料公司簽訂供鈾合同。

3.17　警備總部表示，凡到過大陸人士申請來台，仍歡迎入境，但須逐案審核與處理。

3.20　行政院新聞局長宋楚瑜嚴正駁斥美聯社記者，對軍審呂秀蓮的不實報導。24日，美聯社發出更正稿，向新聞局道歉。

3.28　美國商務部公佈，今年一月份，中華民國已躍居紡織品供美最大國家。

3.31　高雄美麗島事件被告周平德等33人，被控妨害公務及暴行脅迫罪，移送司法機關偵辦。

3.31　上月中華航空公司客機於馬尼拉焚毀，證實因機長人為過失所致，華航已予停飛懲戒。

4.3　台灣省人事處表示：解決公教人員住的問題，以輔建住宅為主，不再興建宿舍，亦不考慮調整房租津貼。

4.4　蔣經國總統主持中正紀念堂落成典禮。

4.7　中共發表聲明，指出日本政府決定與南韓當局在東海大陸架片面劃定的共同開發區進行探測試採，是無視中國主權，不以中日好友對關係為重的行為。

4.7　美國與伊朗斷交。

4.9　1980年國際子女排球賽在南京落幕。中國隊獲冠軍。

4.15　由義大利共產黨總書記恩理科·貝林格率領的義共中央代表團訪問中國大陸。

4.17　已故中共中央副主席、中華人民共和國主席劉少奇追悼大會在北京舉行。

4.18　中華民國外交部公開宣佈退出國際貨幣基金會，以抗議中共獲准入會。

4.18　高雄美麗島事件叛亂案宣判，黃信介處14年，施明德處無期徒刑，姚嘉文、張俊宏、林義雄、林弘宣、呂秀蓮、陳菊等人各處12年。

4.18　中共成功地向太平洋預定海域發射第一枚運載火箭。

4.19　6萬餘名中縣大甲鎮瀾宮媽祖信徒前往北港朝天宮進香。

4.21　司法行政部通函各檢查處，懷胎5個月以上在押女嫌犯，應准予交保外出。

4.21　警政署下令取締一貫道。

4.23　本月21、22日美國政府對軍事審判美麗島叛亂案發表聲明，國內54位立法委員今日聯名指出此舉顯已干涉中華民國內政。

4.24　台灣長老教會幹事高俊明掩護及窩藏施明德，被治安機關傳訊收押。

4.25　台南縣學甲慈濟宮舉行「上白礁」謁祖祭典，有近2萬名保生大帝信徒及318年前鄭成功軍民後裔參加。

4.26　行政院新聞局局長宋楚瑜指出，少數報紙違反對於偵查或審判中的訴訟事件不得評論之出版法規定，新聞局已視情節予以處理。

4.27　選手呂西鈞蟬聯亞洲高爾夫賽總冠軍。

4.28　台灣經專家證實為全世界第4個受到酸雨威脅的地區。

5.3　中華民國自製A-T3型噴射教練機進行試飛。

5.3　鐵公路及航空運價上漲，漲幅在25%至54%之間。

5.3　台灣區中學運動會中，李福生跳高躍過2公尺08，創下亞洲高中學生跳高最佳紀錄。

5.4　中華民國與諾魯共和國今日宣佈建交。

5.6　中共中央主席、國務院總理華國鋒率中國黨政代表團到南斯拉夫參加狄托總統葬體。

5.8　洪誌良被控叛亂案，經判決處5年有期徒刑，褫奪公權3年。

5.15　世界銀行、國際開發協會准許中共入會，16日，中華民國提出嚴正抗議。

5.21　台灣省議會通過，公路局劃出運輸業務，另成立台灣汽車客運公司負責客運業務。

5.28　美國限制台灣銷美產品使用中華民國字樣，外交部與美國在台協會理事主席丁大衛提出交涉。

6.2　菸酒價格調整，菸類平均漲幅31%，酒類39%。

6.2　高雄美麗島事件暴行脅迫案宣判，32人判刑，1人無罪開釋。

6.4　中共中央、國務院發出「關於收回文化革命期間散失的珍貴文獻和圖書的規定」。

6.7　吳清錦以13秒9佳績取代楊傳廣，成為男子110公尺高欄的全國紀錄保持人。

6.11　中共中央批准中央統戰部「關於愛國人士中的右派複查問題的請示報告」。指出：反右派鬥爭確實擴大化了；但對反右派鬥爭持全盤否定的態度是錯誤的。

6.14　中華人民共和國政府和新加坡政府關於互設商務代表處的協議在北京簽字。

6.16　影集「青春樂」主角唐尼、瑪麗奧斯蒙兄妹合唱組團來台演出。

6.20　「國家賠償法」完成立法程序，將自明年7月1日起實施。

6.22　行政院核定1981年度全國軍公教人員待遇調整方案，調幅平均增加20%。

6.25　年初酒荒嚴重、假酒充斥，監察院認為菸酒公賣局難辭其咎，本日通過糾正案。

6.26　行政院核定中文書寫方式，直式由右至左，橫式由左而右，7月1日起實施。

6.30　總統蔣經國任命李元簇擔任法務部長。

6.30　1867年租借給英國的淡水紅毛城收歸國有。

6.30　台灣省公路局與遊覽車業者達成協議，由公路局租用129輛遊覽車行駛台北－高雄路線，100輛行駛台北－台中路線。

7.1　國立中山大學正式成立。

7.1　南迴鐵路正式開工。

7.1　台北市天文台天象館落成啟用。

7.1　防治癌症重要突破，生化界大師董大成發現癌細胞與雞母珠凝集素（AAG）處理後，可抑制癌細胞成長。

7.1　重慶長江公路大橋竣工通車。主航道跨徑174公尺，是當時大陸已建同類橋樑中最大的跨徑。

7.6　上海《解放日報》報導，台灣製的消費品30年來首次在中國大陸出售（經由香港進口）。

7.11　患病的美國人質雷查德·奎恩在伊朗獲釋。

7.19 本省第一座污水處理廠—迪化污水處理廠全部完工。

7.20 台北市首次舉行「早安・晨跑」活動。

7.27 台灣省與美國俄克拉荷馬州締結為姊妹省。

7.28 台北市政府決在木柵馬明潭建自費老人安養中心。

7.30 台灣省與美國田納西州結盟,由省主席林洋港在美簽約。

7.30 全台出現1949年以來最嚴重旱災,6萬多頃農田無法插秧。25日,台北被迫實施限制用水。

7.30 以色列將整個耶路撒冷定為該國首都。

8.1 中華榮工少棒隊,蟬聯遠東區少棒賽冠軍。

8.1 行政院開放歐洲自由地區3,000CC以下轎車進口。

8.2 台北市缺水嚴重,今起採行隔日停水措施。

8.4 鍾理和紀念館今日在高雄美濃笠山山麓舉行破土典禮。

8.14 波蘭工人罷工,佔領格但斯克造船廠。

8.15 台北市政府新聞處對《暖流》及《疾風》兩雜誌分別予以停刊一年處分。

8.15 發現「鐵達尼」號郵輪殘骸。

8.16 中共新華社:在1957年反右派鬥爭中被錯劃為右派分子的著名「六教授」曾昭倫、費孝通、黃藥眠、陶大鏞、錢偉長和吳景超,已全部獲得平反。

8.18 美國《航空與太空技術》週刊報導,台灣已推出第一架自製的雙噴射引擎教練機(自強號)。

8.21 鄧小平對義大利記者奧琳埃娜・法拉奇說:毛澤東主席過去有段時間犯了錯誤,但他終究是中國共產黨、中華人民共和國的主要締造者。

8.24 中華青少棒代表隊第九度贏得世界青少棒賽冠軍。

8.28 華航空中小姐王文驊奮勇救人,獲頒一等航空獎章。

8.28 行政院長孫運璿率團前往中美洲哥斯大黎加、巴拿馬、多明尼加3國訪問。

8.30 中華榮工少棒隊奪得世界少棒賽冠軍。

8.31 中華木蘭女子足球代表隊在美國榮獲第一屆國際女子足球邀請賽冠軍。

8.31 中華少棒、青少棒分別奪得世界大賽冠軍。

9.5 《鐘鼓樓》雜誌因創刊號「高雄事件特輯」遭停刊一年處分。

9.11 省警務處長何恩廷建議警備總司令部,將重大結夥搶劫案報請軍法審判。

9.17 被罷黜下台的尼加拉瓜前總統蘇慕薩遇刺。

9.21 政府放寬長期對中共新聞封鎖的限制,允許電視報章報導大陸的生活。

9.21 伊拉克軍隊越過伊朗邊境。

9.25 中東戰火轉劇,台灣與伊朗海運今起局部中斷。

9.25 台北市議會爭辯「迪斯可」舞廳該全面禁止,還是應該開放,任其發展。

9.26 國防部宣佈,國產飛彈快艇自強中隊,編入海軍戰鬥行列。

9.28 第一個中文微電腦系統——朱邦復發明,宏碁生產的「天龍中文電腦」問世。

10.1 連續殺人搶劫犯林功明等4人移付軍法審判,為近6年來第一宗由司法轉軍法審判之刑案。

10.3 省礦物局估計花蓮縣豐田、林榮地區翠玉蘊藏量10萬噸,居世界首位,價值在200億元以上。

10.4 楊自新潛赴大陸,返台後遭起訴,裁定交付感訓3年。

10.4 政府重申,今後凡是結夥搶劫、綁架勒索、私藏械彈者,均由軍法審判。

10.6 行政院研究考核委員會主任委員魏鏞於韓國國土統一院主辦之國際學術會議上,提出「多體制國家」之概念,代替「分裂國家」。

10.7 東德政府宣佈,直接與台灣進行貿易。

10.8 中共前上海第一人民醫院醫生楊慶餘偕其妻女來台定居。

10.8 國民黨中央委員會發表「永遠和民眾在一起」的公開信。

10.13 南非總理波塔夫婦率團訪華。

10.13 王貞治擊出第868支全壘打,同時連續19年每年擊出30支以上全壘打。

10.14 作家李敖被控侵佔背信案,經法院判決罪證不足,宣告無罪。

10.14 桃園縣大成國小師生因食用學校營養午餐,發生集體中毒,受害者達2,000餘人,全校陷入癱瘓,停課兩天。

10.20 中共中央書記處會議決定,在今後二、三十年內,一律不掛現任中共中央領導人的像,以利於肅清個人崇拜。

10.22 交通部觀光局決定阻止外界破壞淡水紅樹林,以維護生態。

10.26 行政院長孫運璿宣佈,凡打破全國體育紀錄者,一律發給中正體育獎章1枚及獎金5萬元。

10.27 屏東縣中正藝術館落成,為本省各縣市文化中心首先完成者。

10.30 內政部統計,台灣民眾平均壽命約為72歲,已達世界最高平均壽命國家之列。

11.1 中華民國財團法人消費者文教基金會在台北市成立,柴松林任董事長。

11.3 第三屆吳三連文藝獎得主公佈:小說組黃春明、田原,舞蹈組林懷民,音樂組馬水龍。

11.3 第十七屆電影金馬獎揭曉,「早安台北」獲得最佳影片獎。

11.3 在安徽和縣潭洞遺址,發現30～40萬年前舊石器時代的完好的猿人頭蓋骨化石。

11.4 雷根贏得美國總統寶座。

11.4 旅日職業棒球全壘打王王貞治宣佈退休。

11.7 原住民籍台灣省議員莊金生引據連橫《台灣通史》中吳鳳乃是為了漢人利益與山胞格鬥而死,國小課本有顛倒是非之嫌,向省政府提出質詢。

11.9 新加坡總理李光耀抵達中國大陸訪問。

11.11 台獨人士高浩遠,以涉嫌參與台獨組織後潛返台灣籌組暴力集團,經軍事檢查處依叛亂罪提起公訴。

11.14 中共中紀委在北京召開第三次貫徹「準則」座談會。陳雲在會上

說：執政黨的黨風問題，是有關黨的生死存亡的問題。

11.15 北京－倫敦國際航空線正式開航。航線全長14,880公里，是目前中國民航開闢的國際航線中最長的一條。

11.16 76歲婦人張孫玉方，接受天主教宗若望保祿二世所頒的社會服務勳章及獎狀。

11.17 葉島蕾以顛覆罪嫌被捕後，今提起公訴。

11.22 70學年度大學入學考試試務委員會決定，英文加考作文與翻譯。

11.28 中共新華社：據統計，從1957年到1977年的20年間，全國淨減少耕地1.8億畝，相當於四川、廣東、廣西耕地面積的總和。

11.29 荷蘭政府核准該國RSV公司與台灣洽談售我2艘潛艇及其他裝備事宜。

11.30 日本漁船三輪九侵入台灣東部領海，被海軍帶回基地。

12.4 葡萄牙總理弗朗西斯科·薩卡爾內羅飛機失事身亡。

12.6 增額國大代表、立法委員選舉今投票，投票率達66.83%，共選出立委70人，國代76人。

12.6 《人民日報》發表特約評論員文章〈論黨政分開〉，提出黨政分開是政治體制改革中的一個關鍵問題。

12.18 台中市大德國中校長張世達涉嫌收受紅包、介聘教師，本日遭到收押。

12.18 荷蘭國會表決通過，售予台灣2艘潛艇。

12.21 中山科學研究院表示：中華民國已具備發射中、低軌人造衛星之能力。

12.22 因受林彪、江青集團破壞而停辦了14年的中國佛學堂，在北京舉行開學典禮。

12.24 中共《人民日報》：國務院批准廈門成立經濟特區。

12.25 中共留美學生楊思永自美前來台灣定居。

12.25 中共中央工作會議在北京舉行。會上，鄧小平指出：「在廣東、福建兩省設幾個特區的決定，要繼續實行下去。」陳雲說：「打破閉關自守的政策是正確的。」這些指示，為兩省的改革開放指明了方向。

12.25 中共新華社：中國第一座專用短波授時台－中國科學院陝西天文台短波授時台建成。

12.29 有「中華民國少棒之父」稱譽的全國棒球協會理事長謝國城因病逝世。

# 1981

1.1 儲蓄獎券更名為國民儲蓄獎券，發行期限由2年改為1年，特獎每季開獎1次。

1.1 詹宏志於《書評書目》發表〈兩種文學態度〉。

1.1 希臘加入歐洲共同體。

1.5 陳納德將軍遺孀陳香梅訪問北京結束後，來台訪問。

1.8 影片「捐國旗的人」演職員非法「跳機」入境美國拍攝，導演劉家昌返台解釋。

1.10 武打演員王羽遭暗算，身中4刀送醫急救，事件疑與松吟閣血案有關。

1.12 海外女留學生葉島蕾因叛亂案判刑14年。

1.13 鄧小平、趙紫陽分別會見日本參議院代表團時說，現在中國的政治形勢是60年代以來最穩定的。

1.18 中共外交部就荷蘭向台灣出售潛艇駁斥荷蘭首相范阿赫特的說辭。19日，外交部照會荷駐中共大使館，要求把中荷關係降為代辦處級。

1.20 中華商場整建問題，市政府以「維持現狀為宜」暫告落幕。

1.21 大陸工程師姜友陸在法投奔自由後抵台。

1.21 秦慧嵐引進有氧舞蹈運動。

1.23 台北自來水處士林淨水廠擅自放水，600餘名學生於外雙溪郊遊走避不及，15人慘遭滅頂。

1.27 南亞新東廠自1980年12月22日因故停工後，對千餘女工資遣費等未作妥善處理，女工四處陳情。

1.28 台灣首座氣象衛星資料接收站舉行落成啟用儀式。

1.30 增額中央民意代表選舉立法委員落選人張春男因競選期間言論偏激，違反選罷法而被起訴。

2.1 交通部電信局今起開放高雄、台中、台南3地直撥國際電話。

2.9 台北縣平溪鄉菁桐礦場發生災變，造成10人死亡。

2.12 行政院通過台灣經濟建設10年人力發展計劃。

2.12 馬來西亞僑籍生溫瑞安及其女友方娥真以「為匪宣傳」罪名，被判交付感化3年。

2.13 美國核管會表決通過，發給我原子反應爐出口許可證。

2.15 台電宣佈電價今日起全面調整，平均漲幅7.79%。

2.17 衛生署核准肝炎疫苗在台灣地區接種。

2.18 國立歷史博物館發生離奇竊案，藝術家朱銘木雕作品「老太婆」不翼而飛。

2.18 彰銀東門分行裏理徐忠盜用勞保局存款6千餘萬元潛逃。

2.21 畢卡索陶藝展在歷史博物館揭幕開展。

2.23 前「文星書店」負責人蕭孟能因涉嫌偽造文書罪，被判刑6月。

2.25 台獨人士林建明向治安單位主動投案。

2.25 全斗煥當選韓國總統。

2.27 中共為抗議荷蘭出售潛水艇予台灣，決召回駐荷蘭大使。

3.1 經中共國務院批准，浙江舟山群島沈家門港宣告開闢為對外貿易港口。

3.2 立委選舉候選人張春男被法院以煽惑他人犯內亂罪判處3年6個月徒刑。

3.2 巴基斯坦人劫持客機。

3.8 自強號北上特快列車，在新竹與擅闖平交道的貨車意外相撞，翻落橋下。

3.9 音樂家馬思聰偕其家人返國，以行動證明謠傳他回大陸之不確。

3.12 監委尤清建議增訂監察法，為監察院樹立聽證會制度。

3.15 省主席林洋港赴日訪問，為首位訪問之台灣省主席。

3.16 馬偕協談中心統計，外遇問題在夫婦問題中排名第二，已成為不容忽視的社會問題。

3.20 北美事務協調會宣佈由蔡維屏出

任駐美代表。

3.23 國際奧會承認中華民國奧會與其他國家奧會地位相同。

3.27 在日本舉辦的第十一屆國際兒童畫展中，台灣榮獲團體冠軍，共獲獎牌200面。無論獎牌總數或金、銀、銅牌數俱居參賽的51國之首。

3.29 中國國民黨第十二次全國代表大會，今在陽明山中山樓隆重開幕，會期8天，全會於4月20日通過推選蔣經國連任主席，並選出150位新任中央委員。

3.30 美國總統雷根在華府遇刺受傷。

4.6 國民黨第十二屆中央委員會選出嚴家淦等27名中常委。

4.10 台灣地區身心障礙國民自強運動大會揭幕，展開36項競賽，近千名選手參加。

4.10 吳尊賢文教公益基金會成立。

4.11 中巴（巴拿馬）簽署貿易協定，互給最惠國待遇。

4.11 行政院科技顧問賓納德強調，引進之B型肝炎疫苗安全性，已獲得在美國進行之實驗證明，國人宜放心進行幼兒接種工作。

4.11 民謠歌手陳達因車禍不治，享年76歲。

4.12 美國發射哥倫比亞號太空梭。

4.16 高雄文化中心落成。

4.18 監察院組成追查銀行呆帳小組，發現歷年累積呆帳總計高達170億元。

4.20 中國作協主席團擴大會議推選巴金為代理主席。

4.23 行政院通過新竹、嘉義兩市升格為省轄市，並自1982年7月1日起實施。

4.24 阿里山森林鐵路隧道坍方，死傷失蹤28人。

4.27 南京紫金山天文台觀測到一次持續2小時的特大太陽爆炸。

4.28 行政院經濟建設委員會表示，國人失業率降低，去年僅1.24%。

5.1 立法院通過修正立法委員互選院長副院長相關辦法，確立定期改選原則。

5.1 玻利維亞駐華使館及奧地利商務代表團駐台辦事處正式開幕。

5.4 台大醫院順利完成胸腹連體女嬰分割手術。

5.6 國內首座精密特殊合金鋼煉鋼廠，於清華大學安裝完成。

5.7 中共第五屆全國人大代表、政協委員杜聿明今日在北京逝世，享年76歲。

5.10 法國總統大選決選，投票結果社會黨候選人密特朗當選。

5.13 台灣－關島間海底電纜正式完工啟用。

5.13 教皇若望·保祿二世在梵諦岡遭槍擊。

5.14 行政院通過修訂台灣省議會組織規程、台北市議會組織規程、高雄市議會組織規則，明定議員言論免責權之範圍。

5.15 倪文亞、劉闊才當選立法院正副院長。

5.21 水污染防治所抽檢全省35條河川，結果發現其中13條河川嚴重污染。

5.22 總統令宋楚瑜任新聞局長。

5.26 8名台北市東門國小學生連袂前往教育部，控告級任老師強迫補習集體體罰。27日，台北市教育局緊急決定，級任老師記兩大過免職，校長記過處分。

6.1 《天下》、《深耕》雜誌創刊。

6.1 大陸第一份英文報紙《中國日報》（China Daily）正式發行。

6.3 省市稅捐機關首次公佈逃漏稅大戶名單，個人最高逃漏稅1,100萬元，公司最高4,800萬元。

6.6 曾在任內涉及六甲鄉土地重劃舞弊案而遭判刑10年的前台南縣長劉博文自殺死亡。

6.7 以色列轟炸伊拉克某法製原子爐，阻止其運轉。

6.9 本日傍晚台北市西方天空出現15顆類似「幽浮」的光點，原因不詳，為台灣天文學史上罕見的大規模不明飛行物體出現現象。

6.9 鐵路創建百年，展開慶祝活動。

6.15 國際籃球協會恢復我國會籍。

6.17 作家李敖被控侵佔他人財物，判刑6個月。

6.17 中華木蘭女子足球隊，榮登第四屆亞洲女子足球賽冠軍，第三度稱后。

6.18 總統令楊金欉為高雄市長。

6.22 巴尼薩德被趕下台，失去伊朗總統職位。

6.26 趙紫陽重申：堅決支持阿富汗人民抗擊蘇聯侵略軍，並代表中國政府將一張50萬元人民幣支票捐贈巴基斯坦救濟阿富汗難民總統基金會。

6.28 中正杯田徑公開賽女子400公尺低欄賽，梁玉秋、吳金玉雙破亞運紀錄。

6.29 外交部重申中華民國核子和平使用立場，否認與南非、以色列合作製造核武。

7.1 國家賠償法及施行細則今日正式生效。

7.1 省政府對涉嫌叛亂的桃園縣長許信良予以停職處分。

7.1 翡翠水庫大壩工程開工。

7.2 中共新華社報導：胡耀邦當選為中共中央主席之後，收到達賴喇嘛的賀電。

7.3 留美學人陳文成博士陳屍台灣大學校園，死因不明。

7.8 省政府宣佈成立國家賠償事件處理小組。

7.9 各地農會違法選舉，專案小組查出16件，經調查局查證屬實將予處理。

7.17 南迴鐵路動工。

7.18 立法院通過行政院文化建設委員會組織條例。

7.18 美國堪薩斯城旅館倒塌，111人被壓死。

7.24 中共新華社報導：中國天主教愛國常委會在北京舉行聯席會議。通過決議，強烈抗議羅馬教廷無視中國教會決議，非法任命廣東省以明為廣東省大主教。會議還通過了「告全國神長教友書」。

7.27 空手道選手林志岷在第一屆世界運動大會空手道比賽中擊敗對手，贏得金牌。

7.30 行政院院長通過「空氣污染防治法」修正草案，違反規定者最高罰鍰新台幣15萬元。

7.30 中國造船公司董事長指出中華民國已躍居世界十大造船國之列。

7.31 李喬在《台灣文藝》發表〈我看台灣文學〉，宋澤萊發表〈文學十日談〉。

8.3 畫家席德進因胰臟癌病逝。

8.3 國際名畫家趙無極自巴黎首次返回台灣。

8.3 首屆亞太藝術教育會議在台北揭幕，計15國參加。

8.4 美國卡奈基－美薈大學要求將月前伏屍台灣大學校園內之留美學人陳文成之遺體運回，重新檢驗。該大學為陳文成在美國任教的學校。

8.6 北一女儀隊訪美歸來，引發「髮禁」爭議。

8.7 省政府通過修正案，規定遇難漁民不論有無參加勞工保險，一律給予援助，死亡者4萬元，重傷殘者1萬5千元。

8.8 空軍少校黃植誠駕機降落於大陸福州機場。

8.12 國際射擊聯盟禁止中華民國使用國旗，中華隊宣佈退出第二屆世界射擊錦標賽。

8.15 中華民國與聖文森國建交。

8.15 印象派大師雷諾瓦21幅原作在歷史博物館展出。

8.16 在漢城舉行的13國青年田徑邀請賽閉幕。台灣共得4面金牌、2面銅牌，在總成績中名列第4。

8.19 美國今日擊落2架利比亞噴射戰鬥機。

8.20 美眾院外交委會主席查布勞基率團訪台。

8.22 遠東航空波音737客機在三義上空失事，機上110人全部罹難。

8.23 中華青棒隊獲世界青棒賽冠軍。

8.26 加拿大蒙特婁國際影展，因不堪中共壓力，取消「皇天后土」影片的放映。

8.26 鄧小平首倡一國兩制構想。

8.28 美國加州司法部將台獨人士視為國際恐怖分子。

8.29 中華少棒球隊連續5年登上世界少棒賽冠軍。

9.1 台北市教育局決定試辦「營養早餐」，以維護學童身心健康。

9.1 花蓮地院判決，因市地重劃延不辦理，花蓮市公所應賠償施賴燕每年50萬元。此為實施民事損害賠償法以來首宗案例。

9.3 艾妮絲颱風過境，造成中南部地區19人死亡，8人失蹤。

9.4 大陸選手在瑞士維德諾舉行的第三屆技巧世界杯賽中獲4項冠軍、7項亞軍。

9.7 在馬來西亞所舉行的第十七屆亞洲地區健美賽中，台灣選手鄭海源榮獲中量級冠軍。

9.8 葉劍英會見從香港回大陸探親的原國民政府中將賈桂藩。

9.11 中美簽訂穀物貿易協定，5年內將購美穀物50多億美元。

9.12 法國印象派大師雷諾瓦畫展，在國立歷史博物館展出28天後，今天閉幕。

9.14 台灣製作之電影「皇天后土」在香港遭受禁演處分。

9.15 埃及總統沙達特將1,500名蘇聯人員驅逐出境。

9.17 中共中央發佈「關於整理我國古籍的指示」，決定由有關單位組成古籍整理出版規劃小組。

9.19 法國國會決議廢止死刑，結束1792年以來之斷頭台刑罰。

9.20 攝影大師郎靜山90大壽，國立歷史博物館展出其回顧展。

9.21 美國兩位學者應邀來台，了解陳文成事件，離台前召開記者會發表看法。

9.21 美國在台協會理事長丁大衛今日訪華。

9.23 因對陳文成案所作報導未能更正，新聞局決暫停美聯社駐台北記者周清月之採訪權。

9.24 中共新華社報導：中國海洋地質工作者完成了100萬平方公里近海石油地質調查，發現6個大型含油氣盆地，海上油氣資源前景廣闊。

9.28 祭孔大典於各地展開，拔取智慧毛之活動明令中止。

9.29 大陸青年林耀忠等10人駕船攜械抵台。

9.30 中共人大常委會委員長葉劍英提出「和平統一」9項建議。

10.1 海地駐華使館開館。

10.5 倫敦歐洲金融雜誌報導：8年來台灣在世界85國中，經濟成就名列第一。

10.6 國防部頒給駕船攜械來歸的10名大陸青年每人50萬元。

10.6 行政院長孫運璿聲明，台灣留美

學生在校園內絕無進行任何情報活動。

10.6 埃及總統沙達特於開羅閱兵典禮中，遭行進中士兵射殺身亡。

10.7 大陸體操教練、中共雲南省體操協會副主席王品義逃出大陸，公開在台露面。

10.7 中共國務院發佈「關於1981年調整部份職工工資的通知」。決定給中、小學教職工、醫療衛生單位部份職工、體委系統優秀運動員、專職教練員及部份從事體育事業的人員調整工資，並增加中、小學民辦教師的補助費。

10.7 巴勒斯坦解放組織執委會主席、巴勒斯坦革命武裝力量總指揮西爾‧阿拉法特訪問大陸。

10.8 哥斯大黎加總統卡拉索今日抵華訪問。

10.11 外交部長朱撫松與哥斯大黎加外交部長倪浩思簽署聯合公報，決定繼續擴大兩國合作。

10.13 胡斯尼‧穆巴拉克被選為埃及新總統。

10.16 中共中央發佈「關於同外賓接觸中要維護國家榮譽和民族尊嚴的通知」。

10.20 美國卡內基－美薈大學教授公佈陳文成死因報告，肯定生前未受刑求，認定台灣官方驗屍報告基本正確。

10.21 省教育廳函告馬陵出版社代理企鵝公司翻印英文本《資本論》、《馬克思學說》依法查禁。

10.22 省政府指出，1952年至1980年間，國民所得總額增加82倍，人民平均所得提高40倍。

10.26 台灣區運動會於桃園揭幕。

10.30 「假如我是真的」獲本屆金馬獎最佳影片。

11.1 中國畫研究院在北京成立，李可染任研究院院長。這是中國美術史上成立第一個專門研究中國畫的機構。

11.3 中南美洲18國產品展在台北揭幕，為期5天。

11.4 歷史學者蕭公權因病在美國西雅圖逝世，享年95歲。

11.5 立委費希平等提緊急質詢，指出選委會對廢票之解釋從寬，認為

選委會對「選票上蓋兩個圈仍有效，唱票而不亮票」行為之解釋為不當。

11.5 國際排球總會恢復中華民國會籍，中華民國得以中華台北的名稱參加國際比賽。

11.8 在馬尼拉舉行的中、菲田徑對抗賽中，中華田徑代表隊贏得24面金牌。

11.14 省市議員及縣市長選舉投票，國民黨得78%席次，黨外人士獲得20%，陳定南當選宜蘭縣首位「黨外縣長」。

11.15 美國任命李潔明為在台協會台北辦事處處長。

11.19 台省首件國家賠償核定，蔡景漢因馬路坑洞車禍受傷案，獲台中縣政府賠償3萬2千元。

11.20 總統府資政葉公超今日病逝，享年78歲。

11.20 台灣銀行發佈，愛國獎券自第970期起（12月5日開獎），改為1張8聯式發行，每聯售價仍為新台幣20元。

11.26 行政院通過任命高銘輝為青輔會主委，省主席李登輝，台北市長部恩新。

11.27 中共新華社報導：中國大陸從今年起開始招收攻讀博士學位的研究生。

11.30 美、蘇在日內瓦開始裁軍談判。

12.1 中共新華社報導，在內蒙古西部地區「漸新世」地層中，最近發現一塊距今約2,500萬年的嵌齒象頸骨化石。這是亞洲地區首次發現這種化石，過去只在埃及發現過。

12.4 政府指定台灣銀行與東德、波蘭、捷克、匈牙利及南斯拉夫東歐5國建立通匯關係。

12.6 全國資訊週活動揭幕。

12.6 世界佛教僧伽會第三屆大會在高雄舉行。

12.8 鄧小平會見環球航運集團主席包玉剛和副主席李伯忠，雙方就世界經濟形勢進行了交談。

12.10 花蓮縣石陽石礦工地山崩，造成5名工人死亡。

12.11 阿根廷總統比奧拉被逼下台。

12.13 波蘭實行軍事管制。

12.15 第二十四屆遠東橋藝大賽於台北舉行，台灣獲冠軍。

12.17 亞洲華文作家座談會揭幕，會期5天。

12.18 台中縣武陵自動電話機房正式啟用，台灣地區電話全面自動化工程完成。

12.18 國人自製的首齣芭蕾舞劇「龍宮奇緣」在台北市國父紀念館舉行公演。

12.19 據一項調查研究顯示，台灣國民儲蓄率已超越日本，躍居世界第一位。

12.20 高育仁、黃鎮岳當選台灣省議會正、副議長。

12.20 雲門舞集自歐返台，結束為期3個半月的巡迴公演。

12.20 台灣首條河底鐵路隧道（台東光復河）通車，全長2,356公尺。

12.21 巡迴全省演出之美國女子泥漿摔角賽遭教育部禁演。

12.22 中國影評人協會選出「假如我是真的」、「凡夫俗子」為年度最佳中外影片。

12.26 高雄佛光山大雄寶殿落成。

12.29 總統任命郭汝霖為空軍總司令。

12.30 中華民國與新加坡雙方簽訂租稅協定。

12.31 中共公開警告美國不准售予台灣軍事武器。

## 1982

1.1 行政院經濟建設委員會選定機械、運輸工具、電機、電子資訊五項工業，為未來策略性產業。

1.2 華視播出綜藝節目「神仙·老虎·狗」，由張帝、凌峰、張魁主持，張帝的「台上台下」單元急智歌唱轟動一時。

1.3 韓國解除歷時36年的宵禁。

1.5 經濟部長趙耀東指出呆人、呆時、呆料是國營事業嚴重缺失。

1.5 《文學界》雜誌創刊，葉石濤發表〈台灣小說的遠景〉一文。

1.7 行政院通過「中華民國台灣經濟建設四年計畫」。

1.8 新任美國在台協會處長李潔明抵華履新。

1.8 雲林縣議員選舉出現全國第一樁「搓圓仔湯」賄選官司。

1.10 台灣地區觀測到月全蝕。

1.11 美國務院宣佈延長台、美合製F-5E戰機計畫。

1.11 中共外交部發言人就美國單方面發表聲明宣稱，向台灣提供包括戰鬥機在內的「防禦物品」的決定，提出強烈抗議。

1.12 中共新華社報導：大陸研發的電火箭首次進行太空飛行試驗成功。這是繼美、蘇、日之後，大陸也有了這種新型太空火箭。

1.12 波蘭當局宣佈在2月1日結束軍事法，並和華勒沙討論波蘭工會之未來。

1.16 台灣省各縣市第10屆縣市議員、第9屆鄉鎮轄市長投票。

1.18 財政部核准商務印書館發行台灣地區首批圖書禮券。

1.21 自今年起70歲以上老人及殘障人士憑證可免費乘坐普通公車。

1.26 北迴鐵路一列自台北開往花蓮的對號特快車，在觀音隧道內發生爆炸，造成4死13輕重傷慘劇。

1.26 英國失業人數高達300萬人，達到歷史頂峰。

1.29 留學西德的大陸科學家李根道夫婦來台訪問。

1.31 美國舊金山大學與淡江大學合作在台招生的「國內留學班」引起非議。

2.8 東京新日本飯店大火，台灣雪祭旅行團12人罹難。

2.10 台灣第一支職業芭蕾舞團台北藝苑芭蕾舞團今天首次公開演出。

2.10 爭議20餘年的大台北防洪計畫開始動工，耗資近100億元。

2.13 經濟部國貿局宣佈暫時禁止1,500項日貨進口。

2.16 中華民國決定主辦第5屆世界女壘賽。世界壘協祕書長波特表示，主辦國有權掛國旗奏國歌。

2.17 中華民國奧林匹克委員會經討論通過修改中英文會名，中文為中華奧林匹克委員會（台北），英文則為CHINESE TAIPEI。

2.22 薩爾瓦多執政團副主席兼三軍統帥古蒂耶斯，抵台訪問6天。

2.22 馬紹爾政府在中華民國正式成立辦事處，加強雙方關係。

2.22 44個開發中國家於新德里召開會

議，會中對聯合國南北綜合談判事宜未達成協議。

2.25 行政院院會通過「勞動基準法」草案，決定擴大該法適用範圍。

2.28 中共國務院總理趙紫陽和美國總統雷根就上海公報發表10週年互致信件。

3.1 中共總理趙紫陽向美國總統雷根允諾停止台灣問題之爭議，以免引起中美緊張關係。

3.2 國防部表示，目前與美合作生產的F-5E戰機，自製率已達5成。

3.2 韓國釋放2,863名政治犯，金大中由無期徒刑改為20年徒刑。

3.4 日本政府強烈抗議中華民國限制其商品進口。

3.4 行政院決定全面查禁電動玩具。

3.8 新竹少年監獄部份受刑人抗議獄方管理不當，集體滋事，經憲警規勸安撫後始告平息。

3.8 中共外交部照會越南駐華大使館，強烈抗議越南當局3月3日悍然出動砲艇，襲擊在南中國海公海上進行捕撈作業的中國漁船，釀成嚴重流血事件。

3.10 美國禁止進口利比亞石油。

3.13 國際壘球總會秘書長波特宣佈，世界女壘大賽如期在台舉行。

3.18 台北縣議會議員陳萬富被依妨害投票罪起訴，另有6名議員被列為被告。

3.26 中共外交部照會美國駐華大使館，抗議美國方面在移民問題上把台灣作為一個「單獨的外國看待」，製造「兩個中國」，公然違反中美建交聯合公報和國際關係準則的行為。

3.27 中華民國政府宣佈正式承認瓜地馬拉新政府。

3.29 新竹少年監獄再起騷動，31人企圖逃獄被捕。

4.1 儒學大師徐復觀因胃癌不治病逝台大醫院，享年79歲。

4.1 內政部決定動支1,200萬元收購市面電動玩具，並宣佈自本年9月起全面查禁該業。

4.2 阿根廷佔領福克蘭群島。

4.5 土城台北看守所及景美軍法處看守所分別發生人犯集體越獄脫逃事件。

4.6 立法院通過修正大學法，規定大學畢業具有同等學歷者，可報考研究所。

4.9 省農林廳針對中南部病毒性腸炎致死的20萬鵝雙纔續蔓延，採取3項緊急措施應變。

4.9 林宅血案原址改設立為義光基督長老教會。

4.14 台灣土地銀行古亭分行遭歹徒持槍搶劫5百餘萬元。該行副理林延湖欲加以阻止，遭歹徒槍擊成重傷。

4.15 總統蔣經國任命楊金欉為台北市長，許水德為高雄市長，原台北市長邵恩新辭職獲准。

4.15 名列世界七大航業鉅子之一的董浩雲因心臟病辭逝香港。

4.15 彭瑞金在《文學界》雜誌發表〈台灣文學應以本土化為首要課題〉一文。

4.15 暗殺埃及總統沙達特的5名刺客遭判處決。

4.17 英國女王正式將憲法主權移交給加拿大。

4.18 摩納哥元首雷尼爾親王及王妃葛麗絲凱莉抵台訪問。

4.18 前國民黨軍事委員會政治部第三廳副廳長、台灣省行政長官公署教育處處長、台灣大學文學院哲學系教授、86歲的范壽康，由台灣經由美國飛抵北京，回到大陸定居。

4.21 台北縣議會議長陳萬富賄選案，宣告判刑1年6個月。

4.22 刑事警察局肅霧組破獲販嬰集團，因牽涉國際販嬰，已成立專案小組偵辦。

4.25 以色列將西奈半島歸還埃及。

4.27 立法院三讀通過「空氣污染防治法」修正案。

4.27 東加國王抵台訪問。

4.29 諾魯共和國總統戴羅伯訪華。

5.1 英國發動福克蘭群島戰役。

5.1 波蘭團結工聯於華沙發起5萬人反軍政府示威遊行。

5.6 中共新華社報導：在山東沂源縣騎子鞍山發現了上古猿人化石，它不僅填補了大陸猿人地理分佈的空白，而且對了解北京猿人、安徽和縣猿人與東北古人類之間

的關係提供了珍貴的實物資料。

5.7 台灣土地銀行台北市古亭分行5百萬元搶案偵破。搶嫌李師科遭逮捕到案，並坦承前年殺死教廷使館警衛李勝源。

5.7 警方偵辦土銀搶案意外爆發約談人王迎先投河自盡案，警方擬以鉅金與死者家屬和解。

5.7 美國副總統布希正式訪問中國大陸。兩國政府就台灣問題，特別是美國向台灣出售武器方面，開誠佈公地進行了討論。

5.16 內政部警政署調查王迎先死亡案告一段落，5名刑警移送法辦。

5.16 密佈卡·布朗茲當選南斯拉夫聯邦執行會議長兼總理，成為社會主義國家中首位女性總理。

5.18 羅大佑在國父紀念館舉辦演唱會，演唱〈鹿港小鎮〉、〈戀曲1980〉等歌曲。

5.25 立法院通過修正廣播電視法，嚴禁設立私人電台，並將錄影帶納入管理。

5.25 長庚醫院完成國內第一宗由女變男性手術。

5.26 前國民黨廣東省政府主席、第三戰區副司令長官、總統府參軍長李漢魂夫婦，應中共人大常委會副委員長廖承志的邀請返回大陸訪問。

5.30 西班牙正式成為北大西洋公約組織會員國。

6.2 行政院通過「刑事訴訟法」部份條文修正草案，允許被告於偵查期中選任律師為辯護人。

6.3 以色列大使阿戈夫在英國被巴勒斯坦人槍殺。

6.4 美國參議員高華德結束7天訪台行程。行前表示美不會修改「台灣關係法」，並將繼續售我軍事武器。

6.6 第8屆世界主要先進國家高峰會於凡爾賽宮舉行，通過自由貿易等宣言。

6.6 以色列入侵黎巴嫩。

6.7 股價指數破1978年初最低點，91種跌價。

6.7 在台灣絕跡近10年的「無菌腦膜炎」又有開始流行的趨勢。

6.7 中華民國與美國雙方簽訂新漁業

協定。

6.9 教育部決定專案保送國二學生楊柏因升入師大附中，為我國30年來第一位保送跳級的學生。

6.10 馬紹爾副總統阿瑪達·卡布亞率團訪華。

6.11 台中市中山堂興建工程倒塌，造成3人死亡，53人輕重傷。

6.12 雲林土庫奮起里里長選舉，僅3人投票，且全為廢票，創地方自治史上最低投票率。

6.12 紐約市80萬人舉行爭取和平示威遊行。

6.14 福克蘭群島的阿根廷軍隊投降。

6.17 阿根廷總統加爾鐵里被免職罷黜下台。

6.25 舒茲接替海格出任美國國務卿。

7.1 新竹、嘉義2縣轄市正式升格為省轄市。

7.1 東部幹線寬軌列車正式通行。

7.1 國立藝術學院在關渡成立。

7.2 中船承造之艾索·西班牙號油輪失火，造成15人死亡，20餘人受傷慘劇。

7.3 第5屆世界女子壘球賽在台北市揭幕，共有23國參加。

7.3 中共新華社報導：大陸首批碩士學位授予工作最近結束，有8,562人榮獲碩士學位。

7.11 第5屆世界女子壘球賽閉幕，中華女壘隊榮獲亞軍。

7.14 台省高中聯招新竹考區試題外洩案偵破，印刷工彭炳偉等3人竊題被捕。

7.15 台北市首次試映電影午夜場。

7.19 省議會通過蘇貞昌議員等提請省府轉請中央暫緩增訂刑事訴訟法有關賦予警察約談，逕行拘提，搜索權之規定案。

7.23 立法院通過修正刑事訴訟法，明定司法警察有緊急拘提、搜索、約談權，偵查中得還任律師為辯護人。

7.23 中共網球代表隊女選手胡娜在美國加州要求政治庇護。

7.25 中共官員廖承志寫信給我國總統蔣經國，要求兩岸和平談判統一問題。

7.27 馬來西亞魚鱗癬患者張四妹來台接受私立長庚醫院治療。

7.29 強烈颱風「安迪」肆虐，11人死亡，2人失蹤。

7.31 中華民國對日本文部省竄改第二次世界大戰期間侵華史實，提出備忘錄。

8.5 行政院通過家庭計畫4年計畫，引進狄波長期避孕劑，並提供人工流產服務。

8.9 謝長廷在由《深耕》、《政治家》、《關懷》等雜誌舉辦的座談會上主張台灣民主運動必須與海外台獨劃清界限。

8.11 西仕颱風帶來豪雨，導致山洪暴發，台北縣五股、蘆洲一帶災情慘重。

8.12 行政院通過修正「民法親屬篇」條文，明定子女得約定從母性，表兄妹將禁止結婚。

8.16 全球最年輕的大學畢業生，12歲喬傑自美返國省親。

8.17 中華民國就美國與中共發表「817聯合公報」發表聲明，任何涉及中華民國之協議一律無效。

8.17 蔣宋美齡發表致中共人大副委員長廖承志公開信。

8.17 央行表示台幣貶值2角1分，美元賣出匯率突破40大關。

8.19 美國政府正式通知國會，決定售60架F-5E及F-5F戰機給台灣。

8.20 計程車司機主迎先命案偵查終結，5名刑警被提公訴。

8.21 巴解組織與以色列陸軍撤離貝魯特，結束黎巴嫩境內戰火。

8.22 旅居比利時的大陸女留學生榮欣與其丈夫抵台訪問。

8.26 高雄縣警察局旗山分局取締甲仙鄉新約教徒。

8.29 田徑選手李福恩在全國中正杯田徑賽中，打破男子10項運動亞運紀錄。

9.1 台灣地區第一座國家公園墾丁國家公園正式成立。

9.1 聯絡內湖區與台北市交通重要孔道的「民權大橋」通車。

9.1 中國共產黨第12次全國代表大會在北京舉行。

9.3 高中聯招新竹考區洩題案經新竹地方法院刑事庭審結宣判，被告彭炳偉3兄弟及3家補習班負責人均被判刑。

9.7 基隆七堵區偉義煤礦發生瓦斯突出災變，14人輕重傷，1死，2人失蹤。

9.8 財神酒店所有權糾紛事件達成協議，由金洋銀行接管經營。

9.9 日本政府交流協會向中華民國政府遞交備忘錄，承認接納各國批評，將訂正教科書不實紀錄。

9.10 國際權威發行稽核組織ABC宣佈，《中國時報》日銷有費報突破百萬大關，位列該組織1,900家會員報中第4位。

9.10 美貿委會指出，台灣遊艇業成長迅速，居世界第3大生產國。

9.15 北韓勞動黨中央委員會總書記、北韓國家主席金日成對中國大陸進行正式國事訪問。

9.16 黎巴嫩親以色列之民兵於西貝魯特巴勒斯坦難民營展開大屠殺。巴游發表被殺的難民達3,200人以上。

9.18 918事變51週年紀念，各界抗議日本竄改侵華史實。

9.18 魯迅長孫周令飛宣佈脫離共產黨，偕女友張純華抵台，24日公證結婚。

9.24 立委洪昭男首度公開質詢，使涉案228事件而仍在監之受刑人能假釋。

9.28 黨外人士在北市中山黨集會，提出「國家基本法」6項主張，為全國黨外聯誼會聲勢最為浩大的一次集會。

9.30 前衛出版社創設。

9.30 中共外交部新聞司發言人就柴契爾夫人27日在香港發表的有關香港問題的言論，答覆新華社記者問題時指出，中共政府不受不平等條約的約束，將在條件成熟時收回整個香港地區。

10.1 西德聯邦國會對總理施密特提出不信任案，並決議通過指定基督教民主同盟黨魁柯爾出任西德新任總理。

10.2 台南市政府主辦「千人美術大展」，席開120桌，宴請1,300位藝文界人士。

10.5 警備總部宣佈，杜紹溪、張榮一兩人涉嫌為中共提供技術、機器被捕。

10.7 行政院通過民法重大修訂案，廢除指定繼承人；養子女與婚生子女同等待遇；遺產分割期限定為5年。

10.11 中共新華社報導：大陸已建立起高空科學氣球技術系統，成功地把太空科學觀測平台送上了30公里以上的高空，為太空科學研究提供了重要技術。

10.16 蘇俄流亡作家索忍尼辛抵台進行訪問。

10.16 中共飛行員吳榮根駕駛米格19型戰鬥機飛抵漢城。20日，中華民國與韓國達成協議，吳可前來台灣，飛機則依國際慣例處理。

10.17 由於《中國時報》獨家搶先報導索忍尼辛抵台訪問一事，引發17個新聞單位聯合「圍剿」，造成一連串所謂的「索忍尼辛風暴」。

10.24 第19屆金馬獎揭曉，最佳劇情片為「辛亥雙十」。

10.25 利比亞革命領導人格達費上校訪問中國大陸。

10.28 高雄郵局50支局運款人員歹徒注射麻藥，劫走巨款，為台灣地區30年來首宗此等案例。

10.31 駕機飛離大陸的中共空軍飛行員吳榮根，自韓國抵達台灣。

11.1 中共新華社報導，大陸最後一批79,000多名「壞份子」摘帽工作結束。

11.5 國內6位知名漫畫家控告國立編譯館館長熊先舉等2人擅發日文盜版之連環畫審查執照。

11.5 大陸民主黨派、無黨派人士、全國工商聯、全國台聯在北京舉行集會，沉痛悼念在美國被暗殺的美籍華人作家劉宜良（江南）。民革等11個黨派團體給劉宜良夫人崔蓉芝發出悼信。

11.6 新台幣一再貶值，對美金匯率跌為40.82：1，破新台幣有史以來最低價位。

11.8 前中共空軍飛行員吳榮根宣誓脫離中國共產黨，並接受參謀總長郝柏村頒獎，獲授階為中華民國空軍少校。

11.10 蘇聯領袖布里戲涅夫去世。

11.11 行政院通過玉山、陽明山國家公園規劃方案。

11.12 台南縣佳里鎮發生連鎖倒會案，金額高達50億元。

11.13 美國總統雷根解除對蘇油管禁運命令。

11.17 中國石油公司海域探勘處一架直升機在基隆外海墜毀，機員、乘客共14人失蹤，1人死亡。

11.18 中共公費留學生王炳章向全世界宣告決不返回大陸，將推動民主運動。並出版《中國之春》民主刊物。

11.19 經濟部宣佈，自22日起解除697項日貨進口限制。

11.20 北美事務協調委員會宣佈由錢復出任駐美代表。

11.24 王迎先命案宣判，5名涉案警員分依妨害自由、傷害及過失致死判處徒刑。

12.1 日本新任首相中曾根康弘自東京打電話給中共總理趙紫陽，表示要進一步發展日中友好關係。

12.3 中華民國與賴索托雙方簽署聯合公報。

12.3 行政院修正通過中華民國人口政策綱要，及加強推行人口政策方案，決於7年內將人口增加率減至千分之12.5。

12.7 台北世華銀行運鈔車遭歹徒劫持，1,400萬元被搶。

12.8 瑞典在華辦事處成立。

12.11 國防管理學院成立。

12.16 總統令，特任蔡維屏為中華民國駐沙烏地阿拉伯王國特命全權大使，薛毓麒為中華民國駐大韓民國特命全權大使。

12.18 王曉民之母向立法院請願，請求讓王曉民安樂死。

12.20 行政院新聞局公佈電影分級要點，自明年元旦開始實施。

12.23 中華民國同意日本豐田公司來台投資設立30萬輛小汽車工廠。

12.27 交通部電信局在台中市完成國內首條光纜傳輸系統，正式啟用。

12.28 國際販嬰案宣判，褚麗卿、金淑華處無期徒刑。

12.29 台北市銀行公會宣佈銀行利率自30日起降0.75%，創光復以來最低利率水準。

12.31 全國第一頭「試管牛」在台灣省

畜產試驗所恆春分所誕生。

## 1983

1.3 據交通部統計，截至去年11月底，台灣地區機動車輛，汽車共99萬多輛，機車約501萬輛，總數已突破600萬大關。

1.3 波蘭組成新勞工聯合會。

1.4 新任北美事務協調委員會駐美代表錢復赴美履新。

1.4 政壇者宿蔡培火因病去世，享年95歲。

1.5 楊煥西涉及台獨案被捕。

1.7 台北市合江街發生滅門血案，羅俊紅一家4口慘遭橫死。

1.8 旅日棒球名將郭源治與高爾夫球女將涂阿玉，分別膺選為日本本年度最佳男、女運動員，為國人首度獲此殊榮者。

1.8 教育家陳大齊今日與世長辭，享年97歲。

1.10 行政院主計處公佈，去年全年台灣對外貿易總額出超33億美元，較前年減退6.2%。

1.14 經濟罪犯鄭文彬在美被捕。

1.16 政論雜誌《政治家》被停刊，《民主人》半月刊創刊。

1.17 中共新華社報導：中國科學院生物學部決定授予研究生徐功巧理學博士學位。這是大陸自己培養的第一位女博士。

1.20 金石文化廣場在台北市開幕。

1.25 荷蘭批准中華航空公司飛機降落其本土，4月起正式首航。

2.1 北市開封街發生近年來最慘重火災，12死24輕重傷。

2.2 司法院將「民事訴訟法」及「非訟事件法」修正案送請立法院審議，此為司法院首次行使法律提案權。

2.2 蘇、美在日內瓦恢復削減戰略核武器談判。

2.4 台灣省政府決在屏東縣富谷灣開闢具傳統原住民文化色彩的觀光樂園。

2.4 大陸著名詩人、文學翻譯家、國際文學活動家蕭三因病逝世，終年86歲。

2.6 中共《人民日報》報導：中國將建立一個以上海為中心，包括蘇

州、無錫、常州、南通和杭州、嘉興、湖州、寧波等城市的長江三角洲經濟區。

2.9 美國國務院宣布售台灣1批F-104G型戰機。

2.17 行政院通過「槍砲彈藥刀械管制條例」草案;採取重刑原則,違反者最高可處無期徒刑。

2.17 中共總理趙紫陽在北京會見美籍物理學家楊振寧教授。楊振寧教授是專程前來弔唁北京大學副校長、也是他在40年代的導師王竹溪教授。

2.24 警備總司令部宣佈,日本女子前田光枝涉嫌勾結柯泗濱、盧修一等人叛亂案偵查終結,依法交付感化。

2.28 政論雜誌《深根》遭停刊,《生根》週刊創刊,號稱台灣第1份黨外週報。

3.3 行政院文化獎舉行頒獎典禮,得獎人為張其昀、羅光及林柏壽。

3.3 外交部宣佈與象牙海岸中止外交關係。

3.5 澳大利亞工黨領袖鮑勃‧霍克在選舉中獲勝。

3.7 新聞界舉行座談,就當前大眾傳播媒體內容提出檢討。

3.8 來自台灣的華裔青少年竇致榮獲西屋電器公司本年度科學競賽的首獎。

3.12 中共總理趙紫陽在北京會見美籍實驗高能物理學家丁肇中,讚揚他努力為中國培養科技人才。

3.14 前田光枝3人涉嫌叛亂案,軍事法庭裁定交付感化3年。

3.18 中共國務院決定成立中國光大實業公司。

3.20 華航首闢台北－紐約航線。

3.22 中華民國高能物理學家吳健雄,偕其夫婿袁家騮抵台定居。

3.22 反共作家卜乃夫(無名氏)自香港抵台。

3.23 美國總統雷根提出美國「星球大戰」計畫。

3.24 中華民國與所羅門群島簽署建交公報。

3.26 大陸公費留美學人王聲遠投奔自由,自美國來台。

3.27 在倫敦舉行的1983年全英羽毛球

錦標賽上,中國運動員欒勁獲男子單打冠軍;張愛玲獲女子單打冠軍;徐蓉和吳健秋獲女子雙打冠軍。

4.1 從本日凌晨起,凡領有證照之電動玩具遊藝場,一律撤銷許可,禁止營業。

4.1 中央社首先啟用中文電腦發稿。

4.1 新聞局對3家電視台綜藝戲劇節目開始先審後播。

4.2 國畫大師張大千病逝台北,享年85歲。

4.3 大陸工程師潘公一投奔自由,自港抵台舉行記者會。

4.3 荷蘭皇家航空公司首航台北班機抵台。

4.5 大陸外交部新聞司司長齊懷遠發表談話,強烈抗議荷蘭政府批准荷台通航協議。

4.6 高雄縣市警察會同台南市警察,展開拆除高雄縣二仁溪畔違法魚塭行動。

4.8 大學入學考試委員會通過明年大學聯考將採先考試,後填志願,再統一分發的方式。

4.11 中日香蕉貿易會議達成協議,雙方決定台蕉以最低保證價每箱美金6元,銷日450萬箱。

4.22 陸軍輕航空分隊長李大維駕V-6A型偵查機由花蓮飛抵福建。

4.24 劉秀鶯勇奪奧地利世界杯羽球賽后冠。

4.25 第1屆中華日文化關係研討會在台北揭幕。

4.30 福州部隊空軍司令員楊思祿在福建軍民歡迎大會上宣讀了批准李大維參加中國人民解放軍空軍的決定。

4.30 台鋁公司決定在6月底前裁員1,700人。

5.2 澎湖縣馬公市發現4千年前貝塚,其中藏有大批繩紋陶。

5.3 中共宣佈任命李大維為空軍某航校副校長(副師級)。

5.5 載運105名乘客的1架中共民航客機被6名大陸青年劫至韓國春川基地投奔自由,希望到台灣來,外交部與韓展開洽商。

5.7 中共民航代表團抵南韓,與韓方代表會談。8日達成協議,依韓

國法律將6名劫機的大陸青年留置審判。

5.9 總統蔣經國頒令,調動國軍高級將領人事,鄭為國防部副參謀長,王昇為國防部聯訓部主任,許歷農為總政治作戰部主任,劉和謙為海軍總司令。

5.10 中華民國與多米尼克建交。

5.13 外交部長朱撫松接見南韓大使,重申中華民國對韓國處理卓長仁等6位大陸青年的嚴正立場。

5.13 交通部批准美國泛美航空公司復航台北,於6月15日啟航。

5.13 雲門舞集巡迴演出「薪傳」。

5.14 外交部宣佈與賴索托斷交。

5.19 台灣治安史上最大的搶案,世華銀行運鈔車1,400萬元搶劫案宣佈偵破。

5.21 美國將愛滋病列為健康上最優先對付的大事。

5.23 南韓外交部長李範錫接見我國駐韓大使薛毓麒,保證對台友好政策不變。24日,韓司法機關援引4項法條,將大陸劫機青年立案羈押。

5.27 國內現有登記雜誌達2,500多家,去年有14家受停刊處分。

5.27 文建會通過確認赤崁樓等15個古蹟為1級古蹟。

6.1 赴日觀光的70名婦女,因涉嫌賣春被拒絕入境。

6.3 中共外交部照會蒙古駐華使館,抗議蒙古於3月9日至6月1日迫遷和驅趕華僑。

6.4 歌曲「龍的傳人」作者侯德健赴大陸。

6.6 空軍1架C-119型3197號運輸機墜毀於金門海面,造成17人死亡,20人失蹤。

6.8 大陸宣佈加入1959年12月1日在華盛頓制定的南極條約。

6.9 桃園中正國際機場航站大廈免稅商店樓層今日發生大火,財物損失嚴重。

6.9 由柴契爾夫人領導的保守黨在英國重新執政。

6.10 中共中央政治委員、5屆全國人大常委會副委員長廖承志因病逝世,終年75歲。

6.11 環球通訊社違反出版法,新聞局

處以停刊6個月。

6.14 泛美中美航線正式宣告恢復，首
航班機15日抵台，各界感認泛美
復航對台灣開展整體對外交有重大
意義。

6.14 世華銀行運鈔車搶劫案宣判，嫌
犯游榮佳、陳坤火均處死刑。

6.14 台南開往高雄的1輛台汽班車發
生爆炸，19名乘客輕重傷。

6.16 尤里・安德洛波夫被選還為蘇聯最
高蘇維埃主席團主席。

6.18 莎莉・賴德成為進入太空的第一
位美國婦女。

6.24 台灣大學女學生劉新珍遭男友王
義溢潑汽油燒死。

6.25 諾魯共和國總統戴羅伯來台訪
問，並洽商飛航合作事宜。

6.25 日本裕仁天皇授予已故廖承志副
委員長一等旭日大綬章的儀式在
北京舉行。

6.25 大陸外交部照會美國駐華大使
館，強烈抗議美國政府堅持批准
泛美航空公司經營台灣航線。

6.28 交通部公布「台北都會區大眾捷
運系統計畫」。

6.30 台灣第一位女市長——嘉義市長
許世賢去世。

7.1 台灣省農業建設大軍展開工作。

7.1 省交通處宣佈，殘障人士搭乘鐵
公路班車半價優待。

7.6 中共要脅各國停發中華民國公民
簽證，美、日等斷然拒絕其要
求，表示與台灣維持實務關係。

7.11 在加拿大埃德蒙頓舉行的第12屆
世界大學生運動會上，大陸隊獲
5枚金牌，3枚銀牌。

7.12 台北市鐵路地下化先期工程在板
橋舉行開工典禮。

7.14 為防止截奧辛污染，行政院核定
6項處置措施，暫停進口廢電線
及電纜。

7.15 台灣省主席李登輝在記者會上說
明8萬農業大軍計畫。

7.15 中共新華社報導：美國國防部今
天對外公開宣佈一項向台灣出售
總額為5.3億美元的一項軍火銷
售計畫。

7.18 韓國漢城地方法院今日第1次開
庭審判卓長仁等6位大陸青年劫
機案。

7.30 散文作家吳魯芹因心臟病突發病
逝於美國舊金山，享年66歲。

7.31 全國各行各業青年代表發起1人1
信運動，聲援劫機投奔自由的6
位大陸青年。

8.5 黎巴嫩清真寺遭炸彈攻擊，炸死
19人。

8.7 鍾理和紀念館正式成立。

8.7 中共空軍上校孫天勤駕米格21型
戰鬥機，自大陸飛抵南韓漢城K-
16空軍基地投奔自由。

8.10 台南市長蘇南成榮獲菲律賓麥格
塞塞獎政府服務獎。

8.10 世界名園北京圓明園舉行整修工
程奠基儀式。

8.13 南韓宣佈決依照國際慣例及人道
主義立場，尊重中共空軍飛行員
孫天勤本人意願，將孫天勤送來
我國。

8.15 美眾議員索拉茲訪華，並參加黨
外人士歡迎餐會。

8.16 中國敦煌吐魯番學會今日在蘭州
成立。

8.20 中共飛行員孫天勤在南韓舉行記
者會說明起義經過。24日，自韓
抵達台灣。

8.21 菲律賓反對黨領袖艾奎諾在馬尼
拉遇刺身亡。

8.21 中華航空公司由於受菲律賓艾奎
諾暗殺事件之累遭菲停航。

8.21 中華青棒與青少棒代表隊在美分
別贏得本年度世界青棒、青少棒
冠軍。

8.24 台中縣豐原高中發生禮堂崩塌，
造成學生嚴重傷亡之不幸事件。

8.27 台灣榮獲第27屆國際技能競賽第
2名，共得金銀銅牌15面。

8.27 鄧小平在會見美國民主黨參議員
亨利・傑克遜時指出：中美關係
經過曲折走過了一段下坡路，原
因很清楚，台灣問題是中美關係
的根本障礙所在，因為這涉及到
中國的主權問題，希望美國當政
者對此有清醒的認識。

8.29 新竹市政府慶祝升格涉及錢財舞
弊案，被告市長施性忠依侵占及
圖利罪嫌被提起公訴。

9.1 大韓航空公司1架波音747客機在
庫頁島上空遭蘇聯軍機擊落，機
上269人全部罹難，其中包括台

灣乘客24人。

9.2 交通部宣佈中止菲律賓航空公司
降落權，迄菲律賓撤銷中華航空
公司禁令為止。

9.3 黨外政論雜誌10位編輯和作家召
開會議，通過「黨外編輯作家聯
誼會組織章程」，決定本月9日正
式成立。

9.13 中華成棒代表隊，在漢城贏得亞
洲杯冠軍，並獲得1984年奧林匹
克運動會棒球表演賽資格。

9.14 中華民國與菲律賓同時宣佈解除
飛航禁令。

9.15 中央研究院院長錢思亮病逝

9.15 《台灣文藝》推出「我看台灣史」
專題。

9.16 國內24家雜誌成立「中華民國雜
誌作者編者聯誼會」，成員多屬
中國國民黨籍。

9.18 無黨籍人士舉行黨外中央後援會
成立大會。

9.19 涉及王迎先刑求命案的前刑事警
察局偵組偵察員詹俊榮今日潛
逃國外。

9.19 中視益智節目「大家一起來」今
日復播。

9.23 經濟部國際貿易局長蕭萬長率領
的第8次赴美採購團成程。

9.24 台大公衛研究所指出，台灣兒童
死於肝癌，比例高居世界第1。

9.24 在挪威卑爾根舉行的1983年世界
杯競走賽上，大陸女隊獲10公里
（公路）團體冠軍，徐永久以45
分13秒4的成績獲女子10公里
（公路）個人賽冠軍，締造了這
個項目世界最好的成績。

9.28 台航小客機自台東飛往蘭嶼途中
墜毀，10人喪生。

9.28 鄧小平會見美國國防部長溫伯
格。溫伯格向鄧小平遞交了雷根
總統的信件。

10.3 美國在台協會理事長丁大衛，邀
請8位無黨籍人士會餐。

10.5 萊赫・瓦文薩被宣告授予諾貝爾
和平獎。

10.8 中華民國政府表示不承認英國與
中共有關香港問題的談判。

10.9 中華民國與聖克里斯多福建交。

10.11 中共文化部部長朱穆之認為文化
界的精神污染表現為：一是理論

方面背離馬克思主義原則，抽象地宣揚人的價值、人道主義和所謂社會主義異化等觀點：一是文藝作品或文藝表演中，宣傳淫穢色情、兇殺恐怖、荒誕離奇的東西和吃喝玩樂腐化糜爛的資產階級生活方式。

10.14 在維也納召開的聯合國國際原子能機構第27屆大會今日一致通過決議，接納中華人民共和國成為會員國。

10.21 世界跆拳道錦標賽籌委會宣佈，中華民國選手於受獎台上揮舞國旗違反規定，取消未完賽程參賽資格。

10.23 黨外人士召開競選立法委員中央後援會推薦大會。

10.24 台灣著名作曲家江文也病逝。

10.24 總統發佈命令，特任吳大猷為中央研究院院長。

10.24 十項運動選手李福恩在台灣區運動會以7,557分打破亞洲運動會紀錄。

10.25 美麗島事件受刑人林義雄妻子方素敏，自美國搭機返台，安全人員嚴密保護。

10.27 環亞飯店開幕，未取得營業執照，違規營業。

10.27 新竹李長榮化工廠廢水造成公害，環保局勒令停工。

10.29 在印度新德里舉行的第5屆亞洲國際象棋錦標賽上，大陸隊獲得冠軍。

10.30 在匈牙利布達佩斯舉行的第22屆世界體操錦標賽上，中國隊獲男子團體冠軍，童非獲男子自由體操冠軍，樓雲獲雙槓冠軍。

10.30 中共新華社報導：大陸第一座大熊貓飼養繁殖場最近在四川省臥龍自然保護區建成。

10.31 雲門舞集大型舞劇「紅樓夢」，在台北市社教館演出。

10.31 施工3年，耗資7億元的淡水河關渡大橋通車啟用。

11.1 吳大猷就任中央研究院院長。

11.8 國際體操總會決定恢復中華台北會籍。

11.8 立法院通過電影法，廢止電影檢查法。

11.9 亞洲田徑錦標賽閉幕，中華代表

---

隊獲得3面金牌、6面銀牌及6面銅牌，總牌數僅次於中共。其中李福恩獲亞洲田徑賽十項全能運動金牌，並破亞運紀錄。

11.9 中共外交部新聞司司長齊懷遠今日對外宣佈：中國將不遲於明年9月宣佈對香港的政策方針。並希望在明年9月之前能同英國達成協議。如果屆時還達不成協議，中國將單方面宣佈自己對香港的政策方針。

11.14 中共飛行員王學成駕駛米格17型戰鬥機飛抵台灣。

11.16 中共《人民日報》發表評論員文章〈建設精神文明反對精神污染〉。

11.18 大陸外交部長助理朱啟禎向美國駐華大使遞交抗議照會，強烈抗議美國參議院外交委員會8月15日通過一項所謂關於「台灣前途」的決議案。

11.21 行政院決定，在不影響外匯管制及通貨膨脹的原則下，解除華僑回國投資建築業的禁令。

11.23 裕隆汽車公司投資的中華民國首座車身壓造場在三義開工。

11.24 以色列與巴解組織交換俘虜。

11.25 中共外交部長助理朱啟禎召見美國駐華大使，就美國國會在通過一項撥款法中製造「兩個中國」一事，代表中國政府向美國政府提出嚴重抗議，並遞交一份抗議照會。

11.29 中共國家科委、中國社會科學院授予英國著名學者李約瑟博士中國自然科學一等獎的受獎儀式在倫敦舉行，以表彰他寫作《中國科學技術史》一書的貢獻。

12.1 首屆台灣區高爾夫巡迴賽揭幕。

12.3 增額立委選舉投票。

12.4 資訊週活動揭幕。

12.9 中共新華社報導：自1978年以來，大陸向54個國家派出了18,500名公費留學人員，已有7,000人學成陸續回國，目前尚有11,500人仍在國外學習。

12.12 尤清、林孟貴2名監察委員彈劾教育部長朱匯森准許退學學者復學案，經監察院審查之後，彈劾案不成立。

---

12.12 法務部偵破4月間《中央》、《聯合》兩報社爆炸案。

12.13 國民代表大會全國聯誼會研究小組表示，光復大陸以前，暫時不修改憲法。

12.15 澎湖馬公出土大批史前陶器及石器遺物。

12.16 歐洲貨幣雜誌指出，中華民國在1983年經濟改善幅度最大10國之中，名列第2；過去10年世界各國的經濟表現中，亦居第2。

12.17 愛爾蘭共和軍在倫敦哈洛德百貨公司放置炸彈，炸死5人。

12.24 台北市立美術館正式開放。

12.26 中共中央書記處決定，在「毛主席紀念堂」內設立毛澤東、周恩來、劉少奇、朱德紀念室。

12.28 鄧小平會見美國著名物理學家楊振寧。

12.29 經濟部國際貿易局長蕭萬長指出，台灣今年對外貿易成長高達13%。

## 1984

1.1 第1所國家公園管理處——墾丁國家公園管理處成立。

1.4 台北市立美術館開館10天，陶瓷作品遭觀眾打破。

1.4 新竹市停職市長施性忠要求合法公文，否則拒絕交出庫藏印信。

1.5 新聞局電影處宣傳專案進口4部日片，將由中央電影公司發行。

1.5 胡喬木在中共中央黨校作題為「關於人道主義和異化問題」的講話。

1.7 菲律賓總統的特使，總統夫人伊美黛‧馬可仕前往中國大陸進行友好訪問。

1.10 監察委員尤清提案調查國防部向荷蘭購潛艇案受阻而表示將辭職，引發民意代表可否辭職爭議風波。

1.13 中華民國與加勒比海島國聖露西亞建交。

1.15 陳芳明於《台灣文藝》發表〈現階段台灣文學本土化的問題〉，引發台灣文壇爭議。

1.19 台灣新文學之父賴和獲平反，將重新入祀忠烈祠。

1.20 內政部長林洋港表示職業團體中

央民意代表不會取消,光復大陸前不會修憲。

1.27 黨外後援會決定改名公共政策研究會。

1.31 中正紀念堂國家劇院暨音樂廳設備工程,教育部與德荷小組正式簽約。

2.8 中華隊重返奧運,參加南斯拉夫冬季奧運。

2.8 中共中央軍委常務副主席楊尚昆在上海視察「南京路上好八連」。

2.9 蘇聯共黨領袖尤里·安德洛波夫去世。

2.10 台北興建地下鐵路所需款項,行政院核定向沙烏地阿拉伯貸款,約8千萬美元。

2.10 美國國務院發表有關各國人權狀況調查報告,認為台灣政治發展略遜經濟發展。

2.11 中共李先念主席和彭真委員長電唁蘇聯最高蘇維埃主席團主席尤里·安德洛波夫逝世。

2.11 中共新華社報導:國民黨元老、台灣已故監察院院長于右任的兩本書《于佑任詩詞集》、《于右任墨跡選》最近由湖南人民出版社和湖南美術出版社分別出版。這是新中國成立以來,大陸第1次出版國民黨重要軍政人員的著作。中共中央總書記胡耀邦為這兩本書題寫了書名。

2.12 台中、台南、嘉義、朴子、北港等5地的室內電話號碼,今天起全部由6碼改為7碼。

2.13 中共女子擊劍選手樊菊杰在第23屆世界杯女子花劍決賽中以8比6戰勝蘇聯選手,奪得冠軍。這是中國擊劍運動員第1次奪得世界杯賽冠軍。

2.13 康斯坦丁·契爾年科接替安德洛波夫出任蘇聯領袖。

2.14 中國國民黨第11屆二中全會在陽明山召開。15日,通過提名蔣經國競選連任,蔣氏旋提名李登輝為其搭檔,亦獲通過。

2.16 行政院核定沿海自然環境保護計畫,選定7處海岸為保護區。

2.18 中央、聯合兩報爆炸案,警備總部軍法處依窩藏罪判在逃嫌犯黃

世宗之兄黃世梗10年徒刑。

2.18 美國速食業者麥當勞在台第1家食品推廣中心開幕。

2.24 行政院長孫運璿因腦溢血住院。

3.1 警察廣播電台成立30週年紀念。

3.6 錢穆及牟宗三兩位教授獲頒行政院文化獎。15日,由前總統嚴家淦頒獎。

3.15 警備總部依台灣地區戒嚴時期出版物管制辦法,查禁《自立早報》3月13日第10版,認為其部分內容不妥。

3.17 交通部長連戰表示,台灣郵政儲金結存現已逾3,370餘億元,而電話機已有492萬餘具,在世界排名第17位。

3.19 第1屆國民大會第7次會議主席團正式公告,中國國民黨提名的蔣經國、李登輝為第7任正副總統候選人。

3.19 新竹科學園區發生規模龐大的電腦零件失竊案。

3.20 台北市警察局中山分局表示,凡查獲中學生涉足地下舞廳者,將由學校給予記大過1次處分。

3.21 蔣經國當選連任第7任總統。22日,李登輝當選第7任副總統。

3.22 英國航空公司客機被劫,迫降桃園中正國際機場。

3.23 日本首相中曾根康弘訪問中國大陸。中曾根於訪問期間宣佈,日本政府決定用7年時間向中國提供總數約為4,700億日元的第2批長期低息貸款。

3.27 倪文亞當選連任立法院長。28日,劉闊才當選副院長。

3.27 省政府主席李登輝批准新竹市施性忠辭職,新竹市長將補選。

3.28 據不完全統計,本年前3個月,越南對廣西邊境的各種武裝挑釁和襲擊達80多起。

4.1 中央銀行總裁俞國華表示,台灣現有外匯金額約146億美元,均以中央銀行名義存放國外。

4.7 教育部下達規定,中學生不得著便服到校,校服樣式則由各校自行訂定。

4.8 第8屆亞青杯籃球賽,南韓准許中華民國以外國隊持國旗入會,中華隊抗議退出比賽。

4.8 高速公路南下車道三義段,發生連環大車禍,30餘輛汽車追撞,13死21傷。

4.10 省主席李登輝指示研究將水田為中心的灌溉制改為旱田灌溉。

4.11 中華民國與加勒比海島國聖露西亞建交。

4.11 中共《人民日報》報導:中國第2歷史檔案館負責人施實今宣佈:該館願意把收藏完好的民國檔案史料向台灣學者開放,歡迎台灣國史館館長黃季陸先生和其他學者來該館查閱、參觀。

4.12 費希平、江鵬堅等7名無黨籍立法委員,決定將定期提出書面聯合質詢。

4.12 省立桃園醫院完成國內首次兒童骨髓移植手術。

4.12 中華航空公司今日完成環球航線首航。

4.16 台北市吳興國小一女童遭電捲門絞死。

4.17 英國女警在包圍利比亞使館時遭殺害。

4.19 中共第5屆全國政協委員賀子珍在上海病逝,終年73歲。

4.23 中美保護智慧財產權會議揭幕。

4.24 證嚴法師籌募的佛教慈濟醫院,今日正式在花蓮市1號道路旁動工興建。

4.25 台灣新文學之父賴和正式入祀彰化忠烈祠。

4.26 美麗島事件受刑人黃信介等人在獄中絕食。

4.26 美國總統雷根訪問中國大陸。雷根是中美兩國自1979年建交以來訪問中國大陸的第1位在職美國總統。

4.30 電影「海灘的一天」榮獲休士頓影視劇情片金牌獎。

4.31 東線鐵路上穿越舞鶴台地的自強隧道今日打通,為全線最艱鉅的工程。

5.1 大陸第1條高原鐵路——西格鐵路正式交付國家運管。

5.2 前新竹市長施性忠任內被控侵佔,判處有期徒刑5年。

5.4 前任台灣大學代聯會主席吳叡人等7人赴教育部請願。

5.4 中共中央總書記胡耀邦應朝鮮勞

動黨中央委員會總書記金日成的邀請，對朝鮮進行友好訪問。

5.5 大陸運動員閻紅和徐永久在挪威舉行的國際競走邀請賽中分別打破女子5公里競走世界紀錄。

5.7 萬丹鄉民李大豐購買活老虎，宰殺出售。

5.10 在吉隆坡舉行的優霸杯羽毛球決賽中，大陸隊以5比0戰勝英格蘭隊，獲世界女子團體冠軍。

5.11 全省美展發生觀眾抗議裸畫而貼上白紙的破壞畫面事件。

5.14 李世泉、于如岡分別獲得國際科技展高中物理組首獎及數學組第4名。

5.15 行政院長孫運璿因腦溢血未能康復視事而辭職。

5.18 台灣第1條海底隧道——高雄過港隧道全線正式通車。

5.20 蔣經國、李登輝宣誓就職第7任正、副總統。

5.25 立法院今日投票同意俞國華為行政院長。

5.26 新象藝術中心落成。

5.31 張繼正出任中央銀行總裁，王章清任行政院秘書長，陳履安任國家科學委員會主任委員。

5.31 台南縣警察局破獲非法集團在偏遠山地設立就業服務站，將原住民子女騙至應召站工作。

6.5 美國任命宋賀德為美國在台協會台北辦事處處長，接替李潔明。

6.5 台灣自行研製成功軍用數位多波道終端機。

6.7 應中共中央邀請，阿爾芒‧馬尼安總書記率領瑞士勞動黨中央代表團到中國訪問。19日，胡耀邦總書記和阿爾芒‧馬尼安總記舉行會談，雙方宣佈正式恢復兩黨關係。

6.8 省衛生處表示，全省1萬5千餘家製造及販賣業者，有1/3以上不合規定。

6.9 邱創煥就任省政府主席。

6.11 《新潮流》雜誌創刊。

6.12 立法委員江鵬堅抗議行政院長俞國華未提前提出書面施政方針報告，要求延後質詢未果，退席以示抗議。

6.15 立法院繼續審查「民法親屬篇修正草案」，通過規定「子女應孝敬父母」。

6.19 高雄市泰福閣餐廳槍擊案偵查終結，市議員許昆龍涉案。

6.19 蔣緯國出任國防部參謀本部聯訓部主任，溫哈熊任聯勤總司令。

6.21 學者丘宏達在立法院外交委員會呼籲以國家安全法取代戒嚴法。

6.22 羅馬尼亞社會主義共和國總統齊奧塞斯庫今日簽發一項法令，決定在中華人民共和國主席李先念75歲壽誕之際，授予他一枚「羅馬尼亞社會主義共和國之星」一級勳章。

6.23 新竹市長舉行補選，施性忠再度當選。29日，施性忠宣稱他就任而不就職。

6.26 美麗島事件受刑人周平德、邱茂男假釋出獄。

6.29 立法院通過優生保健法，若懷孕影響身心健康家庭生活者，得實行人工流產。

6.30 中共中央整黨工作指導委員會發出第9號通知，要進行徹底否定「文化大革命」的教育。

7.2 羅張今日出任警政署長，以接替何恩廷。

7.2 大學聯招花蓮地區發生無線電作弊事件。

7.3 台北縣政府將採停水斷電措施，迫使二重疏洪道內居民拆遷。

7.4 中華女壘隊在洛杉磯國際杯女壘錦標賽擊敗中國大陸隊，獲得預賽冠軍。

7.7 原訂拆除二重疏洪道洲後村計畫暫緩1週。14日，再緩1週。

7.8 鵝鑾鼻第二史前文化遺址證實為舊石器時代之遺跡。

7.10 瑞芳煤礦發生災變，22人遇救生還，102人罹難。

7.12 費拉羅成為第1位競選美國總統的婦女。

7.13 北市內湖垃圾山大火，南港汐止地區空氣嚴重污染。

7.18 華定國被控弒母案更審無罪，此案纏訟長達10年，被告12次被判死刑。

7.19 蔡雲輔駕駛單引擎小飛機橫越太平洋，今抵台北。

7.21 波蘭大赦552名政治犯。

7.26 西安培華女子大學在西安成立，它是大陸自1949年以來創辦的第1所女子大學。

7.28 第23屆奧運會在美國洛杉磯舉行。29日，大陸選手許海峰獲得本屆奧運會的第1面金牌，在這屆奧運會上，大陸運動員共取得15面金牌、8面銀牌、9面銅牌。

7.28 第23屆奧運在美國洛杉磯揭幕，中華代表團在睽違12年後，以「中華台北」名義參加。

7.28 5位自由派學者呼籲黨外雜誌應以評估執政黨政策，代替揭瘡疤式的報導，執政當局也應使查禁標準合理化。

7.29 第6屆政協全國委員會副主席、中國民主促進會主席周建人在北京病逝，終年96歲。

7.31 中華台北舉重選手蔡溫義在第23屆奧運會舉重項目60公斤級比賽中，贏得銅牌1面。

7.31 經濟部自然文化景觀小組列出台灣地區特有珍稀動物的名單。

7.31 台大動物系調查發現，自從去年8月成立關渡水鳥保護區後，該區鳥類反而遽減10倍以上。

8.2 英國與中共就香港問題擬妥協議書，雙方決定成立之連絡小組保證權力順利移轉，中華民國不承認其協議。

8.3 國民黨促黨外雜誌停止過激言論。部分黨外刊物改以叢書形式出版。

8.4 遠東區少棒賽舉行決賽，韓國隊以8：3擊敗中華首度取得遠東區代表權。

8.9 第23屆奧林匹克運動會成棒表演賽，中華隊獲季軍。

8.10 歌手高凌風持槍逃亡，黑道介入演藝國情況引起重視。

8.11 中視播出綜藝節目「飛上彩虹」，由當紅歌星鳳飛飛主持。

8.11 中共元老李維漢在北京病逝，終年88歲。

8.13 卓長仁等6位大陸人士獲南韓政府釋放抵台。

8.15 美麗島事件受刑人林義雄、高俊明、許晴富、林文珍獲假釋。

8.17 泰福閣槍擊案宣判，藍炎祥判死刑，高雄市議員許昆龍判無罪，

首席檢察官瞿宗泉不服，決定再提上訴。

8.19　嘉義縣溪口鄉的邱姓商人宰殺老虎，引來上千民眾圍觀。

8.19　中華青棒隊在世界青棒賽奪得冠軍，衛冕成功。

8.20　周應龍、宋楚瑜分別接掌中國國民黨中央考核紀律會、文化工作會主任。

8.26　祖賓梅塔率紐約愛樂管絃樂團抵台演奏，小提琴家林昭亮加入協奏曲演出。

8.26　菲律賓總統馬可仕今日批准中華民國駐菲人員可享相當程度的外交特權。

8.29　總統蔣經國任命瞿韶華為考試院考選部長，陳桂華為銓敘部長。

9.3　華裔美籍平劇藝人夏華達，在北市國軍文藝活動中心公演3天，演出「貴妃醉酒」、「紅娘」等知名戲碼。

9.4　貝魯特美國大使館遭汽車炸彈攻擊，炸死23人。

9.5　美麗島事件受刑人王拓、蔡有全假釋出獄。

9.6　國際刑警組織接納中共，中華民國擬退出。

9.6　行政院通過取消與豐田汽車合建汽車廠計畫。

9.7　桃園縣警方強制拆除的黨外中央民意代表在中壢設立的聯合服務處招牌。

9.10　中日友好21世紀委員會首次會議在日本舉行。

9.11　中華民國政府確定中菲經濟海域重疊畫界原則。

9.11　部分黨外人士籌設組黨促進會，執政黨稱政府宣示尚未考慮開放組黨。

9.17　由大陸社會各界贊助的「愛我中華，修我長城」第1、2期工程竣工典禮，今日在北京八達嶺長城前舉行。

9.18　中部地區水鳥調查結果，共發現73種、4,494隻，無論是數量或種類均比往年少。

9.19　北京地鐵（第二期工程）正式運管。全長16.1公里。

9.25　王拓、蔡有全獲假釋出獄。

10.6　台灣委託挪威所製之海洋研究船

海研1號正式下水，造價2.5億萬元，將授權台灣大學管理。

10.6　彰銀北三重埔分行搶案宣告偵破，3名嫌犯有2名為現職警員。

10.7　鄧小平參加正負電子對撞機國家試驗室奠基典禮。

10.8　大陸第1支南極考察隊在北京舉行成立大會。鄧小平為考察隊題詞：「為人類和平利用南極做出貢獻」。

10.10　中華青年排球代表隊，因升旗問題退出在沙烏地阿拉伯舉辦的第2屆亞青杯排球賽。

10.13　玉米業者從泰國緊急採購玉米4.9萬噸，以紓解玉米荒。

10.16　劉宜良（筆名江南）在美被刺殺，美警方懷疑為政治謀殺。

10.19　立法委員費希平質詢時提出與中共成立大中國邦聯之方案。

10.24　泰國進口玉米含黃麴毒素過量，經濟部決定禁止貿易，嚴防流入市面。

10.26　美國把狒狒心臟移植到嬰兒菲伊體內。

10.29　中華成棒獲得第28屆世界杯亞軍，為中華國棒運有史以來最輝煌紀錄。

10.31　印度總理甘地夫人遇刺身亡。

10.31　中共政府發電報對印度總理甘地夫人遇刺逝世表示深切衷悼。

11.1　《聯合文學》創刊。

11.1　中華人民共和國和阿拉伯聯合大公國決定建立大使級外交關係。

11.5　丹尼爾‧奧蒂加被選為尼加拉瓜總統。

11.6　無政府主義者王詩琅逝世，享年79歲。

11.6　隆納德‧雷根再次當選連任為美國總統。

11.11　余紀忠主持的《美洲中國時報》因受政治壓力，宣佈停刊。

11.12　情治與警政兩單位組成聯合小組展開掃黑行動，號稱「一清專案」，並逮捕竹聯幫首腦陳啟禮等人。

11.20　大陸首次派人赴南極考察。考察隊共50多人，乘「向陽紅10號」和海軍打撈救生船從上海啟程。

11.21　內政部長吳伯雄表示黨外公共政策研究會是非法組織。

11.30　中共中央書記處書記習仲勛在接見達賴喇嘛3人代表團時重申胡耀邦總書記提出的5條方針。

12.3　印度博帕爾有毒氣體外洩，數千人致死。

12.5　三峽海山一坑煤礦爆炸，引起落磐，90餘名礦工罹難。

12.6　侯孝賢導演的「風櫃來的人」一片在法國獲南特影展首獎。

12.6　英文版《鄧小平文集》收入世界領袖叢書，由英國培格曼出版公司出版並向世界各地發行。

12.11　新聞局以「順風專案」為名，展開掃黃行動。

12.12　台北市忠義國小女生頭髮太長，被訓導主任叫上升旗台指責後，以刀片割腕自殺未遂。

12.15　中視播出綜藝節目「黃金拍檔」，由張菲、倪敏然等5人主持，倪敏然的「七先生」造型受到觀眾喜愛。

12.17　世界女子足球賽木蘭隊獲亞軍，良玉隊獲季軍。

12.19　多氯聯苯中毒案宣判，豐香油行負責人劉坤光應賠償1.13億元。

12.19　台南市第四信用合作社通令已婚女職員辭職。

12.21　外交部情報司今日改名為新聞文化司。

12.21　台中縣潭子鄉橋忠國小學童，因欣彰天然瓦斯外洩集體中毒。

12.22　中央研究院歷史語言研究所人員在花蓮立霧溪出海口附近，發現一處史前文化遺址。可能是距今3千年的麒麟文化遺跡。

12.23　高雄縣桃源鄉布農族舉行30年來首次的「打耳祭」。

12.29　台灣原住民權利促進會成立。

12.30　陳啟禮、吳敦坦承殺害劉宜良（江南）。

12.31　中共南極長城科學考察站奠基典禮在喬治島舉行，中共國旗首次插上南極洲。

## 1985

1.1　台灣地區3家電視台自本日起延長播放時間，每日播放時間調整為自中午起至凌晨零時。

1.1　衛生署表示，淡水河系即日起列為水污染管制區。

1.2 89名立法委員針對財政部頒行信託投資公司管理規則,准許信託公司收受不定期資金一事,聯名提出質詢。

1.2 日本首相中曾根康弘與美國總統雷根舉行洛杉磯美日高峰會議。

1.6 中共作協理事會舉行第一次全體會議,巴金當選作協主席。

1.9 台灣社會指標統計顯示,國民平均壽命延長,男性延至70歲,女性延至75歲,列名全世界高壽命國家之一。

1.10 經濟部發佈統計資料,指出去年度台灣對外貿易總額躍居全球第15位。

1.10 聯合國年度人口報告指出,世界人口將由1985年初之48億,以每10年增加8億之速度成長。

1.12 馮滬祥自訴《蓬萊島雜誌》誹謗案宣判,黃天福、陳水扁、李逸洋等3人遭處1年徒刑。

1.15 據統計,台灣1984年彩色電視機外銷突破200萬台。

1.15 巴西選出21年來第一位平民總統尼維斯。

1.16 情報局長汪希苓涉及江南命案被停職,第三處副處長陳虎門送軍法機關偵辦。

1.16 諾貝爾和平獎得主德蕾莎修女來華訪問。

1.18 內政部指出,至去年10月底止,台閩地區人口已逾1,900萬。

1.21 國際仿冒調查局在倫敦成立。

1.23 菲律賓前參議員艾奎諾暗殺事件,包含參謀總長在內之25名軍人、1名平民遭起訴。

1.25 美國「發現號」太空梭升空,將進行首次大空軍事任務。

1.31 總統蔣經國令:特任行政院政務委員趙耀東兼任經濟建設委員會主任委員。

2.3 中國造船公司建造中船舶載重噸位名列世界第5。

2.4 胡耀邦、趙紫陽邀請6位有突出貢獻的科技人員到中南海作客。

2.7 行政院會通過「玉山國家公園計畫」。

2.9 台北市第十信用合作社爆發違規弊案。

2.11 國泰塑膠關係企業,因員工擠兌

而遭退票多達360張,總金額將近3億元。

2.13 財政部宣佈十信決由合庫接管。

2.17 高雄港貨櫃吞吐量激增,成為世界第4大貨櫃港。

2.24 巴基斯坦舉行8年以來首次國會大選。

2.27 涉嫌殺害劉宜良的陳啟禮、吳敦及董桂森3人經地方法院檢查處依法提起公訴。

3.1 「勞動基準法施行細則」今起正式生效實施。

3.1 立法院舉行秘密會議,決定逮捕台北市第十信用合作社負責人蔡辰洲。

3.6 據中央銀行結匯統計,大同公司榮獲外銷廠商榜首。

3.8 貝當特發生汽車爆炸慘案,因殃及瓦斯槽,造成近400人傷亡。

3.10 蘇聯共黨總書記契爾年柯去世,由戈巴契夫接任,另葛羅米柯出任最高蘇維埃部長會議主席。

3.10 世界最長的日本青函隧道主線貫穿(53.85公里),施工時間長達21年。

3.11 經濟部長徐立德為十信弊案承擔政治責任辭職獲准。政務次長李模暫代部務。

3.12 亞東關係協會通過由毛松年出任駐日代表。

3.16 萬國科學博覽會於日本筑波開幕展覽。

3.22 中共1艘魚雷艇為投奔台灣與否發生內閧,造成6人死亡,受傷者向南韓求助。

3.22 南非鎮壓黑人示威行動,至少17人死亡,這是自25年前夏皮維爾屠殺黑人以來迄今最嚴重的種族衝突。

3.26 國防部將涉嫌劉宜良命案之汪希苓、胡儀敏、陳虎門提起公訴。

3.28 在第38屆世界乒乓球錦標賽上,中共選手共奪得男女團體、男女單打、混合雙打和女子雙打6項冠軍。

3.29 中國大陸西安秦始皇陵墓地下發現大規模宮殿。

3.31 台灣出現第一名AIDS病例(患者係出境旅客)。

3.31 美國參院外交委員會通過1項

「台灣應該全面實施民主」的決議案(此係由美國台灣人公共事務協會所推動)。

3.31 前《華盛頓郵報》記者史特寧、希格瑞德所著《宋氏王朝》一書在美出版。

4.1 國防部長宋長志表示:本年度國軍將精簡軍事勤員人員3萬人。

4.4 台北地方法院以違反票據法罪名,判處十信負責人蔡辰洲15年有期徒刑。

4.4 本年度台灣區田徑賽結束,古金水10項運動成績超越亞運紀錄。

4.10 國家賠償法施行3年半以來,依法理賠200餘件。

4.10 玉山國家公園管理處正式成立。

4.13 教育部核定國中實態編班能力分組教學方式實施要點,自1985年起全面施行。

4.14 台灣電力公司就興建核能四廠問題舉行公開辯論。

4.16 國內第一個試管嬰兒在台北榮民總醫院誕生。

4.18 鄧小平在會見英國前首相希斯時說,我們將按解決香港問題的方式解決台灣問題。對解決台灣問題的條件更寬,就是台灣可以保留自己的軍隊。

4.20 台大學生代聯會學代大會通過普選主席案。

4.20 衣索匹亞旱災難民已突破1,000萬人。

4.27 網球女將胡娜來台訪問。

4.28 屏東縣恆春鎮挖出1艘300年前荷蘭沉船。

5.2 第11屆主要先進國家高峰會議在波昂開幕,為期3天,通過「第二次世界大戰結束40週年的政治宣言」。各國保證加強實施現行政策,並且同意儘快召開全球貿易談判。

5.7 行政院經濟革新委員會成立。

5.15 國民黨主席蔣經國指示,翡翠水庫不得開放觀光建校。

5.15 中國大陸與新加坡正式通航。

5.16 因抗議省府委員會未遵照省政府組織法即多出12位省府委員,省議會仍表決通過其超額超出部份之預算,14位黨外省議員因此宣佈集體辭職。

5.20 鄧小平在與台大教授陳鼓應談話時指出,中國大陸要搞現代化,絕不能搞自由化,絕不能走西方資本主義道路。

5.23 總統蔣經國任命許水德為台北市長、蘇南成為高雄市長。

5.23 75名南韓大學生闖入漢城美國文化中心,抗議美對全斗煥的支持,要求為光州事件謝罪,佔據該中心。26日以和平方式結束。

5.24 《亞洲人》雜誌刊登北美台灣人教授協會評鑑小組發表對東海大學教授馮滬祥的著作《新馬克思主義批判》的評鑑結果,指出該書有嚴重剽竊外文著作之處。

5.26 台北市第一家為殘障人士設立的博愛商場開業。

5.27 中共與英國在北京互換香港前途協議書。

5.28 哥斯大黎加總統孟貿訪台。

5.28 林語堂紀念圖書館揭幕。

5.30 英國歐洲盃足球冠軍賽舉行前,爆發英、義兩國球迷互毆暴動事件,共造成41人死亡,200餘人受傷。

6.2 我國旅美小提琴家胡乃元於比利時國際伊莉莎白音樂大賽中榮獲冠軍。

6.6 經濟部國際貿易局表示:虎豹獅熊犀等動物,即日起不准進口。

6.6 14位省議員集體辭職案,蘇貞昌、游錫堃、謝三升辭職,其餘11位仍有議員資格。

6.7 第7屆亞太影展開幕,台灣獲得3項獎:最佳攝影、最佳美術設計及侯孝賢以「冬冬的假期」獲得最佳導演獎。

6.10 《民眾日報》刊載中共總理趙紫陽談話,遭新聞局核定該報停刊7天。

6.10 以色列軍隊大致完成從貝魯特的撤軍。

6.18 立法院三讀通過「國立空中大學設置條例」。

6.19 三峽海山一坑煤礦再度發生災難,7死18傷,67人及時救出。

6.20 國內首家房屋仲介公司:太平洋房屋公司成立。

6.23 印度航空公司1架747型巨無霸客機墜毀於愛爾蘭外海,約325人罹難。

6.25 美籍華裔太空人王贛駿博士返國訪問。

6.28 立法院三讀通過「著作權法」修正案,對國人著作權採創作保護主義。

7.1 國防部成立軍事情報局。

7.3 喜劇演員許不了病逝。

7.3 高雄美麗島事件受刑人施明德絕食逾3個月,國防部令施以強制灌食。

7.3 黨外編聯會前會長邱義仁、新聞局科員陳百齡、台大政研所學生石佳音以涉嫌「妨害軍機」被調查局逮捕。

7.4 新竹市長施性忠貪污案判刑確定,判處2年半徒刑。

7.6 台北市地下鐵路主體工程新台北車站動工。

7.10 立法院通過動員戡亂時期檢肅流氓條例。

7.11 中華民國與玻利維亞斷交,以抗議其與中共建交。

7.15 南迴鐵路台東至知本路段舉行通車典禮。

7.17 連續2年外銷機車第1名的百吉發工業公司,爆發財務危機,為國內廠商從事轉口貿易以來,最嚴重的打擊。

7.18 12家黨外政論刊物編輯約4、50人,赴行政院請願,要求行政院改善警備總司令部查扣、查禁黨外雜誌的作法,過程和平。

7.19 國防部宣佈「天弓」防空飛彈試射成功。

7.24 史瓦濟蘭總理貝金璧訪台。

7.27 烏干達發生政變,原領袖阿敏被推翻,歐洛佐軍政府。

7.29 秘魯等中南美洲14國領袖發表和平解決中美紛爭、縮減軍備等之「利瑪宣言」。

7.31 國民黨中常會通過1985年該黨縣市長、省市議員提名單。

8.1 美國杜邦公司決定來台投資。

8.6 總統蔣經國接見華裔太空人王贛駿博士。

8.7 央行宣佈解除外匯外幣存款利率限制,即日起依據國際行情逐日浮動。

8.7 財政部決定自9月1日起,公營事業開立的統一發票及消費金額百元以下的統一發票不給獎。

8.10 行政院農委會核准自農建經費中提撥新台幣2,000萬元,成立「自然文化景觀保育」計畫。

8.12 在中正杯暨國際田徑邀請賽中,我國選手古金水、李福恩10項運動成績均超越亞洲運動會紀錄。

8.12 日本航空客機墜毀於群馬縣,共520人死亡,僅4人生還。

8.14 行政院公佈台北市第十信用合作社弊案有關人員行政責任調查報告,對於應負責的15位財經官員分別予以申誡、記過、記大過或免職處分。

8.14 中共外交部新聞發言人在新聞發佈會上說,中曾根首相等日本內閣大臣參拜靖國神社會損害亞洲各國人民的感情。

8.15 財政部長陸潤康為十信合作社弊案負政策責任請辭。

8.19 中華美和青少棒隊勇奪世界青少棒比賽冠軍。

8.24 總統蔣經國接受美國《時代》雜誌訪問,公開宣佈蔣家人不會從政,中華民國也不可能出現軍政府統治。

8.24 中共軍機駕駛員蕭天潤駕轟5型軍機奔自由,迫降南韓。

8.29 國內發現第一宗男性感染愛滋病患病例。

9.1 黨外公政會與編聯會組成黨外選舉後援會。

9.1 中國石油公司、中國鋼鐵公司、南亞塑膠公司名列世界500家大工業公司內。

9.4 副總統李登輝赴哥斯大黎加、巴拿馬、瓜地馬拉訪問。

9.4 台灣第一位試管女嬰誕生。

9.5 劉宜良命案經最高法院三審維持原判,陳啟禮、吳敦等人判處無期徒刑。

9.5 胡耀邦、趙紫陽、鄧小平分別會見美國前總統尼克森。

9.9 嘉義縣吳鳳紀念公園開幕,並舉行吳鳳成仁216週年祭典,場外有幾名鄒族青年抗議,指吳鳳的事蹟已被神話。

9.15 國內首座抽蓄水力發電工程台電明湖水力發電廠竣工。

9.17 高雄市國際商業專科學校董事長兼《國際日報》發行人李亞頻涉嫌以文字助中共統戰宣傳,遭法務部調查局移送警備總司令部軍法處偵查。

9.17 美國聯邦調查局逮捕美國竹聯幫10名首領。

9.18 針對李亞頻被捕案,美國國務院發表聲明,要求立即予以釋放。

9.19 墨西哥西海岸發生芮氏8.1級地震,20日第2次地震,墨西哥市有8,000人死亡。

9.20 調查局破獲以餿水回收變造食用油案。

9.20 內政部長吳伯雄表示:「一清專案」執行到8月31日止,共取締到案2,346名不良幫派份子,各類槍枝226把,彈藥1,531顆,刀械270把。

9.21 省教育廳決定自本學期起,指定69所學校試辦國小低年級學生「學童不帶書包回家」計畫,為期1年。

9.22 佛光山住持星雲法師退位,第二代住持心平法師晉山。

9.22 法國總理比斯承認法國情報人員炸沉「彩虹戰士號」,並對此公開道歉。

9.26 李亞頻案經軍事檢察官偵結,被裁定感化,具保開釋。

9.29 中華隊李亞男子10項運動雙雄古金水、李福恩在亞洲田徑賽成績破亞運紀錄,勇奪金銀牌。

9.29 王震率中共中央代表團抵達烏魯木齊,與新疆人民一起慶祝新疆維吾爾自治區成立30週年(10月1日)。

9.30 攜械駕舟至馬祖宣佈投誠的中共民兵施小寧及醫生張木珠,在台北召開記者會。

10.1 根據行政院主計處統計,8月份失業率為4.1%,創下20年來最高紀錄。

10.4 許榮淑等6位黨外立法委員於立法院質詢時,拒提口頭質詢,並集體退席,以抗議行政院對於重大事件無法防患未然,且事發後應變無力。

10.8 中央銀行外匯存底,已突破200億美元。

10.10 中共宣佈用本國的運載火箭承攬國際衛星發射業務。

10.20 東港東隆宮恭迎代天巡狩王船大爺聖駕平安祭典(王船祭)。

10.21 國防部長宋長志主持年度「國軍戰力展示」演習。

10.22 中華民國貿易採購團宣佈向美國購買3.6億美元的產品,以削減雙方貿易逆差。

10.25 教育部訂定語文法草案,規定公開演講、公務交談,應使用標準語文──國語。

10.26 台南縣仁愛國小師生遭虎頭蜂襲擊,老師陳益興捨身銀蜂,翌日不治死亡。

10.26 印度總理拉吉夫甘地訪蘇,並與蘇共總書記戈巴契夫舉行會談。

10.27 12名原住民針對原住民被迫改姓漢姓屢生亂倫悲劇一事,要求恢復原有姓氏。

10.31 高等法院首度對出租盜版錄影帶侵害著作權一事,做出租業者有罪之判決。

10.31 黨外中央選舉後援會提出黨外參選的共同政見為「新黨、新氣象、自決、救台灣」。

11.1 國內最大的藝術經紀公司新象股份有限公司,向財政部申請紓困接助。

11.2 第22屆金馬獎典禮在高雄市舉行,「我這樣過了一生」獲得最佳劇情片獎。

11.5 新加坡總理李光耀來台訪問。

11.6 哥倫比亞左翼游擊隊佔領最高法院。次日政府軍攻入,最高法院長官等人質100多人死亡。

11.7 行政院通過,自1987年7月起台灣省及台北市9所師專改制為師範學院。

11.11 國際教育研究所報導,台灣留美學生居世界第一位。

11.13 新聞局科員陳百齡被控「洩密」案定讞,被判處有期徒刑10個月,緩刑4年。

11.13 哥倫比亞阿腐梅鎮附近的火山爆發,造成本世紀最嚴重損害,死者24,740人。

11.14 外交家顧維鈞博士於美國辭世,享年98歲。

11.14 國際棒球邀請賽在台北揭幕。

11.15 英國首相柴契爾夫人和愛爾蘭總理簽訂北愛問題同意書。

11.16 縣市長等公職人員選舉投票,余陳月瑛當選台灣第一位女縣長。

11.16 國內首次出現3胞胎試管嬰兒。

11.17 1985年度縣市長、省市議員當選名單揭曉,國民黨當選率76.96%,無黨籍當選率23.04%,投票率逾7成。

11.18 黨外人士陳水扁之妻吳淑珍,上午陪同夫婿在台南縣關廟鄉步行謝票時,遭拼裝車撞傷,下半身癱瘓。

11.19 美國總統雷根、蘇聯共黨總書記戈巴契夫闊隔6年半後於日內瓦舉行高峰會議。

11.20 中國圍棋選手聶衛平在北京擊敗日本藤澤秀行,此役使中國隊以8:7的戰績勝日本選手,結束了歷時1年多的中日圍棋擂台賽。

11.23 美國逮捕中共間諜嫌犯金無息。

11.30 黨外元老黃順興經由日本前往中國大陸。

12.1 電影分級制度今起實施。

12.2 涉嫌菲律賓艾奎諾暗殺事件之參謀總長等全部宣告無罪。

12.3 菲律賓定1986年2月7日大選,艾奎諾遺孀柯拉蓉宣佈競選總統。

12.4 總統蔣經國特任原國家安全局長汪敬煦上將為總統府參軍長,遺缺由宋心濂上將接任。16日,雙雙宣誓就職。

12.5 貿易商陳國動等4人,與中共直接貿易,今日遭警備總司令部分別判處無期徒刑12年不等。

12.7 外交部發表聲明中止與尼加拉瓜政府的外交關係,並撤回駐尼加拉瓜農業技術團。

12.7 4百餘名新約教徒到中正機場迎接自馬來西亞歸國的朝聖團,與警方派出的3千警力發生衝突。

12.12 美國政治漫畫家麥瑞繪畫的「李表哥」,與國人見面。

12.15 大陸運動員韓健和李玲蔚在東京分別獲得1985年國際羽毛球大獎賽總決賽男、女單打冠軍。

12.18 外交部長朱撫松重申我維護亞洲銀行權益的堅定立場。

12.18 首位美籍華裔職業太空人張福林搭乘哥倫比亞號太空梭升空。

12.19 「語文法」推行國語，限制方言，引起爭議，行政院長俞國華宣佈該法不列入立法計畫。

12.20 省議會第8屆省議員宣誓就職；高育仁、黃鎮岳分別當選省議會正副議長。

12.25 總統蔣經國於行憲紀念大會中，指出下任總統必依憲法產生，其家人「不能也不會」競選總統；並指出不會實施軍事統治。

12.25 張建邦、陳田錨分別當選台北、高雄兩市議會議長。

12.30 國內第一屆電腦圍棋大賽揭幕。

12.31 台北世界貿易中心落成啟用。

## 1986

1.1 國立自然科學博物館開幕。

1.1 行政院「整頓市場交易用衡器計劃」實施，公制衡器今開始全面使用。

1.2 司法院決議，勞動基準法退休金不應溯及既往。

1.3 高屏地區發生食用西施舌中毒案；衛生署指出此為國內首宗麻痺性貝毒事件。

1.4 美國亞利桑那州參議員高華德訪問台灣。

1.5 國內第一座業餘無線電台在台北市啟用，美國參議員高華德應邀主持啟用典禮。

1.7 朱宗慶打擊樂團在台北市國父紀念館舉行創團首演。

1.8 雷根總統宣佈凍結利比亞在美國資產。

1.9 北迴鐵路宜蘭線段今日完成雙軌通車。

1.9 行政院決全面停止開發彰化濱海工業區。

1.12 美國哥倫比亞號太空梭今日發射升空。

1.16 台北國際羽球名人賽今日開賽，華裔選手施羽出場比賽，19日贏得冠軍。

1.26 台北市新生北路洗衣店1家3口命案，嫌犯原住民青年湯英伸自動投案。

1.27 第一次參加世界女子壘球錦標賽的中國隊，奪得第六屆女壘錦標賽亞軍。

1.30 高雄首度發生劫鈔案，三信運鈔車被劫走125萬元。

2.1 台灣省縣市議員及鄉鎮市長選舉進行投票。

2.4 日本京都地方法院宣判，京都光華寮學生宿舍產權為中華民國政府所有。

2.7 海地民眾今日推翻杜華利總統的統治。

2.11 蘇聯釋放人權活動積極分子沙卡洛夫。

2.15 嘉義縣吳鳳鄉鄒族豐年祭揭幕。

2.16 中華航空公司一架從台北飛往澎湖的班機，今日在馬公北方海面失蹤。

2.21 中共飛行員陳寶忠，今日駕駛一架米格19飛機飛抵韓國，指明要到台灣。

2.22 台北市立動物園園長王光平表示，圓山動物園將在4月關閉，新動物園預定7月開幕。

2.23 中共《人民日報》報導：中國已完成「六五」計畫規定的控制人口增長任務，人口年均自然增加率下降到1．17%。

2.25 有「台灣第一位博士」之美譽的杜聰明病逝。

2.25 台灣電影製片廠籌拍影片「唐山過台灣」，片中的唐山號道具帆船沉沒，2人死亡，1人獲救，2人失蹤。

2.25 柯拉蓉．艾奎諾（艾奎諾夫人）今日在菲律賓總統選舉中擊敗馬可仕。

2.26 經建會通過台北市捷運系統興建計畫。

2.26 中華人民共和國外交部發言人公開宣佈，中國歡迎菲律賓新政府成立。

2.27 衛生署證實台灣地區出現首宗愛滋病例。

3.1 國民身分證今起全面換新。

3.1 台北火車站進行拆除工作。

3.1 《八十年代》雜誌發表228事件39週年紀念特別報導。

3.1 香港特別行政區基本法諮詢委員會今日在香港舉行全體委員第一次會議。

3.1 台灣省各縣市議會舉行正副議長選舉。

3.2 國內首位AIDS（後天性免疫不全症候群）患者病逝。

3.3 行政院完成公平交易法草案。

3.6 槍擊要犯劉煥榮、齊惠生自日本押解回國。

3.9 中國有史以來規模最大的辭書《漢語大字典》編纂完成。收楷書單字5萬6千多字，分8卷，印刷字數為2千萬漢字。

3.10 中華航空公司失蹤客機，今證實已墜入海底，並進行打撈工作。

3.24 利比亞與美國發生空戰。

3.26 國防部宣佈，天弓全功能戰備飛彈試射成功。

3.30 為觀賞哈雷彗星，10萬人潮湧進恆春半島。

3.30 表演工作坊演出「暗戀桃花源」。

4.1 加值型營業稅正式實施。

4.1 墨西哥航空客機發生空難，機上166人全部喪生。

4.1 國民黨第十二屆三中全會通過31位中央常務委員人選。

4.2 環球航空公司由羅馬飛雅典班機發生炸彈爆炸。

4.7 班禪額爾德尼．卻吉堅贊副委員長會見港澳記者時說，西藏問題不屬一國兩制問題，達賴回國我們表示歡迎，但他必須放棄搞西藏獨立。

4.12 亞洲桌球協會宣佈准許中華台北入會。

4.12 中韓簽訂民航協定。

4.14 為遏止大家樂賭風，省政府委員會修正「台灣省愛國獎券發行要點」，決定日後愛國獎券第8獎由3組改為5組，以抑低大家樂彩金倍數。

4.15 從英國空軍基地和美國第6艦隊出動的美國軍機轟炸利比亞的黎波里、班加西等軍事設施。

4.18 蔣經國總統因心律不整，手術裝置人工心律調節器。

4.21 行政院公開表示，亞洲開發銀行第十九屆理事會，中華民國不派員參加，決不接受「中國台北」的稱謂。

4.23 經建會決議台灣西部不再設水泥廠，並將在花蓮地區設立水泥專業區。

4.23 台大醫院完成世界年紀最小之坐

骨連體嬰分割手術，1死1生。

4.24 中華民國與巴拉圭簽署引渡條約，加強雙方司法合作。

4.26 蘇聯車諾比核能發電廠因人為疏忽造成原子反應爐毀損（4月28日公佈）。疏散住民11萬6千人，鄰近諸國廣受放射能污染，各國批判蘇聯提供情報不足。8月14日，蘇聯向國際原子能機構（IAEA）提出事故報告書。

4.30 國內第一部盲人英文工具書「牛津高級英英、英漢雙解辭典」由陳誦詩編完成。

4.30 中共新華社報導：最近西安出土中國迄今最早的甲骨文。考古專家們認為它把中國人最早使用文字的歷史提前到4,500年至5,000年前。

5.1 環保署發表1985年台灣省21條河川污染度，大漢溪居首，鹽水溪、二仁溪居次。

5.1 《當代》雜誌創刊。

5.1 南非50萬黑人舉行聯合大罷工。

5.2 立法院三讀通過「管理外匯條例」修正案，將黃金、白銀排除在外匯之外，以非法買賣外匯為業者，最高可處3年有期徒刑。

5.3 由王錫爵駕駛的一架中華航空公司貨機，在香港上空偏離航道，降落廣州。17日，中共中國民航與華航在香港展開交還飛機和其餘2名機員的談判。

5.3 中國傑出的語言學家、教育家、詩人和翻譯家，北京大學教授王力在北京逝世，終年86歲。

5.6 財政部修正商港建設費收取分配基金保管運用辦法，對魚油等31項進口貨品，按完稅價2%徵商港建設費。

5.10 顏錦福、陳水扁等人宣佈成立黨外公政會台北分會；17日，康寧祥成立首都分會。

5.10 台北市警察局長顏世錫因警員溫錦隆（兼調署長羅張的特別警衛）參與土銀等重大搶劫殺人案，請辭以示負責。

5.14 蘇聯領袖戈巴契夫公開車諾比核電廠事件真相。

5.16 前台獨重要人物廖文毅病逝台北，享年76歲。

5.17 中共與中華民國政府首度舉行面對面會談，協調華航客機遭劫持飛往廣州事件。

5.18 國防部宣佈天劍空對空飛彈試射成功。

5.19 無黨籍人士200餘名在台北龍山寺展開519綠色行動，要求解除戒嚴。

5.23 中華航空公司客機劫機事件，經雙方（華航、中國民航）交涉決定，將副機長董光興、整備人員邱明志送返台灣，機身並經由香港送回台灣，機長王錫爵則留於廣州。

5.28 高雄雨漁船在福克蘭群島公海遭阿根廷軍艦攻擊，造成1死3傷。

5.30 《蓮萊島》雜誌誹謗案2審定讞，3名被告陳水扁、黃天福、李逸洋判刑8月。

5.30 塞內加爾國家舞蹈團來台表演。

6.1 中油本日起，選定高速公路、台北、台中、高雄等13處加油站，供應無鉛汽油。

6.1 阿根廷宣佈，台灣憲德3號漁船擅入領海，除船長將被起訴外，其他船員可立即釋放。

6.7 中共中央總書記胡耀邦對英國、聯邦德國、法國和義大利進行正式訪問。這是中共中央總書記第一次訪問西歐。

6.8 中華女壘隊贏得亞洲杯第3名，取得世界杯參賽資格。

6.10 因《蓮萊島》雜誌誹謗案遭判刑8個月的陳水扁、黃天福、李逸洋，與警方僅持17小時後，前往台北地方法院檢查處報到。

6.11 國內第一胎試管豬，在省畜產試驗所鄭登貴博士照顧下誕生。

6.14 大陸哈爾濱市一名工人摔傷後被7家醫院拒收，延誤19小時，死在醫院門口。

6.15 高雄市萬壽山動物園啟用。

6.17 一艘載有19名大陸青年的船隻抵達南韓投奔自由，南韓表示將依國際慣例處理。

6.18 總統特令政府人事異動：汪道淵出任國防部長；蔣緯國任國家安全會議秘書長；蕭天讚為行政院政務委員；宋長志為總統府戰略顧問。

6.24 鹿港民眾遊行反對美國杜邦公司在彰濱工業區設廠。

6.26 總統府令鄧堅為駐韓大使，以接替薛毓麒。

6.28 新加坡總理李光耀抵達台灣訪問3天。

6.30 近幾月來卡拉OK已成為最受歡迎的娛樂活動。

7.1 錄放影機全面開放進口。

7.4 美國慶祝自由女神像重新開放。

7.8 駕船投奔自由的19名大陸青年今抵台灣。

7.10 菲律賓陳氏兄弟滅門血案，被告劉煥榮判處死刑，齊惠生判無期徒刑。

7.14 經濟部同意六輕興建開放民營。

7.14 國建會揭幕。

7.21 「1986年台北動物季」展開。

7.23 北京市國家安全局負責官員宣佈，持英國護照的美國《紐約時報》駐北京記者伯恩斯違反中國法律，進行與記者身分不相符的活動，被驅逐出境。

7.27 南投縣魚池鄉九族文化村今日開幕啟用。

7.28 1957年諾貝爾物理獎得主楊振寧返抵廈門。

7.28 靠行計程車司機以集體請願行動抗議車行割利。

8.2 中華棒球協會理事長、榮民工程處處長嚴孝章因心臟病猝逝於奧地利。

8.3 行政院同步幅射研究中心於新竹科學園區破土動工。

8.5 黨外公政會首都分會舉行會館開幕儀式。

8.5 中華女子籃球代表隊首次進軍世界女子籃球錦標賽，今啟程前往蘇聯。

8.7 憲德3號船隻顏進亮，以3,000美元保釋回國，遭阿根廷擊沉漁船的索賠則尚無結果。

8.8 財政部正式宣佈10月起取消關稅完稅價格表，美國同意停止301法案報復行動。

8.11 高雄拆船碼頭發生油輪爆炸案，18死100傷，3人失蹤。

8.14 巴基斯坦反對黨領袖班納姬·布托被監禁。

8.15 開放72年的圓山動物園，本日舉

行關園儀式。

8.22　王瀚橫渡直布羅陀海峽，為國人締造光榮紀錄。

8.22　韋恩颱風驟然來襲，中、南部及澎湖地區災情慘重。

8.23　在馬德里舉行的第五屆世界游泳錦標賽閉幕。中國選手高敏獲得女子跳板跳水冠軍。陳琳獲得女子跳台跳水金牌。

8.25　第四回合中美菸酒談判在台北進行5天。

8.28　結匯額度下個月起大幅放寬，出國零用金提高至4,000美元。

8.30　個性化商品店屈臣氏登陸台灣。

9.1　停刊20年的《文星》雜誌復刊。

9.1　本期《Newsweek》因一篇文章〈台灣：被污染的島〉險些被禁，後延遲4天上市。

9.1　台北圓山動物園動物搬遷至木柵新園。

9.3　台北市議員林正杰判刑1年半，褫奪公權3年，林正杰不服，展開一連串示威遊行。

9.6　土井多賀子當選日本新任社會黨委員長，為日本大黨之首位女性黨魁。

9.7　南非共和國外交部長鮑達來台訪問，為期5天。

9.7　高檢處決成立偵查中心，以加強經濟犯罪防制追訴。

9.10　中華民國世界級數學家陳省身，應中央研究院長吳大猷之邀，定11月返國訪問。

9.11　尼加拉瓜總統奧蒂加抵達中國大陸訪問。

9.13　美國在台協會任命丁大衛為駐台北辦事處處長。

9.14　台北市動物園今日上午舉行喬遷大遊行。

9.14　中國女排在第十屆世界杯排球賽奪得世界冠軍，創下5連冠輝煌記錄。

9.15　敦理出版社開始出版當代批判文存叢書。

9.15　第三十一屆亞太影展在漢城舉行，張毅以「我這樣過了一生」獲最佳導演獎。

9.19　「艾貝」颱風過境，造成11死38傷慘劇。

9.27　中共新華社報導：國務院決定從現在起停止使用「第二次漢字簡化方案（草案）」。

9.28　民主進步黨宣佈成立。

9.30　中國目前最長的公路橋──鄭州黃河公路大橋正式通車。

10.2　行政院宣佈黃金買賣解禁，開放進口，出口將繼續管制。

10.2　美國對南非實行制裁。

10.4　中國男排首次獲得亞運會排球賽冠軍。

10.6　行政院衛生署環境保護局建立全國空氣品質顯示系統，於12座城市之中分設19個監測站，本日正式啟用。

10.7　尼加拉瓜政府捕獲向叛軍送交武器的美國飛行員。

10.8　中橫公路發生遊覽車墜崖事件，造成42人死亡。

10.9　行政院今日通過太魯閣國家公園計劃，成為台灣地區第四座國家公園。

10.12　英國女王伊麗莎白二世訪問大陸，這是歷史上英國國家元首對中國的第一次訪問。

10.15　中央研究院院士李遠哲榮獲諾貝爾化學獎。

10.15　國民黨中常會通過「動員戡亂時期國家安全法令」、「解除戒嚴令」、「動員戡亂時期民間社團組織」、「開放黨禁」等政治革新議題。

10.15　蘇聯開始撤退駐留在阿富汗7年之久的部分駐軍。

10.18　新光集團董事長吳火獅病逝。

10.20　唐盼盼當選第三任中華民國棒球協會理事長。

10.20　愛國獎券改為每月發行1次，殘障同胞生計面臨危機。

10.24　中共飛行員鄭菜田今日駕機投奔自由。

10.25　第一部由國人自行設計製造的車種「飛羚101」正式上市。

10.29　中華愛國會等9個團體今日舉行記者會表示將組成「反共愛國統一陣線」。

10.29　美國總統雷根下令草擬對台灣報復措施，以抗議台灣未能如期開放菸酒市場。

10.30　政府宣佈13名叛亂犯和134名一般軍事犯獲得假釋。

10.31　台北市木柵動物園今日舉行開幕典禮。

10.31　近幾月來台北市北投區大度路、大業路瘋狂飆車成風。

11.1　黃金開放自由進口，私人攜帶飾金，不予課稅。

11.2　國立空中大學今日舉行首屆開學典禮。

11.3　中美菸酒談判仍然陷於僵局，中華民國政府堅持原本計價及廣告方式。

11.6　民主進步黨發表「黨章」及「黨綱」草案。

11.7　近600名高雄、屏東縣民至高雄大發廢五金專業區抗議廢物燃燒污染。

11.8　日本首相中根康弘今日訪問中國大陸。

11.10　民主進步黨今日推選江鵬堅擔任黨主席。

11.14　百餘名民主進步黨及黨外人士聚集桃園中正國際機場，迎接許信良等7名海外組織代表，久候未果，與警方發生數度衝突，僵持近9小時。

11.19　交通部決定開放雙層巴士，並加強巴士駕駛者職前訓練。

11.20　中華民國銀行公會聯合指出，本國銀行正面臨外匯損失、存放款利率差距縮小及呆帳、累計過大等3大經營危機。

11.20　蔣中正總統遺孀蔣宋美齡離國11年後重返台灣。

11.28　太魯閣國家公園管理處成立。

11.29　第二十三屆金馬獎於社教館隆重舉行，「恐怖份子」獲得最佳影片獎；最佳男女主角，則分別由「英雄本色」狄龍及「最愛」張艾嘉獲得。

11.30　為迎接前桃園縣長許信良返台，數千名接機民眾在桃園中正國際機場與警方發生衝突，許信良闖關未成。

12.5　台北市第十信用合作社結束營業，自本月8日起改隸合作金庫管理。

12.6　增額國代立委選舉舉行投票（台灣選舉首次出現兩黨競局面）。

12.7　台北市木柵新動物園今日正式對外開放。

12.8 中美菸酒談判達成協議，明年1月1日開放進口。

12.9 高雄縣林園鄉勒令停工的中國合成橡膠公司炭煙廠冒出濃煙，使得草蝦死亡，居民砸破工廠辦公室，經連日抗議，廠方賠償4,000萬元。

12.11 雲門舞集演出「我的鄉愁，我的歌」。

12.12 李長榮化工廠發生原料外洩意外，新竹市政府勒令停工。

12.13 圓山天文台發現木星白斑，經日本東亞天文會證實為全球首度之觀測紀錄。

12.15 愛國獎券發行辦法修正，獎金支出比率由45%提高至60%，每月發行2次。

12.17 今年諾貝爾化學獎得主李遠哲返回台灣。

12.19 駕機投奔自由的中共飛行員鄭菜田，自韓瘫抵台灣。

12.19 高雄港破獲歷年最大宗毒品走私案，重達7公斤。

12.19 蘇聯異議人士安德烈‧薩哈羅夫解除流放。

12.24 軍火販子許金德等於菲律賓落網，27日押解返國。

12.27 北市教育局在市立體專體育館舉辦高中高職學生雷射舞會。

12.29 大陸北京有人煽動北師大學生遊行，並先後進入北大、清華大學鼓動。但三校學生都拒絕參加。

12.30 美國在宏都拉斯開始軍事演習。

12.31 中共外交部發言人發表談話，公元2000年前中國堅決收回澳門。

## 1987

1.1 北京天安門廣場爆發數百名學生示威行動，《人民日報》發表社論反對資產階級自由化，警告民主化運動。

1.2 台灣一級古蹟板橋林家花園經過4年整修，花費1億5千餘萬元，今起開放參觀。

1.2 中共新華社報導：90高齡的張匯蘭獲頒「聯合國教科文組織榮譽獎」，成為第一個獲該項特殊榮譽的中國人。

1.5 為抗議美菸經銷促銷行為，拒菸聯盟發表宣告抵制。

1.6 「主婦聯盟」正式成立。

1.8 國內第一位試管嬰兒的母親張淑惠，因自然懷孕而產下第二胎，創下台灣醫學界紀錄。

1.9 菲律賓總統勞瑞爾以私人身分訪問台灣。

1.10 中共將方勵之等3名改革派知識分子開除黨籍。

1.10 號稱台灣最大的美術展覽「眼鏡蛇藝術群及其10年後發展」在美術館展出。

1.12 內政部決定取消一貫道禁令。

1.12 教育部宣佈解除髮禁。

1.12 中共中央、國務院決定，改組中國科大學領導班子，任命滕藤為校長兼研究生院院長，彭佩云兼黨委書記。免去嚴重失職的管惟炎校長、李淑錚總書記和研究生院院長職務。撤銷方勵之副校長職務。

1.21 由美國進口的92頭布氏桿菌陽性反應的「疾苗牛」，決依法撲殺後焚燒掩埋。

1.21 立法委員蕭瑞微夫婦遭仇家槍擊，蕭瑞微不治死亡。

1.23 藝術電影院成立。

1.24 主婦聯盟聲明抗議市面漢堡售價過高。

1.27 美國宣佈承認蒙古人民共和國，中華民國外交部重申外蒙為中華民國領土立場。

1.29 中共中央領導在春節團拜會上發表重要講話，堅持4項基本原則核心是堅持黨的領導，反對資產階級自由化，不搞政治運動。

2.1 經濟部決定自3月起，命令無營業公司解散。

2.1 民主進步黨11名新當選國代宣佈成立國民大會黨團。

2.1 高雄市東實旅社大火，釀成18人死亡，12人重傷的慘劇。

2.10 衛生署初步決定在嚴格條件下，開放借腹生子及代理孕母，以紓解不孕夫婦壓力。

2.15 台灣筆會正式成立，楊青矗出任會長，李敏勇為秘書長。

2.15 中共領導人之一李鵬指出教育戰線今年要抓好兩件大事：開展反對資產階級自由化鬥爭；繼續進行教育領域的各項改革。

2.17 台灣外匯存底突破500億美元，名列全世界第二位。

2.19 《民進週刊》創刊。

2.19 美國解除對波蘭的制裁。

2.20 位於台北市的大同公司總廠大火，估計損失達3億元，造成1死11重傷。

2.21 中共外交部新聞發言人發表談話：印度正式成立所謂「阿魯納恰爾邦」，嚴重侵犯中國領土主權，我絕不承認。

2.23 有「畫壇怪傑」、「鄉土畫家」之稱的洪通，今病逝於台南。

2.24 立法院朝野雙方爆發數十年來僅見的互毆事件。

2.27 立法院完成正副院長改選，倪文亞、劉闊才當選連任。

2.28 民進黨舉辦228事件和平日說明會，紀念228事件40週年。

2.28 為推動出版界進軍國際市場，台灣考慮加入國際標準書碼。

3.1 警政署展開「正風專案」，以杜絕雛妓及販賣人口。

3.1 第39屆世界杯桌球賽結束，中國選手奪得6項冠軍：男女團體；男單江加良；女單何智麗；男雙陳龍燦、韋晴光；混雙惠鈞、耿麗娟。

3.4 美國總統雷根首度透過電視為軍售伊朗戰略方案緩質而公開承認過失。

3.5 第二高速公路局工程處成立，北部第二高速公路將於5月開工。

3.6 台大教授聯誼會向內政部申請立案被駁回。

3.8 全國婦女、山地、人權、教會等各界30餘民間團體，發起「抗議販賣人口、關懷雛妓問題」萬人簽名活動。

3.11 台北市南京東路世華銀行在運鈔途中，被2名歹徒於電梯中劫走1,031餘萬元。

3.12 黃尊秋、馬空群高票當選監察院正副院長。

3.12 美國杜邦公司宣佈，取消在鹿港設立二氧化鈦廠的計畫。

3.12 《新新聞》週刊創刊。

3.18 省政府保證，在2000年以前讓淡水河清澈見底。

3.20 立委朱高正於進行質詢時改以台

語發言，遭其他立委拍桌抗議，朱乃以「三字經」對罵。

3.20　嘉義縣民雄鄉大崎地區發現豐富油氣，命名為「民雄2號井」。

3.21　農委會表示2月自美國、澳大利亞進口的300餘頭乳牛可能感染病毒，導致牛傳染性鼻氣管炎，並於中南部酪農業區迅速蔓延開來。

3.23　南投縣信義鄉東埔村布農族人，不滿政府將東埔村劃為國家公園並遷葬其祖墳，集體持標語向縣政府抗議。

4.1　美國國務院將我國列入違反對南非禁運武器之名單。

4.3　經濟部國際貿易局今日表示，台灣輸美產品中有80項將自優惠關稅制度中被刪除，另有8項恢復免稅。

4.3　大陸發現一愛滋病傳入病例。

4.5　今年度關稅大幅超收，將締造700億元佳績。

4.5　第一屆席德進繪畫大獎頒佈。

4.8　中共外交部發言人重申，中越關係核心問題是越南侵略東埔寨。

4.9　中央研究院歷史語言研究所所長丁邦新在《聯合報》發表〈一個中國人的想法〉。

4.10　行政院衛生署決立法防治愛滋病，保障愛滋病患的隱私權。

4.12　教育部核准輔大於1988年度成立國內第一所翻譯研究所。

4.14　台視播出午間帶狀台語綜藝節目「天天開心」。

4.16　美利堅輪船公司倒閉案，創下台灣最大的查封行動，計有900多只貨櫃，並歷3天才查封完畢。

4.16　監察院表決通過林洋港、汪道淵為司法院正副院長。

4.17　三軍總醫院宣佈，完成台灣首宗豬隻心臟移殖試驗。

4.17　美國對日本進口貨物課稅。

4.19　超導體研究著名學者朱經武返國。22日，返美。

4.20　藝術學者何懷碩發表〈另一個中國人的想法〉，回應先前丁邦新文章。

4.22　行政院局部人事改組，丁懋時出任外交部長、鄭為元出任國防部長、郭南宏出任交通部長、邵玉

銘出任新聞局局長。

4.27　美國禁止奧地利tott總統入境。

5.1　內政部警政署統計，台灣地區目前共計有6,770名失蹤及行蹤不明的人口。

5.2　國內第一齣大型音樂舞台劇「棋王」首演。

5.2　政府決定全面解除外匯管制。

5.6　中共外交部新聞發言人指出，光華寮問題日方如一意孤行，中國方面將作出強烈反應。

5.10　中共中央電台報導黑龍江森林大火已延燒5天，達3,000平方公里，燒死114人，仍在蔓延中，人造雨救災宣告失敗。

5.11　台大學生團體「自由之愛」在校園進行「漫步」，爭取代聯會會長改採普選制。

5.12　19歲曹族青年湯英伸殺人案，經最高法院判決死刑定讞，原住民、學術界、宗教界、新聞文化界等各界人士上電總統府請求「格外復議」。

5.14　因十信事件服刑的蔡辰洲因肝癌病逝；法務部為澄清「拖延就醫」流言，特就蔡辰洲醫療保外過程作出說明。

5.15　湯英伸執行槍決。

5.17　伊拉克導彈擊中美國軍艦。

5.19　民主進步黨發動「519行動」，要求無條件解除戒嚴。

5.19　「反共愛國陣線」在公賣局體育館舉行集會，以對抗民進黨519行動。

5.21　衛生署環保局擬修改法令，開始回收寶特瓶。

5.22　由於吳鳳捨身取義的故事有所爭議，國立編譯館因此決定局部刪除修改。

5.28　西德青年魯斯特駕機在莫斯科紅場著陸。

5.30　高雄美麗島事件受刑人黃信介、張俊宏等6人獲假釋出獄。目前僅餘施明德仍在服刑。

6.2　立法院通過人體器官移殖條例。

6.2　金防部司令官趙萬富等18名軍官因「小金門守軍擊沈中共漁船案」遭軍紀處分，趙因而提早退伍。

6.3　中共總理趙紫陽訪問東歐5國和巴基斯坦。

6.4　大興安嶺撲火前線指揮部負責人宣佈，5萬軍民奮戰25個晝夜，大興安嶺撲火工作終告成功。

6.5　台大教授聯誼會成立。

6.10　民主進步黨自本日起連續3天，舉行抗議制定國安法的活動，造成交通堵塞，並引發流血衝突。15日，檢方票傳肇事的5名首謀，20日開庭。

6.12　新疆歷史上第一座伊斯蘭教高等學府──新疆維吾爾自治區伊斯蘭教經學院開學。

6.17　中國人口5大死因已被專家調研查證，依次是心臟病、呼吸系統疾病、惡性腫瘤、意外死亡和消化疾病。

6.17　交通部決定自7月1日起刪除考照體檢中「穩定」、「反應」兩項體能測驗項目。

6.20　11位民主進步黨籍國大代表要求晉見總統，硬闖禁區，發生推擠事件。

6.29　即將在台北舉行的第70屆國際獅子會年會開始報到。

6.30　施工歷時8年的翡翠水庫今日落成啟用。

6.30　高雄十信合作社女職員請願，反對社方關於女職員婚後必須離職的「慣例」。

7.1　執政黨通過重要人事案，李煥出任中央常務委員會秘書長；毛高文任教育部長；陳倬民任省教育廳長。

7.4　納粹戰犯克勞斯‧巴比在法國被宣判有罪。

7.6　太魯閣國家公園長春祠風景區發生山崩。

7.6　紀念七七抗戰，蘆溝橋旁中國人民抗日戰爭紀念館揭幕。

7.7　總統指示行政院，非華人因戒嚴而受軍法審判之受刑人，酌予減刑或復權。

7.7　800餘名自謀生活老兵前往國民黨中央黨部進行請願。

7.9　新竹市立游泳池氯氣外洩，造成300餘名泳客集體送醫。

7.14　蔣經國總統發佈命令，宣告台灣地區自15日起解除戒嚴；行政院同時發佈命令，「動員勘亂時期國家安全法」同日實施。

7.14 國防部宣佈,非軍人受軍法審判之受刑人,237人獲減刑並回復公權。

7.15 實施近40年的外匯管制今日正式放寬。

7.17 國內首宗心臟移殖手術成功,台大醫院開啟換心新紀元。

8.5 台南市因取締颿車,引發群眾暴力事件,交通隊辦公室被毀,13輛警車遭砸損,28名員警受傷。

8.6 山西省偏僻鄉下一名名叫武劍鋒的兒童智力超常,不滿12歲便考上清華大學。

8.7 大興安嶺森林大火事故責任查清,17名幹部受到懲處,直接造成火災的6名外地人員和工人依法逮捕。

8.9 中華隊獲得在日本舉行的第五屆國際軟式少棒賽冠軍。

8.12 國內企業名人曾松齡因感於新台幣不斷升值,企業經營壓力沉重,跳樓自殺身亡。

8.13 中美國會議員就雙方貿易失衡問題公開交換意見,美方表示巨額逆差必須盡快改善。

8.16 大陸選手錢紅在第三屆泛太平洋地區女子一百公尺蝶泳決賽中奪得金牌,成為近兩年來在世界賽中奪得金牌的唯一大陸游泳運動員。

8.17 中國社會調查系統在北京發佈的「政治體制改革與論調查結果」顯示,多數民眾對8年多的改革總體評價較高,同時直言批評政治體制中存在的一些弊端。

8.22 環保署正式成立,首任署長簡又新宣誓就職。

8.23 中華青棒重獲世界青棒冠軍。

8.25 執政黨決全面調整大陸政策,將採取政府與民間區分開的原則。

8.25 第一個以原住民語發音的廣播節目「青山翠嶺」在復興廣播電台播出。

8.26 在天安門廣場製造爆炸事件的罪犯鄭麒麟被判處死刑。

8.27 對遭入台澎20浬海域內的大陸漁船,台灣決予強制驅逐。

8.29 中華少棒以21:1打破世界少棒錦標賽冠軍決賽歷年最高得分記錄,勇奪世界冠軍。

8.31 股市一舉衝破3,000點,成交值逾155億。

9.2 根據民意調查指出,大多數民眾均表示政府應全面取締颿車和大家樂。

9.4 台北陽明山發生大車禍,造成22死21傷的慘劇。

9.4 李瑞環出任天津市委書記。

9.8 開放大陸探親決採從寬的原則,除軍公教人員外,不分省籍、親等、年齡、黨籍,皆可由第三地區自行前往。

9.9 台灣原住民團體抗議「吳鳳神話」破壞原住民形象。

9.12 法院審理612事件,民主進步黨群眾與警方發生衝突;《台灣日報》台北管理處被指稱報導不實,遭抗議群眾毀物傷人。

9.12 屏東縣高屏溪魚塭養殖業者為要求政府重新檢討拆除魚塭之議,禁止子女上學,造成580名學童罷課。

9.13 《自立晚報》2名記者徐璐和李永得取得中共發給的旅行證,14日前往大陸探訪2週。

9.14 第一屆中國電影展在北京開幕。

9.21 高屏溪違建魚塭拆除工作受大批業主抗議,憲警多人受傷。

9.27 美國大英百科全書公司授權台灣中華書局,在台發行中文版「大英百科全書」。

9.29 新聞局依刑法第214條,將《自立晚報》社長吳豐山、記者李永得、徐璐移送偵辦。

10.2 新台幣匯率突破30大關,中央銀行宣佈凍結外匯銀行國外負債上限,造成廠商大量拋售遠期外匯之現象。

10.5 越南軍機侵入大陸領空被擊落,中共向越南當局提出強烈抗議。

10.6 斥資75億元,費時6年興建完成的中正國家戲劇院和國家音樂廳,今晚正式啟用。

10.7 竊盜秦俑國寶的主犯王要地被判處死刑。

10.7 中共外交部新聞發言人指出,美國參議院通過所謂「西藏問題」修正案,是干涉中國內政的又一嚴重事件。

10.8 班禪在青海發表講話,表示支持

依法嚴懲製造拉薩騷亂的首惡分子,堅決維護漢藏民族團結和祖國統一。

10.9 網球神童王思婷榮登亞洲青少年網球賽單打后座。

10.13 行政院同意開放舉辦中國小姐選美活動。

10.15 行政院通過赴大陸探親辦法,11月2日起受理登記,由中華民國紅十字總會協助辦理。

10.19 永興航空公司與美國環球小姐選美公司簽約,確定明年5月在台舉行環球小姐選美活動。

10.19 美國攻擊波斯灣伊朗海軍基地。

10.20 政治大學設「自由廣場」。

10.20 中共12屆7中全會公報發表。確認政局局擴大會議關於接受胡耀邦請辭總書記職務和推選趙紫陽代理總書記的決定。

10.21 陸軍一級上將何應欽病逝。

10.24 琳恩颱風過境台灣,造成北部、東北部嚴重水患。

10.28 因涉及貪瀆被判2年半有期徒刑的前新竹市長施性忠提前出獄。

10.29 第24屆金馬獎舉行頒獎典禮,「稻草人」獲最佳劇情片。

11.1 工黨正式成立。

11.2 紅十字總會受理大陸探親登記,共有1萬餘人申請領表。

11.3 作家梁實秋因心肌梗塞逝世。

11.4 中共外交部新聞發言人回答記者所問問題,駁斥美國官員、美國報紙散佈的謠言,所謂中國向伊朗出售武器的指控毫無根據。

11.8 英國厄爾斯特休戰紀念日儀式上發生炸彈爆炸,炸死11人。

11.9 民主進步黨第2次全國代表大會爆發流血事件,朱高正、鄭南榕兩人因散發文件問題而爭吵互毆,雙雙受傷。

11.9 琳恩颱風賑災義演晚會募得5,000餘萬元,創下國內慈善募捐最高紀錄。

11.10 民進黨第2次全國代表大會結束,姚嘉文當選第2任主席。「台獨」主張列入黨綱提案,最後改以大會聲明取代。

11.12 中共第6屆人大常委會第23次會議在北京舉行。會議決定同意趙紫陽總理辭去職務,由李鵬任代

總理。

11.13 中庭違建風波又起,台北市長許
水德被告涉嫌瀆職。

11.14 連續以「千面人」手法勒索統
一、味全、義美等公司的嫌犯楊
國連落網。

11.19 中共空軍飛行員劉志遠駕駛米格
19戰機投誠,安全降落台中清泉
崗空軍基地。

11.21 中國時報與中國電視公司獲得明
年環球小姐選美參賽地主國小姐
選拔的主辦權。

11.23 台北市2所國小發生學童食物中
毒;校園飲食安全亮起紅燈。

11.24 立軍1號漁船因未聽令受檢,遭
印尼軍艦砲擊。

11.26 南陽實業公司承認已有370輛泡
水汽車流入市面。

11.28 由台北飛往南非的南非航空公司
班機墜海失事,30名台灣乘客不
幸罹難。

12.1 行政院新聞局宣佈,自明年元月
起解除報禁,接受新報登記與開
放增張。

12.1 綠島職訓總隊今日爆發管訓隊員
縱火爭吵事件。

12.2 余登發與黃玉明兩人發起成立天
下為公共同志會。

12.3 新竹殺人強盜集團首腦吳新華,
今日在桃園落網。

12.8 果農3,000名集體赴立法院陳
情,要求保護國產水果。

12.16 盧泰愚在南韓總統選舉中擊敗對
手獲得勝利。

12.18 中華民國向荷蘭訂購的海龍號潛
艇運抵高雄港。

12.18 為遏止越演越烈的大家樂賭博風
氣,台灣省政府今日宣佈愛國獎
券自明年元旦起暫停發行。

12.21 數百位愛國獎券業者群聚行政院
前,抗議愛國獎券停止發行。

12.23 股市大戶雷伯龍發生跳票,使股
價大幅跌落。

12.25 民主進步黨發動民眾抗議示威活
動,要求國會全面改選,在國民
大會年會議場發生劇烈衝突,同
時在西門圓環有數千民眾集結,
造成交通全面癱瘓。

12.26 中共人民大會委員聯合發表聲
明,抗議美國會通過所謂修正

案,污蔑中國在西藏「侵犯人
權」。

12.27 愛國獎券最後一次開獎。

12.29 行政院審查通過電費降價方案,
內含7種用電,平均降幅8.5%,
將有650餘萬戶受惠。

## 1988

1.1 報禁開放,報紙登記及張數限制
同時解除,大眾資訊服務業邁入
新紀元。

1.1 電影正式實施分級制,分為普遍
級、輔導級、限制級。

1.1 旅行社執照開放。

1.1 北京天安門城樓對中外遊人開放
參觀。

1.4 中共新華社報導:大陸城鎮新型
集體企業逾23萬家,從業人員
1,200多萬,年生產經營額達600
億元。

1.5 奧地利總統瓦爾德海姆的戰時履
歷受到調查,結果證實其為前納
粹分子。

1.6 中華奧會決定接受國際奧林匹克
委員會的邀請,組團參加漢城奧
運會。

1.8 賦稅會報決議,取消以收銀機開
立收據,強制一律開統一發票。

1.9 蔡有全、許曹德「台獨案」開
庭,高等法院前博愛路爆發嚴重
警民衝突。

1.9 50餘個民間社團發起「救援雛妓
再出擊活動」,在台北市遊行。

1.11 「集會遊行法」完成立法,明確
規定不得違背三原則,對反制行
為亦得處二年有期徒刑。

1.13 總統蔣經國病逝,副總統李登輝
繼任總統。

1.14 經中共國務院批准,「愛滋病監
測管理的若干規定」施行。

1.15 南韓政府公佈韓航班機被炸事
件,調查結果為北韓女特務金賢
姬所為。

1.18 趙少康等39名國民黨籍立委簽署
聯合聲明,主張由李登輝代理國
民黨主席。

1.22 故總統蔣經國靈柩移靈靈山忠烈
祠,開放民眾瞻仰。30日,舉行
大殮奉厝典禮。

1.23 中義英合拍的影片「末代皇帝」

獲第45屆好萊塢外圍記者協會
「金球獎」。

1.27 國民黨中常會通過,由李登輝出
任該黨代理主席。

1.27 新竹地方法院宣判,連續搶劫殺
人嫌犯吳新華依殺人、盜匪、竊
盜等罪名判處10個死刑。

2.1 監察委員林純子與林孟貴,提案
彈劾高雄市長蘇南成。

2.2 國內首座民營加油站於台北開始
營業。

2.3 烏拉圭與中共發表建交公報,並
中止與我國的外交關係。

2.4 行政院通過修正國外留學規程,
凡高中畢業、高普考及格、役畢
或無兵役義務者,均可申請出國
留學。

2.5 台塑企業董事長王永慶在台塑大
樓前參加會議時,首次遭遇工人
舉白布條抗議。

2.5 巴拿馬政府強人諾瑞加將軍被控
販毒。

2.8 蘇聯總理戈巴契夫宣佈將自5月
15日起開始自阿富汗撤軍,為期
10個月。

2.11 許信良在馬尼拉機場闖關偷渡,
因持用假護照而遭扣留。

2.12 中華奧林匹克委員會副主席吳經
國當選國際奧會委員。

2.15 立法委員沈友梅率先響應充實中
央民意機構方案,宣佈退職。

2.18 省政府發佈台灣省十大姓氏為
陳、林、黃、張、李、王、吳、
劉、蔡、楊。

2.22 中華航空公司國內客機險遭劫
持,幼機犯簡渠淵被制伏。

2.22 總統李登輝舉行就任以來首次記
者會,即席回答重大政經問題。

2.22 外交部重申我國擁有西沙、南沙
群島主權。

2.25 盧泰愚就任韓總統,為南韓政
權首次和平轉移。

2.29 國軍雄風2型飛彈試射成功。

3.1 香港移民局今起給予台灣民眾
「雙重入境許可」。

3.3 台灣今起開放海釣,但以不影響
軍事設施、國防安全、漁業保育
及自然生態為原則。

3.5 一貫道總會宣告成立,成為合法
宗教。

3.9 監察院公佈閩南監察使楊亮功及監委何漢文所作「二二八事件報告」。

3.12 中共新華社報導：中共國務院外貿體制將進行重大改革，全面推行外貿承包經營制。

3.15 中華民國消費者文教基金會8年來首次走上街頭，為「消費者保護法」催生而請願。

3.15 榮民總醫院副院長彭芳谷公開說明故總統蔣經國的醫療過程。

3.16 劉宜良（江南）命案兇嫌董桂森遭加州法庭裁定有罪；其於美國加州庭訊時表示蔣孝武下令殺害劉宜良。

3.19 2名英軍士兵在貝爾法斯特愛爾蘭共和軍葬禮上被私刑處死。

3.20 孫立人將軍恢復行動言論自由。

3.24 國防部表示，今年度國軍將裁減1萬名人員，並鄭重否認向泰國出售軍械。

3.24 自立晚報社派記者赴大陸採訪案，台北地方法院初審宣判社長吳豐山和記者李永得無罪。

3.26 王思婷於亞洲青少年網球巡迴賽獲女子單打冠軍。

3.28 內政部宣佈，降低後備軍人和國民兵出國觀光年齡限制，並開放金門、馬祖民眾出國觀光。

3.29 民進黨發動國會全面改選大遊行，由立委朱高正率領在台北市大湖山莊示威，並與警方爆發激烈衝突。

3.30 內政部決定將台北市圓山貝塚列為一級古蹟。

4.3 網球女選手王思婷，榮獲香港國際青少年網賽女子單打冠軍。

4.4 「一清專案」首批被捕各幫派首要份子331人獲釋。

4.10 執政黨與民主進步黨地方黨部各舉辦「護法」、「護憲」集會。

4.10 15所大專院校的23個學生社團，宣佈成立「學生刊物編輯研習會」，對國會改造問題發表四項聲明。

4.11 1988年亞洲大專辯論會，在新加坡落幕，上海復旦大學拔得頭籌，台灣大學獲第2名。

4.12 政府決定，榮民遺產准大陸關係人繼承，但須透過國際紅十字會

申請辦理。

4.15 「超宇宙無限愛國滅共大同盟」發起「415大湖山莊萬人行動」聲援329事件。

4.16 停辦23年的中國小姐選拔，本日產生3位小姐。

4.18 中華民國紅十字會今起受理轉寄大陸信件工作。

4.20 「犯罪減刑條例」公佈，21日起實施，首批獲釋6,054人，22,000餘人可陸續出獄。

4.20 新聞局宣佈，民眾可攜帶自己留用的簡體字出版品入境。

4.20 趙章光的「101」毛髮再生精獲得日內瓦本屆展覽會唯一的奧斯卡發明獎。

4.20 科威特挾持波音飛機事件經16天，恐怖份子殺死2個人後終於結束。

4.22 由20位國民黨籍增額立委組成的「集思早餐會」正式成立，選出饒穎奇為首任會長。

4.23 在中國大陸拍攝的外國影片「末代皇帝」首次在台灣上映。

4.24 環保聯盟發起反核大遊行包圍台電大樓行動。

4.27 股市指數突破4千點。

5.1 台灣地區鐵路交通百年來首次停擺，司機員集體休假，南北交通全面癱瘓。

5.1 工黨等20餘個勞工團體舉行五一勞動節大遊行（40年來首度勞工大遊行）。

5.4 跨校際的民主學生聯盟百餘學生，請願抗議教育科學文化預算編列過低建議。

5.10 密特朗贏得連任法國總統職位。

5.11 由近千名老兵所組成的「老兵自救聯盟」前往國民黨中央黨部爭取戰士授田證權益，與警方發生衝突。

5.12 大陸民航機被劫持降落台中清泉崗，劫機者為張慶國、龍貴雲2名大陸青年。

5.15 近百名民主進步黨人士在高雄文化中心前舉辦升黨旗活動，警方前往驅散，發生衝突。

5.16 蘇聯軍隊開始從阿富汗撤軍。

5.20 農民北上請願，爆發流血衝突事件，是為520事件。

5.21 紀金龍、紀金水與張秀玉、黃美珍在第9屆亞洲桌球賽中擊敗中國大陸選手，獲男女雙打亞軍。

5.24 本年度環球小姐選拔賽，在林口體育館決選，泰國小姐選后冠。

5.27 立法院通過下年度外交、國防預算，刪減額共達7.4億餘元，創下審查預算空前紀錄。

5.27 台大學生會會長一職首次開放普選，羅文嘉當選。

5.31 美國總統雷根訪問莫斯科。

6.4 在台被綁架日童大田哲瑞被釋，召開記者會。

6.5 本日為世界環保日，新環境基金會、環保文教基金會、台灣環保聯盟、婦女新知發起「為7號公園請命——反對在預定地建體育館」活動。

6.8 行政院核定，新營業稅法定7月1日開始實施，稅額表達由外加改為內含。

6.11 640餘名返鄉探親老兵滯港難歸，在華航協助下，其中4百餘名搭機返台。

6.16 總統李登輝首次以三軍統帥身份至陸軍官校主持校慶閱兵儀式。

6.17 教育部公佈修正「大學與獨立學院學生學籍規則」，取消體育、軍訓為大學必修科目的規定。

6.25 歐洲共同市場會員國與蘇聯、東歐國家組成之共黨國家經濟互助組織簽署共同宣言，開始建立正式關係。

6.30 唐山樂集送審5卷大陸音樂卡帶，獲新聞局核准，為成第一家完成合法程序發行的出版商。

7.1 立委吳勇雄以請俞國華院長及王章清秘書長對於「緋聞案」或「紅包案」向社會提出更明確的交待，或立即辭職一事，向行政院提出緊急質詢。

7.4 我國向荷蘭購買的潛艇海虎號，今起編入戰鬥行列。

7.7 執政黨第13次全國代表大會於今日揭幕。

7.8 李登輝當選國民黨主席。

7.9 國立政治大學教授柴松林指出，我國是近20年來全世界離婚率上升最快的國家。

7.15 為配合大台北都會區捷運系統規

劃，北淡鐵路在營運87年後，今晚駛出最後一班列車。

7.15 旅日棒球選手呂明賜獲選為日本職業棒球明星對抗賽選手。

7.16 北淡線火車停止營運。

7.16 我國第一屆國際雜誌圖書大展今日開幕。

7.18 監察院通過彈劾經濟部長李達海等9人，這是自1966年以後，監察院首度彈劾部長級官員。

7.21 監察委員謝崑山指出，《雷震回憶錄》遭新店軍人監獄焚毀。

7.21 台灣大學考古隊在卑南遺址掘出一件罕見的「人獸形玉玦耳飾」。

7.22 雷震日記被國防部新店軍人監獄燒毀，其妻宋英要求國家賠償。

7.24 海外異議份子陳婉真持用變造護照闖關，遭警方依國家安全法遣回美國。

7.25 高雄佛光山住持星雲大師在洛杉磯創辦西來寺，本日舉行開光典禮。

7.25 台灣自製首部性教育影片「人之初」在台視播出。

7.26 台灣外匯存底躍居全球亞軍。

7.27 高雄醫學院附設醫院發現第一件從事色情行業女子感染愛滋病的病例。

7.28 行政院新聞局宣佈大陸出版品、影片、廣播電視節目新管理要點，准許出版品直接授權出版。

8.2 行政院修改共軍官兵起義來歸優待辦法，今後將以對共軍戰力、士氣影響的程度大小作為獎勵標準，不再以機型為依據。

8.3 中華民國重返GATT專案小組召集人王建煊表示，將以台灣關稅領域的名義申請加入。

8.7 海峽兩岸作家劉賓雁、陳映真在香港公開對談。

8.8 監察院決定追究銷毀《雷震回憶錄》責任，通過彈劾軍法局長吳松長與新店軍監典獄長王祿升。

8.8 由王瀚率領的英吉利海峽挑戰隊，完成6人接力橫渡英吉利海峽的壯舉。

8.8 伊朗與伊拉克同意停火。

8.8 安哥拉、南非和古巴同意停火。

8.11 中共中央組織部指出，從嚴治黨

付諸行動，去年有10萬多黨員被除名和開除出黨。

8.14 台灣30年來罕見豪雨造成「814水災」，4人喪生，2人失蹤，房屋農田多遭淹沒，財產損失逾50億元。

8.16 大陸探親限制由原來的三親等，放寬為四親等以內的血親、姻親或配偶。

8.18 行政院通過同意學術團體以民間名義前往北京，參加國際科學總會年會。

8.19 台灣將以奧林匹克委員會模式，參加在大陸舉行的國際性正式體育比賽。

8.22 「美麗島事件」受刑人施明德之兄施明正絕食而亡。

8.25 全省各地原住民代表1,400餘人，在台北發起「還我土地」示威運動。

8.26 內政部決定依據「血統主義」，女性移民與外國人所生的子女，將擁有中華民國國籍。

8.28 中華少棒隊衛冕世界冠軍成功，台灣重獲「三冠王」榮銜。

9.2 大陸民眾申請來台限制放寬，年逾75歲之台胞與滯留大陸台籍國軍及其16歲以下的子女均可來台定居。

9.4 民主進步黨發動群眾控告高雄市長蘇南成。15日，監察院以8：3否決彈蘇案。19日，林純子等監委再度提案彈蘇。30日，監察院五度審查此案，以9：4遭否決而終結。

9.9 首艘赴中國大陸探親船自基隆港啟航。

9.10 行政院大陸工作會報通過辦法，允許中國大陸人民申請來台奔喪探親。

9.11 中共取消已實施26年的鼓勵台灣軍人駕機、駕艇「起義」的獎賞制度。

9.13 宜蘭縣長陳定南指示縣政府新聞股，即日起縣內各戲院不必播映國歌影片。

9.15 調查局宣佈偵破恐嚇掏水軒企業之「千面人」案。

9.16 第一位赴大陸開畫展的水墨畫家江明賢遭文化大學解聘，向教權

會提出救助。

9.18 奧運跆拳道女將陳怡安在漢城奧運表演賽中，為我國獲得奧運金牌。19日，跆拳道女選手秦玉芳再獲金牌，陳君鳳獲銅牌。

9.24 財政部宣佈，自明年1月1日起恢復課徵證券交易所得稅。27日，財政部長郭婉容就課徵的時機和政策舉行記者會。30日，重申此政策不會改變，也不會延期。

9.25 李天祿榮獲「國際偶戲協會」頒贈「資深演員最佳貢獻獎」。

9.29 內政部表示，核准來台奔喪探病的大陸民眾，只能在台停留2個月，否則將依規定強制離境。

10.4 張自忠將軍嫡孫張慶隆，以交換教授的身份來台任教，為首位持中共護照來台的旅美大陸學人。

10.6 蘇聯官方的和平與進步廣播電台發起簽名運動，要求台灣釋放滯台未歸的2名俄斯前鯨船員。

10.12 中共《人民日報》報導：全國從嚴治黨，堅決清除黨內腐敗份子，去年開除2.5萬餘名黨員。

10.14 台美著作權談判結束，雙方堅持立場，翻譯權強制授權等7大爭議未見突破。

10.15 根據國際機器人聯盟統計，台灣工業機器人去年成長率高達35％，僅次於新加坡。

10.15 工業局長橋世城宣佈，林園石化廠全面復工，補償達成協議，居民立即撤圍，補償費高達13億元，林園石化廠停工事件落幕。

10.18 以探親名義前往大陸會晤中共官員的立法委員胡秋原返抵國門，2百餘人接機。

10.27 劫持大陸民航客機來台的大陸青年張慶龍、龍貴雲被判處有期徒刑3年6個月。

10.28 立法院由於國民黨及民進黨立委長程序發言，遲遲無法進入施政總質詢，由劉闊才代院長下令請行政官員退席，創下40年來首次退席風波。

10.29 民主進步黨第3屆全國代表大會在台中市舉行。30日，黃信介當選黨主席。

10.29 投資人走上街頭，抗議財政部宣佈恢復課徵證券交稅。

11.1 參謀總長郝柏村再留任1年，超過任職規定期限2年，為首位任期達8年之久的參謀總長。

11.2 資深立法委員聯名上書總統李登輝，反對立法院審議退職條例。

11.3 「國家安全法施行細則」修正案通過，凡依規定獲准來台奔喪、探病、比賽等大陸民眾，均不受在自由地區住滿4年之限制。

11.4 公務員懲戒委員會通過懲戒案，前經濟部李達海申誡一次，經濟部次長徐國安、吳惠然降一級改敘。

11.4 調查局首度破獲走私中共軍火集團案件。

11.8 人體模特兒許晚丹以全裸演出「迴旋夢裡的女人」，引起「藝術」或「色情」的話題。

11.8 美國總統大選，共和黨布希擊敗民主黨杜凱吉斯而當選，參眾兩院則由民主黨獲勝。

11.14 國學大師錢穆之女錢易抵台，成為首位來台探病的大陸人士。

11.18 執政黨決定，滯留大陸的台籍國軍准允返台。

11.22 我國與巴哈馬宣佈建交。

11.26 司法院長林洋港在公開演講中，表明他願意接受「徵召」競選總統的決心。

11.26 吳鳳鄉代會通過更名案，決改為阿里山鄉，將依法定程序，循行政系統報上級核定。

12.6 立法院議會陷入癱瘓，40年來主席首次動用警察權，以維護議事運作。

12.9 最高法院首開判例：大陸已婚者來台再婚無效（鄭元貞案）。

12.10 國產IDF戰機經國號出廠。

12.10 拉薩數十名喇嘛僧侶遊行抗議。中共武警鳴槍射擊，將遊行者驅散。混亂中造成1人死亡，13人受傷。

12.15 捷運系統首項幹線工程，木柵線和平東路基礎工程正式開工。

12.20 首批5位大陸留美學生今日抵台訪問。

12.20 立法院長倪文亞辭去立委及立法院長職務。

12.20 高速公路員林收費站發生連環車禍，8輛車追撞，11人死亡。

12.21 在台北市士林區，連續襲擊搶奪婦女財物，造成4死多人重傷的「士林之狼」禹建忠落網。

12.22 泛美航空公司班機在蘇格蘭上空爆炸，270人罹難。

12.24 「台灣及大陸地區民間交流關係法」草案正式公佈。

12.24 南京非洲留學生與中國學生發生激烈衝突，大批大陸學生舉行示威抗議。

12.25 行憲紀念大會發生空前火爆場面，主席運用警察權，將10名民進黨籍國大代表逐出場外。

12.28 近1萬名客家民眾在台北舉行「還我母語」大遊行。

12.28 台灣發現首件母親垂直傳染愛滋病給嬰兒案例。

12.29 自立報系發行人、企業界台南集團領導人吳三連病逝。

12.30 中正機場海關爆發收賄醜聞。

12.30 中共新華社報導：大陸運動員1988年共獲54個世界冠軍。

12.30 南斯拉夫政府辭職改組。

12.31 嘉義火車站前吳鳳像，被包括10餘名原住民在內的20餘名民眾強力拆毀。

12.31 勞動黨宣佈建黨。

## 1989

1.4 政府今日開始全面取締違法的視聽中心。

1.5 中美經貿諮商達成協議，火雞肉與乳鴨自明年9月開始進口。

1.6 執政黨與民主進步黨雙方協調同意選舉訴訟由1審改為2審，並建立「公費競選」制。

1.7 日本昭和天皇裕仁今日去世，享年82歲。

1.7 日本天皇明仁即位，保證將遵守憲法。

1.8 大陸漁船百餘艘闖關進入梧棲港，警備總部將之留置。

1.9 新台幣對美元升值幅度勁揚，新台幣宣告衝破28元防線。

1.10 中華民國與巴哈馬政府正式宣佈建立外交關係。

1.10 立法院三讀通過「少年福利法案」。

1.10 中共《人民日報》報導：中國外貿金額去年突破400億美元。

1.11 執政黨中央常務委員會決議，縮小台灣地區立法委員選區為25個，引起民主進步黨強烈抗爭。

1.13 台灣對大陸出口貿易激增，大陸成為台灣第4大出口市場。

1.17 台北、高雄兩市通過決議，決定發行彩券。

1.19 法務部調查局偵辦長青公司違法吸收游資案，發現經濟犯鄭文彬幕後遙控，資金8千餘萬元已匯往海外。

1.20 立法院3讀通過動員戡亂時期人民團體組織法，27日公佈實施。

1.20 喬治·布希宣誓就任美國總統。

1.23 西班牙超現實主義畫家薩爾瓦多·達利去世。

2.1 增額中央民意代表名額決大幅擴增，其中立法委員150人，國大代表375人，皆分2期擴增，但監察委員54人，分1期1次補足。

2.1 考試院考選部醫事人員檢覈委員會決廢除醫師免試檢覈制度。

2.2 最後一批蘇聯軍隊撤離阿富汗。

2.3 總統公佈「第一屆資深中央民意代表退職條例」。4日，生效。

2.3 南非國民黨領袖波塔辭職。

2.11 台灣空軍中校林賢順駕駛1架F-5E戰機，自台東空軍基地飛往大陸。

2.11 十大槍擊要犯之首林來福及其同夥湯火樹，在嘉義連涉2案，造成6死3重傷。

2.14 伊朗精神領袖柯梅尼命令全球伊斯蘭教徒殺死《撒旦詩篇》的作者魯西迪。

2.15 桃園市八德鄉空軍監獄受刑人發生暴動。

2.15 定名為「安民專案」的全國性掃黑行動正式展開。

2.17 嘉義縣政府同意吳鳳鄉正式更名為阿里山鄉，自3月起實施。

2.18 教育部表示，決定廢除國小學生早自習。

2.19 新加坡總理李光耀夫婦抵台訪問5天。

2.19 國民黨展開「名嘴下鄉」活動。

2.20 中共人大常委會譴責日本當局翻案，指責侵華歷史不容扭曲。

2.24 劉闊才、梁肅戎當選立法院正副院長。

| | |
|---|---|
| 2.27 | 情治單位合組「彩虹專案」，徹底檢肅貪污。 |
| 2.28 | 行政院長俞國華宣佈，全民健康保險將於1995年開始實施。 |
| 3.1 | 增額立委選區決予以縮小，台灣省以縣市為單位，畫為21個選區，台北、高雄兩市各劃為2個選區。 |
| 3.3 | 解嚴後首宗直接貿易「資匪案」，高等法院改判無罪。 |
| 3.3 | 光大2號貨輪遭中共挾持至珠海。11日獲釋。 |
| 3.5 | 有18年歷史的中視綜藝節目《歡樂假期》播出最後一集。 |
| 3.6 | 台北地方法院士林分院正式函請立法院同意拘提「大湖山莊滋擾案」涉嫌者朱高正到案。11日，朱高正出庭，化解拘提風波。 |
| 3.6 | 總統李登輝伉儷訪問新加坡。 |
| 3.9 | 中共《新華社》報導：兩岸關係明顯變化，去年台胞入境45萬人次，轉口貿易額25億美元。 |
| 3.10 | 林賢順叛逃事件之彈劾案，監察院審查會決議彈劾志航基地宵建中少將以下5位有關軍官。 |
| 3.11 | 高雄市警察局拘提「226」遊行毆警事件的涉嫌人國大代表黃昭輝，引發激烈警民衝突。 |
| 3.13 | 行政院新聞局通過開放記者赴大陸採訪，電視、電影、錄影帶赴大陸拍攝方案。 |
| 3.15 | 內政部長許水德宣佈自31日起開放大陸台籍國軍回台定居。 |
| 3.17 | 愛爾蘭籍神父馬赫俊遭警方以逾期居留理由，強制遞解出境。 |
| 3.19 | 一級古蹟「億載金城」舉行試掘破土典禮。 |
| 3.20 | 榮星花園弊案宣告偵辦終結，17人被提起公訴。 |
| 3.21 | 開拓東歐市場正式解除禁令，行政院核准在匈牙利設辦事處。 |
| 3.23 | 吳天惠涉嫌關稅案獲判無罪，新竹地方法院4位推事請辭。 |
| 3.25 | 「埃克松·瓦爾代茲」號油輪在阿拉斯加海岸發生洩油事件。 |
| 3.25 | 立法院院會創下41年來首度流會紀錄。 |
| 4.2 | 台北市觀光協會宣佈取消佳麗小姐凌惠惠的中國小姐頭銜及應享的權利。 |

| | |
|---|---|
| 4.3 | 司法調查單位擴大偵辦海關關員涉嫌集體收賄案，引起海關人員集體休假杯葛抗議事件。 |
| 4.4 | 內政部出境管理局頒發第一張准許大陸前台籍國軍返台定居的入境證。 |
| 4.7 | 大陸奧林匹克委員會同意台灣體育團隊以「中華台北」名稱，赴大陸參加各種國際性運動錦標賽及會議。 |
| 4.7 | 涉嫌叛亂罪的《自由時代》雜誌負責人鄭南榕，因抗拒收提，自焚身亡。 |
| 4.9 | 一面巨幅國旗今日在高雄市體育館亮相，為3月底以來的「愛到最高點，心中有國旗」活動帶入最高潮。 |
| 4.15 | 中共前總書記胡耀邦突然病逝，中共中央發表訃告。北京一些大學出現悼胡輓聯。 |
| 4.15 | 希爾斯伯勒體育場發生英國球迷被擠死慘劇。 |
| 4.17 | 台灣40年來首次派隊赴北京參加亞洲青年體操賽。 |
| 4.17 | 波蘭團結工會被禁8年後成為合法組織。 |
| 4.18 | 北京多所大學學生遊行到天安門廣場致送花圈，靜坐默哀。部分學生湧至中共中央所在的中南海新華門外，要求與國務院總理李鵬對話。 |
| 4.20 | 環球小姐在台決選。 |
| 4.22 | 大湖山莊滋擾案宣判，朱高正判刑1年半，緩刑4年，尚潔梅判刑6個月，得易科罰金。 |
| 4.23 | 歷年來台灣地區規模最大的反核大遊行在台北舉行。 |
| 4.25 | 鄧小平聽取中共國家主席楊尚昆和政治局常委彙報後，指學運為「動亂」，按此精神，《人民日報》於26日刊出社論〈必須旗幟鮮明地反對動亂〉。 |
| 4.29 | 國務院發言人袁木等人與北京部分學生對話。 |
| 4.30 | 中華民國亞銀代表團啟程赴北京，並宣稱此行唯一任務是參加亞洲開發銀行年會。 |
| 5.1 | 財政部長郭婉容率亞銀代表團抵達北京，6日，亞洲銀行年會宣告閉幕。 |

| | |
|---|---|
| 5.1 | 第1個國內教授大陸訪問團啟程訪問北京。 |
| 5.1 | 台美視聽中心（MTV）諮商會議，首日達成共識，台灣同意嚴格取締不法業者。 |
| 5.5 | 宜蘭縣蘇澳鎮南天宮進香團在未經政府核准下，直航福建省湄州進香。 |
| 5.8 | 立法院突破傳統，刪減國防預算9億6千萬元，創下歷年最高刪減紀錄。 |
| 5.12 | 新店市直潭淨水場憲兵洪炎進因衛兵交班發生衝突，開槍射殺同袍，造成3死、5重傷及多人輕傷慘劇。 |
| 5.13 | 北京兩千餘大學生到天安門廣場絕食，要求當局對話，並肯定學運的愛國、民主性質，否定《人民日報》四、二六社論。 |
| 5.14 | 鄭南榕出殯引發兩度引起騷動，異議分子陳婉真現身，詹益樺在出殯行列中自焚而亡。 |
| 5.17 | 行政院長俞國華請辭，總統李登輝提名李煥繼任。 |
| 5.19 | 趙紫陽凌晨到天安門廣場勸說學生停止絕食，李鵬也到場，但未發言。 |
| 5.20 | 李鵬宣佈對北京部份地區實施戒嚴令，進城軍隊遭市民圍堵。百萬群眾到天安門廣場保護學生。 |
| 5.26 | 美國「超級301」報復案，台灣已被摒除，惟智慧財產權方面仍被列入「優先觀察名單」。 |
| 5.28 | 經國號IDF戰機試飛成功。 |
| 5.30 | 立法院通過新閣揆李煥任命案。 |
| 5.31 | 聲援大陸學生爭取民主自由的「手連手心連心」活動，於今日舉行。 |
| 6.1 | 寒舍開發公司以創紀錄的高價購回「元人秋獵圖卷」及趙孟頫「四體千字文紙本手卷」。 |
| 6.2 | 各大專院校8百多位教授聯名請願，要求實施理想的新大學法。 |
| 6.3 | 數萬軍隊凌晨進入北京市區，遭群眾堵截後撤退，晚間，戒嚴部隊以裝甲車、坦克為前導，分數路強行進入市區，沿途向截堵人群開槍。 |
| 6.4 | 凌晨，軍隊包圍天安門廣場，武力「清場」，學生和市民死亡逾 |

千，傷逾萬。一些軍人在衝突中死傷。

6.4 總統李登輝首度以中華民國元首身分嚴厲譴責中共血腥暴行。

6.5 台灣各界人士為大陸天安門事件死難者舉行悼祭。

6.11 名列十大槍擊要犯排名第2的詹火樹，在台南落網。

6.12 陳健治、郭石吉分別當選台北市議會正、副議長。

6.13 行政院長李煥向立法院首度報告施政方針。

6.13 受理「大陸來話、我方付費」的專線電話，正式提供服務。

6.14 郵寄大陸函件今起直接投郵，掛號交寄部分因大陸局勢不穩，決定取消。

6.14 北京當局通緝21名學生領袖、1名工人領袖，以及參與民運的知識分子等。

6.15 民主進步黨內部分裂，泛美麗島系宣佈與新潮流系劃清界線。

6.15 台灣決定對唾棄中共之大陸留學生及學人，發給中華民國護照。

6.19 台灣股市在產業股帶動下衝破萬點大關。

6.24 中共4中全會通過撤消趙紫陽所有黨內職務，只保留黨籍，並推選江澤民為總書記。

6.27 永興航空班機不幸失事，12死1重傷。

7.1 台美雙方簽訂漁業近協定，台灣同意美方得隨時登上我在北太平洋作業之漁船進行臨檢。

7.1 中華航空公司客機開始飛往開羅。華航航線首次延伸到非洲，突破中斷33年之久的中埃關係。

7.3 自立報系記者黃德北，涉嫌協助大陸民運領袖王丹逃亡，在北京遭中共國家安全局逮捕。11日，被押解出境。

7.5 外交部發言人證實，前桃園縣長許信良之妻鍾碧霞，已獲准自美國返台探親，17日，鍾碧霞返抵台灣。

7.7 無住屋者團組織展開成立以來首次行動，分別在台北車站等6個地點散發傳單，抗議不合理之房價。

7.10 號稱國內第2大地下投資公司的

龍祥機構公開宣佈，暫時全面停止出金。

7.12 立法院3讀通過「銀行法」修正草案。

7.14 法國慶祝法國大革命200週年。

7.15 截至本日為止，台灣地區人口已突破2千萬。

7.20 中華民國與格瑞納達建立外交關係，格瑞納達是第一個同時與我及中共建立外交關係的國家。

7.21 台灣證券市場開戶人數首告突破300萬。

7.21 教育部遴選的第1批重要民族藝師公佈，李天祿等7人榮獲重要民族藝師頭銜。

7.29 民進黨於陽明山中山樓召開全國代表大會。

8.2 經濟部物價會報指出，大台北地區房屋市場的預售房屋銷售率下降為30%，遠比去年同期的90%與今年初的70%至80%為低。

8.10 法務部調查局今日將8家小型地下投資公司移送地方法院檢察處偵辦。

8.11 數度申請返台未獲准的世界台灣同鄉會會長李憲榮，在高雄世台會露面。

8.18 法務部長蕭天讚被指對第一高爾夫球場之興建工程進行關說，引起軒然大波。

8.21 中華青棒藍隊及青少棒隊，分別在美國世界青棒錦標賽及世界青少棒錦標賽中衛冕成功。

8.22 調查局對地下投資公司展開第二波掃蕩行動，搜查8家地下投資公司，7名負責人被移送法辦。

8.23 行政院主計處指出，1988年台灣貧富差距為4.85倍，此為連續第8年貧富差距之擴大。

8.23 據美國《財星》雜誌統計顯示，台灣保險業鉅子蔡萬霖首度進入全球10大富翁排行榜，排名世界第6。

8.25 「航海家2號」太空船順利拍攝海王星照片。

8.26 無住屋者團組織發起萬人露宿忠孝東路街頭活動，抗議國內不合理房價。

9.1 台北車站新站落成啟用。

9.2 宜蘭縣長陳定南指示縣屬各機關

學校不必每天升降國旗，各公務處所除國父遺像外，不必懸掛其他肖像。

9.11 匈牙利向東德難民開放邊界。

9.12 強烈颱風莎拉來襲，八掌溪河水暴漲，導致高速公路新營橋附近路段路基塌陷，交通因而中斷。

9.12 中共今日公審參與西藏暴動的6名人士。

9.13 高雄縣政壇聞人，前高雄縣長余登發陳屍自家臥室。

9.13 南非2萬民眾發動示威反對種族隔離政策。

9.15 導演侯孝賢執導的電影「悲情城市」，在第46屆威尼斯影展中獲得首獎。

9.16 由政府與民間企業共同捐助，資金超過1億美元的蔣經國國際學術交流基金會在紐約正式成立。

9.16 澳門賽馬台灣辦事處負責人表示，該會將在台設立20處馬會投注站。

9.19 涉及612與520事件而被通緝的國大代表洪奇昌，在美國滯留7個月後返台。

9.19 為抗議「著作權法」修正案只反應發行商的利益，而忽視出租業者的權益，全省錄影帶出租業決定休市3天。

9.27 前桃園縣長許信良企圖偷渡返台，被高雄港緝私艦在高雄外海查獲，押返高雄港。

9.28 共有20餘所大學1,200名教授與學生舉行示威遊行，要求立法院在本會期內勿繼續審議大學法。

9.28 菲律賓前總統馬可仕今日在檀香山去世。

10.3 大陸名畫家林風眠來台。

10.3 中共《人民日報》發表胡喬木的文章〈中國在50年代怎樣選擇了社會主義〉。

10.5 總統核定果芸、劉曙晞、華錫鈞3位中將晉升上將，3人以非戰門系統得以晉升上將，為國內首次事例。

10.6 法務部長蕭天讚請辭。

10.7 第一高爾夫球場弊案偵查終結，蕭天讚等3人無罪。

10.9 中華民國與賴比瑞亞正式建交，次日，中共與賴國斷交。

10.10 民主進步黨聚眾聲援陳婉真、許信良,發生警民衝突。

10.12 台灣與金門、馬祖正式完成電話直撥通話。

10.13 貝里斯宣佈與中華民國建交,23日,中共與其斷交。

10.19 美國舊金山大地震。

10.24 立法委員康寧祥今日提出最後一次質詢。

10.26 中華航空公司班機花蓮失事,54人喪生。

10.28 行政院大陸工作會報決定:同意大陸地區共產黨員來台出席國際會議,經專案許可,免申報,可免受「懲治叛亂條例」追訴或懲罰。

10.28 唐山樂集負責人陳百忠帶3名大陸民運人士偷渡抵台,3名人士暫置靖廬居留詢問。

10.28 總統李登輝贈證嚴法師「慈悲濟世」匾額。

10.29 民主進步黨選舉黃信介為第4屆黨主席。

10.29 IDF經國號戰機在台中試飛發生意外。

10.31 中共公佈施行《集會遊行示威法》。

11.1 中華航空公司開始實施李直接加掛大陸業務。

11.2 無住屋者團結組織發起送蝸牛給行政院長活動。

11.5 海外異議人士林義雄悄然於今日返抵台灣。

11.5 中共總政治部向88個單位贈旗,以感謝對戒嚴部隊的支持。

11.6 民主進步黨30餘位候選人宣佈成立串聯黨連線。

11.9 《自由時代》雜誌停刊。

11.10 國人匯出款項限額由50萬美元提高為100萬美元。

11.10 東德開放柏林圍牆。

11.20 在中共的壓力下,埃及政府停航台北開羅航線。

11.21 台灣與越南實施電話直撥通話。

11.21 《新新聞》雜誌社召開中外記者會,指責行政院新聞局延擱「兩黨對決」錄影帶的審查。

11.22 異議分子郭倍宏在中和政見會場公開露面。

11.24 捷克斯洛伐克共產黨領導人宣告

辭職。

11.28 群眾聚集中國國民黨中央黨部門口,抗議該黨誤導股市。

11.29 台灣開放旅遊業者赴東歐7國觀光,蘇聯、阿爾巴尼亞除外。

11.29 中共《人民日報》發表社論〈談過緊日子〉。

11.30 民主進步黨自設電視台開播。

12.2 台南縣開票引起激烈衝突,縣長候選人李宗藩指控國民黨做票,千餘民眾包圍縣政府。

12.2 開放黨禁後首次公職人員選舉,民主進步黨奪得21席立法委員、6席縣市長。

12.3 俄國領袖戈巴契夫與美國總統喬治‧布希結束馬爾他首腦會議。

12.5 參謀總長郝柏村調任國防部長,20日,首度列席立法院備詢。

12.9 偷渡來台未被緝獲之台灣獨立聯盟美國本部主席郭倍宏在美國公開露面。

12.11 大陸旅美異議作家劉賓雁應邀來台訪問,為期兩週。

12.13 執政黨中央提出之省議會正副議長提名名單,引起強烈反彈。

12.13 滯留南韓22天之12位大陸民運人士接抵台灣。

12.13 香港強迫遣返越南難民。

12.14 國內8家醫學中心共同發表聲明,嚴厲抨擊勞工委員會甫提出的勞保甲表給付標準。

12.21 美國入侵巴拿馬把諾瑞加將軍趕下台。

12.22 羅馬尼亞布加勒斯特陷於內戰,總統齊奧塞斯庫逃亡,後遭叛軍逮捕槍決。

12.23 前桃園縣許信良被依預備叛亂罪判有期徒刑10年。

12.25 本年行憲紀念大會、國民代表大會年會及憲政研討會全體會議假中山堂舉行開幕典禮,2千餘民眾在會場外抗議。

12.27 總統明令廢止「反共抗俄戰士授田條例」。

12.29 立法院3讀通過修正所得稅法部分條文。

12.29 第7屆亞洲杯女子足球賽,中華木蘭隊敗於大陸隊,屈居亞軍。

12.30 資深國大代表郭士沅在自宅中遭

刺殺。

## 1990

1.4 新加坡總理李光耀訪台5日。

1.4 巴拿馬軍事強人諾瑞加將軍投降,隨即由美方押解送往邁阿密受審。

1.5 中華民國正式以「台灣、澎湖、金門、馬祖關稅領域」名義,申請加入貿易暨關稅總協定(GATT)。

1.7 高雄客運春節期間18名司機集體休假遭解雇,在經地方法院開庭後,資方敗訴:這是勞基法實施以來,台灣第一宗交通事業員工集體休假遭公司解雇,而資方敗訴之案例。

1.10 中共國務院總理李鵬於今日宣佈,北京部分地區戒嚴自10日起解除。

1.10 海地軍政府主席艾瑞爾訪問台灣。14日,與李總統簽署中海聯合公報。

1.12 政府決定自民國80年度起暫行停徵水租,由農委會編列預算補助而農民僅需繳交最低費率7.78%,措施實施後有50萬農戶受惠。

1.16 行政院大陸工作會報決定開放政府機關技工、工友、清潔隊員及公營事業機關工人赴大陸探親,並且規定滯留大陸台胞返台,每年限1次。

1.20 台灣省第21屆縣市議員和鄉鎮縣轄市長選舉,在一片賄賂、暴力中結束,執政黨贏得大多數席次,投票率高達7成2。

2.1 民進黨立委為過趕老立委,於立法院85會期報到手續,阻擋資深與僑選委員報到,引發多次拉扯爭執。

2.2 立法院長劉闊才宣佈辭去立委暨立法院長職務。

2.2 南非宣佈取消種族隔離限制及對新聞媒體禁令。11日,黑人民權運動領袖曼德拉獲釋。

2.7 蘇聯通過新黨綱,放棄一黨專政,並尋求人民同意,引進真正的總統制。

2.8 江澤民公開宣佈,絕不追隨蘇

精選版
20世紀台灣　297

聯，聲稱不走激進政治改革路線，以避免動亂、內戰。

2.10　遭美國環保署檢驗發現「沛綠雅」礦泉水中含有苯，其公司停止出貨，環保署下令回收檢驗。

2.25　台灣出現首宗鉛污染公害病，基隆大武崙工業區興業金屬排污處理不當，半數員工中毒，附近幼稚園4成左右出現智能不正常。

2.26　李登輝總統與薩爾瓦多總統克里斯第納尼簽署聯合公報。

2.27　梁肅戎、劉松藩當選立法院正副院長。

3.1　由亞太公共事務基金會設立，民進黨經營的「民主之聲」電視台開始播放。

3.1　行政院正式核定開放對蘇聯及阿爾巴尼亞直接貿易。

3.2　司法院長林洋港晉見總統李登輝表明不爭取任何職位態度，但國代連署，自己也身不由己，並表示無力為李登輝輔選。

3.6　蘇聯通過所有權法，宣告承認私有制。

3.9　林洋港宣佈辭選，婉拒國代聯署支持。

3.10　蔣緯國宣佈退出正副總統候選。

3.12　總統李登輝公開宣示6年任滿後退休。

3.12　台北市今起調整行政區域，由原本16區調為12區：松山、信義、大安、中山、萬華、文山、士林、北投、中正、內湖、南港、大同。

3.13　蘇聯人代會通過設立總統制，並於15日舉行投票，戈巴契夫當選首任總統。

3.14　百餘名台大學生，聚集於國民黨中央黨部門前，抗議國會結構不合理，要求解散國大，數度與警方發生衝突。

3.16　20名台大學生在中正紀念堂發起靜坐抗議，要求解散國民大會。

3.16　國民大會擴權引發大學教授、學生展開罷課和抗稅活動。

3.18　各大學學生聚集中正紀念堂靜坐，提出「解散國民大會、廢除臨時條款、召開國是會議、提出政經改革時間表」4項要求。

3.18　來自全國的2萬多名群眾集中正

紀念堂，抗議國大擴權，要求「解散國大，總統直選」。

3.21　李登輝、李元簇分別於21日、22日當選為中華民國第八任正、副總統。

3.23　空軍3架F-104戰鬥機相互擦撞後失事，飛行員全部罹難。

3.28　直轄市自治法草案朝野達成共識，市長民選任期4年，連選得連任1次。

3.30　民主之聲電視台遭取締，查扣發射設備一批。

3.31　台灣對蘇聯直撥電話正式開放。

4.2　朝野領袖進行歷史性會談，民進黨主席黃信介所提之政改時間表獲明確答案，將於2年內完成憲政改革。

4.3　大陸學運知名領袖之一柴玲，日前偕夫婿封從德逃抵法國，喜獲自由。

4.3　中共「人民大會」投票通過江澤民當選中共國家軍委主席，接替鄧小平職位，完成了權力移轉第三代的任務。

4.4　行政院通過各級民意代表得以個人名義赴大陸探親、訪問。

4.5　中華民國與賴索托王國恢復外交關係。

4.6　前台北市長楊金欉今日病逝，享年68歲。

4.7　中共成功發射了首枚商用衛星，自製火箭負載「亞洲衛星一號」順利升空，為亞洲地區提供廣泛的通訊服務。

4.9　中華民國與新加坡正式簽署投資保證協定，首開與無邦交國建立經濟互助關係先例。

4.9　匈牙利國會複選揭曉，「民主論壇」獲壓倒性勝利，將籌組匈國40年來第一個非共政府。

4.14　陸軍匯集國人智慧，自行研發成功的M48H勇虎型戰車，首批納入服役。

4.16　巴拿馬籍貨輪「東方佳人」號深夜觸礁，造成重油外洩，東北角海岸嚴重污染。

4.19　政府宣佈公務員直系血親來台探親開放，民間團體赴大陸活動，亦不限制每年次數。

4.19　尼加拉瓜政府反抗軍簽署停火協

定，並同意25日自行解散；當天查莫洛夫人就任尼加拉瓜總統，正式結束桑定陣線10年統治。

4.23　行政院正式核定，開放對蘇聯、阿爾巴尼亞直接投資。

5.1　中共總理李鵬簽署命令，解除拉薩歷經14個月的戒嚴。

5.2　越南外交部副部長丁諾連抵達北京，與中共就改善雙邊自1978年以來受損的關係進行會談。

5.3　國防部長郝柏村受命組閣，遺缺由經濟部長陳履安接任。

5.4　由於李登輝總統任命郝柏村擔任行政院長，引起台大學生、全學聯及部分教授社運團體赴中正紀念堂靜坐抗議。

5.4　拉脫維亞共和國會宣佈脫離蘇聯獨立。

5.5　涉及24件重大刑案並殺害9人的三大槍擊要犯之一楊瑞和，於警方圍捕下舉槍自盡。

5.10　流亡海外「民主中國陣線」主席嚴家其應邀來台訪問。

5.11　埃及總統穆布拉克夫婦，應中共國家主席楊尚昆之邀，於今日抵達北京舉行親善訪問。

5.13　「民主女神號」廣播船，經基隆港務局核准停靠基隆港補給，於14日前往日本。

5.15　美國杜邦公司二氧化鈦設廠計畫案敗部復活，經濟部已核准其在桃園觀音工業區設廠，總投資額60億元。

5.24　南韓總統盧泰愚赴日本進行訪問，日本天皇為過去統治期間帶給韓國人民的痛苦與不幸，正式表示道歉。

6.4　為紀念六四天安門學運，各界發動熱情響應，由70餘個民間和學生團體，在中正紀念堂聯合舉行簽名會。

6.8　外交部長錢復表示，中華民國對蘇聯發展關係沒有底線，並強調邦交國若決定與中共建交，中華民國不會自行撤退。

6.8　蘇澳警方破獲治安史上最大宗安非他命走私，起出毒品重達千餘公斤。

6.13　聯勤總部軍機採購弊案愈演愈高，涉案嫌犯有7人被收押，其

中包括1名少將，2名上校。

6.16 高雄市錢櫃MTV遭人縱火，在濃煙密布的樓房中造成16人死亡。

6.17 巴拉圭總統羅德里格斯訪問台灣，與李登輝總統簽署聯合公報及文教科技交流協定。

6.18 行政院決定，海空軍常備兵役期由原來的3年改為2年，7月1日起實施；而原先已當逾2年者，於11月分批退伍。

6.21 司法院大法官會議今日作成釋字第261號解釋，確認第一屆中央民代，應在明年底前終止行使職權。

6.22 第二屆中央民代選舉，取消海外代表及職業團體名額。

6.26 大陸著名異議人士方勵之夫婦獲准離開大陸，於今日飛抵英國。

7.1 出入境制度全面廢止，爾後只要護照即可出入境。

7.1 印尼外長阿拉塔斯抵達北京，與中共就雙方關係正常化一事，進行交涉。

7.2 中研院第十九屆院士議會揭幕，5日順利選出14位新院士。

7.2 首屆兩岸貿易投資研討會在北京揭幕，600餘位台灣企業家與會，而中共國務院副總理吳學謙要求台商增加投資。

7.2 伊拉克凌晨發動閃電攻擊，占領科威特首府，科國元首賈比阿已逃抵沙烏地阿拉伯，國際同聲譴責此一攻擊行動，情勢稍有緩和；8月24日，伊拉克再度包圍美、英、法3國駐科威特大使館，使中東情勢再度升高。

7.3 許瑞丹以「迴旋夢裡的女人」而聲名大噪，並且出任工黨婦女部部長。

7.6 為抑制土地投機炒作，省地政處召集全省各縣市地政、財稅及建管主委會商，商討促進土地合理利用，決定恢復課徵空地稅。

7.10 執政黨決成立「憲政改革策劃小組」，成員13人，由李元簇任召集人，負責推動各項憲改事宜。

7.12 因綁架長榮海運董事長次子張國明而被判死刑的馬曉濱，由於身分為反共義士，且其妹妹馬小琴

四處奔走求情，引起各界討論；經由非常上訴申請駁回，於20日遭槍決。

7.17 外交部證實沙烏地阿拉伯將和中共建交，雙方大使館將降為辦事處；22日，沙烏地阿拉伯正式和中共建交，中華民國隨即中止與沙外交關係。

7.21 政府以併船方式遣返大陸偷渡客發生意外慘劇，25人被困艙底窒息死亡。

7.26 行政院通過戰士授田憑據處理條例施行細則，補償金於兩年內請領發放。

7.26 逃往海外7年多的槍擊要犯楊雙伍在泰國落網，27日押返國門。

7.28 江澤民輕車間從視察西藏，是中共建政40年來第2位抵達西藏的最高領導人。

8.1 國際商專即日起停辦4年，董事長陳韜限制出境，而原有師生除自行轉學轉任外，均由國立高雄工專暫設商科部代辦。

8.2 行政院會通過教育部所提「遊藝場業輔導管理規則」，明定電玩店、柏青哥、撞球場、歌劇場等娛樂場所，凌晨12點以後禁止未滿18歲青少年進入。

8.7 中共總理李鵬訪問印尼，並簽署復交備忘錄正式復交，印尼於會後公開承認台灣為中國的一部分，日後與台灣僅維持民間經貿關係。

8.14 裝載大陸偷渡客的1艘遣返漁船，在途中與護航軍艦碰撞翻覆，29人獲救，21人失蹤。

8.18 代表遠東區的中華青棒隊，在世界青棒錦標賽中衛冕成功，而青少棒代表隊則榮獲第14次冠軍。

8.21 空軍1架運輸機上午於雲林縣不幸失事墜毀，機上乘員18人全部罹難。

8.22 地下投資公司鴻源違法吸金7年，警方已收押主要負責人及核心幹部，並查扣該機構所持有之股票及不動產。

8.22 台灣首位借卵生子，又經胚胎卵管植入術成功的病例，今日順利產下一名女嬰。

8.25 興業號遊輪日月潭翻船慘劇，總

共死亡人數高達53人，其未申請執照並且超載情況，引起各方嚴重質疑。

8.26 台灣「中國水產協會」理事長曲銘與大陸「中國水產學會」副理事長錢志林，共同簽署「共同意向書」決定了共同開拓國際水產品市場，及加強雙方水產品、農業的合作。

8.30 一代國學大師錢穆逝世，享年96歲。其刻苦自學有成，終生以傳承文化為己任。

8.30 桃園縣八德鄉地下玩具工廠爆炸，造成13人死亡，40餘人輕重傷，多數房屋遭受波及，導致房屋全毀。

9.1 中共副外長齊懷遠率團訪問印度，雙方同意改善關係，並尋求解決邊界問題辦法。

9.3 以《嫁妝一牛車》等作品享譽文壇的作家王禎和，與鼻咽癌搏鬥長達9年之後於今日逝世，享年50歲。

9.5 警方破獲不法集團，涉嫌操控幼兒以殘害的方式迫使其行乞，逮獲郭正雄、王志強等人。

9.6 大陸海盜船在台灣海峽連續洗劫6艘漁船，致使政府決儘速成立海岸防衛隊護漁。

9.7 執政黨中常會通過設置「國家統一委員會」，其為超黨派的決策諮詢機構，採任務編組，每2個月開1次會。

9.11 共產黨員經許可進入台灣地區，於申請時據實以報者，將免予追訴處罰。

9.14 政府之國土新生計畫將以外傘頂洲為基礎向外延伸，規模面積相當於3個嘉義市，除供工業利用外，也將開成功能健全城市，此新生計畫決納入國家建設6年計畫中。

9.17 中華亞運代表團搭機赴北京，這是台灣經20年後再度能夠參與亞運比賽。

9.19 兩岸紅十字會達成雙向遣返協議，將以馬祖－馬尾為交接點，對象包括偷渡客及刑事犯。

9.25 李登輝總統接受美國道瓊報系亞洲華爾街日報訪問時，強調中國

有兩個政治實體，但終將統一，重申中華民國政府希望在經濟自由、政治民主和自由選舉的原則下統一。

9.29 王惠珍與古金水在亞運會上分別獲得女子200公尺與男子十項運動銀牌。

10.2 廣州白雲機場發生重大空難事件，造成133人喪生，其中包括31名台灣旅客。

10.2 中共官員與新加坡外長在聯合國總部，簽署聯合公報正式建交。

10.3 東西德正式統一，定都柏林，主權完整獨立。

10.6 菲律賓民答那峨島兵變落幕，叛軍在佔領兩大城2日後，宣佈無條件投降。

10.7 國統會成立，主席由李登輝總統擔任，副主席包括李元簇、郝柏村、高玉樹，委員包含各界代表30餘人，包括唯一民進黨人士康寧祥。

10.9 中縣首度破獲利用免驗貨櫃走私軍火，起出69枝槍械，8千餘發子彈。

10.12 行政院長郝柏村於立法院答詢時公開表示，大陸政策上限是一個中國，下限則為兩千萬同胞安全與福祉。

10.18 行政院大陸委員會正式成立。

10.21 區運聖火傳至釣魚台時，遭日本軍艦強力攔阻，迫使聖火返回南方澳。

10.22 行政院二度召開緊急會議，成立釣魚台事案處理小組，因應有關事宜，並重申護土護漁決心；同時高雄市長吳敦義也為此事請辭，受郝柏村院長慰留。

10.22 英國首相柴契爾夫人辭職，結束11年閣揆生涯；27日，財相梅傑當選保守黨黨魁，並於次日接掌首相職位。

10.26 台灣區運動會於高雄揭幕，25個縣市8千餘選手展開6天的競賽。31日閉幕，台北縣搬回總獎盃，高雄市第2，台北市第3。

10.27 新加坡總理李光耀夫婦訪台。

10.27 蘇聯莫斯科市市長卜波夫抵華訪問2天，此行為促進雙方經貿關係合作發展。

10.29 大陸知名作家王若望獲釋。

10.30 連接英、法兩國的海底隧道貫通完成。

10.31 王兆國接任中共國務院台辦主任，原福建省長的遺缺，由賈慶林接任。

11.1 台北市衡陽路的漢妮喜餅發生大火，造成員工7死4傷，起火原因來自烤爐，而老舊的建築物使火勢延燒快速至難以收拾，備受各界關心。

11.3 國片「客途秋恨」在沙勞越古晉舉行的亞太影展中，獲得最佳影片與最佳劇本獎。

11.5 停工十餘年的彰濱工業區上午正式復工。

11.6 中華民國與尼加拉瓜今日宣佈全面復交。

11.6 甫於今年4月贏得哥斯大黎加總統選舉的卡德隆夫婦訪華。

11.7 薩爾瓦多空軍總司令訪台，參謀總長陳桑齡代表政府接待。

11.7 名歌手薛岳因癌症不治病逝，享年36歲。

11.16 槍擊要犯林來福在台中落網，警方並當場起出大批槍械。至此歷經1年的治安工作算有很大的斬獲，多數黑道人士紛紛改行或走避他鄉。

11.19 抗日名將孫立人上午病逝，享年92歲。

11.21 兩岸中介團體正式成立，定名為「海峽交流基金會」。

11.29 聯合國安理會通過對伊拉克動武決議案，限伊拉克於明年1月15日前撤軍，釋放人質，否則將採取一切必要手段。

12.1 每10年一次的全國性戶口普查工作展開。

12.1 宜蘭民眾2千餘人北上向台塑公司抗議，反對在利澤工業區興建六輕。

12.3 阿根廷爆發1日政變，造成13人喪生，60人受傷。

12.10 大陸首度遣返6名台灣刑事犯，雙方於金門交接。

12.11 中共《人民日報》表示不能接受中華民國「兩岸關係條例」。

12.14 台灣地區連續兩天發生大地震，花蓮地區災情最重，多處公路發生崩塌。

12.14 總統府資政張群今日病逝，享年103歲。

12.16 羅東靖廬發生騷動事件，3百餘名大陸偷渡客群起鼓譟，要求以原船早日遣返。

12.18 高雄籍漁船新世航21號在印度洋海域爆發喋血案件，船長等4名台籍幹部不幸被害，5名菲籍船員失蹤。

12.20 高雄路竹鄉發生平交道大車禍，造成25人死亡，35人輕重傷。

12.21 空軍一架F-104戰機失事墜入新竹海域，為一年以來第6次失事意外。

12.22 國統會於今日召開，並提出國統綱領。

12.22 新光合纖總經理吳東亮18日遭綁架勒贖，於今日凌晨吳妻交付贖金後釋放；25日正式宣佈破案，逮捕4嫌，起出贓款9,110萬元。

## 1991

1.1 祕魯總統藤森宣佈，台灣民眾赴祕魯觀光、訪問免簽證，即日起開始實施，並在航運、投資、雙邊貿易及移民各方面，表達全面合作之誠摯意願。

1.3 新加坡國會通過修憲案，將總統改為民選並賦予實權。

1.4 著名女作家三毛（本名陳平），在榮總住院治病時，自殺身亡，震驚文藝界。

1.5 法國工業部長傅魯率團訪台，這為雙方斷交27年來，首位來訪的部長。

1.8 教育部公佈國中課程標準總綱修訂草案，未來每堂課將縮為40分鐘，並增加選修課程。

1.14 因應中東變局，政府已通令三軍戒備，並緊急撤僑，華航中東航線最後班機於今日返國，載回華航職員、台肥、外交部與農技團員37名。

1.17 美伊談判破裂，於今日爆發戰火，多國部隊空軍出動戰機數千架次，針對伊、科兩地實地重點轟炸。

1.23 中共成功發射高探測火箭，所獲資料可作彈道導彈高空環境參數

參考之用。

1.24 行政院通過「勞工保險條例草案」，凡受僱者均納入強制加保範圍。

1.25 外交部將視中東情勢變化自沙國撤僑，榮工處駐的約旦員工已安返國門。

1.31 殘障者健康保險實施。

2.1 南非總統戴克拉克宣佈，廢除所有種族隔離法。

2.4 錢復赴中南美洲參加海地新總統亞里斯第德的就職典禮。

2.7 愛爾蘭共和軍砲擊英國首相官邸，造成3人受傷。

2.9 乃慧芳於伊朗國際室內田徑邀請賽奪得跳遠及三級跳兩面金牌，使中華隊獲得3金1銀的佳績。

2.10 伊拉克副總理哈馬迪赴中共尋找外交支援，會後李鵬呼籲伊拉克無條件撤軍，並支持採和平手段解決問題。

2.12 首批合法之泰籍勞工30人抵台，受僱於中華工程公司，支援北部第二高速公路龍潭段，預計停留2年。

2.19 南韓爆發百餘萬美元政治行賄案，5國會議員及2政府要員捲入，總統盧泰愚向人民公開道歉，內閣亦改組。

2.23 漢代陶俑群在西安附近出土，此一發掘地點係於漢景帝與皇后合葬之墓陽陵。

2.26 立法院87會期開議，其問紛擾不斷，行政院長郝柏村一度率閣員退席。

2.27 王瀚游泳隊自非洲最南端，由大西洋越過好望角抵印度洋，由5位華人及5位南非人輪流游完。

2.28 台灣首次公開對二二八事件進行紀念活動。

3.3 7位二二八受難家屬晉見李總統，當面提出四大要求：公佈真相道歉賠償、設紀念館或公園、設紀念基金會、訂2月28日為公義和平日，已獲總統的首肯。

3.3 聯軍與伊拉克達成停火協議，22日聯合國解除對伊禁運糧食，4月3日通過波斯灣永久停火案。

3.5 中共承租亞衛1號東頻雷達收發器，5月1日啟用，以提供全大陸

聲音和資料通訊服務。

3.10 幽居半個世紀的少帥張學良搭機赴美，此行為探視其兒女，並未前往大陸。

3.11 農田水利會體制大幅變更，會長改為官派並取消會員代表制，行政院核定83年6月1日起實施。

3.13 未來具雙籍國籍的公職當選人，必須於當選後就職前放棄外國籍，如果逾期未予放棄，則宣告當選無效，視同缺額。

3.15 涉及華隆案的翁有銘、姜文錫、游顯德等人，檢方已限制出境以深入偵辦，而翁有銘於應訊後以100萬元交保。

3.16 台灣漁船「威龍866號」遭阿根廷巡邏船砲擊，1名船員喪生，而阿根廷表示係該船駛入該國海域，經示警後才開火。

3.22 行政院長郝柏村於立法院答詢時鄭重指出，政府對台獨絕無妥協餘地。

3.23 新加坡副總理王鼎昌抵台訪問。

3.26 南美巴西、阿根廷、巴拉圭與烏拉圭簽署條約，建立共同市場。

3.27 台灣3名環警在押解大陸漁船時發生衝突，1名大陸船員中槍死亡，隨即3員阻遭挾持至大陸；後由兩岸紅十字會磋商此案，終於4月2日返抵國門。

3.31 中共副外長劉華秋抵漢城，參加聯合國亞洲暨太平洋經濟社會理事會，為歷年來官階最高的官員訪問南韓。

4.1 環保局向美國訂購之49輛大型垃圾車上路，搭配700餘輛子車，每天可清運垃圾600頓。

4.1 鄒家華、朱鎔基轉任中共國務院副總理。錢其琛任國務委員仍兼外長。

4.8 第一屆國民大會第二次臨時會揭幕，連日肢體衝突不斷，民進黨籍國代12日以補行宣誓，執政黨修憲案13日亦完成一讀會。

4.9 立法院爆發的朝野兩黨立委打群架事件，衝突持續數日，12日民進黨宣稱終止任何溝通。

4.14 北市寶慶路之遠東百貨公司發生大火，火燄長達10小時，出動40餘輛消防車，員警極力搶救，損

失慘重。

4.17 民進黨發動「四一七」大規模群眾抗爭活動，以維護人民修憲權利，歷經15小時的遊行，在朝野兩黨協商後落幕。

4.18 國大臨時會特種審查委員會，修正通過在增修條文中，明定國安會等機構法規限期適用至民國82年底。

4.20 立院通過未服兵役之男子明年暑假可報考大專夜間部。

4.24 交通部長張建邦為華案請辭，由次長馬鎮芳暫代。

4.27 三光集團涉嫌逃漏稅及行賄案，檢方將2名被告提起公訴。

4.28 海基會啟程訪問北京，中共對此態度慎重，指派衛生部長兼大陸紅十字會長陳敏章出任陪同團團長，將之定位於兩岸民間團體官方接觸。

4.30 李總統鄭重宣告終止動員戡亂時期，廢止動員戡亂時期臨時條款，並公佈中華民國憲法增修條文，於5月1日零時起生效。

5.1 國防部指稱後對駕駛機來歸之飛行員不再給予優待，僅就業輔導與生活照顧上的適切處理。

5.1 安哥拉政府與反抗軍達成和平協議，結束16年內戰。31日雙方正式簽署。

5.3 中共國務院台辦主任王兆國對於兩岸的關係提出新說法，改稱一國兩地區，台灣與大陸均為中國的一部份，建立統一的基礎則要提早完成三通。

5.7 行政院決定，金門、馬祖地區停止實施戰地政務，福建省政府將遷回金門，連江、金門兩縣縣長、縣議員亦將由民選產生。

5.8 美國前總統福特伉儷搭機抵台訪問5天。

5.9 調查局9日偵破「獨立台灣會」在台組織，逮捕4名涉嫌參與的成員，均已收押；16日，千餘名學生發動夜宿台北車站、罷課等活動。

5.12 由重要商社及企業領袖組成的日本「經濟團體聯合會」來訪，磋商技術移轉、研討貿易逆差、為歷年來規模最大之經貿訪華團；

18日，結束訪問離華。

5.14 毛澤東第三任妻子江青於今日自縊身亡。

5.16 駐日代表蔣孝武辭職，由許水德接任。

5.20 針對「獨台會案」，學生抗爭要求情治人員退出校園並發動520遊行，最後以和平收場。

5.24 聯合國大會主席戴馬可訪問大陸，會晤李鵬及其他高級官員。

5.26 奧地利勞達航空公司一架客機在泰國失事，機上223名乘客全部罹難。

5.28 內閣改組人選確定，黃昆輝接掌陸委會，高銘輝接任政務委員，施啟揚為行政院副院長，吳伯雄為內政部長，簡又新為交通部長，孫得雄為研考會主席，趙少康為環保署長。

6.1 自來水、電力、醫療、燃料四大行業限制罷工。

6.2 結合國內產、官、學界由外貿易協會秘書長劉廷祖領隊的「中華民國東歐經貿訪問團」和蘇俄達成多項協議，包括相互提供最惠國關稅待遇、簽署投資保障協議、促進中小企業盟等。

6.8 高雄市驚傳氯氣外洩，造成1死70人送醫，肇禍原因為台灣氣乙烯公司進行灌裝時，橡皮管破裂，導致操作工人不治。

6.12 蘇聯俄羅斯共和國首次總統大選揭曉，葉爾欽高票當選。

6.14 交通部核准長榮航空7月1日如期開航，並給予兩年時間改善租機問題。

6.19 孟加拉總理哈麗達訪問北京，李鵬親自歡迎，其目的希望中共協助孟加拉軍隊現代化。

6.22 大陸女子奧運金牌選手陳靜，獲得中共高層人士的核准出境。

6.25 兩岸航空掛號郵件在間接通郵原則下開辦，但通匯與包裹不在開放之列。

6.27 政府同意在對等的原則之下，讓兩岸報紙及電影在兩地合法發行或放映。

6.27 軍方高級將領進行異動，黃幸強任參謀總長兼執行官，莊銘耀任國防部副部長，陳廷寵任陸軍總

司令。

6.29 前桃園縣警局刑警隊長、現任刑事警察局組長陳範成因涉嫌商人綁架勒贖案，遭移送法辦。

6.30 蘇花公路的東澳橋發生遊覽車司機為閃避前方來車而翻落山谷事件，造成4死5傷，通用電子員工自強活動因而敗興而歸。

7.1 前駐日代表蔣孝武因慢性胰臟炎發作，病逝台北榮民總醫院，享年47歲。

7.1 華沙公約組織宣告解散。

7.4 證實有6位學生感染愛滋病，其中包括2名大學生、3名高中生、1名國中生，且其均為同性戀患者，教育部及衛生署加強追蹤篩選工作。

7.6 李鵬前往埃及訪問，雙方發表聯合公報，認為應有效控制中東軍備，並和平解決該地區問題。

7.8 中華民國與中非共和國宣布復交。雙方外長簽署復交公報。

7.9 李鵬前往伊朗訪問，雙方發表聯合公報，要求禁絕核生化武器。

7.12 1架「經國號」戰機，在台中外海試飛時失事墜海，試飛官伍克振上校殉職。

7.16 證嚴法師獲得菲律賓麥格塞塞社會服務獎。

7.17 中共國務院新設生產辦公室，朱鎔基任主任，總攬生產計畫、物資分配及運輸大權。

7.21 大陸「閩獅漁」2294、2295兩漁船，涉嫌在通霄外海搶劫漁船，被押回台中港。

7.23 前美國駐中大使李潔明抵台訪問5天。

7.25 田徑女傑王惠珍，在世界大學運動會中勇奪女子200公尺金牌。

7.26 1架F-5E戰機墜毀，飛行官陳望道跳傘獲救。

7.28 神鷹專案向美國購買的3架S70C反潛直升機抵台，總共購得10架，將配備於海軍二代艦上。

7.30 台越航線復航。

8.1 中華民國射擊名將杜台興參加東南亞射擊錦標賽，贏得了8金1銅，同時為台灣首位參加世界盃十大射手總決賽。

8.2 中韓經合會議閉幕，南韓表示願

對助中華民國加入經貿總協。

8.6 菲律賓財政部長安斯丹尼秀和央行總裁羅喬西亞聯袂來華，參加「中菲經濟協進會」年會。

8.11 一代水墨畫大師林風眠因心臟病發作逝世，享年92歲。

8.12 大陸兩記者受邀來台採訪，於8號完成審查資格，今核發旅行證；范麗青、郭偉鋒兩位為首位來台的記者。

8.15 寮國國會通過憲法，並任命凱宋為總統，堪泰為總理。

8.18 中華青棒、青少棒勇奪世界冠軍，青棒5連霸，青少棒4度蟬連盟主。

8.23 江澤民會見緬甸蘇貌將軍，重申雙方和平共處5原則。

8.24 懸宕了7年8個月之久的華銀搶案，在犯罪集團首腦胡關寶的供稱下，尋獲了涉及4大懸案的2把卡賓槍而告偵破。

8.28 中華民國決以「中華台北」名義，與中共、香港同時加入亞太經濟合作會議。

8.30 台獨聯盟美國本部主席郭倍宏，在中正機場持他人護照企圖闖關被捕。

9.1 憲兵陳世雄於凌晨執勤時，因不服同僚朱盛戊糾正，以M-16步槍將其打死，隨後又射傷士兵2人，造成2死6傷，後於龜山山上舉槍自盡。

9.3 大陸新華社報導：英國首相梅傑會見江澤民等中共領導人物，並共同簽署香港新機場案的諒解備忘錄。

9.4 中華民國與澳洲完成通航換文程序，於10月通航。

9.5 行政院通過金門縣、連江縣實施地方自治方案，待金馬安維條例完成立法後，金馬地區將終止戰地政務，取消臨時戒嚴。

9.6 波羅的海三小國獨立獲蘇聯正式承認。

9.8 一場以「公民投票進入聯合國」為名的九八大遊行歷時2天後結束，其中一度失控出現投擲汽油彈和焚燒國旗的行動。

9.9 被列為千年公害的塑膠製品，工研院化學工業研究所研發出一種

可分解的材料，其應用於一般用途之PE塑膠袋及免洗餐具上，可避免污染公害的產生。

9.13　澎湖發生船難，一艘遊艇因觸礁而沉沒，造成18人死亡，23人受傷的不幸事件。

9.17　行政院新聞局長邵玉銘請辭獲准，執政黨18日通過由現任總統府第一局副局長胡志強接任，20日完成交接。

9.21　蔣夫人宋美齡女士上午搭乘專機飛返美國寓所靜養。

9.23　南迴公路多路段發生山洪爆發，造成多輛汽車被土石掩埋的意外慘劇。

9.24　立法院88會期開會，由於朝野協商破裂，立委則再度爆發激烈的肢體衝突，行政院長郝柏村在干擾中完成施政報告。27日議會更暫停總質詢，待朝野取得共識後再恢復。

9.25　中油公司蘇澳永春油庫發生漏油事件，造成白米溪及蘇澳軍港嚴重污染。

9.27　中華民國向法國採購拉法葉軍艦定案，承購16艘，造價新台幣1,300億，前6艘在法國建造，運回國組裝，後10艘則由台灣自力建造。

10.3　鹽寮發生反核人士開車衝撞保警事件，造成1死30傷的慘劇，主嫌林順源5日投案。

10.5　中華民國首艘飛彈巡防艦「成功號」，在高雄中船舉行命名下水典禮，這艘船是依美國派里級巡防艦改進設計而成。

10.8　高速鐵路定線，全長344公里，共設7站，總經費4,200餘億元，預計民國88年完工。

10.9　蘇聯聯邦條約草案修訂完成，國號改為「蘇維埃自由主義共和國聯邦」。

10.13　民進黨五全大會通過將台獨條款納入黨綱，執政黨嚴辭譴責，企業界反應強烈；同日亦選出新任黨主席許信良。

10.13　耗費9億，費時2年9個月完成的深圳機場，今舉行通航儀式，李鵬親自前往主持。

10.15　李總統發表談話，認為主張分裂

國土及造成社會不安者，應接受法律制裁。情治單位已分頭逮捕台建組織成員7人，以及台獨份子2人。

10.19　歷經10年整建，花費百億元的台大醫院新大樓啟用，地下4層地上5層的建築物，為病人提供首創的家屬過夜中心。

10.23　在吉隆坡舉行之亞洲田徑賽閉幕；中華民國僅得2銀5銅獎牌，成績不盡理想；銀牌分別為王惠珍的女子200公尺及林慧琦的跳高項目。

10.24　政府公告3,000CC以下小客車進口稅率降至30%，明年將再降至25%。

10.28　土庫曼共和國今日宣佈脫離蘇聯獨立。

10.31　甫當選中國小姐的盧淑芳因緋聞案，經選美協會的審議，決定摘除后冠。

11.5　海峽兩岸協商合作打擊海上犯罪，針對海事糾紛、防範偷渡等進行專題討論，已獲初步共識。

11.8　立法院院會今日三讀修正，通過麻醉藥品管理條例部份條文，非法持有安非他命在3個月內申報繳納，或曾施打已戒絕者可免除其刑。

11.10　苗栗造橋一豐富站間，北上的自強號撞擊南下的莒光號，造成30人死亡，110人受傷的慘劇。

11.13　南非總統戴克拉克伉儷來台訪問，李總統親率政府首長以隆重軍禮迎接，兩國元首簽署聯合公報，保證繼續維持現有合作關係不變。

11.15　美國國務卿貝克抵北京訪問，與錢其琛會談表示，美國將會遵守美中雙方三個公報，認為只有一個中國。

11.20　東帝汶島發生反政府示威，印尼軍警開槍鎮壓，造成40人喪生，遭國際輿論譴責。

11.24　因「匪諜案」失去33年自由的孫立人將軍部屬郭廷亮，本月16日因墮車昏迷不醒，延至今日死亡，享年69歲。

11.25　兩岸人民探親、探病、奔喪措施宣告放寬，未涉及軍事軍中

聘僱人員，准予申請赴大陸；大陸人士來台探親親屬範圍擴及兄弟姊妹。

11.27　中共國台辦籌設海基會對口單位，暫定名為「海峽兩岸關係協調會」，組織內的人員主要由國台辦的人員出任。

11.28　索馬利亞發生兵變，馬帝總統逃離首府。

12.3　首本由官方出版的二二八事件調查報告正式問世，省文獻會歷經4年搜集資料只做記錄不作分析，終於完成「二二八事件文獻輯錄」。

12.6　行政院院會通過農田水利會組織通則修正草案，會長改由省市主管機關遴選，廢除選舉制度，現任會長可續任至任期屆滿，遴選會長任期4年可連任1次。

12.10　南北韓簽訂了互不侵犯首份政府級歷史性文件，結束了敵對47年的狀態。

12.11　立法院內政司法委員會審查通過「戶籍法部份條文修正草案」，決議廢止適用60年的本籍登記制。

12.12　內亂通緝犯台獨聯盟總本部主席張燦鍙憑日人護照，由東京返台闖關被捕。

12.22　二屆國代選舉投票結果揭曉，國民黨得票率為71.9%，民進黨23.9%，其餘小黨4.3%。國民黨贏得超越3/4席次，獲得修憲主導權。

12.23　執政黨中央決定加快憲改規劃步伐，在修憲五大議題中，已確定考試院只掌理考試事項，人事任用權劃歸政院，監委生方式傾向由總統提名國大同意。

12.25　李登輝總統親臨主持80年行憲紀念大會，致詞時指出，修憲不容有任何黨派或個人之私，強調決以最大誠意廣徵各界建言。

## 1992

1.1　華航貨機失事墜毀台北縣萬里鄉山區，5機員全部罹難。

1.3　台灣民眾大陸配偶來台定居今起受理申請，境管局表示採取先申請、先審核、先合格、先配額方式辦理。

| | | |
|---|---|---|
| 1.3 | 薩爾瓦多政府與游擊隊握手言和，結束一年內戰。 | |
| 1.8 | 新台幣創下歷史最高價位，以25.15元兌換1美元。 | |
| 1.8 | 美國第七艦隊後勤指揮部，從菲律賓的蘇比克灣移駐新加坡。 | |
| 1.12 | 中華社民黨雲林黨部正式成立，朱高正擔任黨主席。 | |
| 1.13 | 國民黨提名的劉松藩及沈世雄分別當選立法院正副院長，劉松藩為台灣地區選出的第一位增額立委院長。 | |
| 1.16 | 台灣民眾前往大陸，中共將換發五年入境多次簽證，自5月1日起實施。 | |
| 1.17 | 劉松藩、沈世雄分別當選立法院正副院長。 | |
| 1.20 | 首批獲准來台居留的大陸配偶名單公佈，五申請案有6人上榜，境管局並核發居留證。 | |
| 1.29 | 外交部次長章孝嚴與拉脫維亞外長尤肯斯簽署聯合聲明，正式建立總領事級關係。 | |
| 2.4 | 公平交易法今起生效，將嚴格規範市場上獨佔、聯合等不公平競爭行為，公平會有7日運作。 | |
| 2.5 | 低收入戶健康保險決擴大投保對象，新法涵蓋公私立救助機構收容院民，並取消住院診療須加保45天限制。 | |
| 2.5 | 法國阿爾貝兒冬季奧運揭幕，2,000多名選手與會。 | |
| 2.9 | 李登總統頒佈召集令，第二屆國民大會第一次臨時會議於3月20日在台北陽明山中山樓召開。 | |
| 2.13 | 南非總統戴克拉克保證中斐關係不會改變，與中共互設民間研究機構只從事貿易。 | |
| 2.17 | 國防部長陳履安首次公開中華民國第一本國防白皮書「81年國防報告書」，讓國人更加了解國防的現況。 | |
| 2.17 | 黎巴嫩真主黨領袖穆沙維和妻兒，在以色列空襲黎南身亡。 | |
| 2.18 | 美國商務部助理部長及白宮出口委員會貿易代表團來台訪問，此為台美斷交以來首位助理部長級人士來訪。 | |
| 2.20 | 行政院院會正式通過台電在台北縣鹽寮廠址興建核四廠案。 | |

| | | |
|---|---|---|
| 2.20 | 監察院在執政黨協調不補選未果繼而默許開放競選下，林榮三以13票對9票擊敗對手柯明謀，當選第八任副院長。 | |
| 2.21 | 立法院89會期順利開議，民進黨如願提出入團法釋憲案後，行政院長郝柏村順利提出以安定、民主、法治、建設及統一五大方向的施政報告。 | |
| 2.22 | 行政院公佈「二二八事件報告書」，並於23日正式公佈其研究報告。 | |
| 2.27 | 首位獲准來台定居的台灣民眾大陸配偶駱淑芳攜子抵台，並公佈2月份核准入境的名單。 | |
| 2.27 | 中共人大常委會審議通過領海法，將釣魚台列嶼納入領土，並把東沙、西沙、南沙、中沙等群島列入領土範圍。 | |
| 2.28 | 南韓光州瓦斯槽連續爆炸事件，釀成以致大火災事件，兩萬餘住戶被迫撤離。 | |
| 3.3 | 尼加拉瓜總統查莫洛夫人應李登輝之邀抵台訪問5天，李登輝總統率五院院長及各部會首長隆重歡迎，同時簽訂外交農技協定。 | |
| 3.5 | 配合省市長開放民選於明年底調整行政區域方案，採一省兩市制，北縣基市併入北市，高縣併入高市。 | |
| 3.10 | 國防部長陳履安表示，中船將與法國訂購並合作生產軍艦，向法購買16艘拉法葉級巡防艦。 | |
| 3.12 | 行政院通過領海及鄰接區法、專屬經濟區域法草案，明定領海為12浬，經濟海域為200浬。 | |
| 3.14 | 執政黨三中全會在陽明山中山樓舉行2天，經過朝野溝通，修憲方案獲得多方共識，總統公民直選相對多數當選，正副總統國代立委任期改為4年，國大為常設機構。 | |
| 3.20 | 中共第七屆全國人大第五次會議揭幕，總理李鵬提出工作報告：不反對台灣與其他國家進行經貿往來。 | |
| 4.1 | 總統府秘書長蔣彥士以總統特使身份率團訪問南韓，了解漢城未來對台政策。 | |
| 4.1 | 中華民國衛星計畫首席科學家由 | |

| | | |
|---|---|---|
| | 葉永烜出任。 | |
| 4.1 | 進行7號公園地上物拆除行動，動員500多名警力以防民眾滋事，國際學舍和體育館一天內被夷為平地。 | |
| 4.5 | 江澤民訪問日本，其主要的目的為中共輸出武器、人權問題、日皇訪問大陸等議題的討論。 | |
| 4.7 | 台灣航空公司一架島嶼小型飛機，自蘭嶼飛往台東途中失事迫降海面，2人死亡，2人獲救，5人失蹤。 | |
| 4.7 | 凡經教育部許可舉辦屬於國際奧委會的各項國際體育競賽，大陸隊依照國際奧會規章，可來台參加比賽和使用旗歌。 | |
| 4.11 | 殺警要犯陳新發及其黨羽張耀天、陳根龍，凌晨在北市吳興街一處民宅中，與圍捕警方發生激戰，而後被發現燒成焦屍。 | |
| 4.16 | 阿富汗政變，總統納吉布拉下台，政府軍與反抗軍合組聯合執政團接管政權。 | |
| 4.17 | 立法院三讀通過就業服務法，國建引進外勞取得法律依據。 | |
| 4.19 | 民進黨為推動總統公民直選，舉行遊行活動，連續4天4夜佔據台汽台北西站前廣場坐地抗爭，於25日，警方實行強制驅離，過程平和。 | |
| 4.23 | 中共公安部否定香港中國旅行社所公佈的新規定，指台灣民眾申請出入大陸的通行證，仍沿用過去辦法，無須繳交戶籍謄本。 | |
| 4.24 | 英國保守黨主席派登獲首相梅傑任命出任港督，7月履新。 | |
| 4.25 | 高市合迪化學公司高雄廠液氯管路破裂，造成大量氯氣外洩，旗津地區有600人送醫就診。 | |
| 4.26 | 參當勞民生店、永和店與林森店，遭歹徒放置炸彈恐嚇勒贖並造成1名員警死亡，嫌犯26日落網偵破。 | |
| 4.28 | 國中畢業生自願就學輔導方案，改採兩案並行，即學生可以選擇參加試辦或參加聯考。 | |
| 4.29 | 美國洛杉磯發生種族大暴動，9人喪生，2,000餘人受傷。 | |
| 4.30 | 美將中華民國列入特別301條款優先貿易國家報復對象，認為台 | |

灣保護智慧財產權執行不周。

5.5 法國前總統季斯卡訪台。

5.6 地震工程交流研討會在北京揭幕，兩岸學者首度集會研商合作防震事宜。

5.6 16歲至18歲接近役齡男子出國限制大幅放寬，除留學外可以依任何理由申請出境。

5.7 李總統接見法國前總統季斯卡時表示，中華民國並未反對三通，只是目前時機與條件皆不成熟。

5.11 中非共和國總統柯林巴下午抵台訪問，於停留期間，簽訂混合委員會協定，磋商經濟科技等長期合作事宜。

5.12 美國奮進號太空梭3名太空人進行太空漫步，聯手救回一枚迷途的人造衛星。

5.13 北縣中和自強保齡球館發生大火，造成2人喪生慘劇。

5.14 健康幼稚園娃娃遊覽車起火，奪走22條人命，其中20名為幼兒。

5.18 著作權法修正草案，立院三讀通過完成立法。

5.18 中央研究院院長吳大猷抵達北京，中共中科院院長周光召親自到機場歡迎。

5.26 警方強制驅離包圍中油高雄大林廠民眾而爆發嚴重流血衝突，計有69名警員和29名民眾受傷。

5.26 台灣美術史學者謝里法於台北美術館撕毀個人蒐集多年的台灣美術史料，抗議台灣長期漠視美術史料。

5.29 國大臨時會三讀通過修憲案，增修憲法8條條文，明訂正副總統由自由地區人民直接選舉。

5.31 楊尚昆、江澤民、李鵬等中共高層分別接見前中央研究院長吳大猷及其他隨行學者。

6.5 由中國時報與中國信託合辦的雲門舞集戶外公演，觀眾如痴如狂，在中正紀念堂演出「射日」等舞作。

6.8 7位大陸傑出學人抵台訪問，包括6位中科院學部委員及復旦大學校長，兩岸學術交流進入雙向階段。

6.9 中華民國學術網路今起與國際連線，可快速取得尖端資訊，提升

研究水準，將開放給全國各大學師生及研究人員使用。

6.9 確保地球青山常在，地球高峰會在巴西揭幕，全球簽署氣候監控、物種保育、森林聲明、里約宣言等環保協定。

6.13 為配合區域調整及省市長民選，相關縣市長或民代延任一年，包括北、高縣長、省市議員任期可至民選省市長選出。

6.17 高市警匪槍戰，槍擊要犯許俊賢當場斃命，許曾悍然拒捕，並投擲出3枚手榴彈，9員警受傷。

6.19 中油高雄廠烷化工廠毒氣外洩，造成23人送醫，檢查結果為機械軸封未完全封閉，導致「氫氟酸」外洩。

6.19 中華民國與位於西非的尼日共和國宣佈復交，有邦交的國家數目增為30國。

6.20 立法院三委會審查通過人團法修正草案，仍然維持執政黨所堅持的二個原則，明定人民團體組織活動，不得主張共產主義與分裂國土。

6.22 俄羅斯海軍上將希道洛夫於今日晚間抵台訪問，國安會秘書長蔣緯國前往接機。

6.25 立法院三讀通過戶籍法部份條文修正草案，確立戶警分立制，取消身分證及戶籍謄本本籍欄，只登記出生地。

6.26 大法官會議作成第二九九號解釋令，認定國大代表仍為無給職，但在集會行使職權時得受領合理報酬，立法機關應制定有關報酬法律，以為支給依據。

6.30 選擇性落地簽證今起開始辦理，外籍人士可在抵台前一天提出申請，外蒙及大陸人士則不在此範圍內。

7.1 國防部長陳履安公開表示，警備總部於月底裁撤，另外成立海岸巡防部，所屬人員仍辦理軍警管區業務，一部份編入海岸巡防部。

7.2 阿爾及利亞總統包迪亞夫遭到刺殺身亡。

7.5 高屏豪雨成災，交通一度受阻，降雨量逾200公釐，為10年來最大的一次。

7.6 日本承認第二次大戰時曾自中國、台灣、朝鮮及菲律賓等地強徵慰安婦，今公開道歉，並研究有賠償問題。

7.9 中研院選出21位新科院士，學術成就普遍提高，數理組9人、生物組6人、人文組6人，國內佔6位，創下歷次選舉最高當選率。

7.10 明潭抽蓄工程地下電廠爆炸，造成1名日本工程師死亡，其他有11人受傷，起因為廠內一部機組1號變電器爆炸而波及2號，造成不可收拾。

7.10 新營市長補選爆發槍擊事件，台南縣議會副議長吳木桐與對手大將王獻彰談判不成，遭人開槍。

7.11 兩大陸鐵殼船闖入彭佳嶼海域，並向台灣漁船開槍射擊，遭海軍押回基隆港，共有32名船員。

7.11 李石樵美術館正式開館。

7.12 國軍高級將領人事調整，周仲南掌海岸防衛部，宋心濂於8月前除役，以文人身份續掌國安局。

7.18 現階段水質目標僅有四成達標準，全省河川污染告急，包括北部南崁溪、南部曾文溪、二仁溪等不合格的河川，亦供農業養殖和飲用。

7.20 東協外長會議閉幕，敦促和平解決南沙群島主權糾紛。

7.25 1992年奧運在西班牙巴塞隆納揭幕舉行。

8.2 交通部次長董孝誼率領的赴越南代表團，今抵河內和越南交通部國關處展開復航談判。

8.4 跆拳道女將陳怡安於奧運會的跆拳示範賽中，為台灣踢下60公斤級的金牌。

8.8 金門、馬祖、東沙及南沙等地，11月7日解嚴。

8.9 中共於酒泉衛星發射中心發射一枚衛星，作為科學探測和技術試驗之用。

8.11 喧騰已久的中山高速公路汐止至五股拓寬工程第18標弊案，調查局連續多日約談之後，已收押5名官員。

8.25 行政院長郝柏村在松山機場的軍用機場，以19響禮砲隆重歡迎尼日總理謝福。

| | |
|---|---|
| 8.25 | 日本自民黨副總裁金丸信坦承收受佐川急便公司5億日圓資金，願負政治責任，辭去職務。 |
| 8.26 | 南韓最大反對黨民主黨國會議員一行8人，由該黨共同主席李基澤率領，抵台訪問4天。 |
| 8.26 | 中共總理李鵬在北京人民大會堂，會見1992年兩岸產業科技交流研討會台灣團總召集人台灣經濟研究院院長劉泰英。 |
| 8.29 | 李總統會見瓜地馬拉共和國總統塞拉諾，並贈其采玉大勳章。 |
| 9.15 | 韓國高層使節團由前國會議長金在淳率領，抵台談判中韓雙方使節新架構。 |
| 9.15 | 拉脫維亞總理率同5位部長及中央銀行總裁抵台訪台，強調此行為官式訪問，並簽署保協議。 |
| 9.15 | 歐洲金融體制空前混亂，德宣佈調降利率，英國、義大利退出歐洲匯率機制，義大利與西班牙貨幣相繼貶值。 |
| 9.16 | 海基會秘書長陳榮傑今會晤海協會秘書長鄒哲開，並會談有關「文書查證」事宜。 |
| 9.16 | 俄羅斯的莫斯科台北協調會主席羅勃夫抵台訪問，同時向郝柏村院長表示，雙方應繼續加強經貿交流。 |
| 9.17 | 雷伯龍違約交割近70億，創下歷年來股市違約金額最高。 |
| 9.18 | 台灣申請加入關貿總協定案，已正式列入2日理事會議程。 |
| 9.19 | 新華社：距金門僅6海浬的福建南安縣石井鎮開闢了台輪停泊港，為台灣漁民服務。 |
| 9.20 | 蔣方良女士赴美探親旅遊，蔣孝勇10人隨行照料。 |
| 9.20 | 大陸工作會議通過367項開放兩岸民間交流建議案，將分為「立即實施」、「規劃辦理」、「研究辦理」三類逐步推動實施。 |
| 9.22 | 中韓兩國大使館結束館務，駐韓大使館被迫交給中共，而韓國駐台大使館則予以沒收。 |
| 9.23 | 位於竹東鎮信義路的今夜卡拉OK凌晨發生大火，造成13人死亡，2人重傷。 |
| 9.24 | 中華民國與萬那杜共和國簽署聯合公報，宣佈依國際法原則「相互承認」。 |
| 9.30 | 經濟部長蕭萬長表示，中華民國將仍以觀察身份出席關貿協理事會議，唯參加會議並不代表接受港澳模式。 |
| 10.2 | 土地增值稅引起爭議，北高市議會、省議會及民進黨立委要求撤換財政部長，雖多人連署簽名支持王建煊，但其於7日二度提出辭呈，去意甚堅。 |
| 10.5 | 南迴鐵路首日營運，第一班車為由枋寮開往台東的431車次普通車。 |
| 10.8 | 以色列航空貨機失事，撞及荷蘭首都阿姆斯特丹公寓區，研判至少250人喪生。 |
| 10.9 | 巴拿馬總統侃儷抵台訪問，於10日參加中華民國國慶，並於11日簽署聯合公報。 |
| 10.9 | 台灣第一枚50元硬幣正式出爐。 |
| 10.15 | 中華民國海軍第二艘派里級飛彈巡防艦下水，並命名為鄭和號。 |
| 10.19 | 印度經貿訪問團來台訪問，此為自雙方斷交以來首支印度經貿團來訪。 |
| 10.20 | 曾帶動台北繁榮的中華商場，上午在9部怪手的拆除下，宣告走入歷史。 |
| 10.20 | 高雄市花旗飯店大火，15人不幸死亡，1人輕重傷。 |
| 10.22 | 歐洲共同體代表與中華民國展開經貿諮商，執委會執行秘書培曼啟程訪台。 |
| 10.23 | 食伯勞鳥的人數日益增加，被國際視為野蠻的行為，政府呼籲國人禁食伯勞鳥，更嚴格取締捕殺伯勞鳥。 |
| 10.23 | 日皇明仁夫婦抵北京，中共國家主席楊尚昆在人民大會堂親迎。 |
| 10.31 | 苗栗三義八股平交道鐵路局西線北上1010次自強號列車撞上大拖車，造成90人受傷意外，所幸無人死亡。 |
| 11.1 | 前台大政系主任彭明敏在闊別台灣22年後，今晨抵國門。 |
| 11.1 | 美國總統大選揭曉，民主黨候選人阿肯色州州長柯林頓，以370張對現任總統布希168張選舉人票，當選美國第42任總統，結束了共和黨長達12年的執政。 |
| 11.2 | 環保署長趙少康宣佈辭官投入立委選戰，5日獲准，9日起由陳龍吉代理環保署長。 |
| 11.5 | 決策當局就兩項內閣人事定案，除趙少康外，另一位為農委會主委余玉賢請辭亦獲批准，由省農林廳長孫明賢接任。 |
| 11.7 | 金門與馬祖地區解除戒嚴，結束了實驗3年的戰地政務，也將實施地方自治，軍民分治。 |
| 11.12 | 祕魯發生流血政變，3名陸軍退役將領及1名現役指揮官，試圖奪佔總統府及陸總部，總統藤森走避，叛軍被敉平。 |
| 11.13 | 智利總統艾溫抵北京正式訪問4天，為中南美洲首位抵達北京訪問的國家元首。 |
| 11.17 | 德國副總理莫勒曼訪華，與經濟部長蕭萬長達成7項協議，雙方同意建立部會級官方話商高管道。 |
| 11.18 | 台灣與法國雙方正式簽約購買60架幻象2000戰機，此項合約同時還包括1,500枚近程和中程空對空飛彈。 |
| 11.20 | 台灣與日本關係獲重大突破，自民黨幹事長綿貫民輔率大批國會議員來台訪問。 |
| 11.27 | 執政黨考紀會通過決議，開除涉入一中一台及人身攻擊的黨員陳哲男的黨籍。 |
| 11.27 | 一架由廣州飛往桂林的波音737客機，在陽朔附近墜毀，機上連同機組人員141人全部罹難，其中包括9名台灣旅客。 |
| 12.1 | 美國貿易代表奚爾斯來台訪問3天，其亦出席中美工商聯合會議，並簽署備忘錄。 |
| 12.8 | 中美智慧財產權諮商結束，由於對著作物真品平行輸入，雙方看法不同，美國認為台灣已構成列入301條款名單要件。 |
| 12.9 | 日本通產大臣渡部恒三，於省內大臣室會見辜振甫，同意改善貿易失衡現象。 |
| 12.11 | 期貨交易將於下月10日開始實施，經濟商管理規則與設置標準草案發佈，資本額定為2億元。 |
| 12.12 | 第29屆金馬獎揭曉，成龍以「超級警察」一片榮登影帝，陳令智以「浮世戀曲」封后。 |

12.12 為鼓勵企業「根留台灣」,高科技產業5年內全免營業所得稅。

12.16 美國參議院軍委會主席龍恩抵台訪問。

12.18 南韓舉行總統大選。

12.20 第二屆立委選舉國民黨未達估計票數,中委會祕書長宋楚瑜請辭以示負責;從兩黨的得票率可看出,兩黨政治的雛型已出現。

12.22 花蓮市重新驗票,總計在12個開票所多出738張不明選票,檢方已扣押選票展開偵查;多數相關首長自動請辭,為此事件負責。

## 1993

1.1 歐洲單一市場今日開始實施,打破各國國界,匯集全球4成商業活動。

1.2 水源快速道路全線通車,使得台北環西快速道路系統連成一氣,且與辛亥一建國快速道路的系統相銜接。

1.5 法國政府證實批准軍售台灣60架幻象2000型戰鬥機;美國國務院亦證實售台灣愛國者反飛彈有關硬體及技術,支援台灣改良空防系統。

1.8 玉山國家公園森林大火,2天延燒了107公頃,火勢難以控制加上山區地勢陡峭,僅能以開闢防火線避免蔓延,造成台灣林業史上空前大浩劫。

1.10 伊拉克拒絕撤離禁航區飛彈,造成盟軍大舉空襲,美國更派某駐防科威特,保護科國安全。

1.15 中華民國與菲律賓在馬尼拉簽署共同發蘇比克灣協定。

1.25 哈維爾當選分裂後的捷克共和國首任總統。

1.26 行政院長郝柏村親向執政黨中央提出辭呈,同時另以私人身分寫信向李登輝總統推薦以林洋港組閣,由郝創煥出任祕書長。

1.31 中共與寮國簽署邊界協定書,正式結束爭議多年的地界糾紛。

2.1 第2屆立法委員舉行就職儀式,並選出劉松藩、王金平二人為正副院長。

2.2 新加坡前總理李光耀一行6人,搭機抵達台灣訪問4天。

2.2 新竹市瘋馬MTV發生大火,造成6死7傷。

2.5 執政黨批准通過郝柏村請辭案,郝院長率閣員向總統提出總辭。

2.8 為加強兩岸經貿往來,中共公佈兩岸交流、對台事務白皮書,並於3月制定台商投保規定及召開兩岸經貿交流會議。

2.15 台北市環保局開始針對機車排氣實施路邊攔檢,並對排氣不合格者開車告發,經檢定合格只要貼上合格證,即可免去攔檢麻煩。

2.18 位於岡山鎮後紅里的台灣首座228紀念公園正式完工,並於28日啟用。

2.20 故宮博物院展出法國瑪摩丹美術館館藏之印象派畫作,其中66件畫作包括莫內、華沙羅、雷諾瓦等名家之作。

2.22 電影「囍宴」獲得第43屆柏林影展最佳影片金熊獎,且和大陸電影「香魂女」並列,打破歷來柏林影展紀錄。

2.23 立法院行使同意權,連戰順利過關,並提出內閣人事名單,獲執政黨中常會通過,總統發佈新閣人事命令,連戰完成組閣程序,新簪任行政院長及各部會首長完成交接。

2.24 郝柏村獲總統頒發文官最高榮譽大綬一等卿雲勳章,並舉行臨別記者會,為2年9個月的任期作一總結。

2.25 榮毅仁任中共國家副主席,為中共建政以來,首位具有資本家背景的非共黨人士擔任副元首。

2.28 永興航空公司包機在綠島附近失蹤,經搜索後部分殘骸在綠島海域發現,6人下落不明。

3.2 連戰在立法院表示,中華民國有誠意推動國統綱領中程階段,盼中共放棄一國兩制論調。

3.5 美國警方與德州狂熱宗教暴徒發生激烈槍戰,警方至少4人喪生,2名教徒被擊斃。

3.12 中共國家副主席王震去世,其列名為中共八老之一,為軍方強硬派的領導人,享年85歲。

3.14 無線電計程車司機大械鬥,合堂、新型象2車行司機,因超車起爭端,由基隆至台北追逐圍毆,20餘人受傷、30餘輛車被砸毀,3小時後和解。

3.14 新連線高雄說明會遭到抗議群眾抵制,爆發肢體衝突導致流會,反對群眾聚集會場內外與警民開打,趙少康等8成員座車被困未能入場。

3.14 中共第7屆全國政協副主席葉選平在第8屆全國政協會議開幕式上重申,中共堅決反對台獨以及任何形式的「兩個中國」、「一中一台」或「一國兩府」。

3.25 海基會法律服務處長許惠祐等6人抵達北京,與大陸海協會展開事務性談判,26日在北京第三度商談時,達成「兩岸公證書使用查證協議」與「兩岸掛號函件查詢與補償事宜協議」的兩項草案初稿共識。

4.4 迄今世界最大的兒童醫院林口長庚兒童醫院今天啟用。

4.5 美俄召開高峰會議,在加拿大溫哥華舉行兩回合後落幕,並發表溫哥華宣言。

4.6 大陸南方航空公司由深圳飛往北京班機,被大陸青年黃樹剛、劉保才持槍劫持來台,我採分開處理原則,人機於當天立即釋回,兩嫌犯則移送偵辦。

4.8 台北縣樹林黑珍珠卡拉OK失火,造成樓上住戶10死7傷。

4.8 美國前總統尼克森今抵達北京,開始對中國大陸進行為期6天的訪問,針對雙方關係及國際問題進行討論。

4.14 竹園漁港海域浮油汙染事件,經由環保署及中油檢查,發現為林口電廠的重油,使得漁民損失3,500萬元。

4.20 邱創煥、毛高文出任考試院正副院長。

4.21 台灣日立公司董事長許明傳被歹徒綁架勒贖8,000萬元,後談判降為2,200萬元。隨後警方於24日將人救出,並逮捕兩嫌犯,贖金亦迫回。

4.25 俄羅斯舉行公投,葉爾辛獲勝,研擬新憲法,擴張總統權力。

4.27 海峽兩岸歷史性會談—辜汪會談

於新加坡展開,辜振甫率領海基會代表團參加,大陸方面由汪道涵率海協會人員與會,雙方歷經3天會談後,於29日閉幕,簽署4項協議。

5.3 大社鄉民圍堵石化區抗爭事件,在經濟部長南下協調後達成協議,石化區將提撥年營業額千分之二經費回饋。

5.5 立法院審議預算時爆發兩起肢體暴力,執政黨的立委林明義、韓國瑜分別毆打民進黨的立委蘇煥智、陳水扁,而雙方聲援人馬7日在立法院前對峙,經協商後公開道歉始平息。

5.6 由大安銀行董事長陸潤康擔任團長的大陸金融考察團,在北京會見江澤民。

5.7 第一艘由國人自製的成功號飛彈巡防艦舉行成軍典禮,李登輝總統親自南下主持。

5.11 前高雄市長陳啟川因心臟衰竭在高雄市逝世,享年96歲。

5.11 嘉義市警方在屏東東港查獲毒品走私集團,取出海洛因336公斤,價值百億元,創治安史上最高紀錄。

5.11 泰國曼谷一家由新竹九福玩具廠與大陸中資合資經營的玩具工廠失火,造成200餘人喪生,500餘人受傷的慘劇。

5.16 中共中央對台領導工作小組由錢其琛取代吳學謙,出任副主任。

5.24 坎城影展得獎名單揭曉,由「霸王別姬」獲得金棕櫚獎,而侯孝賢執導之「戲夢人生」亦獲評審團獎。

5.29 辜汪會談4項協議今日生效,行政院已依法發佈並送立法院查照,大陸郵局正式受理台灣掛號函件。

5.30 台北市內雙溪聖人瀑布懸崖上巨石崩落,遊客躲避不及,墜石造成2人死亡,26人受傷。

5.30 有近4,000人、70個環保團體參加的530反核大遊行平和落幕,要求撤銷核四,建立非核家園。

6.2 暴雨侵襲苗栗及台中縣市等地區,造成嚴重災害,鐵路山海線均一度中斷,公路多處坍方,數

處河川堤防潰決,大量農田及家戶淹水,導致1人死亡1人失蹤1人重傷,李總統及宋楚瑜均前往巡視並指示加強救災工作。

6.9 菲律賓前總統柯拉蓉抵台訪問,分別拜會李總統、連院長等政府高層首長,雙方均表示盼台菲能加強經貿合作關係。

6.12 巴黎羅丹美術館所藏精品於台北市立美術館展出,內容有羅丹的56件雕塑作品。

6.13 馬來西亞總理馬哈地抵達北京訪問,所率訪問團多達290人,此為1974年雙方建交以來,最大規模的一次訪問。

6.15 陸委會主委黃昆輝在立法院首度表示,盼暫以「一國兩席」參與聯合國,顧中共拋開過時主權觀念,以一國兩席方式處理我在聯合國及相關組織代表權問題。

6.21 立法院審查核四預算於今日執政黨強行表決通過不予凍結,後經兩黨協商認表決有瑕疵又重新予以推翻。

6.22 北市9家民營公車清晨5至下午4點發動無預警罷駛,2,000餘輛公車停駛,大台北地區運輸嚴重失調,90萬人次乘客受到影響。

6.24 大陸廈門航空1架由江蘇常州飛往廈門的班機被劫持來台降落中正機場,台灣採「人機分開」原則迅速處理,劫機犯張文龍移送檢方收押偵辦,旅客及機員乘原機飛返廈門。

6.29 高級軍事將領大幅調動,陳廷寵接任副參謀總長兼執行官;李楨林接掌三軍大學;黃幸強及葉昌桐轉任戰略顧問。

7.1 立法院聯席會審查通過有線電視法草案,大幅修改行政院版本,規定每區可設立5家有線電視,本國自製節目得少於二成及現行第四台在該法實施後得依暫行管理辦申請登記繼續營業。

7.2 華銀獲香港當局核准在香港設立分行,成為兩岸間接金融往來之重要橋樑。

7.4 德國德鷹(CONDOR)航空公司的波音747首航台北班機,今抵中正機場,中德兩國正式通航。

7.7 七大工業國高峰會在東京揭幕。

7.8 前國防部長、總統府資政俞大維因胰臟癌病逝。

7.11 北二高關西新竹路段今通車,此為北二高第2個通車路段。

7.14 大學聯招爆發40年來首次重大失誤,98份自然組數學考卷在閱卷過程中遺失,聯招會已向調查局報案,並給予這些考生遺失試卷部分最高分數,及以增額錄取方式補救。

7.27 中韓正式簽署斷交後的新關係協定,雙方互設代表部,中華民國在漢城設駐韓國台北代表部,及在釜山設立辦事處,韓國則在台忠設立駐台北韓國代表部,館產分外交與非外交兩部分處理,兩國原有各項協定繼續有效。

7.30 南非黑人領袖曼德拉抵台訪問,中華民國以國賓之禮接待,連戰、劉松藩及朝野兩黨人士均前往機場接機。曼德拉表示,未來南非在處理與台灣關係時將遵守聯合國等國際組織政策。

8.1 逝世逾三年的中國近代水墨大師李可染畫展揭幕。

8.1 位於台中市的國立自然科學博物館全館落成開幕,孫運璿、李煥、郭為藩、林柏榕等參加開幕剪綵儀式。

8.10 賴比瑞亞宣佈與中華民國斷交。

8.10 新國民黨連線宣佈組成新黨,名稱定為「新黨」,宣佈國防、外交、財經、社會福利等基本主張,並表示新黨成為一個以國會為中心,以民意為導向,以選舉為手段的民意政黨。

8.10 大陸中國國際航空一架由北京經廈門飛往雅加達的班機,被乘客師月坡以一瓶強酸威脅將飛機飛往中正機場,經中華民國政府指示以人機分別處理原則處理後,於下午近3點起飛飛回。

8.13 中華民國開辦120小時入境免簽證,以美、日、加、英、法、德、奧、荷、比、盧、澳、紐等12國旅客為對象試辦半年。

8.14 中橫支線清境農場發生重大車禍,造成10死3重傷慘劇。

8.24 李登輝當選連任國民黨主席,中

共總書記江澤民致電祝賀,許水德指是善意作法,應有助維持兩岸和平關係。

8.25 甫於國民黨14全大會被選為中常委並兼任中委會副祕書長的李鍾桂,今抵達北京出席亞洲文化推展聯盟第11屆第1次執行委員會議,為國民黨至今訪大陸最高階官員。

8.27 江兆申書畫展在北京揭幕,中國美術館首度為展出者召開記者會,此為兩岸在藝術交流方面的新高點。

8.28 北二高中和新竹路段通車。

8.30 中共以7種文字發表「台灣問題白皮書」,全文1萬2千多字,分成5大部分,重申一國兩制和和平統一。

9.1 象徵陽光政治第一步的公職人員財產申報法開始實施,全國有2萬3千餘名公務員申報財產,首日盛況空前。

9.1 辜汪會談後首度舉行的兩岸事務性協商,由於海基、海協兩會對程序或實質協商何者優先有明顯歧見,海協會始終抱持「只聽不談」的態度,導致會議並無進展,海基會代表許惠祐因而提前返台。

9.12 陸委會今日針對中共日前發佈的對台政策白皮書發表回應聲明指出,中共治權從未及於台灣,當然無權於國際間代表台灣,兩岸分治乃係客觀的事實,中共堅持一國兩制立場,是中國統一的最大障礙。

9.12 痢疾疫情持續擴大,台中市育仁小學至少有200人遭感染,衛生署證實育仁小學井水已遭污染,而北部亦發現病例。

9.13 以色列與巴勒斯坦解放組織在美國白宮簽署歷史性決定,雙方相互承認。

9.14 中共為爭取主辦2000年奧運造有利環境,釋放已被囚禁14年半的民主鬥士魏京生。

9.15 中正機場查獲歷年來最大宗犀牛角走私案件,不丹皇室公主挾22雙犀牛角及9個熊膽闖關被識破,檢警決擴大偵辦,以洗刷台

灣犀牛終結者惡名。

9.21 聯合國大會今日召開,由尼加拉瓜等7個提案的中華民國參與聯合國案,在總務委員會中引起激烈辯論,瓜地馬拉等3國發言支持,中共、巴基斯坦等11國則發言反對,最後主席逕行裁定該提案不列入大會議程。

9.22 美國在台協會台北辦事處處長貝霖拜會李登輝總統,面交柯林頓總統邀請李總統出席APEC高峰會親筆函,李總統決派蕭萬長代表出席。

9.26 台北市士林力霸百老匯工地深夜發生嚴重坍方,範圍近5,000平方公尺,相當於一個大操場,周邊道路公共設施亦遭波及。

9.28 大陸四川航空公司的班機於今日下午遭劫到桃園中正機場,為今年發生的第4件劫機事件。原機於台北晚間飛離台北經香港返回大陸。

10.4 國內眼科權威成台南奇美醫院眼科主任蔡武甫博士,首創以雅各雷射治癒飛蚊成功,獲國際醫界肯定。

10.6 第6屆國際東京影展獲獎揭曉,大陸片「藍風箏」榮獲國際競賽類最佳影片大獎,女主角呂麗萍並獲最佳女演員獎,台灣青年導演蔡明亮以「青少年哪吒」獲青年導演銅賞獎。

10.9 監察院公佈首批包括總統、副總統、五院院長等90位公職人員財產;其中據初步估計以行政院長連戰之財產總值居冠,內政部長吳伯雄居次,李總統則排名20名之後。

10.12 諾貝爾獎得主揭曉;和平獎由曼德拉與戴克拉克合得;文學獎由美國黑人女性作家湯妮‧摩里森獲得;醫學獎由英國羅勃茲與美國夏普合得;物理獎由美國哈爾斯及泰勒同獲;化學獎由美國穆里斯和加拿大史密斯合得。

10.13 國片「無言的山丘」榮獲第一屆上海電影節最佳影片金爵獎。

10.18 中華民國同步輻射研究中心光源啟用,為亞洲首座、世界第3座最先進的第3代同步輻射光源。

10.19 以色列總理拉賓訪問北京,這是雙方建交以來,以色列總理首次訪問中國大陸。

10.20 雲門舞集赴大陸巡迴演出,寫下兩岸文化交流的新頁。

10.20 國人自製的天弓飛彈武器系統,已完成作戰部署,開始擔任戰備任務。

10.21 台灣區運動會於桃園縣揭幕,自本日起展開37項運動比賽,8,373位選手參加,角逐327面金牌。今年區運的主題為「展現超越、健康亮麗」。

10.28 台電新天輪水力發電廠進行發電機組併聯試驗時,突然爆炸,造成6死亡,25人輕重傷。

11.1 國防部決定在10年內完成參謀本部與三軍總部的簡併,並轉移非軍事任務單位為部外單位。

11.2 華航1架大型客機降落香港機場時失控衝出跑道墜入海灣,機上274名乘客、22名機員均獲救,雖有23名乘客受傷,幸未大礙。

11.4 農委會通過「野生動物保育法修正草案」,大幅提高非法走私買賣進口野生動物罰鍰及刑責,最高刑責提高至7年。

11.5 中共民航一架班機晚間被劫來台,嫌犯張海收押禁見,該機於6日凌晨原機遣返。

11.8 又發生大陸劫機犯劫機來台,行政院長連戰指示相關單位,對頻頻發生的劫機事件及我方的因應對策,全面進行評估與檢討。

11.8 「有線電視節目播送系統暫行管理辦法」公佈實行,全國近500家第四台合法化。

11.11 海基會與大陸海協會「廈門商談」落幕,雙方受制於兩岸管轄權等政治理念無法突破,未草簽任何協議文件。

11.23 經濟部長江丙坤在亞太合會領袖會議閉幕後記者會中表示,將採一個中國為指向的「階段性兩個中國政策」,引起國內對國家定位問題的激烈討論。

11.24 環保署公害糾紛裁決委員會掛牌運作。

11.25 南韓駐台代表部掛牌運作。

11.25 中共國家主席江澤民訪問巴西,

雙方簽署太空合作協定。

11.29 中華民國、日、韓3國農會領導人在東京發表聯合聲明，抗議關貿總協逼迫開放稻米市場。

11.29 大陸女將在首屆世界短水道泳賽中大放異彩，首日即刷新3項世界記錄，奪得4面金牌。

12.5 第30屆金馬獎揭曉，「囍宴」獲最佳劇情片，該片導演李安則獲最佳導演。

12.6 大陸班機又遭劫來台，此為今年的第8次。

12.12 英海底隧道竣工。

12.13 總統遴選李遠哲為中央研究院第7任院長。

12.15 因應烏拉圭回合談判減讓關稅承諾，中共降低關稅，平均調幅8.8%。

12.18 台北會談今起展開5天，這是兩岸分隔40多年來，中共談判代表首度踏上台灣，針對多項事務性議題展開協商。

12.20 行政院長連戰訪問馬來西亞及新加坡，會晤馬哈地、李光耀、王鼎昌、吳作棟等政要。

12.24 前總統嚴家淦於晚間10點因心臟衰竭病逝。

12.28 海軍總部武器獲得管理執行室執行長尹清楓上校命案，引起社會各界矚目，由軍警組成的專案小組，在檢署指揮下積極深入追查當中。

12.30 以色列與梵諦岡雙方簽署相互承認協定。

## 1994

1.3 一位早產且體重不滿1.6公斤，又罹患先天性心臟病的女嬰，由台大醫師以氣球擴張術搶救成功，創下遠東首例，亦是全球第二例。

1.5 行政院長連戰結束赴馬來西亞、新加坡的7天度假外交。連揆指中華民國將從經濟發展角度著眼，推動南進政策。

1.7 中華民國有史以來最大的工業區開發案—雲林離島工業區開發計畫，已完成規劃。

1.10 中共宣佈與賴索托斷交。

1.12 消費者保護法完成三讀，確立消費賠償採無過失責任，明定定型化契約規定之效力，確立集體訴訟制度，以強化對消費者權益之保護。

1.12 農委會公告將台北縣八里相扮子尾、宜蘭縣南澳烏石鼻海岸，及墾丁高位珊瑚礁等三區列為自然保留區。

1.13 美國、俄羅斯和烏克蘭3國總統，在克里姆林宮簽署撤除烏克蘭所有核子器協定。

1.17 總統及行政院長以三等景星勳章及功績獎章，分別頒給同步輻射加速中心指導委員會主委袁家騮、及前後任主任閻愛德及劉遠中，這是政府首次以授勳方式，獎勵科學人才。

1.18 台大校務會議通過軍護課由必修改為選修。

1.20 立委透過平均地權條例修正案，明定被徵收土地免徵土地增值稅；而區段徵收之土地，以現金補償者，亦免徵土地增值稅。

1.24 由台灣資金、大陸導演、香港編劇、演員合力拍攝而成的「霸王別姬」，勇奪第51屆金球獎最佳外語片。

1.25 行政院依「消費者保護法」，成立消費者保護委員會籌備小組。

1.25 行政院長連戰赴宏都拉斯，參加該國總統雷伊納的就職典禮。

1.29 台灣省及金馬地區縣市議員及鄉鎮市長選舉舉行投票。此次選舉激烈，暴力事件頻傳，賄選案件不斷，違憲惡質程度前所未見。

1.31 行政院通過地方稅法通則草案，授權地方政府得開徵地方稅。

2.1 中華民國與布吉納法索恢復中斷21年的大使級外交關係。

2.6 二十一世紀基金會公佈「台灣地區1993年經濟滿意度民意調查報告」，有7成5受訪民眾認為貧富差距嚴重。

2.7 汎達旅行社因財務困難突然取消出團，造成逾1,400名旅客受影響，此為台灣近十年來最大的旅遊糾紛。

2.7 為爭取今年加入成為關貿總協正式締約國，政府同意簽署東京回合中7大協定。

2.7 中共新型火箭「長征三號甲」發射成功。

2.9 李總統伉儷搭專機展開8天的東南亞「度假之旅」。於16日結束在菲律賓、印尼、泰國的非正式訪問，返抵國門。

2.10 國片「囍宴」首度獲得奧斯卡最佳外語片提名，「霸王別姬」同時也以香港名義入圍。

2.15 第3屆世紀婦女高峰會在台北舉行，有80餘國、2百多位婦女領袖應邀來台。

2.22 自85年起高中、高職新生可以互轉，打破高中職界限，為第十年國教踏出進階。

2.22 中研院植物所所長周昌弘榮膺第三世界科學院院士。

2.23 香港立法局通過第一部份政方案內容，港英政府同時發表「代議政制白皮書」，批評中共堅持加入委任議席立場。

2.24 中菲政府合作開發的「蘇比克灣工業園區」動土，此為南向政策第一個具體行動。

2.28 省文獻會今日公佈「二二八事件文獻補錄」及1,024位死亡及失蹤者名單。

3.2 美越在河內舉行20多年來的首次重要政經會談，協議互設連絡辦事處。

3.8 政府決開放民間經營公眾無線電話網路，這是國內有史以來首度開放民間經營通信服務。

3.15 自83年學年度起院實施公自費並行制，報考者不再全數享有公費，結果後需初複檢合格始能取得教師資格。

3.16 攸關美國總統柯林頓的「白水案」，美參議院全票通過召開聽證會的決議案。

3.18 台中縣大肚鄉發生自強號與貨車相撞事件，造成9死24傷慘劇。

3.22 俄航空難75名乘客中包括5位台灣旅客全部罹難，中國時報晚名記者張旭昇、李黎顏因公殉職。

3.23 前蘇聯總統戈巴契夫偕夫人蕾莎抵達台灣訪問。

3.25 海基會與海協會在北京召開第4次事務性商談。

3.28 為具體落實南向政策，國民黨黨

營事業與首次組團赴印尼考察，初步規劃將以石化、鋼鐵、農業等大型投資為主。

3.30 經濟部長江丙坤與立委南向政策考察團赴越南訪問，越方同意儘速簽定貿易協定，並協助越南建立農畜牧業。

4.6 馬來西亞貿工部長拉菲達訪華，並會晤了行政院長連戰、經濟部長江丙坤，針對台馬簽署避免雙重課稅協議交換意見。

4.10 推動教育改造，410大遊行萬人走上街頭，在野3黨並承諾全力推動教育改革。

4.11 中國國民黨中央黨部在諸多的反對聲浪中拆除，使得具有83年歷史的建築物走入記憶。

4.12 屏東里港愛幼托兒所的隨車老師，為處罰年僅4歲之幼童，將其關在娃娃車中6小時，使其在高溫下脫水、心臟衰竭而死，引起全國對幼教制度的重視。

4.18 考試院決定明年高普考不考國父遺教及三民主義。

4.22 中共公佈千島湖案詳情，三嫌持械劫財、縱火燒船。

4.24 華裔高能物理學家葉恭平博士領導的研究小組與美國費米國家研究院另兩組科學家，發現了物質組成的最後分子「頂跨克」。

4.25 大陸西昌衛星發射中心發生爆炸，中共太空計畫受挫。

4.26 華航名古屋空難，造成263人死亡8人重傷慘劇，此為台灣航空史上最嚴重的一次空難，引起政府及社會各界高度關切。

4.26 美國前總統尼克森今日病逝，享年81歲。

4.28 由羅斯托波維奇指揮之美國國家交響樂團，今日在台北國家音樂廳演出，使中正紀念堂湧進上萬民眾。

5.1 英法海底隧道通車。

5.3 民進黨六全會開幕，施明德當選民進黨主席，並通過多項黨務革新案。

5.5 李總統啟程訪問尼加拉瓜、哥斯大黎加、南非及史瓦濟蘭，並會見4國元首。

5.8 陽明山發生大車禍，公車失事造

成5死40傷。

5.12 李登輝總統抵達史瓦濟蘭和其國王恩史瓦第3世簽署聯合公報。

5.17 氣象局引進專業造雨飛機，今抵達松山機場。

5.18 國際特赦組織中華民國總會成立，作家柏楊擔任首任會長。

5.23 民進黨發動連續5天的爭取敬老津貼靜坐行動平和落幕，其目的要求中央政府補助地方發放老人年金。

5.24 第1個以女性為主題的群眾遊行活動──「女人連線反性騷擾大遊行」在台北舉行，要求將強暴罪改為公訴罪。

5.24 南葉門「葉門民主共和國」宣佈獨立建國，但於7月5日即被北葉門攻佔首府，使葉門又重新歸於統一。

5.25 太平洋盆地理事會（PBEC）通過採亞太經合會（APEC）模式，將中華民國名稱改為中華台北。

5.29 行政院長連戰率團前往中南美洲邦交國薩爾瓦多及瓜地馬拉訪問，此為今年連續2度前往中美洲進行訪問。

5.29 「529全國反核大遊行」，近3萬人走上街頭促撤銷核四建廠計畫。這項大規模的遊行活動，創下近年社運參加人數的紀錄。

5.31 台汽客運1輛中興號班車因煞車失靈，在台北市區內連續追撞25輛車輛。

6.1 2名在美國加州就讀高中的華裔青少年，洪紹峰、何理利用空閒時間，參加勞倫斯利渥莫國家實驗的一項癌症研究計畫，結果他們找出特定的染色體與癌症有關的基因。

6.2 中華民國與尼日簽署聯合公報，加強雙邊合作，並簽署「中尼貿易協定」及「中尼合作混合委員會協定」。

6.3 行政院長連戰結束中美洲之行後轉往墨西哥訪問，並會見墨西哥總統沙利納斯，這是兩國斷交以來最高層接觸。

6.4 匈牙利國會選舉，社會黨獲得壓倒性勝利。

6.5 中共進行今年第二次核子試爆。

6.6 大陸南方航空班機被劫來台，原機遣返，劫機嫌犯鄒維強予以移送法辦。

6.11 大陸西北航空墜機，160人罹難，包括1名台灣旅客，為大陸歷年來最大空難。

6.22 外交部長錢復訪問歐洲，並晉見教宗若望保祿2世，這是中華民國外交部長近10年來首度能夠晉見教宗。

6.29 知名影星林青霞在舊金山以南20哩的希爾斯堡私宅內，下嫁給香港富商邢李㷧。

7.1 朝野同時實施發放老人津貼，行政院發給中低收入老人3千～6千元，而在野黨主政縣市65歲以上老人均可領到3千～5千元不等之津貼。

7.3 大陸工作會議開幕，陸委會首度發佈兩岸關係說明書，明確將兩岸關係定位為「一個中國、兩個對等政治實體」，並在「一個中國、兩岸分治」的基礎上，逐步邁向和平民主統一。

7.5 瓜地馬拉共和國總統戴雷昂今日訪問台灣，並與中華民國簽署聯合公報。

7.12 中國與俄羅斯簽署防止邊界軍衝突協議。

7.13 中美洲國家與中華民國合作混合委員會第3屆外長會議開幕，中美洲7國與中華民國外長發表聯合聲明：支持在台灣的中華民國加入或參與聯合國為會員國。

7.13 以色列承認敘利亞在戈蘭高地的自主權。

7.14 爭擾數月的核四1,125億元預算攻防戰，在立院場內議事抗爭、場外警民流血衝突之波折中，完成三讀程序。

7.17 提姆颱風襲台，蘇澳港南堤內側海域造成10名大陸漁工落海遇難，使存在多年的「海上旅館」問題浮上檯面。

7.21 由潤泰集團、國民黨黨營中華開發信託及中共亞太通訊合資，兩岸首度科技合作的「亞太一號」通訊衛星發射升空。

7.21 爆發屠售病死豬事件，且死豬肉

已流入市面，並擴及全省，造成消費者的恐慌，政府擬定對策，加強查察。

7.23 雲門舞集於中正紀念堂戶外出繁華瑰麗的「紅樓夢」舞劇，吸引了8萬多名觀眾觀賞。

7.26 台北市南京東路、林森北路的15號公園預定地，也是目前台北市內最大的違建區，發生大火，搶救困難，消防隊出動70餘輛消防車，2個小時才撲滅。

7.29 大陸海協會祕書長孫亞夫率團抵達台灣協商，台代表則由海基會的許惠祐出席，會議一共進行4天。

7.30 新聞局清查全省大抄台，取締南北14家地下電台。於8月2日抗議抄台民眾赴行政院示威，爆發流血衝突。

7.31 凱特琳颱風來襲，造成全省12人死亡、4人失蹤，農作物損失逾1億元。

8.2 海基會與大陸海協會第2次「焦唐會談」獲致重大進展，雙方就「兩岸漁事糾紛處理協議」草案的關鍵性歧見，獲致重大突破，並決定開放兩岸快捷郵遞。

8.10 道格颱風肆虐，造成10死6失蹤41傷，17縣市傳出災情，農業受損逾30億元。

8.17 國內第1位活體肝臟移植手術的4歲小弟弟劉家何，在手術後兩個月，於今天出院。

8.19 國民大會對施啟揚行使同意權後，其出任司法院長，而國安會祕書長的遺缺則由丁懋時出任。

8.21 國片「飲食男女」勇奪第39屆亞太影展最佳影片與最佳剪接獎，「月光少年」則獲最佳劇本獎。

8.24 台灣河川因濫墾濫伐造成生態浩劫，據聯合國的研究報告，台灣河川含沙量居世界第1。

8.28 兩岸首度正式簽署建設與維護協議書，共同投資西太平洋地區容量最大的國際通信幹線——「亞太光纜網路系統」。

8.28 李元簇副總統率團前往訪問巴拿馬，參加新任總統巴雅達雷斯就職典禮。

8.30 李總統頒發一等卿雲勳章給即將

卸任的司法院長林洋港。

9.1 愛爾蘭共和軍宣佈無條件全面停火，使得和英國戰爭25年的日子，再度燃起和平的希望。

9.7 美國調整對台政策，核定台灣駐美代表處更名為「駐美國經濟文化代表處」，並同意雙方高層官員互訪。

9.9 中國與俄羅斯發表聯合聲明，不再以戰略核彈瞄準對方，宣稱結束緊張關係。

9.11 國片「愛情萬歲」與馬其頓影片「大雨將至」，同獲威尼斯影展金獅獎。

9.12 台灣與東埔寨今日互設經濟文化代表處。

9.21 台美簽署貿易暨投資架構協定，雙方將設委員會進行諮商，並依立即行動議程展開工作。

9.22 針對中華民國會籍案，聯大總務委員會經過1個半小時討論，7國發言支持，20國反對，主席裁決不列入大會議程，中華民國入聯合國提案再遭封殺。

9.22 海地的塞德拉斯軍事政權，在美國的警告下，決定自行下台，結束內戰。

9.25 新黨在高雄市演講遭民進黨人士強烈反制，爆發流血衝突，造成警、民眾至少40人輕重傷。

9.25 美國參議院外交委員會通過提案，主張美國在聯合國大會中應支持台灣先成為觀察員，以作為日後成為正式會員的首步。

9.28 中華亞運代表團在團長－中華奧會主席張豐緒率領下，於今日飛抵日本廣島，行政院副院長徐立德，亦以大會貴賓身分順利抵達，中共則對此嚴重抗議。

10.2 林漢成奪下亞運男子保齡球個人組金牌，張榮三踢下跆拳道鰭量級金牌，王惠珍在女子2百公尺摘金。

10.2 台灣選舉史上首場辯論會，在台北國父紀念館舉行，由3位台北市長候選人進行交鋒。

10.9 席斯颱風過境，造成7死4失蹤12傷，多處公路坍方。

10.10 李總統發表國慶祝詞，籲中共消除意識對抗，和平競爭。

10.16 德國國會選舉，執政黨險勝，柯爾邁向4連任。

10.17 美國國防部長裴利訪問北京，與中國簽署協議，共同合作將大陸軍工企業轉為生產民生用品。

10.23 北市巨星鑽KTV大火，13人死亡1人重傷。

10.24 日本通產大臣與我經濟部長江丙坤舉行會談，表達立場願助台灣加入關貿總協，這是台日斷交後，首次在日正式的會談。

10.26 以色列與約旦簽署結束雙方46年敵對狀態。

10.28 台灣區運動會落幕，總計7項13人次超越亞洲紀錄，27項55人次破全國紀錄，明年區運將在高雄舉行。

11.1 國內首次大規模跨行業的「1101總工」行動於本日上午11點開始，雖讓全國民眾感到不便，但過程和平。

11.6 前美國國務卿貝克應邀抵台，表示美國應該繼續積極參與亞太地區的事務，繼續在本地扮演重要角色。

11.6 台北市可麗坊麵包瓦斯強力爆炸，2死8傷，近百戶民宅39部汽車全毀。

11.6 斯里蘭卡總統大選，庫瑪拉彤嘉夫人贏得選舉，其母班達拉乃克夫人亦獲內閣支持，將出任總理，創下母女2人分任總理和總統舉世無雙的先例。

11.7 國軍1架AT3攻擊機於傍晚試飛途中機件故障，墜落於後龍南港里附近，2名機員跳傘獲救。

11.8 印尼特使昔見李總統面呈APEC經濟領袖會議邀請函，在雙方默契下，李總統指派經建會主委蕭萬長代表參加。

11.10 江澤民啟程前往東南亞4國進行「睦鄰訪問」，並參加在印尼舉行的亞太經合會高峰會議，並於此間與柯林頓會面2次。

11.11 海軍烏坵指揮官李鎧少將飲彈身亡，這是國軍近年首次發生高階將領自戕案件，且是敵前指揮官，引起高度重視。

11.11 陸海空軍官校、政戰學校、國防管理學院3軍5校舉行畢業典禮，

李總統親臨主持表示：反駁金馬撤軍論，強調沒有金門、馬祖軍民的犧牲，就無今日台灣的繁榮進步。

11.12 由中華經貿文化促進協會主辦的「哈爾濱燈展」開放參觀17天，造成民眾踴躍參與。

11.12 中華民國職業籃球元年在台北市舉行開幕典禮，李登輝親臨主持開球儀式。

11.24 中國國民黨舉行建黨1百週年慶祝活動，於會中明確宣示反共及謀求國家統一的決心不變。

11.25 中國、越南簽署和平解決邊界問題的聯合公報，並簽署3項經貿協議。

11.27 台北縣同時舉行4立委罷免投票及核四公投，罷免投票率2成，贊成票數未超過51萬8千票；核四公投票率僅1成。

11.28 台北——屏東航線開航，此為台灣地區第28條對開航線。

12.3 第1屆台灣省長、台北高雄市長；及省議員、北高兩市議員選舉今日舉行。

12.5 第18屆台美工商聯合會議開幕，由台美政府高層官員及企業家600餘人與會。美國交通部長裝納亦參加，此為台美斷交15年來，第2位部級官員到台灣。

12.5 省屬華南商業銀行北市大稻埕分行遭竊9千多萬元，此為國內損失金額最高的竊案。

12.12 立法院通過「環境影響評估法」，使台灣環境保護工作由過去的消極事後補救，轉為積極的事前防範。

12.13 第31屆金馬獎揭曉，最佳劇情片：愛情萬歲，最佳導演：蔡明亮，最佳男主角：梁朝偉，最佳女主角：陳沖。

12.20 台灣首任民選省長宋楚瑜宣誓就職；民選的台北市長陳水扁、高雄市長吳敦義也於25日宣誓就職。

12.20 全民計程車司機戴正昌在台北市統一飯店「香檳廳」夜總會前，因治車糾紛被殺，引發嚴重的警民衝突。

12.25 警局再度展開威力抄台行動，出動2,500名警力，取締地下電台「台灣之音」，查扣發射器，過程順利。

12.26 自84年7月起，各種國家考試一律廢除國父遺教、三民主義。

12.29 經國號IDF第1中隊正式成軍，空軍戰力提升，展現初步成果。

## 1995

1.1 奧地利、芬蘭、瑞典3國，加入歐洲聯盟。

1.3 政府取締地下電台行動展開，「寶島新聲」首遭拆除，過程平和，北縣其他6家同業亦同時遭拆除。

1.3 平均地權草案完成修正，私人持有土地面積受限制；都市土地持有不得逾10畝，非都市土地則為20畝。

1.9 北市松山地政事務所因審查土地抵押權設定登記案，疏於注意文件真偽，造成申請人蒙受損失，被判賠償1億5百多萬元，創下國家賠償史上最高金額。

1.11 政府全面開放國道客運經營路線，核准多家同時經營，打破高速公路長期以來的壟斷局面，「野雞車」成為歷史名詞。

1.12 大學共同必修彈性放寬，大四體育改為選修，軍訓護理大一必修，大二、三選修，而退學標準由各校自訂。

1.14 總統府戰略顧問、陸軍一級上將黃杰逝世，享年92歲。

1.17 在反菸團體董氏基金會運作下，國內9大航空業者自今年7月起，實施國際航線全面禁菸。

1.20 具有300年歷史的2級古蹟雲林北港朝天宮祖廟發生大火，數百尊神像焚毀，此為台灣文化資產一次重大損失。

1.20 俄羅斯部隊攻占車臣首府格洛尼茲，葉爾辛宣佈戰事結束。

1.22 海基會副董事長焦仁和與海協會副會長唐樹備，在北京舉行第三次會談，由於雙方對法律管轄權歧見未解，未簽署任何協議。

1.26 首部教育白皮書初稿公佈，特殊及弱勢族群幼兒幼教免費，中小學班級人數降至35人以下。

1.29 復興航空一架ATR72型馬公飛台北班機，晚間在桃園龜山附近墜毀，4航員罹難。

2.2 台北縣板橋市區發生氣爆災害，經會勘確定為中油輸氣幹管漏氣，導致7定點爆炸起火，雖有11人受傷，但無人死亡。

2.2 吳東明堅辭調查局長獲准，遺缺由行政院秘書長廖正豪接任。

2.5 我國向美國採購之4艘掃雷艦抵台，3月1日成軍，執行反封鎖戰備任務。

2.5 涉及在台灣非法吸金28億元後惡性倒閉的外逃經濟犯蔣凱夫，自美國押返歸案，寫下中華民國法務部調查局、刑事局和美國司法單位合作的新頁。

2.14 美國大峽谷發生墜機慘案，我國旅客7死2傷。

2.15 台中市衛爾康西餐廳及MTV發生大火，造成64人死亡、16人受傷，是國內有史以來傷亡最慘重的一次火災，震驚社會。

2.22 有學生情人之稱的60年代知名藝人林翠因氣喘病發作猝逝，享年60歲。

2.23 台灣東部濱海地區發生5.2級地震，一輛行經中橫的遊覽車遭石塊擊中，造成2死14傷。

2.24 參謀總長劉和謙在「亞太情勢與兩岸關係學術研討會」中指出，在江澤民主張對台八點時，中共砲兵部隊的M族飛彈基地自江西向福建推進，射程涵蓋全台灣。

2.24 香港女演員蕭芳芳以許鞍華導演的「女人四十」獲得第45屆柏林影展最佳女主角。

2.28 李登輝總統在全國性228紀念碑落成典禮上，以國家元首身分表示為當年228事件「承擔政府所犯的過錯，並致深摯的歉意」。

3.1 交通部通過外籍輪、權宜船遵守「不通關、不入境」的規定，則可直接航行台灣5個國際港與大陸港口間，經營境外轉運業務。

3.1 內政部消防署正式成立，掌理全國消防業務。

3.1 全民健保開始實施，台灣的醫療保險在倉促中邁入新紀元。

3.5 高雄化工廠凌晨失火，12座二層

樓高儲油槽爆炸，造成3死2傷。

3.5 中共第8屆人大會議召開，17日投票選出2位副總理吳邦國與姜春雲。

3.17 郵局宣佈今天為「郵政儲匯開創年」，郵局擴大儲匯業務，開始辦理貸款。

3.19 經濟部水利司長徐享崑以民間專家身分率團赴大陸北京，參加兩岸首次舉辦的「兩岸三邊水利科技研討會」。

3.20 農委會公開發行農業白皮書，稻米保價收購3年不變。

3.22 中央銀行總裁梁國樹請辭，由台灣銀行董事長許遠東接任。

3.23 亞奧會秘書長會議在高雄揭幕，會場根據慣例掛起43個會員國的會旗，中國大陸的五星旗也首度公開在台灣懸掛。

3.26 高等法院法官羅紀雄涉嫌收賄，將煙毒犯改判無罪遭收押禁見，司法風氣敗壞問題再度成為輿論焦點。

3.27 台中市陸光九村大火，起火巷道狹窄，搶救困難，造成2人死亡，百餘人無家可歸。

3.27 曾名列國內十大槍擊要犯首名的許金德，遭挾持亂槍喪命，震驚黑白兩道。

4.1 李總統啟程前往阿拉伯聯合大公國及約旦，作4天非正式訪問，於4日返國。

4.1 原定前往南沙巡弋的3艘保七總隊巡護船，在登陸東沙島後，因菲律賓的抗議而臨時取消，折返澎湖。

4.2 越南抗議中華民國南沙駐軍於3月25日砲擊其運輸船，外交部拒絕接受，軍方否認指控。

4.7 聯合國氣候變化綱要公約簽約國第一次會議，通過協議減少溫室氣體排放量。

4.8 李登輝總統在國統會全體委員會議中，對當前大陸政策發表重要談話，重申基本立場並提出六點具體作法，回應中共國家主席江澤民對台政策的八點看法。

4.10 中共元老第2號人物陳雲於北京加護病房中病逝，終年90歲。

4.12 新儒學大哲牟宗三今日病逝，享年86歲。

4.13 有「中國攝影之父」之稱的郎靜山病逝，享年104歲。

4.19 台中電廠4部發電機組全部跳機，為台灣有史以來最嚴重的跳機，對部分產業造成極大的損失，波及50萬戶的民生用電。

4.19 馬拉威共和國總統莫魯士夫婦抵台訪問。於22日簽署聯合公報，聲言促進亞非及全球和平繁榮。

4.27 中共北京市委書記陳希同受近年多起經濟醜聞影響而下台，由尉健行接任。

5.4 亞銀年會理事會議揭幕，55個會員國代表出席，在紐西蘭奧克蘭市舉行，中華民國由中央銀行總裁許遠東率領財金界人士與會。

5.4 行政院今日通過「境外航運中心設置作業辦法」，決定在一週後開始實施以高雄港為優先的境外轉運中心。

5.6 本土名畫家楊三郎今日病逝，享年89歲。

5.8 全球華人耳熟能詳的名歌星鄧麗君因氣喘病逝，年僅43歲。

5.11 中華民國與厄瓜多大黎加簽署空運協定，這是繼巴拿馬之後，在中南美洲取得的第2個空運航權。

5.12 山友陳國鈞與江秀真，成功征服了地球上的最高點聖母峰（珠穆朗瑪峰）；江秀真並成為台灣史上首位攀登此峰的女性。

5.17 史瓦濟蘭國王恩史瓦帝三世訪華，並與李登輝總統簽署聯合公報，強調兩國之友誼及繼續加強合作之決心。

5.17 法國右翼保守派的巴黎市長席哈克於今日就任法國第五共和的第5任總統。

5.18 美國參議院外交委員會通過強化台灣關係法，及「台北駐美經濟文化代表處」改名為「台北駐美代表處」。

5.23 俄羅斯與白俄羅斯成立關稅聯盟，宣佈撤除邊界。

5.24 台電大林場6部機組跳機，造成工業及民生130萬戶大限電，這是國內最大規模的無預警停電事件，廠商損失逾10億。

5.29 海基會副董事長兼祕書長焦仁和

與海協會常務副會長唐樹備，於台北簽署「第二次辜汪會談第一次預備性磋商共識」。

5.30 大陸廣東珠海機場啟用，李鵬親往剪綵。

6.1 行政院副院長徐立德訪問加拿大，成為歷年來赴加國訪問最高階層官員。

6.2 經過1年半的調查，發生於民國62年的「台大哲學系事件」獲得平反。調查小組指台大哲學系事件不是單純的校園事件，而係政治迫害。

6.7 李登輝總統赴美訪問，並返回母校康乃爾大學參加校友會活動。李總統此行雖然是私人訪問性質，不過是中華民國建國以來第1位赴美訪問的國家元首。

6.15 豪雨成災，全省總損失金額近3億5千萬元，其中雲林縣損失2億最為慘重。

6.15 在極為保密的情形下，行政院長連戰啟程訪問歐洲。非正式性訪問奧地利、匈牙利、捷克後，於22日返回台灣。

6.21 蘭嶼居民反對台電將核廢料掩埋於此，進行強烈的抗議行為。

6.22 軍方高層人事異動，羅本立接任參謀總長；劉和謙任總統府資政；唐飛任副參謀總長兼執行官；黃顯榮任空軍總司令。

6.25 台灣地區下午2點59分發生規模6.5的強烈地震，一共有6棟別墅坍斜。

6.27 圓山大飯店發生大火，延燒時間長達3個小時，造成飯店10樓以上付之一炬。

6.29 蒙太拿論壇第6屆會議在瑞士召開，以中華民國台灣為會議的中心主題，由李總統透過錄影方式在會中致詞。

6.29 立法院三讀通過「使用牌照稅法部分條文修正案」，大幅調高自用客車稅額，而100CC以下機車則免繳牌照稅。

7.6 為紀念抗戰勝利及台灣光復，行政院長連戰規劃建立紀念碑。

7.11 中華民國全面推展與越南經貿合作，中油宣佈與海防市合資進口液化石油氣，我將協助扶植越南

中小企業。

7.12 一架IDF經國號戰機失事墜海，飛行員獲救。

7.12 高雄籍漁船華滿626號、長強6號及昇財6號，從南沙群島返航時，遭中共快艇以查緝走私為名，強行登船檢查。

7.13 中華民國與甘比亞宣佈復交，雙方簽署建交公報。

7.18 日本首相村山富市正式向2次大戰中被日本強徵的慰安婦道歉。

7.19 以布莊、銀樓店面歷史悠久著稱的台北市衡陽路發生大火，約20家布莊、銀樓遭到波及。

7.20 立法院完成「總統、副總統選舉罷免法」，為中華民國首度直選總統立下法律根據。

7.21 中共宣佈本日起連續8天向東海公海海域進行地對地飛彈演習，發射目標區在彭佳嶼海面附近，要求相關國家政府和「地方當局」管制當地海空運輸。

7.26 第40屆亞太影展得獎名單揭曉，中影公司的影片「少女小漁」獲得最佳影片、最佳劇本、最佳藝術指導及最佳音效，主演該片的新人劉若英獲得最佳女主角。

8.4 中共國台辦台商投訴處成立，開始受理申請。

8.7 國票百億本票舞弊案，在央行釋出7百多億支援下暫渡危機，針對連串金融風暴，監委約談多位財政長官，以平息民眾的驚慌。

8.15 中共宣佈開始連續11天在東海進行飛彈、火砲實彈射擊演習，目標距離台灣比上一次演習更近，國防部表示已密切監控。

8.17 計程車司機擦撞糾紛爆發了街頭游擊戰，大單、藍天和全民司機互毆，由台北市蔓延至台北縣，數十人輕重傷。

8.22 汐止鎮長廖學廣因徵收鎮長稅，被判刑18年，縣府將其鎮長職務停止。

8.24 千餘位彰化葡萄果農因收購問題圍堵省府，與警方爆發衝突，後經協商達成收購協議，風波始告平息。

8.27 台南善化少棒隊在威廉波特世界少棒錦標賽中，重挫美南隊，奪

回世界少棒盟主榮銜。

8.29 大陸石化訪問團團長今日證實，兩岸決定合作探勘珠江油氣，中油表示雙方將各出資一半成立合資公司。

8.29 台灣一旅行團在美國發生車禍，造成7死5傷。

8.30 世界大學運動會中，網球的男女混合雙打由陳志榮和王思婷奪得金牌。

9.2 李登輝總統於抗戰勝利50週年暨第41屆軍人節發表演說：指出兩岸應求同化異促成和諧，並盼以李六條和江八點，作為推動兩岸關係之橋樣。

9.2 台中縣大肚山鄉街計畫，引發當地民眾抗爭，600餘位民眾搭乘11輛遊覽車，前往縣府與警方對峙3小時，雙方並爆發流血衝突事件。

9.3 中華民國向美國購買的4架E-2T空中預警機，首批2架運抵高雄港，並在整訓後加入空軍行列。

9.9 知名作家張愛玲被發現逝世於洛杉磯寓所內，享年75歲。

9.10 全國首座海水淡化廠及第1艘醫療船在澎湖啟用，大幅改善離島資源欠缺窘境。

9.11 台北市凡爾賽KTV嚴重違規營業，行政院長連戰每子被罰罰12萬元。受此事影響，連戰聲明記人管理財產。

9.14 高雄縣仁武焚化爐在千餘保警部署下強力動工，遭當地鳥林村村民激烈抗爭，警民7人受傷。

9.15 嘉義縣梅山鄉貨車載人翻落溪谷，造成9人死亡、17人受傷。

9.22 曾為中華隊在廣島亞運贏得銀牌的徐佩菁，在雅加達舉行的第11屆亞洲田徑錦標賽女子400公尺跨欄中，獲得金牌。

9.23 中共副總理兼外長錢其琛率領中共代表團，抵達紐約甘迺迪機場，準備參加於50屆聯大一般辯論發言。

9.27 因焚化爐蓋在國小旁，小學生罷課情形嚴重的鳥林國小，擴大演變成大人帶領學童走上街頭抗議的事件。

9.28 以色列總理拉賓和巴勒斯坦解放

組織主席阿拉法特，在白宮簽署擴大巴人自治協定。

10.1 法國在南太平洋方格塔法環礁進行第2回核子試爆，引發全球廣泛譴責。

10.3 於民國59年完工的澎湖跨海大橋，在使用20餘年後，於今日封閉拆除。

10.4 台北市鄭州路地下街工程連續壁部分，凌晨發生嚴重崩塌，深度高約5層樓。

10.5 為慶祝抗戰勝利50週年及慶祝84年國慶而舉辦的「華興演習」，在高雄左營基地展開。

10.10 國慶大會及遊行表演在總統府前廣場盛大舉行，李總統致詞呼籲全民團結，「為經營大台灣、復興新中國」共同努力。

10.11 北宜高速公路坪林隧道施工時，意外發現鉛鋅銅礦脈，由於具經濟開採價值，已定為保留區。

10.16 中共領袖江澤民接受美國新聞週刊訪問，內容為：台灣問題決不讓步，歡迎台海兩岸高層人士互訪，毛鄧旋風不會再現。

10.17 台澳航線通航草案簽訂，航約效期5年，跨越99澳門大限至西元2000年。

10.18 金門國家公園成立，成為國內第6座國家公園。

10.24 台港新航約達成協議，限期長達5年，跨越97直至西元2000年為止，自12月30日生效。

10.24 台灣區運動會在高雄市揭幕，來自國外的高雄5個姊妹市及全國25縣市逾1萬名選手，角逐336項競賽。

10.25 台北市政府在總統府前舉辦慶祝光復50週年飆舞晚會，吸引約4萬民眾參與，李總統並帶領民眾合唱。

10.25 柯江會談於紐約舉行，美國總統柯林頓和中共國家主席江澤民，雙方就人權、貿易和台灣問題進行廣泛的交換意見。

10.29 高雄大統百貨公司發生大火，具有20年歷史的地標建築不幸付之一炬。

10.31 嘉義市嘉年華大樓大火，造成11死18傷。

11.1 榮總驚傳院內感染瘧疾事件，6人患病已有4人死亡。

11.4 大陸偷渡客322人晚間在新竹和宜蘭兩地同時遣返，創下這返人數最多的紀錄。

11.4 以色列總理拉賓遭猶太極端派學生開槍行刺死亡，成為以色列首位遇刺身亡的政治領袖。

11.5 李總統搭乘空軍海鷗部隊S-70C直升機赴蘇澳，因雨折返台北。但另一先導機卻撞山墜機。

11.9 國內爆發首宗菲備殺死雇主案，兇嫌自戕重傷。

11.12 亞太經濟合作會議（APEC年會）於今日開始在大阪舉行，中華民國出席部長級會議的代表為經濟部長江丙坤。

11.12 亞太經濟合作會議台灣代表出席非正式領袖會議，由辜振甫以行政院經濟建設委員會委員名義為代表。

11.15 南韓前總統盧泰愚在任職期間啟取巨款被收押。

11.21 第3季國際收支逆差達65億元，創5年來單季最高紀錄，短期資金外流嚴重。

11.22 空軍經國號戰機第2作戰中隊，由李總統主持成軍典禮。

11.28 總統選舉有四組完成連署登記，中選會29日公告名單。

11.28 亞衛二號衛星自四川西昌基地升空，其發射波覆蓋台灣、大陸及整個亞洲地區。

12.8 台灣─澳門航線開航，澳門航空首班航機以原班機、換班號方式，自中正機場起飛，一機到底飛往北京。

12.8 中共領袖江澤民重申「一國兩制」是完成統一的基本方針，不是權宜之計，同時表示香港處理模式的結果，對解決台灣問題有直接的影響。

12.9 第32屆金馬獎頒獎典禮開幕，最佳男主角由林揚獲得，最佳女主角則為蕭芳芳，同時李登輝總統也親臨現場頒獎。

12.9 斥資1億5千萬，有9層樓（53公尺）高的鄭成功像，在嘉義溪口鄉開元殿舉行落成典禮，為國內最大的鄭成功像。

12.11 荷蘭菲利浦集團決定在高雄設轉運中心，此為首家在台設立境外轉運中心的跨國企業。

12.13 大陸知名民運人士魏京生，今日接受中共北京第一級人民法院宣判，以「陰謀顛覆政府」罪名，判處14年徒刑。

12.16 成淵國中發生集體性侵害事件，受害者家長要求校方做適當的處分，此事引起社會大眾對國中生的恐嚇和不當行為廣泛關切。

12.19 民進黨中央公佈「大和解說帖」，強調以大聯合政府為管道達成和解的目的。

12.21 立法院三讀通過修正案，規定公務員離職3年內不得出任與離職前3年內相關單位董監事，以杜絕利益輸送。

12.22 警務處督察陳坤湖涉嫌於家中開設賭場，遭記兩大過免職，為台灣有史以來因風紀案去職的最高階警官。

12.24 澎湖交通船協昌號翻覆，造成1死2傷。

12.29 監察院召開國票弊案彈劾案審查會，通過彈劾中央銀行總裁許遠東等6人，成為2屆監委彈劾特任官首例。

## 1996

1.1 去年11月外幣存款總額突破2千億元，自6月以來連續4個月創下新高。

1.1 高雄市楠梓區數百民眾晚間圍堵進入西青埔垃圾場的三個入口，抗議高雄市長吳敦義背信，而與鎮暴警察發生衝突，直至凌晨3時在吳敦義出面致意後才撤離。

1.1 廈門計畫發展台商營運中心，期能成為兩岸聯絡中繼站。

1.4 立法院三讀通過所得稅法部分條文修正案，證所稅將恢復課徵，股市大受影響，幾乎全面跌停，加權股價指數下跌346點。

1.4 故宮博物館即將赴美國展出475組件唐、宋書畫寶物，引起民間及藝術界一片討論。

1.10 美國總統柯林頓提新版7年平衡預算案，府會終於達成協議，預算僵局暫時解除，停擺了21天的

聯邦政府亦恢復正常運作。

1.12 立法院院會通過覆議案，證所稅及證交稅案回到原點，證所稅不課徵，證交稅率維持千分之三。

1.13 總統選舉公民連署活動截止，林洋港、郝柏村及陳履安、王清峰二組搭檔皆超過法定連署人數，俟中選會審核通過，即正式成為總統候選人。

1.15 交通部民航局爆發集體貪瀆疑案，檢調發現自80年至84年間，有浮報飛航測試費之嫌，傳喚兩位前任局長等多名官員應訊。

1.16 電信3法三讀通過，電信事業開放民間及外商投資。

1.23 李安導演的《理性與感性》榮獲「金球獎」。

1.25 行政院提出總辭。

1.25 20餘個環保等各界社運團體宣佈成立「綠色本土清新黨」，將以「推動台灣社會政治改革、秉持生態主張建設新國家」為宗旨。

1.30 中共總理李鵬首次明確提出化解兩岸局面的底線，強調台灣當局必須在行動上放棄製造「兩個中國」及「一中一台」。

2.1 第3屆立法院改選正副院長，經2輪投票後，國民黨劉松藩以82比81，一票險勝民進黨施明德，與王金平二人蟬聯正、副院長。

2.5 第9任總統、副總統及第3屆國民大會代表選舉候選人登記截止，總統部分有4組參選人完成候選人登記；國代部分共有595人角逐334席。

2.5 台灣首根自製的8吋晶棒誕生。

2.7 美國成立「處理台海危機特別任務小組」。

2.10 中華民國選舉史上首次民選總統候選人辯論會舉行，由彭明敏、林洋港、陳履安3人首先登場，李連2人則已決定不參與所有辯論會。

2.14 第9任總統、副總統候選人舉行號次抽籤，4組依序為1號陳履安、王清峰，2號李登輝、連戰，3號彭明敏、謝長廷，4號林洋港、郝柏村。

2.15 股市封關，加權指數下挫27點，19年來首度封關日收黑。

2.15　中共發射長征3號火箭，但於升空後爆炸，中共發射衛星的計畫遭到重大挫敗。

2.23　立法院行使閣揆同意權，連戰以85票低空過關，續任閣揆。

2.27　台北捷運木柵線通車，為全國第1條捷運線，並免費試乘1個月，首日有15,000人搶搭。

2.28　李登輝總統獲瑞典前副總理阿馬克推薦，角逐諾貝爾和平獎。

2.28　台北新公園正式更名為「二二八和平公園」。

3.2　台北市政府發放敬老津貼，15萬人受惠。

3.3　中共第8屆政協第4次會議在北京開幕，副主席葉選平強調，仍將依「和平統一、一國兩制」及江八點推動對台交流。

3.5　中共宣佈舉行導彈發射演習。

3.8　中共發射3枚地對地M-9型飛彈，第1、3枚落入高雄正西方試射區，第2枚則落入基隆正東的試射區，陸委會發表聲明譴責中共；南北航道因之改變，東北亞海空域遭嚴重威脅，日本表示不滿，美國府會亦嚴厲譴責，柯林頓政府加緊與北京對話。

3.12　中共海空軍演習展開，演練均未超過海峽中線，台灣嘉、南民航機場曾受影響；美國總統柯林頓下令尼米茲號航艦駛往台灣海峽，與獨立號會合，就近監視共軍演習。

3.13　台北市介壽路改名為「凱達格蘭大道」。

3.15　中共於台灣總統大選前1週開始第3波演習，地點為平潭島附近海域；並於選後第2天宣佈演習結束。

3.21　北二高汐止木柵段通車。

3.23　首屆總統民選結束，國民黨提名的候選人李登輝與連戰，以581萬3,699票，百分之54的得票率，順利當選中華民國第9任總統、副總統。

3.24　施明德辭民主進步黨主席職位，以示為敗選負責。

3.25　美國加州柏克萊大學的「陳嘉庚大樓」竣工，這是全美大學中第1座以華人命名的大樓。

3.27　《當代》雜誌宣佈休刊。

3.27　為防杜感染狂牛症的牛肉傳染至人體，歐洲聯盟通過提案禁止英國牛肉製品輸出；英國明令禁止販售30個月以上牛隻，並選擇性撲殺牛隻，撥款補助養牛戶。

3.28　英國狂牛症引發國內消費者恐慌，衛生署下令暫停進口英國牛肉製品。

3.28　台北市捷運木柵線今日正式營運通車。

3.28　美國參議院通過以台灣關係法取代817公報。

3.31　章孝慈公祭儀式在台北榮總舉行，李總統伉儷、黨政首長、外國駐華使節及二二八事件受難者家屬等約千餘人到場致祭。

4.6　玉山飄下4月雪。

4.7　台灣選手參加「亞洲舉重錦標賽」獲3面金牌，陳瑞蓮抓舉成績破世界紀錄。

4.9　交通大學慶祝100歲生日。

4.9　中共總理李鵬抵台訪問，千人群聚李鵬下榻處示威，雖在人權問題上談判近乎觸礁，仍和法國外長朱沛白簽署完成至少20億美元的經貿協定。

4.11　86年度中央政府總預算審查登場，行政院長連戰率相關首長向立法院作連續3天的報告與詢答；召開全院聯席會時，在野黨趁在場人數居於優勢，提案表決通過，將總預算案退回院會。

4.12　屏東縣長伍澤元因四汴頭案被起訴，檢察官就圖利部分具體求刑9年；另外又在82年屏東縣長選舉時以不實言論方式攻訐競選對手蘇貞昌，2審被判徒刑8月緩刑2年。

4.12　柯林頓總統否決國務院授權法案，使得美國國會促使「台灣關係法」之軍售條款優於817公報之努力功虧一簣。

4.14　台灣留美學生楊致遠在矽谷成立「雅虎（Yahoo）網路公司」。

4.15　調查局偵辦周人蔘電玩集團弊案，查獲板橋地檢署主任檢察官洪家儀涉嫌炒股，並普通風報信使取締行動落空，已予收押禁見，北市中正二分局副分局長綫

錫銘亦遭收押。檢調單位約談前航警局長曾淇水後以30萬元交保，林口鄉鄉長蔡宗一亦被約談。台北地檢署檢察官許良慶因涉案收押禁見。

4.17　美國總統與日本首相橋本龍太郎簽署美日安保宣言。

4.20　85年度台灣區中等學校運動會於台北揭幕。

4.24　中正機場2期航站裝璜工程圍標弊案，在檢察官復訊後，中華工程公司1人遭收押2人交保。竹聯幫仁堂堂主馬在政及中興電工工程事業處課處長邱發山偵訊後遭收押禁見。

4.30　福建省「湄洲媽祖」抵台訪問。

5.2　辜汪會談屆滿3周年，陸委會授權海基會致函大陸海協會，期儘速恢復兩岸協商管道，但海協會覆函，拒絕重新復會。

5.6　屏東縣議會議長補選案，盛傳黑道及賄選介入，調查局派幹員加入檢調專案小姐，主動展開掃蕩行動。

5.7　屏東縣鹽埔鄉農會總幹事彭昆城涉挪用客戶存款並潛逃，爆發擠兌風波。行政院長連戰表示，政府要負完全責任，未來基層金融將由財政部管理。

5.10　第1支以「中華民國」為隊名的聖母峰遠征隊，10日攻頂成功，隊長高銘和征服峰高8,848公尺峰頂，隊員陳玉男則發生意外不幸罹難。

5.15　美國宣佈對大陸價值30億美元的進口成衣、電子用品課徵百分之百關稅，以懲處大陸保護智慧財產權不力。中共隨即比照模式反制裁。

5.16　配合第9任正副總統就職，連內閣提出總辭。

5.18　立法委員彭紹瑾遇襲，遭不明歹徒砍傷4刀，送醫急救之後幸無生命危險。

5.18　國防部公佈85年度版國防白皮書，指出國軍將逐步建立衛星監控系統。

5.20　李登輝、連戰宣誓就任中華民國第9任總統、副總統。

5.21　聯合國與伊拉克簽署備忘錄，解

除對伊石油禁運，伊拉克每日可
出售70萬桶原油。此決定引起國
際油價大跌。

5.22 台中市長林柏榕，因涉及10期市
地重劃案中非法圖利旱溪河道業
主，被台中地院判刑5年。

5.23 行政院院會通過「國民教育法」
及「強迫入學條例」部分條文修
正案，規定完成國中教育，而未
繼續升學的青少年，必須強制接
受1年的技藝教育。

5.24 立法院院會表決通過廢止核電廠
興建計畫，進行中的工程立即停
止，並將預算繳回國庫。

5.28 台塑集團與福建省簽訂漳州發電
廠合作契約，將興建1座360萬瓩
的火力發電廠。

5.29 以色列舉行總理大選，右派自由
黨領袖內唐亞胡，擊敗對手裴瑞
斯，成為以國最年輕的總理。

5.31 胡志強、莊銘耀宣誓就任駐美及
駐日代表。

6.1 齊白石畫展在歷史博物館展出。

6.2 台北市政府在新生南路啟用公車
專用道。

6.5 李登輝總統宣佈由連戰續行政
院長，為中華民國憲政史上第3
位兼任行政院長的副總統。

6.6 中正機場2期航站裝修工程弊案
偵察終結，檢方共起訴16人及4
家廠商。

6.13 跨越九七效期，台港5年航約今
將完成簽署。

6.13 台大醫院宣佈完成心室輔助器植
入手術，並移植心臟成功，首開
亞洲先例。

6.14 姚高橋接任警政署長。

6.16 民進黨全國黨代表大會落幕，
選出許信良為第7屆黨主席。

6.18 司法院通過刑事訴訟法部分條文
修正，擴大准保範圍。

6.21 台北地檢署完成周人蔘電玩弊案
第一波偵察，起訴18名被告，其
中前台北市警察局督察長陳衍敏
及前嘉義市警察局長程文典均
被求處徒刑15年。

6.23 音樂家許常惠獲聘國策顧問。

7.2 南非外交部長佐思抵台訪問拜會
李登輝總統及行政院長連戰。南
非總統曼德拉在南非表示，「一

個中國」問題解決前，不會為了
和北京建交而與台灣斷交。

7.2 勞基會主委謝深山因銀行等6行
業未如期納入勞基法，有違政治
承諾，向行政院提出辭呈並出國
度假。之後決定接受慰留，繼續
推動政策。

7.3 中研院22屆院士會議開幕，投票
選出新院士。

7.8 第3屆國民大會選舉正副議長，
分別由錢復、謝隆盛當選。

7.10 教育部長吳京宣佈今年大學聯招
實施增額錄取新制，預估招生人
數將增加5千至1萬人。

7.12 英國王儲查理王子和王妃黛安娜
達成離婚協議，結束近15年的婚
姻關係。

7.18 台北地檢署完成周人蔘電玩弊案
第2波偵察工作，共起訴9名員警
及1名業者。檢方更將前松山分
局巡佐林政男求處無期徒刑。

7.19 中華民國與宏都拉斯簽署聯合公
報，兩國同意建立策略聯盟，並
互予堅定之政治支持。

7.20 日本將釣魚台群島劃入其經濟海
域，與大陸、韓國、台灣海域重
疊，中華民國駐日單位要求談
判。內政部聲明釣魚台為中華民
國固有領土，並下令保七總隊待
命進行護漁行動。

7.26 葛樂禮颱風登陸，當晚即出海，
帶來強風豪雨，包括南橫公路等
東、南部重要省道完全中斷，國
內航班全數停飛，並造成至少2
人死亡。

7.29 陸委會決議通過，將開放省、
市、縣長等民選首長，赴大陸從
事文教交流。

8.1 強烈颱風「賀伯」登陸台灣，造
成嚴重災情。至少21人死亡、38
人失蹤，數百人輕重傷，農業損
失達138億元，堪稱30年來最嚴
重的一次天然災害。

8.1 中華民國女子桌球隊選手陳靜在
奧運會中奪得女子單打銀牌，為
中華民國參加奧運64年來獲得的
第3面銀牌。

8.5 第26屆亞特蘭大奧運閉幕，總計
刷新24項世界紀錄，改寫52項奧
運記錄，美國、俄羅斯及德國所

獲獎牌數居前3名。

8.10 無黨籍立委廖學廣凌晨遭歹徒綁
架，稍後獲救，歹徒動機不明。

8.10 中油高雄煉油總廠內五輕工廠爆
發燃油洩漏意外，2工人遭高溫
油雨噴灑燙傷，近3千人登記索
賠。次日輸油站幫浦又爆炸起
火，高雄後勁地區民眾展開圍廠
抗爭。

8.14 李登輝總統在國民大會表示，以
大陸為腹地，建設亞太營運中心
的論調應加以檢討。

8.14 監察院針對中壢農會擠兌事件，
通過對桃園縣長劉邦友彈劾，將
移送公務員懲戒委員會處理。

8.16 台塑集團為表示配合政府政策，
撤回漳州電廠投資申請案。

8.19 外交部聲明，與尼日終止外交關
係，並停止一切合作計畫。

8.26 中華少棒、青少棒雙獲世界錦標
賽冠軍。

8.28 衛生署發佈在台北市發現今年首
例本土性登革熱病例。

8.30 檢警憲調單位發動掃蕩黑幫行
動，在台北市逮捕四海幫老大蔡
冠倫等人，並加以押送綠島看守
所羈押。

9.3 賀伯風災檢討，連戰痛陳相關首
長平日執法不力，並促提報議處
名單，尤清等是否遭懲處，備受
矚目。

9.4 南投中台禪寺爆發剃度風波，多
位出家人未事先告知家長，導致
家屬前往寺中抗議要人，引發激
烈對峙，後經惟覺老和尚出面，
讓出家眷與家長見面，多數並由
家長帶回，風波始平。

9.6 立院復議首日通過6項法案，成
果豐碩，其中民法親屬編修正案
明訂1985年6月前結婚的妻子名
下財產仍為妻所有，另監護權應
以子女最佳利益為考量。

9.7 民意代表訪釣魚台遭日方驅逐。

9.11 農委會接獲美方通知，證實美國
已將台灣自培利修正案觀察名單
中除名。

9.15 因應當前兩岸關係，李登輝總統
盼國人「戒急用忍」。

9.12 行政院針對釣魚台問題宣佈中華
民國四點基本立場：一、堅持擁

有主權；二、和平解決爭端；三、不與中共合作；四、維護漁民權益。

9.18 彰化縣議長粘仲仁因涉及多件重大刑案，經檢方偵訊後收押禁見，並解送綠島看守所。

9.20 大學入學考試改良中心通過改良式基本聯招架構，最快89學年度將實施兩階段入學考試。

10.1 美國貿易代表署公佈「超級301」報復名單，台灣並未上榜。

10.4 中日第2次漁業磋商在東京舉行，對於釣魚台問題，雙方未達具體共識。

10.6 建國黨今舉行成立大會，李鎮源任主席。

10.12 檢調單位對宋七力影像協會展開搜索偵辦，並對宋七力、鄭振冬發佈通緝。宋七力坦承串謀行騙，被檢方收押禁見。

10.14 搖滾歌星麥可傑克森今抵台開演唱會。

10.16 飛碟電台開播。

10.18 立法院院會通過核四覆議案，而在立法院場外則爆發反核群眾與警方激烈衝突。

10.18 汐止「天佛大道院禪寺」妙天禪師遭檢舉，涉嫌以傳銷方式推銷蓮座等產品，並販售疑似發光神蹟書籍與圖片獲利數億元，士林地檢署已主動偵辦。

10.30 民運領袖王丹被判11年徒刑，剝奪政治權利2年，王丹表示將提上訴。

11.1 立法院通過「原住民委員會組織條例」。

11.2 台北市「市民大道」全線通車。

11.4 陸委會決議，開放大陸地區記者申請駐台採訪，其期限不得超過1年，必要時可以延長1年。

11.7 台中縣大甲鎮代會主席鄭銘富因涉嫌暴力介入選舉、經營職業賭場被捕，送往綠島羈押。

11.11 外交部宣佈，台灣將由工商協進會名譽理事長辜振甫，代表李總統出席亞太經合會高峰會議。

11.11 國內同性戀者舉行首場婚禮。

11.15 香港特區推選委員會投票選出董建華、楊鐵樑及吳光正等3人，為特區行政首長候選人。

11.19 新竹少年監獄發生暴動，造成1死4傷，憲警共逮捕涉嫌滋事的312名受刑人。

11.21 桃園縣長劉邦友官邸發生重大血案，縣長劉邦友、縣議員莊順興8人遭歹徒槍擊死亡，縣議員鄧文昌重傷。

11.22 立法院院會三讀通過組織犯罪防制條例，明訂有組織犯罪前科者，終生不得參選。

11.27 南非總統曼德拉宣佈，將於明年底與我斷交，並於後年元旦和中共建交。

11.30 大學聯招委員會決定明年起不再公佈各校系最低原始錄取總分，以免造成排行榜現象。

12.1 民進黨舉行臨時全國黨員代表大會，通過黨內初選廢除公民投票，以民調取代，並通過黨員直選黨主席，提高黨內婦女參選公職保障等條款。

12.3 民進黨婦女發展部主任彭婉如在失蹤3天後，被發現陳屍於高雄縣鳥松鄉。

12.4 基隆八堵營區驚傳槍擊案件，空軍警衛連士兵蔡照政射殺同袍後自殺，造成3死3傷。

12.17 祕魯左派游擊隊員入侵日本大使官邸晚宴會場，劫持至少10國大使，要脅祕魯當局釋放其獄中同志。釋放325名人質之後，事件歷時10天仍未化解。7大工業國及俄羅斯大使紛利馬集會，研發方案以解決危機。

12.19 被列為治平專案掃黑對象的四海幫老大蔡冠倫，檢方依重傷害等罪嫌提起公訴，具體求刑7年。

12.22 嘉義市議長蕭登標、嘉義市議員蔡嘉文押送綠島。

12.23 國家發展會議在台北舉行，新黨退席後，各政黨代表達成多項共識，包括凍結省級及國大代表選舉、總統任命閣揆不需立院同意並可解散國會，同時也賦予立院審計及彈劾正副總統等權利。

12.31 行政院通過方案，明確宣示我國領海主權，金馬及南沙地區領海基線予不公告，釣魚台列嶼採正常基線方式劃定。

1.1 台灣省長宋楚瑜宣佈請辭省長及國民黨中常委職務。

1.1 立法院院會三讀通過「道路交通管理處罰條例部分條文修正案」，明訂犯有妨害風化罪及強姦、殺人等7大重刑前科者，不得以計程車司機為業。

1.2 全國治安會議閉幕，決定將警政署保七總隊改制為海上警察隊，加強緝私。

1.7 副總統兼行政院長連戰啟程赴尼加拉瓜訪問，並轉往歐洲。於14日抵達梵諦岡，覲見教宗若望保祿二世。

1.8 女子游泳選手林季嬋，在世界短水道游泳賽女子800公尺自由式中，奪得冠軍。

1.11 中共外長錢其琛抵達法國巴黎訪問，並會晤了法國總統席哈克。

1.12 台電低放射性廢料，經行政院核定與北韓簽約，選定北韓為第一個境外處置地點。

1.15 法國奧塞美術館名畫在台灣首度展出。

1.18 首批大專女生軍事訓練班212人，到成功嶺辦理報到。

1.21 捷克與德國領袖簽署和解宣言。

1.22 宏碁電腦宣佈，將併購德州儀器筆記型電腦事業群。

1.23 海峽兩岸航運代表在香港簽訂「會談紀要」，確認兩岸之權宜輪，可由高雄港直航大陸福州及廈門。

1.24 湄洲媽祖石始金身抵達台灣，全台數千名信徒夾道迎駕。

1.26 板橋發生歹徒襲警奪槍案，2員警受重傷，台北縣警察局在2天後逮捕2名嫌犯。

1.27 車臣舉行總統及國會大選，結果由游擊隊領袖馬斯哈多夫贏得總統大選。

1.29 職棒賭博案查獲時報鷹郭建成等3球員涉嫌放水，31日，又有2球員坦承涉案，造成職棒球員放水的傳言似真切；2月21日，統一獅更開除郭進興，聯盟其他6隊亦將永不再錄用。

2.4 台灣加入世貿組織（WTO）入

會雙邊諮商，與日本達成協議，在今年元宵節後開放禁止了23年的日本小汽車進口，日本成為WTO四大強國中，第一個與台灣完成諮商的國家。

2.10 農曆春節，新疆伊犁爆發了中共建國以來最大規模的種族暴動。

2.11 飛航台北──約翰尼斯堡已有16年又3個月的南非航空，今晚末班機由台北飛返約翰尼斯堡後，即為中雙航線畫下休止符。

2.16 有「中國居禮夫人」之稱的中研院院士吳健雄女士病逝美國，享年85歲。

2.19 鄧小平因得帕金森病，晚期併發肺部感染、呼吸循環功能衰竭，在北京逝世，享年93歲。

2.20 針對中共元老鄧小平去世，李登輝總統公開呼籲國人勿自亂陣腳，行政院長連戰則代表政府發表聲明，向鄧氏家族表達慰問悼念之意。

2.21 北韓總理姜成山遭到撤換，由洪成南取代。

2.25 立法院通過修正「228事件處理條例」，明訂228紀念日為國定假日。另位於228和平公園內的紀念碑文，本月28日由連戰副總統舉行揭碑儀式。

2.25 2千餘名醫師為抗議醫藥分業制度，走上街頭抗爭，並向立法院陳情。

2.26 教育部長吳京表示，修改「學位授予法」讓大學推廣教育班可授予學位，碩士班學生不一定要寫論文也可以畢業。

2.28 佛光山開山宗長星雲法師在梵諦岡會見教宗若望保祿二世，教宗表示願到台灣進行牧靈訪問。

2.28 台灣與美國達成兩空運全面開放協定，雙方可指定多家航空公司營運台美航線。

3.4 立法院會三讀通過「菸害防治法」，明訂部分公共場所全面禁菸。

3.6 檢調單位指出，國民黨海工會2名駐澳門幹部，涉嫌將國防機密洩漏給中共，兩人於2月27日被收押。

3.7 台灣與俄羅斯正式簽署航約，同意台北至莫斯科直接通航。

3.9 新黨廉政勤政委員會以立委朱高正「詆毀黨內同志、致新黨形象受損」為由，將其開除黨籍。

3.10 1架遠航客機由高雄飛往台北途中，被一名男子劉善忠劫往廈門，經中共處理後，人機於當晚平安返台。

3.15 桃園縣長及花蓮市長補選舉行，分別由民進黨籍的呂秀蓮及國民黨籍的葉耀輝當選；由於國民黨於桃園縣選舉失利，吳伯雄請辭獲慰留。

3.18 立法院3讀通過「香港澳門關係條例」，明訂97後台灣、香港、澳門船舶及航空器採行直通。

3.19 行政院今日決定成立「體育委員會」，由黃大洲擔任籌備會召集人。

3.20 農委會證實全台豬隻爆發口蹄疫情，並宣布台灣為口蹄疫區，全面禁止豬肉出口，於26日向英國採購的150萬支疫苗運抵台灣，以控制疫情。

3.22 西藏精神領袖達賴喇嘛抵台訪問，於27日與李總統會面，並於當天離台。

3.24 美國高層展開亞洲密集訪問行程，副總統高爾抵達北京訪問。

3.25 美國副總統高爾抵達北京作為期5天的訪問。25日並會晤了李鵬，討論有關貿易、人權、武器擴散等問題。

3.28 台北捷運淡水線通車營運，為台灣第1條全高架捷運路線。

3.31 台塑董事長王永慶表示，將依規定辦理漳州電廠投資案，如果政府不准，台塑將會放棄。

4.2 李總統頒佈大召集令，定5月5日召開第三屆國民大會第二次會議。

4.2 美國眾議院議長金瑞奇來台訪問，先後會見李總統及副總統連戰，表達對台灣的友好立場。

4.8 駐外高層人事異動，駐荷蘭代表郭為藩轉往法國，遺缺由顧崇廉接任。

4.10 中油桃園蘆竹地下管線破裂漏油，重油污染農地、魚池，受害面積約65公頃。

4.14 影視界名人白冰冰的獨生女兒白曉燕，遭人綁架勒贖500萬美金，警方於25日逮捕4名嫌犯，其餘嫌犯仍然在逃。

4.15 國人自行研發的經國號戰機連隊成軍，連同亦為自行研發的天劍系列飛彈一起公開亮相。

4.19 兩岸48年來正式通航，大陸盛達輪間駛入高雄港；而台灣第一艘的直航輪為「立順輪」，於25日到達廈門。

4.20 大陸榮華輪今日白晝進入高雄港，在桅杆上升中華民國國旗，成為首艘懸掛中華民國國旗的大陸權宜輪。

4.24 外交部政務次長程建人抵達英國，參加在此期間召開的國際法學會理事會議，此為中英斷交以來，首次有政務次長級以上官員訪英。

4.25 日本首相橋本龍太郎與美國總統柯林頓展開高峰會議。

4.27 首次的台北區公私立高中和台北市公私立高職兩項入學推薦甄選、學科能力測驗於今天舉行。

4.28 中共國家主席江澤民訪問俄羅斯，並和哈薩克、塔吉克和吉爾吉斯等4國簽署邊境裁武協定。

5.1 英國大選揭曉，由布萊爾領導下的工黨大勝，擊敗保守黨連續18年執政的局面。

5.2 台港航運協商今在香港舉行，在關鍵性的旗幟問題上，台灣主張不掛旗，香港希望掛區旗，雙方因而無法達成共識。

5.6 中華民國與聖多美普林西比共和國同時宣布建立外交關係，並簽署建交協定。

5.6 日本國會議員西村真悟等人登上釣魚台，中華民國外交部立即向日方表達嚴正關切，並重申對釣魚台主權。

5.15 李登輝總統舉行記者會，再度為治安問題向民眾道歉，並宣示絕對不競選連任。

5.15 法國總理席哈克率團抵達北京訪問，與中共簽署「中法聯合聲明」。

5.18 延續「504大遊行」，數萬民眾再度走上街頭，訴求「總統認錯、

撤換內閣」。24日，群眾於總統府前跨夜集會，為此3波行動劃下句點。

5.18　外交部宣佈與巴哈馬斷交，並中止各項協定及合作關係。

5.19　外交部長章孝嚴赴歐洲訪問，本週抵達比利時於歐洲議會演講。

5.22　中華民國與馬來西亞部長級經貿會議召開，雙方簽署備忘錄，於23日閉幕。

5.22　台灣雕塑大師朱銘應法國巴黎市政府之邀，在巴黎鑽石廣場展出「太極」系列作品20餘件。

5.28　教育部宣佈，取消「嚴禁教師體罰」的規定，未來管教措施授權由家長、教師及學生代表共同訂定辦法實施。

6.3　由本日起至5日，全台連續豪大雨，造成農業損失逾3億元，農委會7日公告苗栗縣為災區。

6.5　教育部決定，擴大高職免試入學管道，未來採用登記入學、推薦甄選及申請入學等3種方式。

6.11　國內第4家無線電視台「全民電視台」開播。

6.14　永豐紙業公司員工徐凱樂及交通大學教授何小台，因涉嫌竊取美國藥廠必治妥公司抗癌新藥技術，在美國遭聯邦調查局逮捕。

6.18　法務部刑法研修小組通過，將有期徒刑刑期最高提為30年，並刪除連續犯規定，改1罪1罰，罰金易服勞役延長為1年。

6.18　大陸重慶市正式成為直轄市。

6.19　英國保守黨黨魁選舉揭曉，36歲的赫格當選，為200年來保守黨最年輕的黨魁。

6.24　台大2千名師生連署，由台大教授胡佛、張麟徵帶領「台大關心憲政聯盟」，前往陽明山向國大陳情，要求停止修憲。

6.24　交通部長蔡兆陽與馬來西亞運輸部長在亞太經濟合作會議運輸部長會議中，達成「開放天空」協議，雙方同意簽署開放天空政策協議書。

6.25　經濟部投資業務處長林能中率團前往美國華府訪問，就中美雙方洽簽雙邊投資協定（BIA）展開諮詢。

6.28　雲門舞集於台中市省立體育場露天公演「紅樓夢」。

6.30　英國結束殖民統治香港，中共解放軍進駐。

7.1　中英香港政權交接儀式完成，香港正式回歸中國。

7.2　國民大會因國民黨與民進黨將兩黨修憲共識重付審查，引發新黨抗爭，爆發本會期以來最嚴重的肢體流血衝突。

7.3　香港主權移交給中共後，李總統向國際宣示：台灣不是香港，不適用一國兩制。

7.8　台南科學園區開發籌備正式掛牌揭幕。

7.9　教育部確定89學年度廢除高職聯招，90學年度廢除高中及五專聯招，而大學聯招無廢止時間表，但朝推廣甄試與申請入學等方向發展。

7.15　中共副總統兼外長錢其琛會見越南外長阮孟琴，針對陸地邊界和北部灣畫界展開討論。

7.18　國民大會3讀通過凍省條款，並確立雙首長政府體制，取消立法院對院擁有同意權，為行憲以來最大變革。

7.21　陸委會通過「大陸地區學歷檢覈及採認辦法」草案，決定選擇性採認大陸學歷。

7.23　東南亞國協宣佈，承認雷納里德親王為柬埔寨第一總理。

7.24　台灣省長宋楚瑜宣稱，希望行政院明確指示應否離職，李總統召開黨政高層會議研商，確定不批准宋楚瑜辭呈。

7.24　國民黨、民進黨簽署協議，雙方同意總統選制、公投入憲及國大、鄉鎮市長選舉再辦1屆等重大議題。

7.29　陸軍8軍團43砲指部實施射擊預習時，發生爆炸意外，造成3死17傷的慘劇。

7.29　外交部關閉駐東埔寨的代表處，撤回所有人員，同時並關閉東埔寨駐台代表處，限所有人員於1週內離境。

7.30　台北市議會清晨通過議員退職酬勞金給予辦法，引發民眾強烈抗議，並於8月2日召開臨時會，將

「自肥」案撤銷。

8.3　中共解放軍總參謀長傅有全率領軍方代表團，前往美國和芬蘭進行訪問。

8.8　陸委會表示，兩岸現階段開展政治性談判，將以結束敵對狀態、簽署和平協定等為最重要的優先議題。

8.10　國華航空台北飛馬祖班機，在馬祖北竿撞山失事，機上14名旅客及正副駕駛共16人全部罹難。

8.12　外交部今日宣佈與查德共和國恢復邦交。

8.17　中度颱風溫妮侵襲台灣，造成北台灣重大災害。包括台北縣汐止林肯大郡倒塌、台北市大湖山莊嚴重積水及天母一處民宅遭土石掩埋。

8.19　白曉燕案在逃嫌犯與警方在台北市發生槍戰，嫌犯之一林春生身中數彈後斃命，尚有嫌犯高天民、陳進興在逃，警員曹立民不幸殉職。

8.20　中國大陸「長征3號乙型」運載火箭發射亞洲最大的通訊衛星，發射成功。

8.25　國民黨第15次全國代表大會舉行，26日票選黨主席，李登輝以9成3得票率，當選連任。連戰、李元簇、俞國華及邱創煥當選副主席。

8.28　李登輝批准行政院長連戰提出的內閣總辭案，同時任命蕭萬長為新任行政院長。國民黨於當日召開臨時中常會，通過內閣人士調整案。

8.29　外交部宣佈，中止與聖露西亞的外交關係，停止各項合作並撤回農技團。

8.31　英國黛安娜王妃不幸於巴黎車禍身亡。

9.1　新任行政院長蕭萬長率全體閣員宣示就職，蕭萬長在首度行政院會中提出「民意至上、行動第一」的主張。

9.1　勞委會公告，指定金融等11個行業及國會助理、公務機關工友等70萬勞工適用勞基法。

9.4　李登輝總統啟程赴中南美洲訪問，7日出席巴拿馬運河會議，

並和巴國總統簽署聯合公報，後至宏都拉斯、薩爾瓦多訪問，19日返國。

9.4 外交部宣佈，台北與莫斯科即日起正式通航。

9.5 原台北市警察局長丁原進正式接任警政署長。

9.10 曾經宣稱「暫停黨務活動」的台灣省長宋楚瑜，在今日修憲凍省後，首度出席國民黨中常會，並表示配合黨內年底選戰。

9.11 日本首相橋本龍太郎當選連任自民黨總裁，並於晚間完成組閣。

9.13 中油公司於高雄市前鎮區測管線，引發連環爆炸，造成1死22傷慘劇。

9.18 行政院經建會決定，省屬三商銀提前至明年1月底完全釋股移轉民營。

9.18 中共第15屆全國代表大會閉幕，通過中央委員會人事，選出193名中央委員。

9.19 菸害防治法實施，多數公共場所禁菸。

9.22 前總統府資政蔣緯國因嚴重敗血症引發多種器官衰竭而病逝，享年82歲。

9.24 高雄縣峰安金屬公司發生瓦斯氣爆，造成2死19傷的慘劇。

9.27 為搶救教科文預算下限保障，民間團體發動全省7地大遊行。

9.30 空軍兩架戰機上午執行飛行訓練時，在花蓮疑因擦撞相撞墜山，造成3名飛行員罹難。

10.2 針對北京接連提議兩岸及早進行政治談判，行政院長蕭萬長回應，表示在不預設前提下，兩岸應即恢復辜汪會談。

10.5 副總統連戰啟程赴冰島、奧地利及西班牙等國家訪問，並於8日與冰島總理歐德生會晤。

10.6 駐紮在上海的中共海軍，在東海的南方海域進行10天演習。

10.8 以色列總理納坦雅胡和巴勒斯坦領袖阿拉法特舉行高峰會議。

10.9 北縣中和市爆發警匪槍戰，縣刑警隊小隊長林安順當場殉職。

10.10 1架空軍C-130運輸機，從屏東飛往台北，在降落松山軍用機場時墜毀，機上5名機員全部罹難。

10.16 行政院院會通過「促進民間投資參與公共建設法草案」，對投資限制大幅鬆綁，吸引民間投資14項建設。

10.17 新任駐美代表陳錫蕃赴美履新。

10.21 86年度台灣區運動會在嘉義縣揭幕舉行。

10.22 教育部宣佈採認73所大陸大學的學位，並開放國人赴大陸就讀大學、研究所。

10.23 台北市整形外科發生3屍命案，被害醫生、妻子及護士3人均遭一槍斃命。

10.24 行政院核定公佈「公務人員每月2次休假2日計畫」，股市及銀行配合明年起隔週休2日。

10.26 江澤民抵達美國檀香山訪問，後飛往美國華府，並於29日舉行柯江會談。

10.30 立法院會通過毒品危害防制條例，明定製造、販售及運輸第1級毒品者，處唯一死刑。

11.6 大陸海協會致函海基會，邀秘書長焦仁和訪問大陸，海基會次日覆函，建議改由董事長辜振甫率團訪問。

11.12 法國總統席哈克抵達越南訪問，雙方簽署7億美元的工程投資案。

11.14 今年第8波全國掃黑行動清晨起展開，共查獲天道盟要角林敏德等9名治平專案對象，共計有499人到案。

11.16 中國大陸著名異議人士魏京生獲得釋放。

11.17 白曉燕嫌犯高天民在北市遭警方圍捕後自我身亡，另一嫌犯陳進興於18日挾持南非駐華武官及家屬，與警方對峙24小時後，棄械投降。

11.19 1輛統聯客運在中山高南下中壢段因失控衝越上車道，與2輛砂石車對撞，造成16人死亡、5人輕重傷。

11.23 第13屆縣市長選舉結果揭曉，23席縣市長中，國民黨僅取得8席，民進黨攻下12席，無黨籍得3席。

11.25 馬拉威國父班達因病逝世，享年91歲。

12.2 教育部表示，自民國88年9月起，將英文教育延伸至國小6年級開始教學。

12.3 國民黨中常會通過行政院副院長章孝嚴接任國民黨秘書長。

12.3 國內知名學者沈君山、翁松燃等5人，共同發表成立「中華兩岸聯合會」。

12.16 國立台北大學設校都市計畫爆發土地徵收弊案，香港亞洲電視董事局主席林百欣，涉嫌勾結官員溢領補償費。

12.21 檢察官羈押權凌晨起走入歷史，回歸法院行使。

12.23 外交部宣佈與南非外交關係於年底終止，明年起雙方互設聯絡代表處。

12.28 中共外長錢其琛抵達南非展開5天的正式訪問，並於29日、簽署全面外交的聯合公報。

12.31 副總統連戰啟程前往新加坡進行4天私人度假訪問。

## 1998

1.4 立陶宛總統大選投票，由移民英國十多年的亞當雷克斯當選。

1.7 李登輝總統重申戒急用忍政策，強調東南亞金融風暴漸次出現，戒急用忍政策越來越重要，沒有調節餘地。

1.11 河北省張家口地區因強烈地震，至少造成50人死亡，逾萬人受傷，數十萬人無家可回。

1.12 行政院長蕭萬長赴菲律賓訪問，會晤羅慕斯總統等人，次日返回國內。

1.12 歐洲國家理事會19個國家在巴黎簽訂協約，同意制定法律禁絕製造複製人。

1.13 外交部證實，美國前共和黨總統候選人杜爾，已成為中華民國駐美代表處的顧問。

1.19 行政院蕭萬長抵達印尼訪問兩天，拜會總統蘇哈托，允適度協助印尼渡過金融風暴所受到的經濟衝擊。

1.20 涉白曉燕被綁架殺害案及多起重大刑案主嫌犯陳進興，被判起五個死刑，另12名被告者獲輕判。

1.22 美國總統柯林頓再度捲入性醜聞案之中。

1.26 長達五年的全國輻射普查完成。

1.28 經行政院長蕭萬長和國民黨中央委員會秘書長章孝嚴連續二天密商，內閣人事已大致底定。

1.29 中非共和國與中共建交。中華民國發表聲明，對中非屈從於北京要脅利益表示遺憾，即日起與該國斷交。

2.1 哥斯大黎加舉行總統大選，由在野的基督社會聯合黨候選人羅利蓋茲當選。

2.3 中共國防部長遲浩田抵日展開友好訪問，期間會見了日本首相橋本龍太郎；此為中日建交首位國防部長到訪。

2.4 清大教授李家維與大陸學者陳均遠，在雲南及貴州地區共同發現世界最早古動物化石，並於今日公開說明研究成果，將動物的起源向前推動為五億八千萬年。

2.5 省府發言人黃義交爆緋聞事件，台灣省長宋楚瑜決定降調黃為省府參事兼代副祕書長，省府發言人及新聞處長分別由秦金生和陳威仁接任。

2.10 海基會新舊任祕書長交接，許惠祐走馬上任。

2.11 國民黨祕書長章孝嚴赴南韓訪問，拜會即將接任總理的金鍾泌等人。

2.11 近5,000名豬農赴美國在台協會，抗議美國在WTO雙邊談判中要求台灣大幅調降豬肉關稅。

2.11 馬來西亞副總理兼財政部長安華訪台會見行政院長蕭萬長，雙方就中馬合作投資案進行商談。

2.15 民進黨中國政策研討會落幕，黨內各派系獲致初步共識，以「強本西進」為兩岸互動基調。

2.16 中共在海牙和荷蘭皇家蜆殼石油公司簽署總達45億美元的合約，是中共與外商所簽署有史以來最大的合作協議。

2.22 延宕多年的彰化縣溪州焚化爐主體工程，凌晨在多名警員護衛下正式動工，過程爆發警民衝突，5名民眾受傷。

2.23 副總統連戰啟程赴中東訪問，首站抵達約旦，27日，轉往巴林過境訪問。

2.24 行政院院長核定由中國商銀董事長彭淮南接任中央銀行總裁。

2.24 空軍一架T-38型教練機執行訓練任務時，因機件故障墜海，機上兩名飛行官1死1獲救。

2.24 古巴國會選出卡斯楚連任第五個總統任期。

2.25 總統府發佈人事令，參謀本部副參謀總長兼執行官唐飛升任參謀總長，並晉升空軍一級上將。

2.27 高雄縣林園鄉發生瓦斯灌裝車爆炸意外事件，造成義聯及北誼興業公司員工4死44傷慘劇。

3.2 德安航空一架直升機在澎湖鑽油平台旁墜海，造成1死2失蹤。

3.3 國防部表示，成功嶺大專集訓於明年7月停辦。

3.5 美國太空總署科學家公佈，月球探測號太空船發現月球南北極有大規模的冰層。

3.6 台灣省議會動用51年來最大議場警力，通過拜耳於台中縣設廠的土地租約案；18日，拜耳公司放棄對台中港的投資。

3.12 清華大學女研究生許嘉真命案，凌晨宣佈偵破，輻射生物研究所研究生洪曉慧坦承為情殺兇。

3.12 中共副總理兼外長錢其琛宣佈，要辭去外交部長職務。

3.15 印度人民黨魁瓦巴依依獲得提名印度總理，19日宣誓就職。

3.16 一架F16戰機在澎湖外海失事，2名飛官失蹤。

3.16 中共第九屆全國人大會議選出江澤民為中共國家主席，胡錦濤為副主席。17日又選出朱鎔基出任國務院總理。

3.17 海基會回函大陸海協會，同意組團赴大陸訪問。

3.18 國華航空一架班機晚間於新竹外海失事，機上5名機員及8名乘客全數罹難。交通部下令，國華自20日起，全面停飛。

3.25 行政院就一連串飛安事件的責任歸屬作出決定，批准民航局長蔡堆及華航總經理傅俊藩辭職。

3.27 大法官會議作成解釋，大學法強制上軍訓課是違憲，各校可自行決定是否設軍訓課程。

3.30 行政院長蕭萬長批准交通部長蔡

兆陽辭呈，遺缺由林豐正接任。

3.31 內政部社會司宣佈，發放中低收入戶老年特別照顧津貼，每月約1.5萬元。

4.1 長榮航空公司今日首航大阪。

4.1 保險業等11行業納入勞基法，40萬5千名勞工適用。

4.2 日本拒絕中共希望不讓西藏精神領袖達賴喇嘛來訪的要求，讓達賴於今日赴日訪問。

4.6 巴基斯坦政府宣佈，已成功試射長程地對地飛彈，射程遠達1,500公里。

4.7 李總統表示，兩岸應共同邀集東南亞國家研商亞洲金融風暴解決之道。

4.10 交通部宣佈，國內航線5月起恢復查驗身份證件，以維護旅客權益與飛安。

4.14 大陸台商葉榮福晚間在泉州遭人殺害身亡，二名嫌犯已遭當地公安逮捕。

4.22 海基會與大陸海協會在北京恢復對話，重敵關閉2年9個月的兩岸協商大門。

4.24 外交部宣佈令起和非洲幾內亞比索斷交。

4.25 行政院長蕭萬長率團訪問馬來西亞，於27日返國。

4.27 台北市發生國內首宗公車劫持事件，嫌犯一度與警方對峙，經立委安撫後，才釋放全部人質。

4.27 瑞士洛桑學院（IMD）發表1998年世界競爭力報告，台灣排名躍升為第16。

5.1 教育部長林清江宣佈，90學年度起廢除高中、職聯考，改以基本學測驗取代。

5.4 勞委會決定，7月起開辦勞保失業給付及尋職津貼。

5.5 副總統連戰率領特使團前往哥斯大黎加，參加新任總統就職典禮，14日返抵國門。

5.10 巴拉圭舉行總統大選，由右翼的執政黨候選人古巴斯贏得選戰。

5.11 國軍漢光十四號演習在花東海域舉行。

5.13 行政院初審通過國防法草案，明訂軍政軍令一元化，軍事指揮權由國防部長綜理，參謀總長為幕

僚長,另設國防軍事會議,由總統主持。

5.14 衛生署公佈國人去年十大死因,癌症仍居死因之首,自殺首度擠入前十名。

5.15 教育部宣佈大幅放寬私立國中、小設校標準,鼓勵私人興學。

5.17 海基會董事長辜振甫應美國著名智庫「戰略暨國際研究中心」之邀,前往美國參加該機構在美國華府所舉辦的兩岸關係與台海情勢研討會。

5.20 內政部規劃實施社會役,取消國民兵和補充兵役制,由丙、丁體位者服現役。

5.21 教育部宣佈提高大學先修班1.2萬個名額,給今年大學聯招落榜生,以隨班附讀方式修學分。

5.22 空軍在清泉崗基地舉行F104除役典禮。

5.24 香港第一屆立法會選舉舉行,民主派人士取得20席直選議席中的14席,獨立派人士2席,民建聯僅得4席。

5.25 國民黨坐落於總統府對面的新中央黨部,取得台北市政府核發使用的執照。

5.26 巴拿馬總統巴雅達雷斯今表示與兩岸友好關係不變。

5.28 巴基斯坦完成5次地下核子試爆,成為第一個核試成功的回教國家。

5.29 中共指控台商蒐集情報,稱寇健明接受軍情局派赴大陸從事間諜活動,與另3名男子已遭收押。

5.30 中共成功發射「中衛一號」通信衛星。此由美洛克希德馬丁公司製造,東方通信衛星公司經營。

6.1 行政院南部聯合服務中心成立。

6.3 國民黨高雄市長候選人確定由吳敦義出任,10日,台北市長候選人亦確定由馬英九出任。

6.5 司法院大法官作成釋字第455號解釋,表示軍人亦為公務員,軍中義務役年資,應併入公務員退休年資計算。

6.7 民進黨主席選舉揭曉,由首席顧問林義雄當選。

6.13 桃園縣長呂秀蓮在美國舊金山一

項晚宴上,會見美國總統柯林頓,遞交一份台灣縣市長連署函,促請柯林頓在「柯江會談」期間尊重台灣人民權益。

6.16 從澳洲來台尋親的卡雅,今終於圓夢找到了生母。

6.18 教育部確定,今年開辦大學先修班,有近6,000名考生可受益。

6.19 美國微軟公司董事兼執行長比爾·蓋茲來台,除了演講之外並會見了李總統。

6.22 哥倫比亞總統大選揭曉,保守派候選人巴斯特拉納擊敗執政黨候選人,終結自由黨12年執政。

6.23 3年前發生大火的圓山大飯店,經2年半的整修,並投資了19億元,今再度重開。

6.25 美國總統柯林頓至大陸訪問,並於28日舉行柯江高峰會議。

6.26 內政部將性侵害及其防治工作,納入社會福利輔助範圍。

6.30 腸病毒疫情持續擴大,估計約有二、三十萬名幼兒遭到感染,部份幼稚園、小學皆已經停課。

7.2 總統府資政蔣彥士、沈昌煥中午相繼去世。

7.2 行政院長蕭萬長率團訪問南太平洋友邦,包括東加、索羅門及斐濟等國,並於10日返抵國門。

7.3 中華民國與中美洲友邦簽署協定,建立永續發展聯盟關係。

7.6 中研院第23次院士會議開幕,選出3位新科院士,國內當選人首度超越海外。

7.8 法務部公佈調查局代局長程泉被控涉及非禮案,調查報告認定程泉行為失檢、處置失當。

7.17 嘉義地區發生規模6.2級的大地震,瑞里大飯店災情嚴重,雲嘉投山區多處交通中斷。

7.20 全國社會福利會議舉行2天,行政院長蕭萬長允諾將社福主管機構提升為部級。

7.23 中華民國與歐盟15國加入WTO的入會諮商,正式達成協議。

7.27 李總統於國民大會提出國情報告指出,兩岸問題本質是制度的競賽,兩岸分治的事實須加以尊重,並強調堅拒「一國兩制」。

7.27 中共發表「國防白皮書」,強調

不承諾放棄使用武力,堅持以「和平統一、一國兩制」解決台灣問題。

7.29 高雄市議員林滴娟赴大陸旅遊遭綁架,因被注射藥物過量送醫不治,中共追緝李廣志等嫌犯。

7.30 日本國會完成組閣,由小淵惠三出任首相。

8.3 海軍綏陽艦發生爐艙失火意外,造成7名士官兵喪生。

8.4 中華航空與新加坡航空簽署備忘錄,締結為策略聯盟。

8.5 東埔寨中選會宣佈,第二總理韓森領導的柬民黨贏得上月的國會選舉。

8.10 警察大學及二技招生爆發弊案,警大前電算中心代主任郭振源涉嫌收賄篡改分數,今遭收押。

8.14 教育部決定,國小英文教學於90學年度開始實施,列為5、6年級必修課程。

8.19 國父紀念館傳出19件國父及革命先烈陳少白墨寶離奇失蹤,館方認為是內賊所為,此事反映館方對國寶級文物管理有極大疏失。

8.19 與中共談判日中聯合公報內容的日本外務省亞洲局局長,對於中共要求將有關台灣的「三不」明文化問題,表示日本政府完全無法接受。

8.20 中華民國向美國購買的F-16戰機,今5架自關島飛運來台,但其中卻有2架中途在日本降落,僅3架抵達嘉義軍機場。

8.20 參謀本部決定,對美軍售改走務實路線,著重於軟體的需求。

8.21 中共總參謀長熊光楷與南韓國防部長全泳泰會晤,同意未來進行不定時軍事交流。

8.24 俄羅斯總統葉爾辛宣佈撤換總理,由丘諾米丁接任。

8.25 復興航空65名ATR機師集體辭職,勞資雙方經兩天協商宣告談判破裂,航班短期內難恢復正常運作。

8.26 中華民國與新加坡合資建造的「中新一號」,本日順利升空。

8.27 美國防部宣佈出售刺針和魚叉飛彈及反潛魚雷三項重大軍售案給台灣。

8.29 保警陳明信利用換班的空檔，攜槍至女友工作處，將其擊斃後再行自殺，使得近來員警攜槍自殺人數增加，引起社會大眾重視。

8.31 北韓試射長程飛彈至日本海，其中一節飛過日本東北領土，美國表示關切；日本則強烈抗議。

9.2 衛豐保全運鈔車遭搶，被劫近5,000萬元，主嫌鄭明春於5日被捕落網。

9.4 基隆市發生山崩，壓毀四戶民宅，造成1死1傷。

9.6 全國第六波「三合一」掃黑行動，至今日為止共276人到案，7名治平對象中，3人裁定羈押綠島分舍。

9.7 李總統核可遴聘辜濂松、丘宏達及陸以正為中華民國首批無任所大使。

9.15 中共中央軍委副主席張萬年訪問美國，並會見美國總統柯林頓，同時和美國國防部長柯恩會談。

9.18 中華民國總統李登輝再度獲得諾貝爾和平獎提名，顯示國際社會肯定台灣實施民主化對區域乃至世界的貢獻。

9.19 雲門舞集在台北市中正紀念堂戶外廣場演出，集合了雲門舞集創立25年藝術的結晶，吸引了超過萬名觀眾前往觀賞。

9.21 自加拿大收藏家手中運回張大千畫作15件，26日與畢卡索畫作在故宮聯璧展出。

9.22 許惠祐與唐樹備於北京會晤，確定台灣代表辜振甫下月的訪問。

9.24 行政院決定自88年起，將機車納入強制保險範圍。

9.24 美國眾議院通過「國防授權法案」，將台灣納入戰區飛彈防禦體系。

9.24 法國總理約斯平抵達北京，展開為期3天的官式訪問。

10.1 犯罪被害人保護法開始實施。

10.3 立法院三讀通過訴願法修正案、行政訴訟法修正案，大幅翻修行政救濟制度，書面審理改為言辭辯論，行訴程序改採二級二審。

10.5 中共簽署保障言論及結社自由等基本人權的聯合國新人權公約。

10.6 英國首相布萊爾抵達北京，並和

中共總理朱鎔基簽訂「聯合聲明」，雙方同意建立全新的夥伴關係。

10.14 海基會董事長辜振甫率團抵達上海，並與海協會汪道涵會晤，雙方達成4點共識；會晤後，16日辜轉往北京會見江澤民，於19日結束此行返國。

10.15 台灣地區遭瑞伯颱風侵襲2天，造成23人死亡、41人受傷、14人失蹤，農漁業損失合計高達40億元以上。

10.18 台北縣五股鄉發生山崩，共造成7人死亡。法務部長城仲模要求檢調單位，嚴查濫墾濫採違反國土保育行為。

10.20 德國社民黨與綠黨簽署協定，組成聯合政府，為德國16年來第一個中間偏左聯合政府。

10.23 李總統指派秘書長丙坤，代表出席11月在馬來西亞舉行的亞太經合會議。

10.27 芭比絲颱風橫掃全台，北部、東部災情頻傳，汐止、五股一帶淹水嚴重。

10.28 大陸一架中國民航由北京飛仰光班機，被正駕駛劫持降落至桃園中正機場，機長袁斌夫婦遭收押，原機當日返回廈門。

10.30 東加王國與我斷交，從11月1日起與中共建交。

11.6 省議會於本日結束52年來最後一次定期大會。

11.9 美國能源部長李察森抵華訪問。

11.12 中華舉重女將陳瑞蓮，於芬蘭的世界舉重錦標賽女子第四級比賽中，獲得2金1銀。

11.12 1998勞工秋鬥大遊行舉行，勞工及學生團體約2,000人，勞工團體提出「工人十願」訴求。

11.12 中共與南韓舉行高峰會議，並於13日發表聯合聲明，指出「台灣是中國不可分的一部份，堅持貫徹實行一個中國立場」。

11.13 監察院糾正台北市文化基金會募款不當，使多位民進黨及建國黨立委候選人前往監察院抗議。

11.14 亞太經濟合作會議（APEC）領袖宣言草案已草擬出爐，此份吉隆坡宣言中，各領袖將「強化社

會安全網路」列為續亞太經濟永續成長的首要議題。

11.19 檢警單位偵破國內最大宗的美金及人民幣偽鈔案。

11.19 美國總統柯林頓抵達日本訪問。

11.20 外交部與馬紹爾共和國簽署建交公報，使邦交國增為27個。

11.23 統聯客運發動全省大罷工，勞資一度強硬對峙，於26日恢復七成五運量。

11.26 空軍幻象第二中隊成軍，向法國採購60架戰機完成接收。

12.3 新一波高層人事調動定案，監察院正副院長分別由錢復及陳孟鈴擔任，司法院正副院長分別由翁岳生及城仲模接任。

12.4 英美高峰會結束，發表聯合聲明表示，有必要建立一支獨立且可信賴的歐洲防衛武力。

12.5 北、高兩市市長選舉，北市由馬英九當選，高市由謝長廷當選。

12.5 連戰率團訪中美洲友邦，拜會尼加拉瓜、宏都拉斯、薩爾瓦多及瓜地馬拉等國，並對其所受風災提出具體援助計畫。

12.7 行政院宣布，由趙守博出任精省後首任省主席。

12.10 近代中國傑出物理學家王淦昌先生，因胃癌病逝北京。

12.15 由中共外經貿部長石廣生率領的經貿代表團，前往美國參加在華盛頓舉行的「中美商貿聯委會」第12次會議。

12.18 台灣省議會召開最後一次會議，從此走入歷史。

12.20 在曼谷舉行的第十三屆亞運會落幕，中華民代表隊勇奪19金17銀41銅，表現耀眼。

12.21 大陸名民運人士魏京生訪台。

12.25 北、高兩市議會議員宣示就職，並改選正、副議長，北市為吳碧珠、費鴻泰，高市為黃啟川、蔡松雄。

## 1999

1.1 勞工失業保險給付上路，預計4百餘萬人受惠。

1.1 機車強制責任險開辦，並規定緩衝期6個月，未投保者自7月開始取締。

1.1 歐洲單一貨幣——歐元正式上路，歐盟敲定歐洲11國對歐元轉換匯率。

1.4 新光保全總公司發生重大竊案，價值約新台幣3億元的黃金與現鈔失竊。

1.12 立法院今日決議通過廢止出版法，對出版事業生重大影響。

1.13 國民大會今日舉行正副議長補選，結果分別由國民黨規畫的蘇南成及陳金讓兩人順利當選。

1.18 中央銀行開會決議新台幣改版事宜，發行單位由台灣銀行改為中央銀行，將保留國父、蔣公肖像的百元券及千元券，將發行2千元券，除百、千元鈔外，其他幣值將改採整體團隊圖案，並增添12種防偽功能，各鈔券尺寸均將縮小。

1.21 行政院蕭內閣總辭，李總統並於次日再度批示任命蕭萬長為閣揆。內閣人事改組，謝清志出任行政院秘書長，唐飛接掌國防部，湯曜明接任參謀總長。

2.1 第4屆立法院正副院長選舉舉行，由國民黨提名的王金平及饒穎奇分別當選正副院長，穩定掌握議事主導權。

2.3 立委劉炳偉所屬海山集團跳票逾十億，劉炳偉本人突然搭機赴美，傳係為達永興股價護盤導致財務吃緊。

2.8 九名大陸劫機犯於遣返途中發生攻擊事件，劫機犯楊明德刺傷海基會副祕書長詹志宏額部，另三人隨身藏有利器並有預備劫機之嫌，四人再度押回台灣偵辦。

2.9 中共宣佈與馬其頓交，就台灣與馬其頓建交向馬其提「最強烈抗議」。中共駐聯合國代表並求見聯合國祕書長安南，表示將動用否決權，封殺維和部隊延長駐軍前南斯拉夫案，以對馬其頓進行懲罰。

2.11 美國國務院重申堅守台灣關係法，繼續幫助台灣獲得防衛的合理需求，同時會不斷慎重監控台海軍事平衡。

2.12 美國參議院展開對現任總統柯林頓的彈劾案表決，為美國歷史上第2位受彈劾的總統。最終表決之後彈劾案未通過，柯林頓繼續保全總統職位，「偽證」及「妨礙司法」兩罪狀均未獲得成立。

2.19 外交部長胡志強赴歐訪問教廷，拜會教廷外交部長，對教廷欲遷外交使館至北京傳聞表達關切。

2.22 行政院今日公開宣佈將有條件修法調整證交稅，並由產官學界組成審議小組，研議升降時機與幅度大小。

2.26 第4屆立法院開議，民進黨與新黨聯手提閣揆不信任案。

3.2 立法院院會以142票對83票封殺憲史上第一個倒閣案，行政院長蕭萬長下午即進行施政報告總質詢。

3.3 衛生署今日研擬完成「人工生殖法」草案，決向行政院提報代理孕母合法化。

3.7 美國前國防部長裴利今日抵達台灣訪問。

3.9 海軍接艦建紀案專案報告出爐，9將校遭懲處，國防部表示將於兩個月內修頒「艦艇常規」，以防杜日後再發生類似弊端。

3.12 財政部決定最快於年底發行彩券，將一共推出刮刮樂、樂透及萬字票等3種彩券，6月底前提前修法，並將把盈餘與發行權回歸中央。

3.15 行政院公佈「精省作業原則」，省府「廳、處、會」將裁撤或改隸中央。

3.17 大陸海協會副祕書長李亞飛率團來台，磋商汪道涵訪台事宜。

3.17 行政院原委會今日簽准核發核四建廠執照，引起反核團體表示不滿，決定發動遊行抗議行院政策不當。

3.24 北大西洋公約組織今日開始空襲南斯拉夫，以懲戒南斯拉夫阻撓科索沃武裝衝突的和平化解。

3.26 研議籌畫近10年的台灣高鐵動工，為台灣第1個獎勵民間參與的BOT工程計畫，總投資金額高達4千3百億元。

3.26 大學招生策進會達成決議，決定自明年起大學聯考開始廢考三民主義。

3.30 立法院院會通過多項刑法修正條文，輪暴等重大性侵害案件即日起改為公訴罪，強暴、猥褻從民國90年起改為公訴罪，並提高強暴犯刑度。

4.1 大法官會議作成第479號解釋，宣告人民團體的命名權與更名權，均屬憲法結社自由的保障範圍。往後全國性社團得以「台灣」命名。

4.4 考選部表示：國家考試高考1、2級考試方式將有重大變革，1級廢除著作審查，加考方案規畫及問題處理並集體口試；2級改筆試專業科目、方案規畫及口試。

4.6 中共總理朱鎔基抵美訪問，會晤柯林頓總統，雙方宣布在北京加入WTO議題上獲重大突破，並且承諾繼續進行雙邊協商，期望能於年底之前讓中共入會。

4.8 國統會自今日起召開會議，李登輝總統再度凸顯「李六條」精神，表示應以建設性對話促進兩岸關係正常化，儘速恢復制度化協商、擴大交流、縮小差距、達成融合。

4.13 行政院今日進行審查通過民法親屬編修正案，規定夫妻將採分別財產制，並且雙方各自負有償債之責。

4.19 交通部研商修法，決定砂石車駕駛違規致人傷亡將永久吊照，後決議擴及汽機車駕駛重大違規，致人傷亡亦終生不得考照。

4.20 教育部表示，自90學年度起推行高中職社區化，先選定部分縣市試辦，以提供教育券、輔助學校經費等，鼓勵高中職開放名額。

4.27 最高檢察署總長盧仁發指示各地檢署成立「校園掃黑執行小組」，凡惡行重大者列入治平專案對象。

5.2 公賣局為斷絕囤積米酒現象，宣佈停供紅標米酒，翌日因遭反彈即改變政策，恢復供給，並維持每人限購2瓶限制。

5.8 民主進步黨全代會經激烈辯論後，今日表決通過台灣前途決議文，正式決議承認「中華民國」國號。

| | | |
|---|---|---|
| 5.8 | 北約飛彈誤射中共駐南斯拉夫大使館,造成2死21傷2人失蹤,為北約空襲南聯以來首次擊中外國使館。 | |
| 5.10 | 抗議中共駐南斯拉夫大使館被炸,大陸各地數萬名學生上街示威,中共總理江澤民公開譴責北約暴行,美國總統柯林頓表達致歉,中共政府要求美國賠償並懲處肇事者,並要求美國進行正式道歉。 | |
| 5.11 | 立院三讀通過兒童及少年性交易防制條例修正案,大幅提高嫖雛妓之刑責,最重得判刑10年,判刑確定之嫖客並得將公告姓名及照片。 | |
| 5.14 | 立法院三讀通過出國及移民法,明訂外國人及洋配偶在台合法居留一段時日後,可取得永久居留權。 | |
| 5.17 | 交通部公開宣佈,自即日起開放民間業者申請電信固定網路業務,7至10月接受申請,年底前公告核可名單。 | |
| 5.20 | 教育部決議,技專校院將於90學年度開始實施考招分離新制,考試日期提前於每年3月舉行。 | |
| 5.26 | 教育部決定90學年度起廢除傳統高中職聯招,國中升學學力測驗於2、4月舉行,考生可參加2次考試,擇其較優成績參加多元入學管道。 | |
| 5.28 | 衛生署決議通過提高健保3項部分負擔,藥品、高診次就醫及復健等3項部分負擔將予以加重。 | |
| 5.31 | 教育部長林清江因罹患腦瘤,今日公開宣佈辭職。 | |
| 6.1 | 空軍1架F-16戰機在台東外海失蹤,軍方決定暫時停飛花蓮基地內所有F-16戰機,待進行完整檢整作業之後,再進行復飛。 | |
| 6.6 | 馬其頓總理今日率團抵達台灣訪問,將與中華民國簽署經濟合作協定。 | |
| 6.8 | 行政院長蕭萬長同意林清江請辭教育部部長,由楊朝祥接任新任教育部部長。 | |
| 6.17 | 全國司法改革會議籌委會決議拒絕邀請伍澤元參與會議,並請立院另行重新推薦適當人選。 | |

| | |
|---|---|
| 6.18 | 農委會證實金門牛隻所感染口蹄疫已入侵台灣,台南善化發現疑遭感染牛隻,防疫人員進行移駐管制,並先行撲殺金門牛隻。 |
| 6.21 | 大學招生策進會決議,自91年度起確立考招分立模式,改採考試分發及甄選入學新制,學科能力測驗及指定科目考試各在2、7月舉行。 |
| 6.22 | 美國參院通過2000年國務院授權法案,支持台灣參與國際組織。 |
| 6.24 | 北市景美女中學生張富貞於軍史館遭姦殺偵破,兇嫌郭慶和坦承犯案,國防部鄭重致歉,並即下令從嚴議處相關軍職人員。 |
| 7.1 | 行政院所屬中部辦公室今日掛牌開始運作,啟動政府再造作業,精省工作至此正式告一段落。 |
| 7.5 | 屏東縣東港信用合作社今日傳出弊案,金檢發現不實對帳單高達9億元,初步估計最少虧空11億元。財政部派中央存保公司監管半年,將負責人立委郭廷才限制出境,並禁止財產處分登記。 |
| 7.11 | 對李總統「國與國」定位論,北京反應激烈,表示不排除取消汪道涵訪台,海基會決定致函汪重申邀訪誠意。 |
| 7.16 | 台北股市因兩岸謠言四起,重挫506點,創自79年以來單日第4大跌幅;財政部宣佈將推出單固信心方案,統籌五大基金,隨時可動用3千億元投入股市。 |
| 7.16 | 前台灣省長宋楚瑜與國民黨秘書長章孝嚴會面協商,但彼此未獲共識,連宋配之議破局,宋楚瑜宣佈自行參選總統。 |
| 7.21 | 中華民國與巴布亞新幾內亞建交後2日,巴國總理史凱特宣佈辭職,新任總理上任後表示,由於雙方簽署建交公報程序不當,決定撤銷與中華民國建交。 |
| 7.22 | 中共公安單位開始採取行動,全面鎮壓法輪功,逮捕多名修煉者,宣佈法輪功為非法組織,加強取締。 |
| 7.29 | 台電位於台南1座輸電鐵塔倒塌,造成全台4/5地區大停電,2日後恢復正常供電,初估產業損失至少30億元。 |

| | |
|---|---|
| 8.2 | 菲律賓總統艾斯特拉達批准終止台灣與菲之間航約,台灣方面表示不排除對菲律賓施以經濟制裁,菲律賓則稱有可能另訂新航約,台、菲雙方再度展開協商。 |
| 8.3 | 行政院長蕭萬長率團抵達馬其頓訪問。 |
| 8.11 | 世紀末日全蝕於美、歐洲登場,由加拿大始,日影3小時內越過大西洋,於印度孟加拉灣落幕。 |
| 8.12 | 雲林縣長蘇文雄因病昏迷治療無效,今日病逝於台大醫院,享年56歲。 |
| 8.12 | 台灣留學生10名於美國前往黃石公園途中發生車禍,造成4死6傷慘劇。 |
| 8.15 | 中共國務院副總理錢其琛針對兩國論發表公開看法,直指兩國論是一廢案,等待海基會董事長辜振甫收回。台灣行政院長蕭萬長則公開發表回應,指稱說帖已明確回應,政府沒必要收回兩國論表述。 |
| 8.17 | 土耳其西北部地區發生規模為芮氏地震儀6.7級的強震,死亡人數逾萬,美、日、俄等國將提供援助。 |
| 8.18 | 嘉義空軍聯隊1架F-16戰機在執勤時不幸失速墜毀,所幸飛行官跳傘逃生。 |
| 8.19 | 中央存保公司公佈調查結果,全台160家農會信用體質亮紅燈,農委會主委彭作奎表示將推動成立「全國農漁銀行」以解決逾放過高問題,北區46家農會亦自行推動合組北區農會,期望整頓農會體系步上軌道。 |
| 8.22 | 中華航空公司1架客機自曼谷飛抵香港時不幸翻覆,造成3死2百餘人受傷慘劇。 |
| 8.24 | 立榮航空班機自台北飛抵花蓮時突然爆炸起火燃燒,造成28名旅客受傷。 |
| 8.27 | 前交通部長蔡兆陽秘書路志豪涉洩密案偵查終結,檢方具體求刑12年,移送地院後以50萬元交保候傳。 |
| 8.27 | 國民黨15全大會通過提名連戰、蕭萬長搭檔競選中華民國第十任總統、副總統。 |

9.3　國民大會竟日趕工表決，終於通過國大代表延任案三讀程序，本屆國大代表確定延任至91年6月底，同時凍結本次國大代表選舉，立法委員任期延長為4年，而創制複決等條文則未能過關。

9.8　國民黨今日召開中常會，通過開除國大議長蘇南成黨籍，並決議另外設專案小組處理延任補救辦法。

9.10　印尼東帝汶動亂不止，印尼總統哈比面臨執政的戈爾卡黨要求棄選總統，國際間對動亂反應強烈、聯合國祕書長安南要求印尼立刻接受維和部隊進駐，美紐澳終止對印軍事合作關係，IMF（國際貨幣基金）亦凍結援助。

9.11　紐西蘭APEC柯江高峰會登場，兩人於誤炸事件後首度會面，柯林頓重申支持一個中國，未提及三不政策，江澤民重申不排除對台動武。

9.15　聯合國總務委員會今日進行審查中華民國友邦提案中華民國參與聯合國一事，但以47票對21票遭到封殺。美國一改過去6年不介入立場，首度明確表態反對，英、法、俄及中共空前聯手打壓，中華民國加入聯合國的努力第七度遭到挫敗。

9.17　被列為治平掃黑對象逃亡2年多的前嘉義縣議長蕭登標今日到案，檢方訊問後予以收押禁見。

9.21　台灣地區清晨1點47分發生芮氏地震儀規模7.3級的921大地震，中台灣普遍遭受重創，各地以南投及台中兩縣規模6級最大，災情最慘重。傷亡程度為全球近10年來第8位。

9.22　行政院今日核撥50億元供災區調度使用，並擬定14項救災措施，同時降半旗一周以哀悼死難者。

9.25　李登輝總統於晚間頒佈緊急命令，以限時、限區等界定，因應災區善後需求。

9.27　李登輝總統指示成立災後重建推動委員會，由行政院長蕭萬長擔任主任委員。

10.2　交通部民航局宣佈，中菲定期航線暫時停航。

10.7　全國民間災後重建協調監督聯盟正式成立，召集人中研院院長李遠哲表示將號召整合全民力量，凝聚共識投入重建。

10.7　中央銀行今日公佈外匯底已達1,016億美元，再度創歷史新高紀錄，並已躍升成為世界第2大債權國。

10.10　空軍桃園基地單日發生2起彈藥失竊案，國防部長唐飛公開對外致歉。

10.15　空軍新竹基地1架幻象雙座戰機因吸入飛鳥墜毀新竹外海，幸2飛官獲救無恙。

10.18　交通部今日通過決議，酒醉駕車罰鍰提高1萬5千元至4萬5千元，駕駛人若拒絕接受酒精測試，將處以最高罰鍰；吊扣駕照期間再查獲酒醉駕車即予以吊銷駕照。

10.29　司法院今日公佈國內3級民代涉及刑案名單，目前仍在1、2審法院審理中的民意代表共達204人之多。

10.30　國民黨考紀委員會日決議開除國大議長蘇南成黨籍，不接受其申訴，並撤銷其不分區國大化表資格。

11.6　雲林縣長補選投票，無黨籍張榮味當選。

11.7　台灣導演張作驥於東京影展一舉拿下三冠王，所執導電影「黑暗之光」先獲亞洲電影賞，再獲東京金賞及東京大賞。

11.8　約翰走路菁英慈善高球賽揭幕，著名高球明星老虎伍茲抵台，掀起高球界旋風。

11.8　中華職棒三商虎隊今日公開宣佈解散。

11.11　獨立總統參選人宋楚瑜宣佈副總統搭檔人選，確定由長庚大學校長張昭雄出線。

11.15　中共與美國談判代表就加入世貿組織簽署協議，北京在電信產業、保險市場、農業服務業等方面做出重大讓步，並同意開放網路市場。

11.17　國民黨中常會通過開除宋楚瑜，同時撤銷吳容明等6位宋團隊核心幹部的黨籍。

11.18　國防部長唐飛今日宣佈東沙與南沙兩外島將撤回駐軍，改由海岸巡防總署進駐。

11.20　獨立總統參選人許信良今日宣佈與新黨立委朱惠良搭檔參選第10任正副總統。

11.22　世界舉重錦標賽中華代表隊分傳佳音，黎鋒英、陳瑞蓮兩人先後奪下3面金牌。

11.25　針對司法界設「鳳梨宴」事件，司法院及法務部懲處涉案人員，法官楊貴森停職，另有7名法官送監察院審查，5名檢察官亦送監院及飭令注意。

11.28　中共駐美大使李肇星表示，將不再杯葛台灣入會案，惟時間地點需在大陸之後。

11.30　總統府資政、前民進黨黨主席黃信介今日因病過世，享年72歲。

12.1　政院初審通過，酒醉駕車最高罰6萬元，「道路交通管理處罰條例」修正案並規定，機車行進中及汽車行駛高快速路不得使用手持式大哥大，違者處1千及3千元罰款。

12.1　第1期公益彩券上市，中獎率高達40%。

12.1　巴拿馬運河完成主權移交，美國與巴拿馬雙方共同簽署文件，在6國元首見證之下，正式將管轄權交還巴拿馬。

12.3　美國航空暨太空總署的「火星極地登陸者號」探測船，今日在火星南極地區登陸成功，為太空船降落火星首例。

12.6　古巴1名6歲難童於海上獲救，在古巴領袖卡斯楚揚言發動示威要求歸還之下，美古雙方外交戰愈演越烈。

12.6　行政院長蕭萬長今日宣佈將在嘉縣在布袋興建八輕，中油與嘉義縣府簽署意願書。

12.10　亞洲第1座人權紀念碑在綠島揭幕，李總統致詞表示，不讓民主倒退，不讓威權重現，亦向政治受難者致最深歉意。

12.10　俄羅斯總統葉爾辛與中共國家主席江澤民發表聯合聲明，將加強雙方戰略合作，並齊聲反對美國建立反飛彈系統。

12.13 中華職棒味全龍隊今日正式宣佈解散。

12.20 澳門政權正式移交給中共，江澤民宣示將執行一國兩制、澳人治澳的高度自治方針，澳門金融家何厚鏵獲選擔任澳門特區首任行政長官。

12.22 總統府秘書長章孝嚴因捲入緋聞案件，提出辭呈獲准，遺缺由總統府資政丁懋時繼任。

12.30 外交部宣佈與帛琉建交，同時取下巴布亞紐幾內亞的國旗，宣示與巴國無邦交關係，我友邦數目維持29國。

## 2000

1.4 立法院三讀通過農業發展條例修正案，農地可建農舍，5年以內不得移轉，政府需籌足1千5百億農發基金，並設因應WTO進口損害救助基金。

1.4 行政院決定，從明年元旦起，全面推動有線電視定址鎖碼器，以分級付費方式，讓有線電視經營合理化。

1.11 立法院三讀通過「地方民代支給條例」，約1萬1千名基層民代因此加薪3到6萬，北高市議員則遭到減薪。

1.12 教育部表示，規畫自89學年度起，針對年滿5足歲，就讀已立案私立幼稚園及托兒所之幼兒，每位每年發放1萬元幼兒教育券作為補助。

1.20 行政院會通過「公共債務法」修正草案，年舉債額度擴增為4,300億元，地方政府1年內短期債務列管。

1.20 行政院通過大陸配偶來台可合法工作，申請居留等待期間限制亦放寬。

1.21 美國防部力主售我高性能武器系統，包括神盾級軍艦、反電達火箭等，但白宮及國務院均反對，全案引發美高層激辯。

1.28 外交部今日對外宣佈，中華民國與菲律賓復航，中華民國仍堅守3原則，但釋出台北至馬尼拉航線每周3,700個座位。

1.28 中共擴大召開「江八點」5周年

紀念大會，中共副總理錢其琛呼籲兩岸在一個中國原則下可談判台灣政治地位。

2.11 經濟部與國科會推出高科技園區大手筆規畫。南北科學園區4年內擴大2倍，並加速規畫21處智慧型工業園區。

2.14 行政院長蕭萬長今日宣佈，政府將成立「全民健保紓困基金」，補助弱勢族群健保自付額，將大約有60萬人受惠。

2.16 國科會今日公開發表「3C整合科技與產業白皮書」，決定加速推動3C科技整合，希望能在5年內稱霸全球。

2.21 廣三案出現變數，廣三集團總裁曾正仁遭收押，劉松藩、張文儀列共犯，劉、張2人住處遭搜索，2人抗議程序有爭議。

2.21 中共今日對外公開發佈「一個中國的原則與台灣問題」白皮書，再度強力對外宣示對台不會放棄使用武力。

2.22 教育部決定，國立大學公辦民營模式，擬定為6類，並擬4原則作規範。

3.2 交通部今日與中信銀行完成簽署中華電信公司第1階段國內釋股承銷合約，預計8月上市，總金額高達1千多億元。

3.7 教育部表示，自本學期起，高中職五專及大專學生修習軍訓課，每8小時可折抵1天兵役，最多可折抵40天半役期，並追溯適用於今年2月1日後所修的課程。

3.8 美國總統柯林頓今日公開呼籲，台海兩岸待台灣總統大選結束後，應重新開啟談判大門，他並重申反對台海動武。

3.8 中共國家主席江澤民表示，兩岸之間沒有爆發戰爭的感覺。對於兩岸未來就「一個中國」原則問題達成共識的機會，亦表樂觀。

3.15 菲律賓民航委員會片面取消中華和長榮航空的冬季班表，不准2家航空公司飛航馬尼拉航線。中華民國交通部即刻宣佈暫停馬尼拉定期航班。

3.15 中共國務院總理朱鎔基強硬表達警告台獨的立場，暗示要台灣民

眾做出「明智的歷史抉擇」，否則可能發生戰爭。

3.18 總統大選結果揭曉，由民進黨籍陳水扁、呂秀蓮當選第10任總統、副總統，結束國民黨50年政權，首度由在野黨當上總統。

3.19 國民黨中央黨部自清晨起被抗議群眾包圍，要求黨主席李登輝為國民黨於總統大選失利負責，要求其辭去國民黨黨主席之職。

3.20 中共國家主席江澤民首次就台灣總統選舉發表談話表示，台灣新領導人必須承認一個中國原則，而在此前提下，大陸方面歡迎他來大陸談，同時大陸方面也可以到台灣去。

3.24 李登輝今日請辭國民黨黨主席，由連戰代理黨主席，交通部長林豐正接任黨秘書長，包圍國民黨中央黨部的抗議群眾開始散去。

3.24 司法院大法官會議做成解釋，認為第3屆國大修正的憲法程序違背公開透明原則及國大議事規則，自行延任也違反利益迴避原則，應自解釋公佈之日起失效。

3.29 涉及狙殺天道盟不倒會長謝通運等人的槍擊要犯謝惠仁，歷經7年的逃亡後被捕。

3.30 國、民兩黨進行修憲協商，雙方同意國民大會自5月20日起走向虛級化，而本屆國代任期至5月19日屆滿，不再延任，第4屆國代選舉暫停舉辦。

3.31 宋楚瑜籌組的「親民黨」正式成立。宋楚瑜擔任首任黨主席，張昭雄為副主席，當日逕赴內政部登記，成為台灣第90個政黨。

4.3 國民黨同意唐飛以個人名義組閣，但須暫時停止政黨活動，黨對唐飛施政不背書，如有其他黨員入閣，援用同樣模式。

4.5 全國總工會理事改組後出現分裂，台北市總工會以及台北縣等21個地方縣市總工會宣佈退出，另組「全國勞工總會」。

4.9 第10任總統當選人陳水扁表示，台灣主張自決權不等於台灣獨立，除非大陸武力犯台，台灣不會片面宣佈獨立。

4.13 逃亡海外多時的首號槍擊要犯唐

龍欄今日在大陸昆明落網，台灣警政單位要求中共方面協助將其遣返台灣。

4.19 內政部今日公開宣佈，國防替代役自5月1日起開始實施，台灣成為歐洲以外地區第1個實施替代役的國家。

4.21 國民大會通過國大虛級化協商版本，立委總額由225名增加到250名；廢除大法官、限制大法官釋憲範圍則遭到封殺。

4.24 國民大會三讀通過國大虛級化等修憲案，國大多數職權轉移至立院，施行50多年的五權憲法體制正式走入歷史。第4屆國代相關選務則停辦。

4.27 朝野立委協商達成共識修改勞基法，將法定每周工時由48小時縮減為44小時。

5.1 新內閣名單公佈，總統當選人陳水扁表示，憲政體制是傾向總統制的雙首長制，新政府是在民進黨執政下籌組的「全民內閣」，施政的好壞，由他與民進黨共同負責。

5.5 以「我愛你」（I LOVE YOU）為題的電子郵件病毒在香港發作，並迅速蔓延到台灣、亞洲和美國，造成數千萬台電腦中毒。

5.8 由台北榮總及陽明大學組成的「榮陽團隊」，宣佈完成人類第4號染色體上千萬個鹼基初稿定序工作，可望解肝癌發病之謎。

5.9 勞委會公告，自6月1日起凍結引進菲勞，重大工程暫不雇用。

5.19 台灣高等法院今日裁定准予重審蘇建和案，暫時停止執行死刑，為司法史上第2件死刑確定案准予再審的案例。

5.20 陳水扁宣誓就任中華民國第10任總統，提出「五不」保證，宣示延續國統綱領，期許兩岸共同改善關係，為解決「一中」爭議奠定良好基礎。

5.23 立法院今日三讀通過安寧緩和醫療條例，臨終病人可選擇緩和醫療的尊嚴死亡，允許病人臨終前只接受緩解性、支持性的安寧照顧，衛生署並同意自7月1日起，試辦健保支付部分臨終安寧照護

費用。

5.26 行政院今日舉行「三三三福利政策」協調會，確定自7月1日起開始發放65歲以上老人每人每月3千元福利津貼。隨後由唐飛院長指示，重新評估老人福利津貼的發放對象，將排富精神納入。

5.29 中共新華社今日發表新聞證實，北韓領袖金正日曾祕密訪問北京3天。

5.29 中共國家主席江澤民親自打電話給美國總統柯林頓，為美國眾議院通過「給予中共永久正常貿易關係（PNTR）」一案表達謝意，並表示無意威脅台灣。

6.1 行政院衛生署今日表示，腸病毒流行範圍擴大，累計已有5例死亡病例，全省共有10個鄉鎮區域進入預警地區。

6.8 行政院陸委會主委蔡英文今日對外表示，「小額貿易除罪化」將列為未來試辦小三通最優先的實施項目。

6.9 內政部與法務部達成共識研修選罷法，納入「排黑條款」。未來具黑道前科者，10年內不得參選公職；且立法院正、副院長和各級議會正、副議長選舉均將納入排黑條款。

6.13 南韓總統金大中與北韓最高領導人金正日在平壤舉行高峰會，簽訂共同宣言攜手邁向統一，同意盡快解決人道問題，遭返長期政治犯、讓兩韓離散家庭重聚，並提撥南韓資金挹注北韓衰落的經濟。中共與美俄等國同表肯定。

6.15 中興銀行違法放貸弊案偵察終結，董事長王玉雲、前總經理王宣仁及台鳳集團總裁黃宗宏等6人遭求刑5至10年。

6.16 立法院今日表決通過國民黨版縮短法定工時至「每2周84小時」修正案，行政院表示不考慮提覆議案。

6.16 陳水扁總統主持代號「埔光76號操演」的陸軍官校76周年校慶，為中華民國70多年來首位非國民黨籍的三軍統帥主持閱兵。

6.21 2000年世界資訊科技大會登場，包括微軟董事長比爾蓋茲、思科

執行長錢伯斯等85國、1,700位資訊業界菁英皆參與盛會。

6.22 中共國家主席江澤民會見美國國務卿歐布萊特，針對台灣問題，江澤民再次強調一個中國的原則。而歐布萊特則當面敦促江澤民「把握時機」與台灣進行和解商談，但遭拒絕。

6.27 前總統李登輝以私人身分赴英國進行私人訪問，中共外交部對此提出嚴厲譴責，並要求中共駐英大使館全力阻擋。

6.29 國安局前人事處長潘希賢未經許可前往大陸，國安局長丁渝洲證實潘已被中共國安部及公安部人員帶走並遭扣留。

6.30 為配合周休2日，部分公務員明年起改輪休制度，戶政、地政與鄉鎮市公所周6照常上班，周1至周5彈性調休。

7.3 總統府宣示「支持北京申辦2008年奧運」的立場有但書，除北京必須取得主辦權外，國際奧會憲章「應在同一個城市舉行」規定需修正。

7.6 中央研究院第23屆院士選舉結果揭曉，產生22名新院士，當選比率44%，其中海外院士12位、本土院士10位，是歷屆比例最接近的1次。

7.10 台塑石油9月即將上市營業，CIS開始亮相，中油不再獨大，研擬調降油價。

7.14 屏縣議長鄭太吉殺人案纏訟5年，死刑判決定讞。

7.18 高屏溪遭污染案，環保署今日作出最嚴厲行政處分，撤銷昇利化工的清除處理許可證，長興化工則予以停工處分。

7.19 前總統府祕書室主任蘇志誠及前文建會主委鄭淑敏證實密使之說，表示自1994年以來，江澤民、李登輝間確有直接溝通的祕密管道。

7.22 第5河川局4名河川固床工人受困嘉義縣八掌溪，在湍急水勢中枯站2小時，最後遭大水沖走，親友眼睜睜看著4人失蹤，悲痛萬分，痛斥消防局調度救人太慢，不顧人命。

7.27 1對台籍姊妹在加拿大多倫多住宅遭歹徒侵入殺害，姊姊喪生、妹妹重傷。

8.3 檢方搜索台中縣大甲鎮瀾宮，調查是否涉嫌向攤販收取數百萬權利金卻未入帳，該宮董事長台中縣議長顏清標則於是日出國，引發爭議。

8.3 行政院表示，振興房地產業方案將以3案同時並行，將提撥3千億元辦理優惠房貸措施，利率5.5％，不限自購。

8.4 交通部宣佈中華電信釋股底價為每股104元，而當日驚傳中華電信副總經理李清江墜樓死亡，部長葉菊蘭強調，李清江並非被查獲販賣股條的14名員工之一，其亦不負責釋股計畫，外界勿作多餘聯想。

8.13 陳水扁總統今日出訪中美洲及非洲友邦，並且過境美國洛杉磯，會見美國在台協會理事主席卜睿哲時表示，盼雙方保持暢通的溝通管道，次日抵首站多明尼加，參加新任總統梅西亞就職典禮。

8.15 亞旭電腦股東周浦彬遭綁架案，歹徒勒索400萬美元，警方經過23天與綁匪斡旋之後，終於順利救出肉票。

8.16 檢方搜索立委廖福本立法院研究室和大安會館住處，搜索動作引起立委高度關切，並以朝野協商方式，擴大立法院區範圍。

8.25 台南市長張燦鍙涉運河整治工程弊案，被以工程舞弊和包庇罪提起公訴，具體求刑12年，另都發局長董美貞亦被求刑15年。

8.25 強烈颱風碧利斯橫掃台灣，全省共11人死亡，101人輕重傷及8人失蹤，並造成全台逾百萬用戶停電，農業損失逾41億元。陳水扁總統提前結束中美洲及非洲訪程，返國後隨即轉機前往南投災區視察。

8.27 高屏大橋斷裂，16部車輛及1部機車掉落橋下，造成30名民眾輕重傷。

8.31 行政院決議將合作金庫改制為全國農業銀行，現有經營不善的農漁會信用合作社則交由全國農銀

合併後退出市場。

9.5 中華民國奧運選手陳瑞蓮及吳美儀因藥檢呈陽性反應被國際奧會取消參賽資格，且無法遞補選手參加雪梨奧運會，陳瑞蓮宣佈提早退休。

9.6 海協會副會長唐樹備證實已卸下中共國台辦副主任職務，並且透露，近期他亦將辭去海協會常務副會長之職。

9.7 逃亡近3個月的新店軍事看守所越獄逃犯賴漢威，和其父賴明遠落網。

9.8 美國總統柯林頓與中共國家主席江澤民在紐約進行會談，柯林頓期盼早日恢復與台海對話，以和平化解彼此紛爭。

9.15 2000年雪梨奧運開幕，展開16天賽事，總共有28種類競賽，金牌總數300面，本屆共200個會員國參賽，寫下奧運史記錄。

9.16 財政部宣佈，自明年1月起股市延長交易時間，採一盤到底至下午1點30分。

9.18 中華代表團獲得在雪梨奧運的首面獎牌，黎鋒英於女子舉重項目獲得銀牌，郭羿涵接著再奪得一面銅牌。

9.23 新加坡內閣資政李光耀來訪，將訪3在野黨主席及陳總統。

9.26 中菲簽下復航協議，恢復自去年10月以來兩度中斷的航約，即日起通航。

9.30 行政院經濟部今日發表最終報告，明言核四不宜繼續興建，缺電問題將以加速開放天然氣民營電廠進行填補。

10.3 行政院長唐飛因核四停建請辭獲准，陳水扁總統任命張俊雄出任行政院長。

10.4 前行政院長、前總統府資政俞國華病逝，享年86歲。

10.9 瑞典皇家科學院宣佈多項諾貝爾獎，其中南韓總統金大中獲和平獎及法國華裔小說家高行健獲文學獎最受矚目。

10.12 前中央廣播電台董事長朱婉清涉在職時挪用公款，被裁定以50萬元交保，並限制出境，隨即便潛逃洛杉磯，檢方對其簽發拘票，待

遣返至機場即拘提，且不排除向法院聲請羈押。

10.13 立法院三讀通過「公職人員選舉罷免法修正案」，取消民選地方首長學歷限制。

10.16 南投縣政府遭檢舉經辦災後重建涉及弊端，檢調至縣府各科室進行搜索，約談相關人員，規模龐大為歷年罕見。

10.18 行政院會通過地方制度法修正草案，將直轄市升格門檻由現行125萬人降至100萬人，並增訂不涉及行政區畫的升格程序。

10.27 行政院長張俊雄宣佈停建核四。當日稍早亦進行「扁連會」，行政院停建之舉引發國民黨反彈，連戰宣佈「緩議」蕭萬長代表參加APEC一事，親民黨立委揚言發動不信任案，並不再參與協商。

10.30 行政院宣佈停建核四，引發國民黨在立法院發動正副總統罷免行動，獲得143位立法委員連署，超越憲法規定的提案門檻。

10.30 爭議許久的中文譯音草案拍板定案，教育部長曾志朗決定向行政院建議採用「漢語拼音」。

10.31 新加坡航空公司1架班機在桃園中正機場起飛誤闖開跑道，當場撞擊施工機具，爆炸起火，飛機斷成3截，造成79人死亡慘劇。

11.5 陳水扁總統今日發表電視談話，表明為核四停建「宣佈時機」負全責，並向國民黨主席連戰及全國民眾公開道歉。

11.11 在野3黨領袖高峰會議今日舉行，會後共同發表聲明，將緊密合作繼續推動總統罷免案，並促落實雙首長制。

11.12 反核、反政爭遊行舉行，上萬人參加，為國內有史以來參與反核遊行人數最多的一次，日、韓、加等20多個國際反核團體聲援，大遊行並發表停建核四等4大訴求。

11.14 南投縣長彭百顯因921震災重建工作涉弊一案遭檢方收押，律師提出抗告。

11.22 行政院會通過勞動基準法修正草案，將勞工法定工時由每2周84

小時，修訂為每周44小時，自民國90年1月1日起實施。

11.26 跨黨派小組獲「3個認知、4個建議」的具體共識。有關「一個中國」的問題，該小組建議陳總統「依據中華民國憲法回應對岸『一個中國』的主張」，中共回應表示，此共識完全是文字遊戲，台灣方面表示遺憾。

11.26 行政院將「中文譯音系統案」退回教育部，責成教育部達成共識後再提報，教育部長表示，堅定支持漢語拼音法版本。

12.10 陳總統批准拒服兵役宗教良心犯、曾茂興及蘇炳坤案等21人特赦令。

12.12 美國總統選舉結果難產，聯邦最高法院裁決佛羅里達州人工計票決定應終止後，民主黨候選人高爾承認落敗，小布希成為第43任美國總統。

12.15 民進黨創黨主席江鵬堅因胰臟癌病逝，享年61歲。

12.18 入出境管理局開始受理金馬及大陸居民出入申請。

12.20 拉法葉艦購弊案獲重大突破，前海軍中校郭重及軍火商祝本立均遭限制出境；台北地方法院則當庭開釋前海發中心主任王琴生少將、海總武獲室上校組長康世淳、中校參謀程志波，並予限制住居。

12.29 工時案朝野協商破局，確定自明年元旦起，法定工時由每周48小時減少為兩周84小時，沒有任何緩衝或配套方案。

國家圖書館出版品預行編目資料

走過百年：20世紀台灣精選版1971-2000 / 徐宗懋
著. 二版.--臺北市：台灣書房, 2010.01
　　　面；　公分. --(閱讀台灣)

ISBN 978-986-6318-09-2 (平裝)

1.臺灣史　2.現代史

733.29　　　　　　　　　　　98022505

閱讀台灣　　　　　8V19

走過百年──
20世紀台灣精選版1971-2000　(180.6)

作　　者　徐宗懋
主　　編　Meichiao
編　　輯　程于倩
校　　對　謝芳澤
封面設計　童安安

發 行 人　楊榮川
出 版 者　台灣書房出版有限公司
地　　址　台北市和平東路2段339號4樓
電　　話　02-27055066
傳　　真　02-27066100
郵政劃撥　18813891
網　　址　http://www.wunan.com.tw
電子郵件　tcp@wunan.com.tw
總 經 銷　朝日文化事業有限公司
地　　址　台北縣中和市橋安街15巷1號7樓
電　　話　02-22497714
傳　　真　02-22498715

顧　　問　元貞聯合法律事務所　張澤平律師

出版日期　2010年1月 二版一刷
　　　　　2011年1月 二版二刷
定　　價　新台幣450元整

台灣書房

台灣書房